大教育三部曲之二

教育大乾坤

东 缨 著

Jiaoyu Daqiankun

姑苏秋霜，巫山秋雨，碣石秋风，大漠秋韵
菜花涂金，近远一色，教坛胜境，尽荡于胸

教育科学出版社
·北京·

出 版 人　所广一
责任编辑　孔明丽
版式设计　孙欢欢
责任校对　贾静芳
责任印制　曲凤玲

图书在版编目（CIP）数据

教育大乾坤 / 东缨著. —北京：教育科学出版社，2012.11（2014.3 重印）
（大教育三部曲：2）
ISBN 978－7－5041－7061－3

Ⅰ.①教…　Ⅱ.①东…　Ⅲ.①教育工作—研究—中国
Ⅳ.①G52

中国版本图书馆 CIP 数据核字（2012）第 247439 号

大教育三部曲之二
教育大乾坤
JIAOYU DAQIANKUN

出版发行	教育科学出版社		
社　　址	北京·朝阳区安慧北里安园甲 9 号	**市场部电话**	010－64989009
邮　　编	100101	**编辑部电话**	010－64981321
传　　真	010－64891796	**网　　址**	http://www.esph.com.cn
经　　销	各地新华书店		
制　　作	北京金奥都图文制作中心		
印　　刷	保定市中画美凯印刷有限公司	**版　　次**	2012 年 11 月第 1 版
开　　本	169 毫米×239 毫米　16 开	**印　　次**	2014 年 3 月第 2 次印刷
印　　张	27.5	**印　　数**	9 001—12 000 册
字　　数	424 千	**定　　价**	54.00 元

目　录

CONTENTS

序一

大教育需要大视野

朱永新

前不久，傅东缨先生来函告诉我，他撰写的大教育三部曲之二《教育大乾坤》已经杀青，即将付梓印行。

他告诉我，自己文字一生，身入教海五十载，出版了十多部教育文学书籍，但这本《教育大乾坤》，才是他用心最精、用力最深、瓜熟蒂落而集大成的作品。

他告诉我，半个世纪以来，自己一直希望能够写一本既能打通古今中外的教育，既立足于理性高端，又能够进入践行深处；既有如诗如画的描述，又有入木三分的思辨和高屋建瓴的发现；既能够破解困扰中国当代教育的难题，又能够绘制出重建圣园胜境的蓝图；既能够继承20世纪上半叶民族精英们的探索，又能够描绘出他自己心中的东西方教育融通之径，从而再造中华师道。

他告诉我，为此他准备了50年。50年来，他遍访31个省市及港澳台的1650所学校，与6500余位教育工作者进行了访谈交流，召开了1000多个座谈会，走进了数千间教室听了5000余节课，阅读了数千部古今中外的书籍。

他告诉我，为此他写作了5年。5年来，他数易其稿，一遍遍探究，一次次增删，一回回锤炼，终于完成了这本皇皇巨著。

应该说，这本书是写出来的，更是走出来的。我目睹过东缨先生四处奔波的身影。十多年前的一个酷暑，他也到过我的办公室与我促膝长谈。我也读过东缨先生的许多作品，无论是54万字的《泛舟诲海》，还是78万字的《圣园之魂》，还是作为大教育三部曲之一的《教育大境界》，其内容之丰富、文辞之美丽，都给我留下了深刻的印象。

但是，坦率地说，这本书给我的冲击和震撼，是读他前面几部作品时所没有过的。也许，他所有的作品，都是为这本书准备的，铺垫的。

这本书中，我看到了一个教育家的良知和焦虑。我们知道，中国教育病了，而且病得不轻。每一个关心中国教育的人，关心国家前途和命运的人，都对疗治我们教育深怀期待。东缨的这本书，也努力在破解这个难题，试图交出他的“傅氏药方”。

在本书的坤篇，他试图探索制约教育的三大瓶颈难题，即如何汲取华夏文明的地气，如何规避知与行的分裂，如何获取西方文化的真谛。他试图从孔子开始的中国教育思想遗产中寻求智慧，从夸美纽斯开始的西方现代教育思想流派中寻找答案，从中西文化的交汇融合中辨析方向。他知道，在这样一个开放的社会，应该有一个开放的胸怀，有一个真正的教育大视野。中国教育的格局有多大，在很大程度上取决于我们的教育视野有多么开阔。

如果说坤篇更多的是理论的思考与构建，那么，乾篇则是从实践的层面研究治疗中国教育问题。他提出了三条路径——重建圣园胜境，完善理想育人园；再造师道乐土，塑造理想育人师；通向既济之路，驶入理想育人场。从学校文化与教师队伍两个重要方面，观照中国教育的变革方案，是东缨“傅氏药方”的两帖主药，虽然不猛烈，但是很对路。

不过，大教育需要大视野。从中医辨证施医的角度来看，中国教育的许多问题，其病因可能还不能够完全归于教育内部，如现有的干部人事制度、劳动分配制度等，已经严重制约了教育的发展。如果公务员录取仍然需要高学历，高考的竞争就很难停息；如果社会不同职业收入分配差距仍然如此之大，“千军万马过独木桥”的问题就不可能解决。另外，作为社会公平基础的教育，如果不在机会公平、过程公平和结果公平等方面有新的突破，如果不能够尽快缩小城乡之间、区域之间、重点学校与薄弱学校之间的差距，教育就很难真正走出困境。

当然，一本书不可能包罗万象。东缨的这本书更多的是从教育内部来看教育的。从他的逻辑体系来看，这本书已经较好地完成了自己的使命，已经成功地把我们带到了一个新的教育天地。还值得一提的是，这是一本图文并茂的教育理论书籍，全书精选了百余幅图片，增强了可读性。

那么，请大家与我一起走进东缨先生的教育大乾坤，领略教育世界的绮丽风光，思考教育问题的治疗之方，畅想未来教育的美好天地吧！

2012 年 10 月 8 日

于姑苏滴石斋

（朱永新，系全国人大常委、民进中央副主席；苏州大学教授、博士生导师、著名教育家，新教育改革的发起人和领军人物）

序二

“大教育文学”的巅峰之作

秦之　镇泽

一

“海到无边天作岸，山登绝顶我为峰。”

翻开东缨厚厚的《教育大乾坤》一书，笔者的眼前便闪过了林则徐诗中的这番图景。书中的思潮涌动如同沧海，浩浩四十几万字的“浪潮”涌向绚丽的天边。而屹立于历史现实的高峰之上，则是作者心骛的“八极”与神游的“万仞”。

“吾生也有涯，而知也无涯。”

庄子曾感慨于人类生命的短促、知识的无限，但笔者却在《教育大乾坤》一书中，看到了教育思想与文学艺术所达到的极致。

此部《教育大乾坤》著作，是作者“大教育文学三部曲”之二。第一部《教育大境界》已于2007年出版，在国内教育界得到了很高的赞誉，《人民教育》、《中国教育报》等媒体纷纷报道，教育部前副部长柳斌、中国当代著名教育家顾明远等教育界前辈撰写了热情洋溢的评论文章。

在这一系列书名之中，不断突出的“大”字，并不是跟风国内某些夸张、泛滥的标题，而是作者要说明，中国教育问题非大视界、大眼光，不能看透教育的使命；中国当代教育的提升必须放在中国发展的总纲目中解决，中国教育界人士只有以超越教育本身的大胸怀、大奉献，才能无愧于时代。

而大教育文学，则充分体现了作者在国内教育文学界独树一帜的风格。作者在1992年写出《泛舟诲海》一书时，便在国内耳目一新地树立了大教育文学的风格。随后陆续出版的《圣园之魂》、《播种辉煌》、《教育大境界》等书中，不断汲取着古今中外教育、文学中的精华，融合着时代精神，不断拓展了这种风格。

相对于常见的著作，作者的文字中有着更多的理性、更深入的思考，凝练了数十年的冷静观察，浸透着对古今中外教坛的思考。

相对于许多人的教育学，作者的文字有着更多的灵动、更多的激情、更深的震撼力，迸发着感染人心的灵魂力量。

相对于一般性的教育文学，作者的文字融散文、诗歌、杂文、小说、纪实文学等文体于一体，只为了能更加直指人心，让各种文化背景下的读者深入到感动、深思、激情、顿悟之境；他的文章穿梭于哲学、社会学、人才学、心理学、历史学、美学等多个学科，而融会贯通于一体，成就教育人修身、养德、全人、成家之道。

如果《泛舟诲海》意味着作者“大教育文学”的诞生，在其后漫长的20年中，作者东缨的“大教育文学”经过了几番洗礼，几番升华。

他走访了国内三十一个省、市、自治区进行治学、演讲，在调研、发现与演说中砥砺着思想的锋芒，在锋芒中抵达教育思想的崭新境界。

他调研了国内千余家名校、特色校、民族学校、边疆学校、贫困学校，在与校长、教师、学生、家长们的不断交谈中解读中国教育的多元，在多元中摸索教育的真谛。

他与全国上百位教育名家切磋、交谈，在和而不同的思想碰撞中寻找着契合点，在契合点中深入到教育矛盾的最深层次。

他读取了中外上百位教育大师的经典著作，在与“古人为友”的沉潜中寻求着思维的发展，寻找着教育的规律，在规律中反观中国现当代教育的各种现状。

“教育三部曲”中的三部书籍，是先透析中国教育现状，体察教育一线的经验，然后寻找教育的普遍规则的经典之作。

《泛舟诲海》描绘出教师们超凡入圣的师道，《圣园之魂》在寻找一个学校成为特色名校的悟境，《播种辉煌》则为中国教育管理者们勾勒出中国教育纲举目张的蓝图。

“大教育文学三部曲”又更上一个层次，更深入理论本体，探索内在理论和更为幽深的教育规律，再反诸中国教育的自身。

一进一出，反映出作者思想的沉淀与升华。

在对教育文学的追求中，作者不断领略中国教育新的气象，捕捉中国教育新的起点，转而翻新出更为贴近教育一线的教育体系。在这二十余载岁月里，作者对教育的根本思想没有变，他不断汲取的中外教育精华，始终是他教育思想中的最高境界。

变与不变，成就了作者教育学的乾坤之道。

作者把一生思考的精妙之处发挥出来，集中上文所述的天时、地利、人和，再经过五年夜以继日的写作，鼓之以厚积薄发，润之以妙手偶得，抛之以呕心沥血，求之以反复增删，终于成就了这部《教育大乾坤》的鸿篇巨制。

二

《教育大乾坤》的出版恰逢其时，而作者始终直面着这个新旧交替、多元并出、问题尖锐、考验重重的时代。

无可否认，当今的中国教育，处于最尴尬、最微妙的时期。教育的使命，千丝万缕地连接到经济社会的各个层面，社会、政治、经济、文化等因素影响教育，让教育总像被牵线的木偶而很难自主；教育的历史性任务、现实性考量如同激流一样不断涌来，使教育工作者分身乏术；国人日益暴涨的诉求拉拽着教育，使教育工作者感到越办问题越多，越改抱怨越多；教育的改革，既要有基本的思想改变，又要有方法上的飞跃，总让人手忙脚乱、力不从心；教育的传承，既要深入传统又要连通欧美，每每让人在上下求索中茫然。

不可否认，在当今社会中，我们教育工作者面对着空前的质疑，甚至让教育工作者自己也心旌动摇；我们的社会价值如此多元，甚至让教育工作者自己也难以选择；我们的教育思想理念被现代商品社会低估，甚至教育工作者自己也产生了自卑；我们的教育在“从怎么看到怎么办”中冲出一条血路，各种问题却总是让人“才下眉头，却上心头”。

《教育大乾坤》一书直面这些困惑，游刃有余于种种看似不可化解的矛盾。作品既有对教育现状的针砭，更有对教育现状中积极因素的发掘；既全面地检讨中国教育，又能在复杂多变的现实中，寻找教育别开生面的契机；既全面检索了中外教育思想，又在这庞大多维的体系中整理出具体的应用之道。

从作者的大历史观来看，中国教育要在几十年里，完成西方国家几百年完成的进程，如同走兽成为飞禽一样巨大的嬗变。拉大历史的视角，我们会发现，我们这代人，被压缩在世界先进教育与落后的教育现状之间。西方走入近现代教育之门，已充分发展了四五百年的历史，我们的近现代教育一百多年前才蹒跚起步，诸多历史性、时间性的教育主题，被压缩成为现实中的教育矛盾。

从作者的大教育眼光来看，中国如此多的矛盾与困惑背后，是一个更加清晰分明的教育新视野、大视野——“危”与“机”总是相生相伴，毁灭与重生往往相携并出，沉沦总是与崛起擦肩而过，混乱与大统有时会模糊不清。照比法国作家雨果那个著名的比喻：“教育现状就是你眼前的镜子，你哭它就哭，你笑它就笑。”

二

此书名为《教育大乾坤》。在中国文化里，不懂得宇宙世间日新月异的变化规律，不懂得赋予一切事物以崭新的时代内涵，不懂得开启一个别开洞天的世界，则不可谓知乾；不懂得厚德载物的天施地生，不懂得将事物沉淀、发展、超越的演化过程，不懂得将各类文化折中发展，则不可谓知坤。

此书正是分为“坤”、“乾”两篇，这上下两篇展开了作者心中的教育乾坤之道。

坤篇是对中国教育现状的分析，蕴涵着教育运行的基本道理。在此篇中，作者试图破解困扰中国当代教育的三大难题，即如何汲取华夏文明的地气；如何规避教育中知与行的分裂；如何获取西方文化的真谛。

乾篇是讲明教育的各类方法，折射出教育自身的基本规律。其内容主要涵盖：重建圣园胜境，完善理想育人园；再造师道乐土，塑造理想育人帅；通向既济的理想之路，驶往教育的彼岸。

作者参考了千年来中外教育史卷，重新厘定中国教育的崇高地位：“教育为国家的文明容器。一个民族的教育文化是否有生命力，决定民族发展的最终力量。我们的教育使命，就是为了中国文化的重建而努力；我们教育的精神，就是为每位中华儿女重建精神家园；我们教育的目标，就是要重新回到文化与社会的中心引领社会；我们教育的本位，就是与世界教育合流，并贡献出中国教育的独特本色。”

如此恢弘大气的见识，足以让今天的教育学人为之一振。作者做出肯定的断言：

当社会进行大转向之时，教育常常在启迪一个民族。

法国思想家涂尔干谈到欧洲教育时说，“教育本身不过是对成熟的思想文化的一种选编”。我们的教育工作者，亦在承担着决定我们民族要想什么、要按照什么样的思维模式发展前进的重大使命。

教育每每的吐故纳新，能够让一个民族洞穿纷纭，积蓄智慧，继承传统，开放进步，凤凰涅槃，再次屹立于世界民族之林。每个时代的起承转合之间，总是教育思想爆发之时。如中国春秋战国转型之际，作为启蒙的诸子百家个个都是教育家，再如清末民初之时，涌现的重要知识分子百分之八十都是教育家。

两千多年前，中国传统道德沦丧、思想堕落、社会混乱，此时正是中国教育最灿烂的“百家争鸣”时期；八百多年前，宋代社会内忧外困，社会思潮迷惘，民心低落，此时正是朱熹、二程等教育经学繁盛之时；三百多年前，欧洲教育管理混乱无序，内容保守陈旧，方法简单粗暴，知行严重脱节，正因如此，夸美纽斯、洛克等现代教育启蒙大师的出现才显得横空出世；20 世纪初，世界上课堂教育日渐窒息，填鸭式教育横行，此时英美两国连续出现斯宾塞、杜威两位教育大师，改变了半个世界的学风。

用更高远的眼光，作者梳理出中国五千年文明的来龙去脉。

五千年来，古老的中国文明已经进行了三次惊天动地的突破。每个文化发展的过程归纳为三个阶段，它们分别是：“突破”、“转换”和“僵化”，中国的五千年史尽在这三个大突破与随后的大僵化中。

在第一次突破中，周代的大学与《易经》的出现，则为中华教育奠定了基础；在第二次突破中，“百家争鸣”成为中华文明的核心部分，孔子式的私人教育与周代流传下来的大学，成为中国教育在世界领先的教育系统；在第三次突破中，形成了崭新的中华文化体系之中，结晶就是被后世称为新儒学的宋代理学。

对于这些大突破，作者多角度地进行了思辨和梳理：回溯时光的历史隧道，遴选进入教育玄牝之门的孔子、朱熹、王守仁等教育大师，以点察面地观照其生命纹理，重温其传奇之路，提炼其共识性的启迪；纵览源远流长的古代教育长河，在政策、机制、举措等方面，筛选、吸纳其中至今仍闪耀灵光的合理内核；尤其是面对祖先的优秀教育遗产，该从哪里入手，又该赏识、研究、借鉴、传承哪一些传统教育的稀世珍宝，作者立于几千年文化传承的高山上观照，沉浸于古今教育演化史的长河中沉思，作出传承教育精髓、开发教育传统八大系统的清晰回答。让人读后心神豁朗。

通览全书，作者的激情并非来自浅薄的乐观，作者的信心亦非来自一叶障目的短视，而是因为他拥有着更宏观的视野。本书更是登于历史的高峰之上，以“过去我们把课程当作整个世界，现在我们要把整个世界当作课程”的胸怀，呼唤着中国的第四次文化教育大突破。

作者看到，一个教育的新纪元已经露出了遥远的地平线。当前的时代，也是教育工作者发展无限、功德无限的时代。如今，我们的教育学人肩负着对人类文化进行梳理、排列、分析的神圣命题。作者提示我们，只有格物致知，方有真正的自知之明；只有看清上下五千年，才能明晰自身使命。

四

恩格斯在评价文艺复兴时说，这是一个需要巨人并且产生了巨人——在思维能力、热情和性格方面，在多才多艺和学识渊博的巨人的时代。

何谓教育界的巨人？就是把人类教育的思想体系，批判增删，折中取用，知行合一，再投射到他的世界里，激发出一个生机勃勃、日新月异、不断超越的时代。

《教育大乾坤》一书中，作者正是试图为这样的理论体系、思想体系、实践体系进行一种准备，奉献出自己的一份力量。否则，再好的理论，只要停在纸面上只是一个优美的理论系统；再多的思想体系，如果不经过批判梳理只不过多了一本教科书；再多的实践，没有理论的积累，也只是愚公移山的蛮力。

全书的精彩布局，泼墨于国内的各个特色名校。作者东缨专意深入京津沪渝都市学校；走向江苏洋思中学，探访山东杜郎口中学，写遍苏州、常州、杭州等江南才子学校的办校风采；作者数次赶赴内蒙古的包头、鄂尔多斯，五下新疆伊犁、喀什地区，阅读中国三北教育、民族教育的困境与突破；他几去四川绵阳东辰国际学校，走进江苏泰州中学、河南许衡中学，访问中国教改前沿，探讨教育本体的求索与超越。

在作者“大教育文学”的叙述中，以理性贯串，以历史为映照，让读者看到、感到历史的自身定位；在阐发教育理论之时，以例证贯通，以教育活例为引导，让读者身临其境地感受其鲜活的渊深之处；在品读教育大师之时，以理论梳理，以体系为理路，引领读者多元化捕捉其教育思想的实质。

全书的重点领域，放到了当今的教育工作者身上。他们中有埋头苦干的教师，有博古通今的学者，有开拓新天的校长……他们根植于中国现实土壤，完成了从“教书匠”向教坛高师的嬗变，创造出点石成金的教育奇迹，成就了一方风调雨顺的教育水土。

在作者每每与当事人心贴心交流后，在作者不断地推敲反思与梳理之后，书中的这些教育工作者的热情总能扑面而来，智慧之泉伸手可掬，心灵之语亲切在耳，他们的故事随时给人激励，打动人心。

全书的精华部分，留笔于作者与国内教育百家的交流。在这部书中，作者与孙维刚、魏书生、顾泠沅、洪宗礼、于漪、李吉林等教改领潮人物频频交流互动，屡屡碰撞融合。这些教育大家，感时代之风气，承高师之传统，观育人之嬗变，领时代之前潮，成为各领风骚的风云人物。

此书评析了这些教育大家的教育理论，进而对当下的爱心教育、全员教育、赏识教育、素质教育——进行盘点，进而提出了自己独特的教育思想，思百家之所长，成一家之风格，让读者充分地感到教育艺术之真、善、美。

此书俯拾即是入木三分的剖析、高屋建瓴的发现，如对教育的弊端，对教师的缺失，对学子的软肋，对管理的短板；对学校文化的透视，对教育特色的观照，对生态德育的建树，对学旅三季（芽季、花季、果季）的洞察，对理想（高效）课堂的创造，尤对课堂三重境界的独特解析……教读者一次次山回路转，一番番柳暗花明，不禁又一回回发出“原来如此”的感慨。

全书的点睛之处，聚焦在作者对中国教育界各类思潮的盘点。当代中国教坛，既充斥着全盘西化论、西方教育一元论、教育“达尔文论”，又充斥着全盘回归传统论、全盘苏化论等论调，中国教育在没有塑造出其现代化性格之前，在中学西用或西体中用等问题上，尚没有成熟的突破。

作者则站在中西教育融通的高度上，充满智慧地预言了中国教育的未来，“中国文化教育在世界对流中，如果真正地融会贯通以后，我相信它既非‘完全国粹’，亦非‘全盘西化’，也不是‘中体西用’或‘西体中用’。它应当是‘体’中既有‘中学’，亦有‘西学’；‘用’中既有‘中学’，也有‘西学’……中西融会贯通的集大成之学”。

作者走遍全国多个省市自治区，笔触遍及教育的各个领域，思想寻遍中华教育的每寸沃土，寻找巨人时代的萌芽。作者提出要重振师道、重建理想的课堂、重整管理的架构、重绘中国教育版图、重组教育资源、重塑中国教育科研、重建以人为本的教育体系。从根本上来看，作者希望重组中华的教育文明，他已经做好了力所能及的一切工作，然后呼唤着一个教育盛世的呼啸而来。

五

作者东缨先生在少年时，就拥有一个瑰丽的教育文学家之梦，就读师范大学时又矢志献身教坛，踏上教育岗位后孜孜不倦，遇到种种诱惑却始终不舍教育战线，退休后依然走南闯北，以身体丈量中国教坛，以心灵驰骋教育文学，其身许教育可谓用情至深。

六十多载的锲而不舍，至今，东缨先生早已形成了自信乐观、激情向上、开放通达、不耻下问、坚忍不拔、终日乾乾的性格，堪称当今中国教育最需要的理想人格。

东缨先生已接近了“从心所欲而不逾矩”的年龄，却依然怀揣二十岁年轻人一样火热的激情进行演讲与写作。其风趣幽默、深入浅出的演讲，能让好动的孩子们鸦雀无声，也能让教育界的耆老们击节叫好。一旦通过媒体、他人介绍获悉某位出色的教育工作者，哪怕对方只是一名并无声名的普通教师，他也必心向往之，力争与之相识、相知；一旦他了解到了哪所特色学校，不管其远在西部边陲的西藏拉萨、新疆的新源与福海，他也必心仪之，力争亲身前往体会。

东缨先生的一生交游与著作，触及半部中国近现代教育史。心无旁骛，不离不弃；痴情不改，坐忘世事。这是作者一生奉献教育的写照，对大教育文学钟情的精神素描。

孔子曰：“德不孤，必有邻。”或许正因为如此，作者才会桃李满天下，交遍天下朋友，作品更会影响于中国现代教育学界的多个层面；或许正因为如此，当《教育大乾坤》得以结集出版，它不但代表作者一生学术文学的巅峰，更是集萃了中国教育近几十年的精华。

在《教育大乾坤》一书中，东缨先生自由地穿梭变幻于古今中外教育的四维空间，“观古今于须臾，抚中外于一瞬”；遂意地往来翕忽在形象思维与逻辑思维之域，以形象思维切入饱人眼球，以逻辑思维跟进直逼心灵，文思泉涌，笔势纵横，辞采清丽，雅韵新声，酣畅淋漓地呼唤着中华民族的教育大突破与大进步，正如同他书中所大声疾呼的那样——

“如果我们的教育工作者都能够在自己的本分内寂寞而持久地工作，立足本体，挖掘优势，智借外力，勇于践行，善于思考，独辟蹊径，让滴滴泉水出自心灵，引涓涓小溪润物无声，终将汇拢成奔腾千里的大川急流，从而彻底更新中国文化传统的面貌。而伴随着这一‘文化重生’使命的出发、展开和实现，未来中国终或再度成就八百年前朱熹和二百年前康德那样的思想巨人，我们的教育会再现百家争鸣、百花齐放的辉煌。”

只有我们每位教育工作者心中有乾坤，才能看穿我们教坛的种种现象；只有心中的透悟，才能知悉我们此番人生的真正使命；只有立命方能立身而不移；只有立身不移方能穿透时代，不枉我们教坛一生。

合上沉甸甸的《教育大乾坤》一书，笔者依然能感受到书籍中的强大气场。其中有文思飞扬，有故事动心，有哲思深隽，有灵感跃动；有智如山，有仁如海，因为书中包罗万象，学科纷纭，风格多元，会给每位阅历不同、底蕴有别的读者，打开一个自己的教育时空、自己灵悟的思想之场。

当下，我们的每一位教育工作者，都要面对着心中的教育大乾坤之门。每一位亲爱的教育工作者，有机会最好能够读一读这本“大教育文学”的巅峰之作——《教育大乾坤》。

上篇 坤篇

题记

浩浩环宇，茫茫时空，匆匆人生。

多如阜木的理念、灿若星辰的警语，经天纬地的规律，可以化作一句大气磅礴的天人合一的至理名言：

天行健，君子以自强不息；地势坤，君子以厚德载物。

人，行天地之间，思乾坤之内；举天地之事，成乾坤之业。

坤为地，乾为天，从地到天当是人们视界、思维的轨迹。

坤喻逆，乾喻顺，自逆至顺应为人生与成就世事的路径。

坤是根，乾是干，由根展干乃成人间万物生生不息的大道。

当今中国教育也有坤、乾两篇。

本书的坤篇，由探索制约教育的三大瓶颈难题所组成。

三大难题即如何汲取华夏文明的地气，如何规避知与行的分裂，如何获取西方文化的真谛。

历史难题须以历史的慧眼透视之，现实瓶颈应用现实的智手解决之。怨斥无益，沮丧有戕，观望错时，等待误国。我们当一代代戮力，接力似的交出逼近完好的答卷。

问题的着眼处，正是解题的着力处。

三大难题的破题思路由此而清晰——我们当祭出穿越古今的大视野、鸟瞰知行的大举措、融通东西的大手笔。

第一章 叩开玄牝之门

老子说："玄牝之门，是谓天地之根。"（《道德经》第六章）由此玄妙的雌性门径，也就理解天地的根本。我们再由此推演，玄牝之门可引申为教育之门，人的立身之门。

多少人在挖空心思寻找它，却近乎南辕北辙。多少人异想天开欲跨入它，但只能远望其门墙。

玄牝之门啊，那么神秘无边，神奇无限，神圣无比。

当下的中国教育啊，许许多多业内人士的眼睛却已经不再寻望这扇门，更谈不上去扣动；一些人则只是粗略地瞄上一眼，即转眸收神。

因何不得其门而入？因何大道寂寥，小道喧嚣？

择路之误，在于失察。当今教育界普遍缺乏穿越古今的大视野——无视传统教育精华，乃是被教育忽略了的真问题。

古时的中国教育，曾是一个发展造就人才的强磁场，那强磁力线具有穿透时空的超凡功力。

天养地，古养今，传承传统，开发传统，叩开玄牝之门，21世纪教育当回到原点再出发。

原点饱含初衷，源头决定发展。

第一节　直面涸泽之困

一

走了六十多年的新中国教育已经长大了，长高了，像一个大小伙子了。

他已拥有完整的教育骨架，从学前教育到高等教育；拥有了漂亮的校舍、图书馆、专业教室，足够的电脑、软件、实验器具、药品，以及崭新的风雨操场及塑胶跑道，不少“武装到牙齿”的学校常常令来自西方的教育专家瞠目结舌。

他还拥有那么多的足以让自己陶醉的传奇：

花少得可怜只占世界2%左右的教育经费，却哺育着占世界23%的莘莘学子的教育人生。

展960万平方公里广袤大地为纸，蘸13亿人民血汗为墨，在20世纪之末，基本写就普及九年教育和扫除青壮年文盲的历史性教育鸿篇。

用人类编年史中弹指一挥间的60余个春秋，初步构建起地基还稳、层面尚全、结构较实的跨世纪的教育大厦。

经数年努力，选拔、历练出一支近1200万庞大的中小学教育兵团驰骋教坛①。

高等教育毛入学率已从改革开放之初的5%提高到如今的24.2%，完成了精英化大学向大众化大学的跨越……

似乎，草木葱茏，大河奔流，碧空万里，白云悠悠，中国教育成了一片美地乐土。

然而，华东师范大学叶澜教授却用16个字来概括对我国基础教育改革30年的感受，即“成绩斐然、过程艰难、问题丛生、任重道远”，这当算较有全局扫描、全程观照的眼光。

二

教育一词，由“教”与“育”两字组成，也就分为两种内涵。“教育”一词最早见于《孟子·尽心上》，“得天下

---

① 据新华社北京2011年9月6日电（记者吴晶），记者6日从教育部获悉，2010年全国幼儿园、普通中小学共有专任教师1180.29万人。

英才而教育之”。《说文解字》释：“教，上所施，下所效也。”“育，养子使作善也。”[1]教育就是教诲、培育的意思。

应当说，中国传统教育一直秉承着“教”与“育”的两个本源。一是教化，一是育人；“教”之本，在于探索经典之源，国之所需；“育”之本，则旨在发掘人之成长规律，使天下英才能茁壮成长；“教”者提供教育系统的大气候，“育”者则关照学生的心灵、意志、学问的优化发展。十年树木，百年树人。“教”与“育”两者一同发力，编织出中国源远流长的中华文明。

旁观中国近一个世纪来的教育历程，“教育”的传统本质却从源头上不断地遭到宰割。中国面临着种种人祸天灾，教育本身承担着过多的政治、社会的压力，于是，过于强调突出“教”的内涵，而弱化、简化了“育”的意义，使教育本质简化乃至夭折，在育人方面产生了可怕的真空。

纵观当今的世界教育，当首推欧美发达国家的教育系统。在这些国家的社会中，“教”与“育”的本质不断变化与提升，教育的战略不断在调整，教育的和谐发展在不断推进，教育的本质也在不断深化，教育站立于文化、社会的前列，成为引导国家精神世界的先行力量。

相形之下，中国教育系统更显弱点。“教”与“育”不相协调，“教”之原则独霸教坛，渐已顽固地成为定式，而“育”之本义则不断被埋没，教育系统有越发冰冷化的趋向。

看上去似乎“形势一片大好”的中国教育，正面临着涸泽之困。

在表象繁荣、气派、赏心悦目的教育景观背后，是育人根基的悄悄动摇、教育灵魂的渐渐虚空、人性光辉的慢慢殆尽、人才造就的屡屡困惑。办学精神的贫困，个性心门的封堵，使教育的想象空间被一点一点压缩，教育的思考触角也被一根一根折断。

本来波涛汹涌的教育之海啊，正一步步走向死水微澜，面临干涸之困，席卷神州大地的应试教育的“龙卷风”，打开了纷扰人心、侏儒教育、平庸人才的潘多拉魔盒，以至于有的学者发现“我们的教育越来越像洗衣机里飞速旋转的滚筒，把每个人都卷入其中……今天的教育越来越多地成为一个干净整齐、千篇一律地适应竞争和讲求效率的教育工厂”[2]。个别专家借助美国学者丹尼尔·科顿姆《教育为何是无用》的立论，饱含寓意地发出了“教育是没有用的”无限感慨与幽邃思考。[3]

国之有识之士应当立于世界历史的高山之巅，鸟瞰当代教育发展的滚滚大潮，远视未来社会的变革需求，从中洞悉当下我们的教育情势、育人困局，深入地调查研究、追根溯源。于是，在野草般丛生的问题阵里，不难发现我们当下的教育存在着三大丢失。

一曰丢了本质——育人至上。

本质之变宛若核之变，异化如背离主航道的逆舟。

教育的本质是什么呢？

英国教育学家斯宾塞说：教育是预备。“为我们完满生活做准备是教育应尽的职责。”[4]

德国教育家赫尔巴特说：教育是塑造。“教学形成思想之环，教育塑造性格，离开前者，后者就不存在。这些包含在我的整个教育学概要之中。”[5]

美国教育家杜威说：教育是生长。“教育就是不问年龄大小，提供保证生长或充分生活的条件的事业。”[6]

这些立论从各自窗口探究了教育的秘门，虽然表述各异，命题的缘起也有差别，但是，为了人的发展这一宗旨却是同一的。笔者以为，鉴于教育的功能只是面对人类，那么，最鲜明最具有中国特色的表述始终应该是：教育是育人。

教育育人的真谛在于激醒蒙昧灵魂，焕发聪明才智，培植最佳习惯，提升高品人格。

一个民族的觉醒依赖于每一个孩子的觉醒。一个民族的智慧依赖于每一个孩子智慧的开发。如果教育不能让人觉醒，将人开发，反而令人沉睡，使人呆滞，其逆向作用的闸门就会洞开。因此，教育第一要旨是让孩子觉醒，认识自己的价值和才能；第二要旨是催孩子自我开发，将自己的显质无限扩展，将自己的潜质竭力开发。

学校期间的教育为人生的奠基时节，即关键时节，其间最要紧的特质有三。

其关键是时空的特定性。

这是生命中学习的华彩阶段。此段没有回程，不可复来。庄稼不收明年种，矿藏不开子孙采，铸件不佳再回炉。人生呢？春去夏即来，没有回头路。特定时空之于学生，犹如一列火车必须在规定好的时间安全高质地到达站点。

其追求是全员的成功性。

个人渴望成功，为一生事业奠基；父母热盼成功，给家庭储蓄幸福；民族期待成功，望眼人才强国。不出次品，不出废品，更不出劣品。能成大树就长成大树，能成小草就长成小草，人人成才，各得其所，和谐竞长，相得益彰。

其诀窍是因人的差异性。

大千世界，万物异存。每个孩子都是千差万别生命中的独一无二，每朵生命之花都是千红万紫花海中的独特一枝，每颗心灵都是千姿百态世界中的独有风景。师者紧紧地盯住每一个孩子心灵深藏的个性富矿，即霍华德·加德纳所说的每个人独特的优势智能[7]，与孩子及其家长一起开采，采得富矿，福及终生；弃富采穷，祸及一代。

从此看去，当今的教育主流还在育人吗？教育几近全面被异化为教学，教学几近全面异化为教考，教考几近全面异化为做题、背题。从幼儿园为起点，孩子与老师就开始了“衣带渐宽终不悔，为伊消得人憔悴”和“春蚕到死丝方尽，蜡炬成灰泪始干”极其惨烈、极其悲壮的马拉松式的生命消耗。

教育部朋友杨春茂发给我正在少年中流传的《作业歌》：“无边落木萧萧下，不尽作业滚滚来。举头望明月，低头写作业。洛阳亲友如相问，就说我在写作业。众里寻他千百度，蓦然回首，那人正在灯下写作业……”此歌实属原生态的自然流露，却形象地抒发了当今学子对无止无休的作业乃至陈腐教学模式的冷嘲热讽。

二曰丢了传统——人文至尊。

传统如同河之脉，乃族之根、民之源、国之本，丢了传统如失了脉象。

人文是什么？笔者认为乃是以人为本，尊重、关怀、发展人的思想与行为。泱泱中华，五千年古国，向来是礼仪之邦、文明之所。若丢了人文，教育岂不绝源断脉？

人文教育的宗师是孔子。

孔子以“立志有恒”、“克己内省”、“改造迁善”、“身体力行”四大主张擎起他建造的人文大厦的四根支柱。

在此人文大厦里，孔子以“仁”为核心，以“礼”为秩序，以师生间的平等、亲密、和谐贯串于其全部教学活动，收到了良好的效果。他的“教学相长”，讲求教育民主，其教学形式为开放的课堂，自由的讨论，平等的对话，师生毫无芥蒂的畅言，充满生命的智慧。

作者在孔子（公元前551—公元前479）塑像前

周游列国期间，走到哪学到哪，遇啥学啥，边走边学。

一次，子夏与孔子讨论对“巧笑倩兮，美目盼兮，素以为绚兮”的理解，孔子说了“绘事后素”，而子夏则说出了自己感悟“礼后乎”，孔子捕捉到子夏有独到之处，对自己启发很大，便赞扬道：“起予者商也，始可与言《诗》已矣。”（《论语·八佾》）

用今天的话来说，这段话的意思是——子夏问道：“‘美好的笑容真好看啊，黑白分明的美丽眼睛转啊，粉白的脸庞着色化妆绚丽多彩。’是什么意思呢?”孔子说：“先有了白底子，然后才画上画。”子夏又问：“（这使我想到,）礼节仪式是不是在（仁德之）后呢?”孔子说：“能阐明我的意思的是你卜商呀！现在开始可以同你谈论《诗》了。”孔子总是与学生如此切磋，各抒己见，彰显出可贵的人文精神，激发起学生的求知欲、思考习惯和创造品质。他以师者的博爱胸怀经常关注学生的学业、品行、生活、健康，发展他们的个性特长。

几千年华夏教育，人文当推为至宝；古往今来育人，人文应数记头功。人文精神虽不一定就是中国教育的专利，却肯定是教育中国代代相袭的传统。谁承想当中国教育史写到市场经济背景下的“应试教育时节”时，一场偷梁换柱的嬗变正在悄然展开：逐利正替代师道，冷漠正替代热忱，粗俗正替代高雅，强迫正替代尊重，阴云之面正替代阳光之容，雷霆的大音正替代温馨的细语……

这种嬗变意味着什么？是教育理念与践行的倒退，也是中国文化大踏步地倒退。

我们为师者当看清此嬗变后果的严峻性，从自己做起，从内心再造开始，进行师德整容，师道重塑，截住师爱滑坡的山，拉起师者人文情怀下沉的船。

三曰丢了科学——规律至圣。

科学是大道。丢了科学，只有歪门邪道。

人的发展，像任何事物的发展一样，其内在的规律性如江河流地、日月经天般不容执拗。从教者只能循其道，入其门，揭其面纱，见其本质，让规律为人的发展乖乖服务。

教育者应遵循人成长的哪些规律呢？人性的规律，人情的规律，人道的规律，人智的规律，人本的规律，一言以蔽之，按全人化多营养的人的建构予以最适切的教育。没有逼迫的鞭影，不闻训斥的雷霆，摒弃成人化的重负，也扫除立竿未能见影的焦灼。有的是阳光、歌声、健美、对话、领悟等对生命七彩的欣享，让其人性舒展，人情丰富，人智迸发，人本滋润，心灵得到超迈的自由。

在规律面前，智人是发现者，常人是跟随者，蠢人是无视者，狂人是逆动者。结果，发现者驾驭规律，随从者顺应规律，而蠢人狂人，总是被践踏规律所卷动的沙石打得鼻青脸肿。就像昔日高吼“人定胜天”的一些国人那样，经过堂吉诃德大战风车似的几个回合之后，终于偃旗息鼓，噤若寒蝉，甘拜规律的下风了。

孔子终身深潜于教海里洞察规律，探索规律，求证规律，极其尊重科学、遵循规律，并娴熟地利用规律，将教育推到了一个前所未有的顶峰。他发现、发掘出几多超越时空的教育规律，至今仍光芒四射。如有教无类、因材施教、寓教于乐、教学相长等教育规律，学以致用、学而时习、温故知新、循序渐进、持之以恒等学习规律，当下仍须奉为圭臬。

然而，时下一些人在教育践行中，不大敬畏教育规律，不守常识。以一颗浮躁的心引路，借孩童“过家家”游戏法乱真，用瞒天过海的魔术绝活过招，模式天天有，理念日日新，口号时时变；更有躲进“象牙之塔”或“海归派”之中的一些人，冥想出一两句新语便大作其鸿篇来，拾得一两个域外牙慧也铺天盖地罗织出一著奇文；更有少数杏坛学者为将自己的思想、文字打磨得奇彩炫目以便一鸣惊人，更推出若干绝话厉语以振聋发聩。

上述种种，不一而足，让人不觉间眼花缭乱，心飞神动，有家居几日，世过千年之感，定下心来却不难发现，喊声尖利、语汇奇绝者，实则匆匆过客，昙花一现。

一团迷雾笼罩着当代教育，让育人的本质模模糊糊，人文的传统隐隐约约，教育的科学糊糊涂涂。这一切敦促人们对教育瓶颈问题不能不进行深深的冷思考。

更严重的问题在德育，在师长焦心、家长揪心、社会难心的德育。

毋庸讳言，大凡当代人多躁动而少淡定，多麻木而缺激情，多板滞而无诗意。

而他们的下一代人多也跟踪而进，暗合其上。

诚然，当下青少年同样具有以往青少年那种朝气蓬勃、乐观向上、求新求美等优点，乃至还有前人所不具备或所不明显的一些长处，如心智超迈、思想鲜活、视野开阔、热情奔放、自主独立、心性激增。但是，也确有相当一些人存在时代留给他们这样或那样的明显弱点：思想漂泊、灵魂流浪、理想虚脱、目标缥缈、心智疲软、美梦休克、激情蒸发。

不少学生出现了三大困境。

一是情感困境（早恋成风）。

异性相吸，早恋成风。你很难弄清：这到底是情感的表达、情绪的泛滥，还是情欲的释放？陕西省的一个初三女孩只因班上一个曾对自己示好的男孩另有新好，经过几日痛苦之后，留下一纸如诉如泣的情书，坚贞地表白“此生此世，我虽得不到你的爱情，当轮回后我做你的孩子，得到一份父爱好吗？永别了，请记住，曾有人用生命祭奠过对你的爱”，便从五楼纵身跳了下去……

二是理性困境（网瘾成灾）。

网瘾之患，胜似吸毒，后果之惨，不堪设想。对互联网虚拟世界的过度依恋，使人更加内向和自我闭锁。大兴安岭林区某高中一名高一男孩，只因长久沉迷于网络里不能自拔，性格扭曲，心理变态，以至于寻找刺激，感受死亡：“……很久很久以前就想品尝一下不靠任何飞行器在天空中飞翔的感受了，祈祷我摔死吧，在马上跳楼一瞬，我的心跳得很快。21∶35。”在灯光下完成《致父母》的短信后，他终于走完了“刺激计划的最后一步”……

三是心灵困境（立志虚无）。

心泉干涸，眼无征帆，精神贫穷，只见荒漠。如今，有多少孩子志存高远，少怀壮志？有多少孩子心忧天下，眼望未来？沉迷于当下，无视于前程，似已成了今日孩子的主流心态。

有人说，以往是小孩不了解大人，认为大人太深邃；如今是大人不了解小孩，感觉小孩太费解。

二十余年来，育人的恶性事故愈演愈烈，三次升级：

1987 年 12 月 21 日下午，九岁的夏斐因考试成绩没到 90 分被母亲活活打死。

2000 年 1 月 17 日中午，金华市高中学生徐力因厌倦母亲要他好好读书而执锤子锤死母亲。

2008 年 10 月是黑色的 10 月，三位中国中学、大学的教师连连惨死在自己学生手上。

怨老师吗？回答当然是否定的。

怨学生吗？回答也不尽全然。

泰戈尔有一句箴言说得好："我们把世界看错了，反说它欺骗我们。"[8]同样，中国教育一直在错误地理解我们的孩子，误解教育的真谛，却埋怨孩子越来越不尽如人意……

学生问题是社会问题的爆发。

孩子现象是大人问题的折射。

社会表层上的浮躁，半表层中的虚假，深层区里的扭曲，岂能给学生明亮的心魂？大人趋利忘义的思维，急功近利的脚步，洁身自好的情怀，岂能给孩子高远的心志？

学校教育更是脱不了干系。

沉思我们育人，问题更大了。

德育多年雷声震耳，雨泼如注，为什么心灵的田园却依旧只润湿了地皮，接不上苗根处的潮土，有的地方竟仍然干涸龟裂？我们太应该反思，太应该检讨了。

笔者经多年考察发现，德育出现了令人可怕的"三化"——边缘化、空洞化、政治化。

边缘化是让德育退避三舍。

视德育为教育的边缘死角，不在人生之场，不健人格之全，不承生命之重，人性的真善美因此也就失去了栖身的心灵空间。其表现为：不给德育一定的时空，取消班会、队会和各种丰富多彩的活动（如夏令营、拉练、郊游、社会实践等），并认为这是浪费时间的无用之举，不进行针对人性修养、人文道德、人生责任的教育，婉拒思想碰撞的讨论和师生间的谈心，让德育只当作陪衬，能起到"维持会"的预防出事作用这底线即可。

"边缘化"者的头脑里少有德育，自然也不给德育相当的时空支撑，将德育看成对人的应试乃至智力的边角废料而将之赶到几被人遗忘的角落。此类人士，压根儿不懂得德育对人变大变强的特殊酵母作用。

空洞化更让德育"请君入瓮"。

"请君入瓮"为何意？是指武则天时代来俊臣烘烧红了的大坛子，让酷吏周兴来钻。这里为暗喻，是将德育置于死地的代名词。抓知不抓德，抓表不抓里，抓标不抓本，抓枝不抓根。结果像掏空的煤窑、风雨蚀洞的树，人成了没有灵魂的行尸走肉。

"空洞化"者比"边缘化"者更"进"一步，视德育如敝屣，像枯井，似荒漠，当作毫无价值的废物而不屑一顾。废了德育，空了德育，中国的教育因此丢魂失魄，让人的身体没了骨，心儿没了魂，眸眼没了神。让人无法站立起来，只能一步步沦为游荡徘徊的幽灵。

政治化则让德育缘木求鱼。

轰轰烈烈，大张旗鼓，帅旗高举，惊心动魄，真正的内容却乏善可陈。这种假大空式的虚泡胀肚的德育，是长久被国人奉为至宝至今依然在发酵的德育迷魂药。拉大旗，作虎皮。似乎重视了育德，实则恰是德育的冷面杀手。

不是吗?

用政治化灌输解决思想化问题；用道理观念的口头讲解替代品格人性深层的感悟体验；用一切服从的近于奴化教育扼杀学生独立、创新的自由思想，所造成的是人文的疏离、激情的蒸发、道德的冷漠和理性的流失；使活生生的人变成了同一模式的抽象人，成了个性几近泯灭的集团人。

世事如斯：学生经过刻骨铭心的体验，才能获取真知灼见的感悟，也才能完成形神兼备的内化。因此说，深邃的教育生发于深邃的体悟。

政治化德育，表象气壮如牛，实际空壳断档，毫无实效价值。苏联教育家维果茨基的最近发展区理论表明：把握“最近发展区”[9]，能加速学生的发展。而“最近发展区”则是儿童已经达到的发展水平与可能达到的发展水平之间的区域。德育与智育一样，须在心灵的最近发展区耕耘方有收获，一步一步地发展，一点一滴地完善。

这种政治化的副产品是德育的观赏化。一些学校的“德育”是做做样子，专门给上级看的，为观赏（官赏）排的，为参观搞的，打磨了那些花样繁多、形式前卫、气势颇盛的表演型活动，按“脚本”反复演练，已臻于天衣无缝、无懈可击的境地。然活动过后，像海退了潮，演戏卸了装，一切平静如初，涛声依旧。

德育太应该脱胎换骨地改造，从大环境到小气候，从内容到形式，从方法到技艺，从主体到客体，从入手到归宿。就一方圣园来说，宜将目标从九天降落地面，把严声厉色换成和风细雨，用推心置腹替代大轰大鸣，让自我体悟替换“教士”硬灌，换外力揠苗助长为内力驱动生长。

如今教育无异于对教育者——我们的孩子的集体自虐，在“我这是为你好”的“天”字大招牌下，每日每时却做着困手、铐脚、锢脑、残体之事。南怀瑾先生就说了这样一句话：“现在天下父母以及所有老师都在做一件事。”到底做什么事呢？他说："都在残害我们的幼苗！"

海德格尔深刻反思说："最激发思想的事是我们至今还不思——甚至还尚未思，尽管世界状态正日益变得更加激发思想。"[10]

细想一下吧，教育是原本很简单的事，是我们人为地把它搞得越来越复杂化了。哪一个孩子不是自幼有上进心的好孩子？哪一个孩子生性不爱学习，不爱读书，不爱动脑，不爱动手，不具有强烈的求知欲、好奇心、想象力和创造性？我们完全可以如是说：每一个孩子从生下来起都是独一无二的天才，每一个独特的人都具有不可估量的潜能和无限发展的空间。是我们大人的若干不恰当言行以及我们反规律的教育体制和教育生态，严重摧残和宰割了他们的天性发育和健康发展，肆意毁灭孩子的健全人格。对孩子戕害极大。

在应试教育占据教坛主角的当今，我们大多数的教师、学校、家长都充当了精神屠夫的角色，将鲜活、美好、炽热、灵动的精气神毁于一旦，将童年的好奇、少年的想象、青年的探求一起鲸吞蚕食：

——我们用简单重复、反复训练的"题海战术"，轻而易举地摧毁了一颗颗求知心、自信心。

——我们用猛讲硬灌的"独角戏"讲授，把简单讲得复杂，把麻烦讲得糊涂，把乐学者变成厌学者，把厌学者变成弃学者，辛辛苦苦地泯灭了一颗颗好奇心、上进心。

——我们用"批量生产"的工厂流水线似的操作流程去塑造学生，毫不足惜地抹杀了一颗颗差异心、个性心。

——师长、家长、局（乡、区、市）长结成"神圣同盟"，把学生逼进书斋，逼进题海，逼进灰头土脸、神思恍惚的"窒息之谷"，残酷无情地伤害了一颗颗灵动心、创造心。

——我们用一根考试指挥棒赶着学生别离德育，躲避体育，丢失美育，遗弃劳育，疏远心育，无视个性教育，大刀阔斧地残损了一颗颗鉴赏心、全人心……

为什么我们残害我们自己的幼苗？

有人说：因为我们的愚蠢和无知，或许是因为我们的粗鄙、野蛮和冷漠，也或许是因为我们的傲慢和嫉妒……但笔者认为一大主因是，我们许多成人从小就是这样被"文革"风暴摧残了的，天性几被扫荡殆尽，人性的优点像善良、仁爱、宽容、同情等早就破损，内心冷硬而荒寒，精神和情感世界是贫乏、空洞而苍白的，势利而浅薄，愚蠢而固执，缺乏心与心的开放与融通，欠缺想象力和包容度；另一个原因是，当下所实施的全套教育做法大都属于传统教育消极方面的膨化与发展，学起来容易，做起来简单，查起来顺手。于是，一个恶性循环之环结成了。这是教育的报应。

比较、鉴别中外教育，不禁愕然：我们不少人所做的，恰是当年美国国务卿杜勒斯朝思暮想演变中国下一代没能做到，而由我们一些人“义务”地替人家悄悄完成的令人扼腕唏嘘的一幕。这让杜勒斯在天之灵何其欣喜若狂！

俯视云里雾里若清若混的当下教育，清醒者不能不怀揣一串疑惑的问号——

那种对大脑只灌知不给智、对心灵只撩烟不燃火、对人生只虑近不思远的教育也算当代教育吗？

那类将教育异化为教学、将教学异化为教考、将学生异化为考生的学校也配称现代学校吗？

那些两眼一睁忙到熄灯，只盯着“分分分”，醉心于“考考考”的教师也可谓“学为人师，身为世范”的人之师吗？

观照我们的教育军团，那种职业七分倦怠、激情三分蒸发的精神状态能为民族输送浩然正气而领航吗？那智能远未丰盈的教者能成为国民“传道、授业、解惑”的导师吗？那在中国职业排行榜上眼下不被看好的行业能传承国家文明使之飞升吗？如此的教育军团能担当中国乃至人类优秀教育的再出发吗？

三

孟子（公元前372—公元前289）

教育是什么？教育育什么？教育怎么育？自孔子首创私学，中国教育产生第一次繁荣起，就有这三道问题横在教育者的面前，渐而演化成教育哲学三大本根性问题，而后又嬗变为教育者人人必须面对、个个永恒求索的问题，古今中外，概莫能外。

教育是什么？

教育是人育，是对人的灵魂、素质、品位、创造力开发性的再造。“得天下英才而教育之，三乐也。”孟子如是说（《孟子·尽心上》）。

德国哲学家康德也说人就是教育的目的："人只有经过教育，才能成为人。除了教育在他身上所培养出的东西外，他什么也不是。"[11]当代学者刘铁芳认为："教育的根本目的是培养独立自主的人格，教育的目标是人的完成。"[12]教育的本真就是提升人的素质。人的生命质量，反照出教育质量。人的生命能力，反照出思维能力。

教育育什么?

教育育人的全身心和谐发展。"志于道，据于德，依于仁，游于艺。"孔子如是说（《论语·述而》）。"道"是教育总纲，"德"是求道路径，"仁"是德行核心，"艺"是教育内容。

教育怎么育?

按教育和人的发展规律育。有教无类，因材施教，教学相长，引而不发，举一反三，切磋琢磨……先贤如是说。

"温故而知新，可以为师矣。"（《论语·为政》）教育原本是很简单的。不该将教育复杂化，而应该简易化。

"人皆可以成尧舜。"（《孟子·告子章句下》）教师成为教育家也是可以办到的。不该将教育家神化，而应该人化。

"博学之，审问之，慎思之，明辨之，笃行之。"（《礼记·中庸》）为学的五个递进层次更是明晰的。因此也不该将学习繁化，而应该简化。

毫无疑问，古代教育更接近教育的源头，更触及教育的本真，更彰显教育原生态时拓荒者的心灵诉求，更易于在悠长而自由的时空里，较宁静地完成对教育迷宫里核心问题的洞悉。

教育无终点。古往今来，以人的发展为终极目的的教育，对不同历史长河河段提出的问题是近乎相同的，只是在情态各异的河段，因教育主客体的变化答案不尽一样罢了。先哲们叩问的疑窦，正是我们应当跨越的难关；今日育人的诸多困惑，也曾缠绕过昨天前人的神经。

在当今眼花缭乱的物质与精神世界的万花筒里，当代教育断然摆脱了对传统教育精髓的承袭，肆意堵塞了自古至今芬芳四溢的教育思想的润泽，宛若一个变异而生、逆向以动的怪胎。

我们怎么办？当立足当下，回应历史，透视浮躁，远离虚华，跨越时空，即以一颗欣赏之心回眸教育，在醇厚绵长的古典圣园里流连，去感受去品味昨天教育思想之花的馨香，去珍惜去收藏先祖浇灌杏坛教苑的心血与才智；又以一颗创造的心放眼教育，守望圣园源远流长的根本，将昨天教育的精髓之气作为滋补营养，将先祖高远心智之根当成催助力，来培育出今日教育改革更加绚丽芳香之花。在此承纳和内化的全过程里，千万不可把先人种植之苗随心所欲地弃于枯井。

饮水思源，祭祖寻根，发展民族教育怎可以数典而忘祖，舍本求末？

古今一脉，今古一体。丢古即丢本，继往则开来。纵横古今，天高地阔。

历史既不是一堆堆的陈年旧货，也不是一沓沓的发霉古书，而是有影有形、有血有肉、有声有色的昨日时空大剧。任何割断历史优良传统的虚无态度，或拿历史的浮光掠影以偏概全的片面把戏，不仅是对历史的粗暴亵渎，也是对当今毫不负责的戏耍。

为什么断缺了穿越古今的教育大视野？

许多人认为年代久远，地老天荒，时代的脚步穿越无数个世纪的风雨之后，天变，地变，人变，教育观念也变，对于古代教育的辉煌业绩，没有必要从淹没于历史厚厚的尘埃里着力清理出来，毕竟“风流总被雨打风吹去”，“觉今是而昨非。”

许多人过于信守西方的理念与价值观，以为其完美代表当今思想、文化的主流，其教育领跑当下教育潮流，中国古代的教育思想与实践早已是明日黄花，零落成泥。

许多人不懂得古往今来人类对人性的追求的相对稳定性，教育思想也从来不像科技发展那样日新月异，其经典理论、理念、方法具有极大的时空超越性；这些思想珍宝打捞出来将成为文化精华，掩埋于尘埃里就永远成了混沌的历史废墟。

因此，我们当对先祖所创造的文化、教育的思想精华，永葆一颗敬畏的心、谦恭的心。

诚然，我们不可能回到远古去，但是我们离得开自古以来的教育命题与教育追求吗？时下，声、光、电、色等现代手段再新，技术再高，哪管有一日画面上的图、景、物、人立体地向我们走来，哪管诸种高明技艺、多项优化方法同时作用于今日的孩子，我们果真就能赢得当前以至未来的教育吗？人脑的开发、人性的修养、人文的素质、人智的生成，是靠令人惊奇的科学技术所能催成的吗？顾盼周遭，考量现状，科技的突飞猛进与人性的急剧滑落不正在逆向运动相斥博弈吗？

四

穿越世纪雨雾，尽览时代风云，自远至近，时混时清，有一个硕大的问号始终追古问今，让哪朝哪代都回避不得，任谁都躲闪不了：

教育对一个民族大脑的开发、对一个国家心灵的修炼、对一个社会眼睛的拭亮，到底意味着什么？

老子（约公元前571—公元前471）紫铜锻造贴金圣像耸立在河南省灵宝市函谷关

老子说："玄牝之门，是谓天地根。"由此玄妙的雌性门径，可以理解天地的根本。我们再由此推演，玄牝之门还可引申为提升人的生命质量的教育之门、人的安身立命之门。

多少人在挖空心思想寻找它，却近乎南辕北辙。多少人异想天开欲跨入它，也只能远望门墙。

玄牝之门啊，那么神秘无边，神奇无限，神圣无比。

不循着至圣先师前行的路径，不研究教育大家成功的心智，我们走得近、扣得开教育的玄牝之门吗？看得清、触得着门内的教育珍宝吗？

让我们走进时光的历史隧道，从前赴后继的先师大家背影中择其几例，以点察面地观照进入玄牝之门的教育大师的生命纹理，留住他们的步履，重温他们的传奇，沉思他们的教诲，让他们再给力于我们教育的车轮吧。而我们呢，从中再添增一些从教的魂魄吧。

——自古至今，孔子当推第一个跨入教育玄牝之门的人。

公元前528年春，洙泗之滨，23岁的孔子执起教鞭，直到去世，不论讲学于曲阜杏坛，还是施教于诸国间的奔波，兴高采烈地教了几十年书。他没有月薪（铁饭碗）、职称及各种荣誉，也不曾著书立传，连那部11705个字的教育人生论文《论语》也源于弟子们的记录和整理，然而却如醉如痴、情有独钟于"循循善诱"、"教学相长"的教育生涯，成为中国私学的先祖和师道的宗师。

这一切，被历史证明是情理中的事。

他终身努力攀登了三座山：人品之山为“仁者爱人”（“立人”、“达人”、“成人之美”）；学品之山为“学而不厌”；教品之山为“诲人不倦”。

他践行了“志于道，居于德，依于仁，游于艺”（《论语·述而》）的做人为学目标。

他独创了“因材施教”、“学而时习”、“温故知新”、“一隅三反”、“学思并重”、学用结合、问答对话等一整套教学法。

他释放出“克己”、“身正”、“无隐”、“坦荡”的人格魅力。

他破天荒地举起“有教无类”、来者不拒的招生旗子，先后带出三千多弟子，中有七十二位顶尖级的各类贤才。

颜渊家徒四壁，常衣不蔽体，食不果腹，有时饿得受不了了，只能喝碗凉水充饥，但孔子不仅收下他，还把他培养成“好学”、“闻一以知十”的首席弟子。

子路少年时是个在外流浪的野孩子，孔子看了不忍心，便收养了他，后来成长为一个有号召力、勇猛无比、令人仰慕的武士。在平乱时身被剑刺，将死时，仍挣扎着要把帽带重新系好，发出不辱师诲的厉声——“君子死，冠不免”后从容就义……

生在一定历史处所的人，其思想与作为并不相同：绝大多数人顺应了正流经的历史之河，从而也印证了该河段的走向与情状；极少数人洞察了历史河段，而且力图影响它的流向及速度；个别思想大师则超越了历史时空，像永不陨落的星辰为历史长河导航。孔子即属最后一种。

鉴于他“高山仰止，景行行止”（司马迁《史记·孔子世家》）的巍巍人生，孔子成了中国文化和教育自古至今最大的一张名片。

——晚孔子近一百五十年出生的孟子走进了教育玄牝之门。

孟子最大的志向是学习孔子，二十六岁在家乡创办子思书院，开始收徒讲学，一生弘扬并继承孔子的学说，奠定了儒家学说在华夏的基础，为中华民族文化奉上了至圣大礼，他本人也成为儒家学派的“亚圣”——中国古代又一位伟大的教育家。

也许，少年时严格家教的基因早早为他的教育禀赋定了格。他三岁丧父，母亲仉氏抚他成人。为给他选择一个学习成长的好环境而三迁择邻；为教育他学要专心，竟把织好的布剪断昭示读书不能间断的道理。从小学儒习礼，十五岁入学，受业于子思（孔子之孙）之门人，悉心向学，耳濡目染，孟子最终成了儒家学派道统的传人。

他视“得天下英才而教育（此为中国最早见的‘教育’一词）之”为人生一大乐趣。中年以后，他也学孔子带弟子游历各国长达二十余年，“后车数十乘，从者数百人”。足见信徒之众。

性善论是他教育的理性根基。“人皆可以为尧舜”，是他对教育育人兴国作用的坚定信念。“民为贵，君为轻”，仁政法治，“仁、义、礼、智”，是他政治与教育的可贵主张。

“天将降大任于斯人也，必先苦其心志……”是他对磨砺树人、抗争成才的睿智高见。“吾善养吾浩然之气”，“富贵不能淫，贫贱不能移，威武不能屈”，“舍生而取义”，是他陶冶心魂、修养人格的最高境界。主张教师“引而不发”，学生“自求自得”，是他科学教学思想的闪光……

孟子晚年周游列国归来而与弟子讲学著书，作《孟子》七篇。该经典善于论辩，极有气势，说理畅达，无所畏惧。不少篇章形式为一问一答的对话体，似与《论语》有相似处，但细细读来，又和《论语》迥异。《论语》多是直抒胸臆的侃侃而谈，这里则是针锋相对的直接论辩。和《论语》一样，《孟子》是先人留给教育与民族的宝贵遗产。

——董仲舒步入了教育玄牝之门。

他闭门攻学，三年不曾窥园。

他下帷讲经，学徒聆听云集（后来成为大史学家的司马迁也在其中）。

他面陈治国对策，让“更化改制”的汉武帝刘彻几悉数采纳：大兴国家太学；考试选贤任仕；确立儒家思想为主旋律的意识形态，普天之下遍施以“圣人之道”的教化……

他兴太学、重选举和独尊儒术三大文教政策的建议，终将传统儒学改铸成大众化的新儒教，将儒学经典定作国之教材，将儒家的道德观奉为道德规范，使儒学思想成了中国社会之正统，也成了分久必合、合久必分的王朝更迭中的精英思想，儒家文化遂成中国发展进化的主流文化。

董仲舒（公元前179—公元前104）

从这个视角看，董仲舒的最大贡献，是以其理论帮助汉武帝巩固了“大一统”的汉王朝，再造了不曾被分裂的中国封建社会的文化灵魂，精心建构了封建社会的理论大厦。

——郑玄迈进了教育玄牝之门。

这位东汉末年的经学大师之所以顺利进得玄牝之门，笔者尤看重其三点。

一是终身读书攻学。八九岁就精通加减乘除的算术，十二三岁能诵读和讲述《诗》、《书》、《易》、《礼记》、《春秋》这儒家“五经”，十六岁时精通儒家经典而声名远播被称为神童，壮年虽学富五车仍游学关中，拜马融为师。马融门徒越千，只亲自面授少数高才生。郑玄三年没能见其面。一次，马融和一些高足演算天文学题，遇疑难不能解。有人荐举郑玄精于数学，就召来了他。郑玄当场迅速圆满解出，令马融与在场弟子惊服不已。此后，马融极看重郑玄，郑玄也把难题一一向马融求教，对奥旨寻微探幽无不精研。

二是边教学边研究。从师马融七载学成回乡后，一边种田一边教授，学徒相随数百千人。

郑玄（127—200）

到六十岁讲学盛极一时，其弟子过万，几遍全国各地，这在教育史上亦属空前绝后。郑玄教学不专守一师之说，尊一家之言，而是博学多师，兼收并蓄；教法采取问难和启发的方式，师徒锲而不舍，切磋琢磨，效果甚佳。

与此同时，他以毕生精力注释儒家经典，成了汉代注释领域里成就最高、影响最大的一位学者。《后汉书·郑玄传》说：凡玄所注《周易》、《尚书》、《毛诗》、《仪礼》、《礼记》、《论语》、《孝经》……凡百余万言[13]。郑玄最大的功绩是编辑、注释了“三礼”（即《周礼》、《仪礼》、《礼记》），使经学进入了“小统一时代”，并以独创的熔古文、今文为一炉的新学派——郑学，为儒家文化乃至整个中国文化的挖掘、整理与复兴作出了重要的贡献。直到今天，郑注本仍是古经典的权威注本。

三是志在讲学与注典，矢志不渝。郑玄身处东汉末期动乱年代，曾受禁锢十四年，解禁后朝廷当政者十四次请他入朝任要职，他皆拒不受；封其公车征左中郎、博士、赵相、侍中、大司农等高官，也不曾就职。这固然系于保持气节鄙视世腐的人格，也出自发挥讲学著述才智的心愿。

——韩愈叩开了教育玄牝之门。

他三岁丧父，少年立志苦学，渐而通晓儒学，写一手好文章。然青年时三考进士不第，又三试吏考不中，不仅磨折了身志，也激发他以后提携后生的心愿。

他任潮州刺史时，恢复州学，捐俸助学，礼聘学师，促教兴旺。他四进唐朝最高学府国子监，先任博士（教授），后任祭酒（行政长官）。他博古通今，悉心授课，奖掖后生，举荐人才，尤任祭酒后，大刀阔斧地选贤任能，整肃教风，组织讲学，严审生徒，速扫低迷混乱之气为蓬勃井然之风！他所教学子数千，哺育人才济济。

韩愈在历史上最大的贡献，是他扭转了自东汉之后几百年绵延下来的浮躁、颓废、华而不实的文风，首倡古文运动，“挽狂澜之既倒”，开一代文风。宋代苏轼称他“文起八代之衰，道济天下之溺”（苏轼《潮州韩文公庙碑》）。一个人去翻转映照着一个时代思想作风、社会气象的文风，岂不等于移动一座大山？凭他大气而不懈的鼓与呼，凭他坚实的文学基础，写出大量“洞视万古，大拯颓风”令人信服的佳作以示范。

韩愈（768—824）

韩愈对华夏教育的莫大贡献，是激励国人进学从师以继往开来的民族正气，弘扬自孔子所开拓的树人立国的师道精魂。

这里，笔者举其议教精论中的《师说》、《进学解》两篇千古雄文。

前者是韩愈为针砭当时士大夫耻于从师且诽谤他好为人师的流弊，直面理论从师学习的大道；后者是韩愈以与弟子对话的形式，推心置腹地述说自己的人生体验、心性思辨，从中申明学业精进的至理。

两篇文脉通达，议论纵横，意味深长，脍炙人口，至今仍闪耀着教育名言（原则）的哲思之光。

> 学者必有师。
> 师者所以传道、授业、解惑也。
> 人非生而知之者。
> 无贵无贱，无长无少，道之所存，师之所存也。
> 圣人无常师。

弟子不必不如师，师不必贤于弟子；闻道有先后，术业有专攻。

业精于勤荒于嬉，行成于思毁于随……

在师之教与生之学的地平线上，韩愈以其言行竖起了一座巍巍丰碑……

——朱熹深入了教育玄牝之门。

历数唐尧千载下，如公仅有两三人（辛弃疾《寿朱晦翁》）。

被南宋著名词人辛弃疾赋诗推崇的朱熹，以其博大、精深而庞杂的儒家伦理为核心且糅入佛、道思想及吸纳唯物主义哲学，以其渊深、宏富而睿智的思想体系与教育实践，成为中国封建社会中后期儒学集大成者。

朱熹的七十春秋，从教竟达五十年之久！

他极重视道德教育，设计了最高层次的理想人格即“圣人”人格，标准是达到“公则仁，仁则爱”大公无私的境界，而倡导的“存天理（指仁、义、礼、智），灭人欲”则是通向“圣人”人格的途径。

他将萌发于韩愈，奠基于张载，初创于二程（程颢、程颐），集大成于他本人的理学推到了极致。他吸纳了张载“一物两体”的辩证法，提出了“一分为二”这个被毛泽东十分欣赏的重大命题。如今教坛众口一词的“因材施教”也出自他那句“孔子教人，各因其材”的锤炼。

他一生醉心于教。整顿县学、州学，亲手先后创办了考亭书院、岳麓书院、武夷书院、紫阳书院等二十七所教育基地，他还亲自为白鹿洞书院主持教学，订立五条学规，编撰“小学”、“大学”教材。晚岁年将七旬，在湖南为官期间，还讲学于岳麓书院。“先生穷日之力，治郡事甚劳，夜则与诸生讲论，随问而答，略无倦色……”（《朱子年谱》）就在去世前一天，他仍在孜孜以求地修改《大学·诚意》的注，令人感动不已。

朱熹（1130—1200）

八百多年，多少风流雨打风吹去，我目睹了岳麓书院、武夷紫阳书院至今犹存的姿容，并在朱熹定居四十年的翠屏山下潭溪旁的紫阳楼前流连，看他当年手植的古樟高耸苍劲老枝纵横，屋前撩拨诗兴的如带潭溪、“半亩”方塘。有多少玄理妙思从这里涌出？只凭穿越历史的这一文化沉淀，有谁可堪一比？

朱熹“毕力钻研，死而后已”[14]，其著述浩如烟海，光《四书集注》就有五十八卷！

他精思构造的“知行结合”、“引导与防禁结合”、“循序渐进”的教育三原则，“立志”、“居敬”（精神高度集中、专一）、“省察”等修身之道，“循序渐进”、“熟读精思”、“虚心涵泳”、“切己体察”、“着紧用力”、“居敬持立”[15]的读书六法及他力挺的“博学之，审问之，慎思之，明辨之，笃行之”的做学问之五径，鲜活得竟像刚才仍对我们切切述说……

——王守仁踏入教育玄牝之门。

五百年岁月沧桑，山变，水变，城变，乡变，是是非非也变；不变的是穿透岁月时空精髓的思想、精到的原则、精妙的方法。

阅读明代王守仁三十八卷《王文成公全书》，我品味了这位五百年前文韬武略俱称于世的大教育家的教育思想所散发的醇香。

王守仁三十四岁开始讲学授徒，至病逝为止，前后达二十三年，学生在三五千之间，成了一位以弘扬“圣学”为己任的教育家。他的教育研究贯串自己的哲学思想，具有非常独特的视角，加之雄豪的精神气质，于是，其教育见地一展既大胆且创新的反传统的神韵。

他有教无类。学生中，有位高于他的官员，有文人学子，有下层贫民，更有聋哑人。聋哑人杨茂候门求见，与老师以书字相问答。王守仁所写句句叩其心扉，杨茂扪胸指天跪拜从师。其师道即使在当下亦堪称道。

他将查学生品行习惯的“考德”，放在每日讲学之初，把引导学生“立志”置于首位。从“致良知”，即经有效教育达到高深道德与情感，当成教育哲学思想的核心命题。似与今日“德育为首”简直如出一辙。

他说“教学应注意各人长处短处”，要注意个体差异，“因人而施之”，“各成其材矣”。他播下的教学关注差异、发展个性说的种子，今日不正花开教坛吗？

王守仁（1472—1529）

他把教学比作植树，只能“适度灌溉”，“有一桶水在，如尽倾上，便浸坏它了。”从而揭示了循序渐进、量力而行的奥秘，不也犹如今日教师的守则吗？

他提出“自然教育论”，顺导儿童性情，鼓舞儿童兴趣，且德智体乐全面安排，动静交替，张弛结合，“诱之谱歌”，“导之习礼”，“讽之读书”，此等思路，足以成今日愉快教学的源头啊。

他倡导知行结合的理念。针对朱熹“知先行后说”，他提出知行渗透的“知行合一说”，把读书求知只当作寻找帮助走路的拐杖，更需要在行中独立思考。这与今日的“学以致用”、“学用结合”、“学思一体”何其相似啊！

他竭力反对“鞭挞绳缚”、“师权为上”的师威，认为那只会出现学生“视学舍如囹圄而不肯入，视师长如寇仇而不欲见”的厌学，他力行师生间“朋友之谊”的和谐，让学生自由尽兴地展现自己的创见，所有这些，不像是说今日教坛的新风吗？

他因人而异，因材施教，方法多样，如讲堂宣讲，当堂辩论，个别教育，书信指导，默坐静思等，与今日所说的“法无定法”、适切即法，或者“合作探究”、“自学反思”不有异曲同工之妙吗？

这就是作为杰出教育家的王守仁！

明朝思想界灿若星河，形成自百家争鸣的春秋战国之后中国历史上又一个高峰时期。因此，时处思想界潮头的王守仁是15世纪中国乃至亚洲走向世界近现代教育思想的启蒙者。他以最大的开放度，解放国人的学术思想，为几百年后教育的走向草拟了圭臬。难怪现代著名学者钱穆说他是明代学者的重镇，宋明理学的高峰，“其自身之道德、功业、文章均已冠绝当代，卓立千古”[16]。郭沫若在《王阳明礼赞》一文中也说：“王阳明对于教育方面也有他独到的主张，而他的主张与近代进步的教育学说每多一致。”[17]

这些伟大的教育先行者都演绎了师者人生极为壮丽的一幕。

远望先师大家匆匆远逝的背影，沉思他们的生命路径，我们不能不惊愕地发现，其各自都能立于历史的不同里程，顺意快捷地走进教育的玄牝之门，源于他们理也相通，情也相通；路也相通，法也相通，他们的成功贯串着人所共知的常识：

——都有“衣带渐宽终不悔”（柳永）那种终身向学、

深造自己的精气神，从不浅尝辄止，树起一面劝学旗；

——都有“三千越甲可吞吴”（蒲松龄）那个传薪为师、教化民众的教育梦，从无职业倦怠，造就一个强磁场；

——都有“领异标新二月花”（郑板桥）那样别具一格、独领风骚的求索路，从不人云亦云，化作一张潮头名片；

——都有“不写文章一句空”（范文澜）那种悉心教授与专心著述的生命结（孔子以“述”为“作”），从不虚度时日，成为一名学人楷模；

——都有“吾将上下而求索”（屈原）那样透视古今而传承文明的大境界，从不忘记责任，终成一个历史坐标……

此门似乎离我们很远很远，我们仰望此门很高很高。

第二节 求解世纪僵局

一

“沉舟侧畔千帆过，病树前头万木春。”唐朝刘禹锡的这两句诗，描绘了在腐朽事物面前新生事物朝气勃勃的活力。虽然，这里描绘的态势不免有些极而言之，然而人世间万事万物此消彼长的生态格局却也大抵如此。

国外好的教育，一直像源头活水，畅流而下，滚滚向前。而中国当下的教育，矛盾丛生，积重难返，死结连环，开解无措，不能不说呈现出一盘世纪僵局。

我们应看看当下僵局从何而来，又向何去？

回眸历史，自五四运动起，或上溯到1840年鸦片战争始，中国社会给中国教育的命题就是：启蒙和救亡。

无论当年列强的瓜分侵略，还是当今世界范畴的市场竞争，中国教育的轨迹一直循着救亡的曲线。而知识的启蒙，灵性和社会的启蒙，对未来社会公民思想的启蒙，一直没真正排上议事日程，我们的教育一直在自顾无暇之中。国家始终在与战争、强权、经济侵略、世界竞争做殊死拼争，常常沦于捉襟见肘、疲于奔命的境地，因此，无暇恢复教育自身的神圣，短时间更无法复兴到它的黄金年代：教育成为整个社会的灵魂，成为统摄政治、经济社会的中轴线，成为国家与民族的文明所能企及的最高峰。

诚然，新中国建立，中国社会经历了改天换地的大变化，从封建社会形态走了出来。然而，满目疮痍百废待兴的经济，被斗争冲昏头脑的政治，哪肯拿大钱兴办教育？又哪里会提出教育跨越发展的大目标？待到 1983 年，邓小平举起“三个面向”的旗子，为茫茫然手足无措的教坛画出了一个清晰可见的路标，才又催动起教育军团奔驰前行。

然而，“三个面向”何谈易事？没有强大的教育理论支撑，没有厚实的资金物力投入，没有足以担当起承前启后教育践行的无缝链接，我们怎能不陷入一次次秋收微薄的尴尬？中国经历着一场划时代的超长跨越——用几十春秋突进式地完成西方社会几百年才完成了的现代市场经济的巨大转型。教育也是如此。我们要在社会大变型的过程中走向教育变型的圆满。

本想跨越赶超，又不能违背自身的规律，无视国情照搬别人，那无异于东施效颦、邯郸学步；承袭老祖宗的理念又觉得退回老路、毫无前途，前后为难，左右不得，于是，在高压力、高竞争、高挑战、高苛求面前，中国教育无论怎么变都显得僵死；无论怎么发展都显得保守，无论多少发现都显得教条，无论怎么突破都显得短视，无论怎么上下求索也都显得捉襟见肘——这是历史的久远欠账，一时难以弥补。

静观当今，中国教育因与发达国家的教育模本不合拍而各唱各的调，也被国内各种应急的任务、变幻的订单迷惑得几失去了自我。要应对高考试卷，要应答国际竞争，更要应承复兴中华这张最终的试卷；要让学生、家长的眼前满意，更要让国家和民族的未来满意，教育已无暇、无力承担这诸多方面的任务。

为打破僵局，我们曾做了许多工作啊。改革开放之初，培养数百万教师大军，以解师资短缺的燃眉之急；完成“普九”大业，修筑万万千千所校舍，以解筑巢架屋的办校之虞；全国突进课程改革，以适应国际范围内的激烈竞争……然而，打破一个僵局，往往又冒出一个新僵局，以至目前面对的世纪僵局更博大、更艰难、更深刻。

二

柏拉图提出：教育即回忆，学习是记忆的唤醒[18]。

一个人、一个民族的记忆当如何唤醒，得到逼近真理的认识，以便后来的践行少走弯路，少遭遇些尴尬？恩格斯多次讲过的一句话似乎给出了答案："伟大的阶级，正如伟大的民族一样，无论从哪方面学习都不如从自己所犯错误的后果中学习来得快。"[19]因为"真理之川从它的错误之沟渠中流过"，"如果你把所有的错误都关在门外时，真理也要被关在外面了"[20]。

诚然，没有哪一次巨大的历史灾难不是以历史的进步为补偿的。但那是正视了历史，修补了现实。

因此，任何时候都不能无视历史经验。就本质说，瞧不起历史经验（尤其是那些属于历史教训的珍贵经验）就是瞧不起当下践行，当下的践行乃是明日的历史。

教育历史是一个民族的教育之根。

远的不说，回眸新中国教育一次次步入僵局的足迹，就会获得智慧的启示。

阴云时布，朔风频吹，教育史的脚步凌乱而沉重。新中国教育流逝了多少岁月，蹉跎了几多机遇。

第一次在新中国成立之初、万象更新之时，中国教育可以赢得最新发展的历史时空。

我们本可以在"古为今用"、"洋为中用"的旗帜下，挥动教育的大笔，漂漂亮亮、洋洋洒洒地描绘新中国的教育宏图。新教育就像东方地平线一轮崭新的太阳，老祖宗的那套传统教育，过时了，一边去！解放区创造的战时教育，不正规了，靠边站！新教育宛若从巨石中蹦出来的孙悟空，自头至脚，自表至内，里外一新。

我们依靠谁呢？依赖了苏联凯洛夫的教育学思想，以凯洛夫《教育学》为蓝本，九年左右的中国教育以俄为师，逐渐进入单一僵化的苏联模式。凯氏教学的组织教学、复习提问、讲授新课、巩固新课、布置作业五大环节，在20世纪50年代的中国教坛盛行一时，完全把教学引入程式化。其时，有的教师因没有钟表，为了精准把握每一个环节的流程时间，课上竟燃起细蜡烛，烛身刻上五个环节的需时量度，靠细蜡烛燃去的标记进行授课。这实与刻舟求剑的刻板相仿佛。一时间，中国教育没有了自己。

更为严重的是，我们自己抡起砍刀，砍去了自己民办教育那一只有力的手。这是致命的失误，这是历史性的大忌！从春秋时期的孔子讲学、宋明时期的书院到新中国成立前广布农村的私塾，有多少民间自由办学的典范，积累了多少教书育人的经验！许多时候，最好的教育都在民间，最大的智者学人出自私学。民办教育对教育发展带来的良性竞争、活力激发、个性开发，启动藏于民众中的资财办好教育，弥补公办教育捉襟见肘的不足，实实在在具有举足轻重的功力。

第二次在第一个五年计划完成的1957年后，中国教育本可以静下心来，思前想后，吐故纳新，重整旗鼓，开始反思后的建构，比较中的进取。

在1958年提出总路线、大跃进、人民公社，翌年又开展“反右倾，鼓干劲”中，教育界也跟风逐浪，教学工作像小脚女人怎么得了？教育同样也要大革命！举国上下，各类学校，一律生产劳动，大炼钢铁，垦荒种田，学人变为“劳人”，读书成了副业，教学秩序全乱了套，教育育人断了档。践行的错乱源于理性的失误。当时教育科研领域，上牵伊拉斯莫斯、培根、夸美纽斯，下联卢梭、裴斯泰洛齐，直到杜威，统统一律横扫。八年间教育大起大落，教育改革的出路渺茫难觅。中国教育又一次被打入闷葫芦里去了。

第三次则在度过人祸造成的三年全民饥饿之后，经济好转，国运见兴，各行日进，教育稳行，大力发展教育的时机又一次前来叩门。

这一次机遇，被突兀而来的时间最久、规模最大、后果最严重的“文化大革命”彻底埋葬了。灭绝文明、消亡人性、扫荡正义、创造罪恶，让中国走火入魔地嬗变为竞斗大场：铺天盖地的喧嚣，黑白颠倒的扭曲，腥风血雨的恐怖；到处是有导演的动乱，有组织的无序，有策划的疯狂，有领导的浩劫；造反有理，知识无用，野蛮升天，斯文扫地。昨日师生、同学撕裂成对手，平静校园几成了战场。

十年浩劫，对中国是天塌地陷般的大灾大难，中国文化遭遇毁灭性重创，多少世纪的珍贵创造毁于一旦。中国教育蒙受奇耻大辱，几代人可能迸发的青春生命被生生地付诸东流，留给国人的是令人战栗而寒心的回忆。

第四次是在粉碎“四人帮”，十一届三中全会召开，改革开放春光明媚时。

改革开放设计师主动抓教育，打掉“两个基本估计”的精神镣铐，1977年恢复了久违12年的高考，邓小平竖起“三个面向”的灯塔，后又设立教师节，教育呈现出一派烂漫春光。

只因教育理性思想准备不足，教育发展蓝图不清，人才造就规律性的思考不深，加之培养什么样的人及如何培养的根基性问题始终没有从实践的层面得以解决，所以，尽管恢复了教学秩序，建起一幢幢校舍，且推出《义务教育法》，但中国教育并没能乘势大进，很快地就被引向聚焦智育而忽视德育、狠抓书本知识而无视思维与实践的能力、鼓励苦教苦学金榜题名而漠视创造性的大手笔，改革走入羊肠小道。

第五次则在世纪之交。世界范围内的竞争白热化，聚焦于人才的竞争更是在改革的深水区激起汹涌浪涛。

报载，北京的一位老院士弥留之际为新祖国成立几十年还没有人拿到诺贝尔奖而咽不下末了的一口气。

原因在哪里？钱学森说得好："没有一所大学能够按照培养科学技术发明创新的模式去办学，没有自己独特的东西，老是冒不出杰出人才。这是很大的问题。"此为 2005 年 7 月 29 日钱学森对探望他的温家宝总理忧心忡忡掏出的心里话，一语道破中国教育的隐痛，是大科学家的警世箴言，是大智慧者的良知良觉。

我们究竟缺什么？表象上缺杰出人才，深层里缺杰出人才得以成长的沃土。正如鲁迅先生所说："独有这培养天才的泥土，似乎大家都可以做。做土的功效，比要求天才还切近；否则，纵有成千成百的天才，也因为没有泥土，不能发达，要像一碟子绿豆芽。"[21]

世界教育对准了个性化、创造性人才的大批量的生产，美国大部分学校以"在 21 世纪生存下来的技巧（批判思维、创新能力、团队精神、交通能力、学习乐趣）"为培养目标，我们的教育却仍固守着应试教育"高分低能"、"高分低智"的选拔，培育具有深厚人文底蕴、扎实专业知识、强烈创新意识、广阔国际视野的国家栋梁和社会精英还只是停留在我们的梦想和夙愿阶段。不是吗？20 世纪 90 年代我们开始选择的素质教育，至今不也像蓝天上飘荡几朵美丽的白云，应试教育却在涛声依旧吗？许多事实表明：我国教育之车不是前进了而是后退了。

虽然说，"为了更好的前跃，故而要懂得等待，善于退却。这是生活中一个重要法则"[22]。但是，在国与国竞争得刀光剑影的当代，我们等待得实在太久太久。坐以待毙人自毙，坐吃山空山亦空。

机遇是什么？机遇就是幸运之机。"幸运之机好比市场，稍一耽搁，价格就变。它又像那位西比拉的预言书，如果能买时不及时买，那么等你发现了它的价值再想买时，书却找不见。”[23]“最不容易得到的而又最容易从指缝中溜走的，是机遇。机遇就像个小偷，来的时候无声无息，走的时候你却损失惨重。一个民族的生命固然漫长，要紧处也就那么一两步。”

优势在他人抢抓机遇中孕育。

劣势在自己丧失机遇中渐生。

差距在一方错过机遇中拉大。

在教育发展的历史长河里，延误一时就贻误一个阶段，抢先一步就赢得一次主动，领跑一程就统领一个时代。

当代解释学大师伽达默尔说：“历史理解的真正对象不是事件，而是事件的‘意义’。”[24]

翻开尘封的历史，沉思错过的机遇，不算旧账，不论过失，透视丢失的机遇，汲取反面经验，学会聪慧之道，以便迅速地走出僵局。

三

中国教育的世纪僵局产生的因素有哪些呢？

一是教育做了政治的奴婢，不能尊重其特殊性而特立独行。

教育是育人的科学。科学自有它发展、运行的独特规律。

规律像什么？像日月经天，江河流地。谁违背了它，谁就会犯错误。

例如 1958 年，举国大跃进，全民劳民伤财地蛮干，冲击波横卷教育，让教育也狂热起来，学校也跟着大跃进，师生也办成农场工厂，教育被肢解得奄奄一息。

“文化大革命”更为严重，还是领袖一挥手，激起几亿人山崩海啸般的疯狂，中国走火入魔地嬗变为一场浩劫。教育最先也最重地被“打翻在地，再踏上一只脚”，学校多年停课，教师惨遭迫害，青少年流浪社会，五千年文明遭到毁灭性摧残。

这些错误决策酿造了教育的厄运，下面一些官僚在自己一亩三分地上对教育任意发号施令，也造成不小的冲击。2011 年夏季，笔者在我国西部边陲地区调研时，有的县教育局、学校的领导向笔者诉苦，讲学生如何随时被当地政府调去清扫大街，粉刷路树，迎国检（或自治区检）出仪仗队，为一些大会充当听众；抽教师去办展览馆，当解说员，陪上头领导唱歌、跳舞……

悲哀啊，中国的教育！

教育规律首先被谁打破？教育为谁变脸？为祸国殃民的斗争“政治”，为想入非非的政治“长官”。他们整齐划一地规划着教育的步调，动辄挥起长官意志的指挥棒，使教育实验与改革常常受阻。

1928 年 6 月 3 日，王国维逝世一周年忌日，陈寅恪撰碑文盛赞王国维“惟此独立之精神，自由之思想，历千万祀，与天壤而同久，共三光而永光”[25]。独立精神和自由思想，方可立人成事。理想的未来的中国教育，一定会在规律下独立运行，在不受外界干扰的情势下为民族昌盛培育源源人才。

二是未能做到如蔡元培当年提出的教育家治教，按教育规律办事。

如今，办教育仍多是长官意志，而中国的官员由于管理体制的原因（只对上负责），压根儿不重视也不钻研迟显政绩工程的教育工作，成年心安理得地做外行指挥，其所发号施令必然会潜藏着若干错误，即使暂时逃过实践的检验，终有一天会暴露无遗。

例如，云南丽江市政府曾以“学校建筑与古城不协调”，“校迁城外可盘活重组教育资源”为由，出台《市政府会议纪要》，要把丽江一中这所古色古香的百年老校，三年内搬出城区，古城最丰厚的文化底蕴将遭摧残，后因师生、百姓、人大代表强烈反对而作罢。大西北有这么一个市，旱地拔葱建起一座新城，为填充新城区人口，竟违背绝大多数百姓和师生的意愿，强令将偌大的学校搬到新区异地重建，劳民伤财，民怨沸腾。

历史与现实反复证明：高度集权的教育体制与教育深入改革产生的矛盾如同水火。教育行政化越强，教育改革越没有希望，人才培养越离经叛道，大师级顶尖人才越无法产生。

中国教育必须去行政化的利刃才有希望。多少年了，中国教育人渴盼“致君尧舜上，再使风俗淳”（杜甫），能有“明君”作出符合规律的指示。2007 年 3 月 5 日温家宝总理在十一届全国人大五次会议所作《政府工作报告》中终于说出：“提倡教育家办学。”这是中国教育人千呼万唤的真理之声，这是中外教育发展的历史结论啊！

教育行政化意味着教育的歧路颓势，而教育家办教育才是人间正道。

三是缺乏经济杠杆的巨大支撑。

2010 年的《国家中长期教育改革和发展规划纲要（2010—2020 年）》明确提出“2012 年财政性教育经费占 GDP 比例达到 4%”的目标。但这样的承诺，早在 1993 年颁布的《中国教育改革和发展纲要》中就已经提出。这就相当于不让鸡吃粮，却要鸡一个劲地生蛋。尤其是对乡村教育的长期忽视与冷漠，使得乡村在教育博弈中一次次落荒而逃，毫无竞争力。

笔者曾在《教育大境界》里提出一把尺子：重视教育看投入。大投入的前提是有清醒的大思维。

空手套不来狼，巧妇难为无米之炊。有投入才有产出，高产出永远是以足够的投入为前提的。什么都可以等，唯独教育投入不能等，唯独育人成才不能等。人的最佳教育期就那么十几年，流光如水。

当“给力”从网络词汇走进现实话语，传达出的是一种积蓄已久的能量、一种适时而出的希望。教育，最需要给力，给力方的主体应该是政府。各级政府该时时扪心自问：给教育力了吗？给够力了吗？

四是一条腿办教育。

长期叫停民办教育造成教育体制僵死。在几十年的流光里，存在于中国民众之中办教育的热情渐渐地冷却了，雄厚的人才资源眼睁睁看着被浪费了，投资教育的相当可观的民力资金也悄悄地蒸发了。我们对几千年的中国教育发展史开了个让后人耻笑的大玩笑。

国民等啊盼啊几十年，《民办教育促进法》、《民办教育促进法实施条例》出台了，民办教育总算领取了准生证，总算迈出认可了入籍的第一步，然而对民办教育却一直缺失政策上的阳光雨露，致使民办教育举步维艰，每一所民办学校的发展史，几乎都是充满着苦苦挣扎、夹缝中生存的奋斗史。

由于对两条腿办教育缺少透视古今的沉思，缺失一双望长见远的慧眼，以至于教育主管部门一些主管也视民办教育为庶出，入另册，不一视同仁；对其发展过程中遇到的问题冷处理，搁一边，不能迅理速办，以至于民办教育如今仍纤纤细步，缓缓徐行，若秋之虫鸣、冬之鸟飞。

须知，在穷国办大教育的历史进程中，民办教育理应充当中国教育的一个重要方面军。

它所承担的是基础教育阶段难度最大的任务，因其多数学生是进不去理想公办学校的学生。而且，民办学校所创造的理念、机制、模式、风格、特质等财富，填补并深化了教育的内涵，给公办教育挂起一面镜子，造成一个对手，树起一个竞争的伙伴，让中国教育之车在相辅相成的双车道上飞快行驶。

五是人才开发的千校一理，万人一面，教育个性奇缺。

须知，没有个性的教育是最无希望的教育。

在应试教育的轨道上，中国学校仿佛是一个模子刻出来的，所育的人才也仿佛是一个流水线上产出来的。办学育人个性特色的缺失，源起前沿教育理念、人才理念的缺失，还源起教育机制的僵死，与举国上下以应试教育的成果为教育发展成果也有极大的干系。急功近利的目的和整齐划一的模式是一对孪生子。

这些因素纠结着、交织着、彼此策应着，死死地拖着我们教育前行的腿。

我们须格外沉思并正视教育上因丧失机遇所造成的重大失误。“因为教育上的错误比别的错误更不可轻犯。教育上的错误正和错配了药一样，第一次弄错了，绝不能借第二次、第三次去补救，它们的影响是终身洗刷不掉的。”[26]

四

恩格斯有一句名言：“历史不外是各个世代的依次交替。每一代都利用以前各代遗留下的材料、资金和生产力。”[27]

走出僵局，我们能从古代优秀教育的传统中吸纳些什么，或者，能受到哪些有益的启迪呢?

政策是事业发展的生命线。机制是事业运行的保障网。

回溯中国教育的历史长河，我们还可以观赏到另一种奇异景观：古时一些老掉牙的文教政策及实施机制，宛若夏日袭来的一丝爽风，在人们不经意间，吹皱了今日的教坛池水；又像西天上的一抹淡红色落霞，总给当下学人留下三分向往、五分启迪的悠远幽思。

若问主要有哪股爽风、哪抹落霞呢?

首推的当是公学与私学两条腿走路的兴学政策。

私学是中华文明赖以传承的主动脉。

两千五百多年前，孔夫子即以一介平民的身份，揭开了将贵族教育下移为平民教育的序幕，成为中国教育史上创办私学第一人，引来诸多百家兴起之流，使私学风起云涌，席卷神州。

此后，自西汉起，虽然汉武帝创造了国有太学、下有乡学的格局，却也不乏董仲舒讲经、司马迁恭听的私学场景；唐宋两代官办教育犹如昙花一现，民间创办的书院却已洪波涌起；明朝设有北京、南京南北二大国子监，清朝沿袭至光绪三十一年（1905 年）才撤销国子监改设学部，但真正有辐射性影响力的，还是民间的私人讲学这条通衢主径。

尤其光鲜无比、绩效煊赫的，当数战国时期诸子百家的崛起和自唐代起存流一千年之久的书院教育。

岳麓书院

拂去远古以来中国教育传承史的厚厚尘埃，我们错愕地发现——官学的人气往往随着历史帝王的更替与朝代的盛衰而时兴时断，而以传授蒙学和经学为低、高层次的私学，却自问世起烟火都不曾间断过，犹如一条源远流长的河流，或似从大森林源源传来的新风鲜气，让人感受教育底蕴的力量及教育本源与根脉的况味。

自第一位平民大教育家孔子起，历朝历代的私学教育家都不愧为自发性的思想觉醒者。他们凭借自己的大智慧而对社会大走势的预断，隐隐感悟时代缺失着的精彩，在官学衰微或鞭长莫及之时，勇于标新立异，突破社会固有的模式，成为文明的火种而燃亮华夏的历史时空，他们也因而成为历朝历代的精英。

在中国教育历史的进程中，私学与官学，此起彼伏，既对立又互补，一向如车之两轮，鸟之两翼，弃一不可，缺一生祸。然而，当新中国的太阳升起在地平线上时，在几乎清一色的计划经济体制的大地上，只能生长“一包二统”的教育体制的芽苗。

于是，我们的理念偏颇了，决策注定失律了，行动随而冲动了。我们挥起“大破大立”的刀斧，砍得私立的、民间的学校一个不剩。

我们自以为很革命很进步了，实则呢，自己与提升全民素质的目标开起了南辕北辙的大玩笑，和从来推崇兼蓄广纳大包容理念的中华民族要了个黑色幽默。

以致市场经济风暴骤起，促动我们回首教育来路，从丢掉祖传精华而进入冷冷清清的态势中，更从域外世界红红火火大发展的局面里，才面对僵死的思维罗网蓦地醒悟，原来教育的发展不是随意揉搓的面团。任何罗曼蒂克的臆想，终究遮盖不住事物发展的大道。公、私（民）办两翼齐飞、两轮同行，乃是一个铁的运行规律，谁违反谁必受到惩罚。

理念上一时失误，换来的是实践上无可弥补的失措，是一个民族一段发展之路的曲折与泥泞！

改革开放让我们重拾私学，民办教育又开始成为中国教育的一个重要方面军。

冉是培养与选用人才相结合的人才机制。

培养如蓄水待用，选用如放水利用，蓄为用，用才蓄，蓄和用形成自如调控的人才链。我国古代很早就注意了这条人才链，尽量做到培养人才的教育制度与选任人才的官吏制度天衣无缝的连接。

春秋战国，生产突进，私学兴起。专门从事脑力劳动、讲道义讲孝悌的“士”阶层出现了。时为奴隶制向封建制转变风起云涌，阶级矛盾一触即发，骄奢淫逸的奴隶主向有才能的士求助保全之策，新兴的封建地主为强大自己争相养士，都极力网罗人才，礼贤下士，广招宾客，大有“得士者昌，失士者亡”的势头。

士从哪里来？一是从发展私学中来，孔子、墨子就是当时的两位私学大师；二是从封建地主的领军人物的养士中来，例如以养士著称的战国四公子齐孟尝君、赵平原君、魏信陵君、楚春申君养士（包括学士、策士、方士或术士以及门客）众多，号称食客三千。这些士各自服务于社会和各诸侯国贵族：或凭三寸不烂之舌纵横游说，或依满腹经纶之道朝夕讲学，或著书立说议论朝政，或出入学宫艺所争鸣独尊，或被拜为卿相高位治国安邦，或为村野乡吏教化百姓……

到了汉代，汉武帝于公元前 124 年在中央创立太学，地方设置乡学，民间私学也如雨后春笋。人才大量涌现，人才大批需要，人才的选拔也走向制度化——察举制。

汉代用人改革，首先是汉高祖刘邦在乡县确立地方社会领袖“三老”，即“举民年五十以上有修行能率众为善者立以为‘三老’”《汉书·高祖纪》，掌管教化。继而，正式下诏书求贤，对肯用的贤者执至尊和重用之礼。汉文帝时又下诏要各级官吏选举贤良，由文帝亲自策问，很有几分后来科举考试的端绪。到了汉武帝，察举制拉开帷幕。选举的科目有贤良方正（有特殊才能者）、孝廉和秀才、明经等科。察举制的建立，多科目的察举，尤其武帝不拘一格选拔人才，使该朝呈现出人才辈出的黄金时代，开创了布衣卿相的梦幻般的一幕。所有这些使中央和地方俱增了干练的官吏，中下层的知识分子也有了一展才华的舞台。只是时至东汉中后期，出现了宦官把持选举与作假求名的流弊，以至民间流传“举秀才，不知书。察孝廉，父别居。寒素清白浊如泥，高第良将怯如鸡”，讽刺当时腐败滥举现象的童谣。

人才的蓄与用严重脱节出现在魏晋南北朝，门阀士族专权，采用“九品中正制”，以门第高低选拔人才，这一历史倒退造成学校教育的衰退。这从反向给后人以警悟。

像一颗倏忽闪逝的流星，中国历史上短命的隋朝，却给中国历史回赠了一件让人才喷涌而出、让社会长治久安的奇珍异宝——科举制度。

一些学人将科举之源定在炀帝大业三年（607 年），依据有科举诏令。其实，该为隋文帝开皇十八年（598 年）七月，“诏京官五品以上，总管、刺史，以志行修谨、清平斡济二科举人”（《隋书·高祖本纪》）。至此，分科举人取代九品中正制便正式闪亮登场了。

这套起源于隋，完备于唐，改革于宋，鼎盛于明，消亡于清的科举制度，何以绵延一十三百多年的漫漫长途？因它有利于国家掌控用人大权，有利于统一全国各学校的教学内容、教学方法和培养目标，又激活了各层面的学子读书做官的内动力。“凡是现实的都是合乎理性的”，黑格尔这一著名论析也适切诠释了此制度长久存在的合理性。

当然，这与科举制度运营中不断改革也不无关系。在其运行中，多少朝代多少人的聪明才智、心血创造灌注其中，使得设科越发细，考制越发清，分院试（童生试）、乡试、会试、殿试，科考内容与形式越发变，学校与科举关联越发紧，科举阅卷越发公平。史书载，唐朝科举考试初为“明卷”，阅卷者可以看到考生姓名，极易舞弊。武则天发现此中弊端，为杜绝批卷人受贿，就规定以统一的封纸糊盖上考生的姓名。这样，批卷人就只能“按题论分”了。考官也就能秉公按答卷优劣选拔人才，使有真才实学的人脱颖而出。此办法简单易行，一直延续至今。

自古以来，考试是一个巨型天平，学校培养人才在这个天平上度量，国家选用人才从这个天平上择取。此有益的启示仍活跃在今人的心田、当下的教坛，只是考试的内容、形式、方法一步步走向科学化，一步步更注重考出学生的智能，也就越发赋予时代的印记罢了。

还有学校教育、家庭教育、社会教育三方依存的育人举措。

古人将学校教育（私塾、讲学堂、书院、学校）一向看成育人的主体和熔炉，通过学校教育才能成人，已是千百年来不争的大道。因此，历代统治者无一不十分聚焦于学校教育这个中心。汉武帝亲手创办太学，武则天亲自下考场，多个皇帝下办学、发展教育的诏书，面试学府的学生，如此事例，不胜枚举。

古时严父慈母们极其看重维家而系国的家庭教育，在世界上也当以中国为最。他们早早有一个共识：“养不教，父之过”，“苟不教，性乃迁”。处于根基化的家教，是不可替代的。

是的，家庭纵有一百宗幸福，也难以抵消育子不力的痛苦；个人纵有一百件成功，都弥补不了教子不成才的失败。

没有良好家教乃至负面家教，其子女的意志就失去了血脉，思想没有了魂魄，眼睛不见了神采，身体躁动着野性的茫然，目标如同野鸟没踪没影，生命之花在暗夜一般的死寂里默默枯萎，听不到一点儿鲜亮的心灵的琴音。

为追求“上致君，下泽民；扬名声，显父母；光于前，裕于后”（《三字经》）的育子目标，让家教入围国之宝典，中国古之父母早早起步，与子女一路同行。孟母“三迁”、“断机杼”为教儿向学，岳母刺字示儿以“精忠报国”，诸葛亮留下临终之嘱《诫子书》……

家庭教育，在古代叫做家训或家约。父母把自己的治学之道、处世之理、立身之窍、道德之规、治事之则等悉心传授给自己的后代。此种训约濡染着文化的底色，散发着智慧的灵气。

最早见于《论语》的孔子庭训，教育儿子孔鲤学诗学礼。《史记》中推崇战国时期的任氏祖先的家约：“任公家约，非田畜所出弗衣食，公事不毕则身不得饮酒食肉。以此为闾里率，故富而主上重之。”（司马迁《史记·货殖列传》）后来，这种训约式的家教，渐而演变为更系统化、理性化的家教教材，在深度、高度、广度上升华到一个崭新的境界，如魏晋南北朝颜之推的《颜氏家训》，唐代无名氏的《太公家教》，宋代司马光的《居家杂仪》、陆九韶的《居家正本制用篇》、袁采的《世范》，明代朱用纯的《朱子治家格言》，至清代曾国藩那些于平淡家常事中蕴涵真知良言的《曾国藩家书》……如此珍贵的家教教材，既是学童入学之前的必要准备，又是学校教育的丰富展延。

中国古代的社会教育，一是向民众广布农桑知识、生产经验，二是给百姓传授道德伦理、教化礼节。社会教育通过祭祀、庙会、村社、表彰、民艺、诗画、文告、乡约、族规等多渠道多形式展开，像心脏将血传送到每一根毛细血管一样，让男女老少都能潜移默化地受到教化。此社会教育为古代教育不可或缺的组成部分。

上述三种教育，又在以育德为轴心、以做人为目标的统领下，相互依存，相互渗透，你中有我，我中有你，和谐共处，相映生辉。

以古鉴今，当下的“三结合”教育不正是古时开辟的教育路径的弘扬与发展吗？学校教育为中心实验田，家庭教育为各自小小实验园，社区与社会教育为大大实验场，三者的互动共赢不正在谱写新世纪的教育之歌吗？中国古代教育还有不少足可借鉴的政策和机制，鉴于篇幅只表花之几朵吧。

第三节　冲破历史“三峡”

一

由瞿塘峡、巫峡、西陵峡组成的三峡是万里长江一段山水壮丽的大峡谷。它西起重庆奉节县的白帝城，东至湖北宜昌市的南津关，全长191公里。两岸高峰夹峙，峻岭突兀，悬崖绝壁，蔽日隐天，江面狭窄曲折，滩礁棋布，水流汹涌，惊涛裂岸。

古今诗人对三峡无不浓墨重彩，状而绘之。“白帝高为三峡镇，瞿塘险过百牢关。”（杜甫《夔州歌十绝句》）“巫山夹青天，巴水流若兹。”（《李白《上三峡》》）“巴江上峡重复重，阳台碧峭十二峰。”（孟郊《巫山曲》）“万山磅礴水泱漭，山环水抱争萦纡。时则岸山壁立如着斧，相间似欲两相扶。时则危崖屹立水中堵，港流阻塞路疑无。”（郭沫若《蜀道奇》）

中国教育正处在历史的“三峡”里。

笔者之所以给中国教育如此沉重的比喻，是基于多年以来如下的沉思。

中国教育横着几多亟待解决的重大难题。

——要从知与行两者融合层面上，从公办、民办两种竞争体制上，真正解决培养什么样的人才，如何既多又快地培养人才和着力培养大师级人才的老大难问题，实现社会对教育的脉动需求。

——要从城乡发展一体化的思路上，从东西部协调共进的全局上，解决教育的均衡发展，开拓人才四面八方涌出的多块高地，将人力大国托起成人才强国。

——要从国与国核心竞争力博弈的大舞台上，从使古老的中华民族真正强大昌盛的大视角上，实现让我们的教育及早走出困境，带领十几亿国人开始胜利地再出发……

长江三峡剪影

中国教育所要承受的负担太重太重了。

不同历史时代有不同的教育命题，不同国度的不同发展时期也有不同的教育困境、不同的玄牝之门。今日中国教育命题更博大、更艰难，更需要大突破。

亿万家长眼巴巴盼着孩子成龙成凤。

国家恨不得让公民个个高强。

民族期待教育成为赢得竞争永不枯竭的原动力。

社会需要多型号、多智能、多特色的人的源源开发……

教育承载了公民、国家和民族太多的梦想与希望。

中国教育所面临的挑战何其尖锐。

其艰难险境，极像三峡的急流、险滩、峭石、绝壁，一旦偏离航道，将“船毁人亡”，教育事业若贻误时机将愧对光阴！纵目世界教育，千舟竞发，百舸争流，一派突进之势。在险象环生的“历史三峡”行走的中国教育，只能面对，不能回避；只能迎战，不能迂回；只能前行，不能后退。

这是一场白热化的文化大博弈，一次生死攸关的教育大竞争。只有穿过雄伟险拔、峰陡如壁、气势赫赫的瞿塘峡，奇峰嵯峨、峭壁屏列、烟云缭绕的巫峡，怪石林立、滩多水急、曲折惊险的西陵峡，中国教育之舰方可行驶在江面平阔、水势舒缓、天高地迥的大流，竖起新时期教育高层面发展的里程碑。

其间，国家若能有对教育超前超大的投入，则构成教育之舰乘风破浪的强力支撑。

内行导向，恪守规律，守正出奇，智慧超越，方是确保教育不偏主航线的凭借。

公办教育与民办教育双翼体制的“三峡”河床，构造出中国教育未来的奇景。

全球视野，中国灵魂，民族传承，本土行动，将展示中国教育再出发的魅力所在。

身披霞光，肩负重担，中国教育舰队从民族激跳的心口起航，正凝神聚力地穿越着历史三峡。

二

穿行于历史三峡的中国教育舰队，此时此刻处于哪里？

处于中国教育发展的历史节点上。

节点是什么？是人和事业成长、发展、变化进程中的特殊点、关键点，是具有里程碑意义的标志点，是转折性质的拐点，是全新格局的始发点。车子在拐弯处容易翻倒，速度滑冰（赛车场）弯道上也容易超越对手。节点是暗含几分特别际遇的历史关键时刻。

这时期的教育是问题丛生、大变革前夜的教育，是守旧与新生、失望与崛起反复博弈的时刻。朝霞与凄雨，笑颜与苦脸，凯歌与丧曲，往往都交织在穿越三峡的开拓之路上。

这种属于节点上的历史时刻对历史创造者、游随者、叛逆者等都是立见分野的界碑，会给人的终身遗留或欣慰、或抱憾、或痛楚的持久印记。

这是历史、时代留给中国教育最紧要也最难得的一次机遇，要么继续书写西方文明的跟踪篇，要么起笔世界教育再出发的领跑史，何去何从，系于民心；择彼择此，源自政要，源自民意；不管如何选择，已经时不我待。

延误一时可能贻误全局。

抢跑一步可能赢得一次竞争。

领先一程可能统领整个人生。

及早拓开局面可能引领一个时代。

此时此刻，看准前方目标最重要。目标是一盏明灯，一个路牌，一方罗盘，一支火把，带着路标上路，就不会因云遮雾障而迷茫。

中国教育的目标是什么？就是创办世界上最理想的教育，用我国古代优秀的教育遗产，融合以世界上先进的理念、内容、方法、技艺、模式，培育世界上最理想的人才，让中国教育领跑世界教育的潮流澎湃奔涌。对着目标看差距心明眼亮，自吹自擂者只能自行缴械。

我们有多少教师是在奔向这个目标啊？他们两眼一睁，忙到熄灯；脚一沾地，就不歇气，大都在为教考、研考、辅考、导考而急速地抽打着生命的陀螺，将升学率视若事业之厦极顶的明珠。

此时此刻，认清身边态势最重要。中国教育的改革怎么样？多是换汤不换药的变脸，容易陷入“瞎折腾”的境地。

这种“变脸”、“折腾”，对教师是变换，对学生是游戏。不必论证就实验，不用实验就推广。

俗话说十年磨一剑。我们呢？一年磨十剑。所采取的路径是：群众运动式、行政号令式、革命战争式。此种浅表化、形式化，甚至游戏化的教育改革可以休矣。

毋庸置疑，真正意义上的教育思想大解放，始终没有到来。适应时代发展需要的中国教育的理论与实践体系，尚未建立起来。

这里，笔者举一个例子说明之。课上，老师问：“弯弯的月亮像什么？”一学生答：“弯弯的月亮像香蕉。”老师打了叉，因标准答案是像镰刀。孩子没见过镰刀。这个班上有一位家长听到后气急了：“哪有这样教条的老师？学生不教成傻子才怪呢！”就因此，他不惜花200万移民到澳大利亚，让孩子接受外国教育。

此时此刻，戮力寻找源流最智慧。“国际视野，本土文化”，如今这已成了挂在不少人嘴边的口头禅。然而，又有多少人眼中有天宽地阔的国际视野，心里怀着根深叶茂的本土文化呢？外不通国际，眼耳难免闭目塞听；内不懂祖宗，心神必然昏头涨脑。当世界教育进入以欧美为轴心的近现代，我们许多人茫茫然若失；而新世纪曙光照亮华夏，见美国著名哲学家安乐哲（中文名字）出版《期望中国》时，我们一些人又飘飘然欲仙。

其实，外国的先进教育理念永远是流，只有民族教育是源。尽管中国教育起伏跌宕，但仍有积淀数千年的宝贵财富——优秀的教育传统。清理家底，盘点千年，吸纳优秀，借力传统，走出“闭着眼睛抓麻雀”的教育困谷，仍须引来复兴中国教育不可或缺的源头活水。

三

笔者在《教育大境界》中曾如是写道：

现在的教育、现在的社会缺欠如此之多之大，而人类对文明史上圣人的扬弃（汲取其精华，剔除其糟粕）远远没有完成。

当我们尚未充分把握前人思想精华的时候，就被推推搡搡地裹挟到现代社会之中；中华民族的文化传统在经历了一百余年磨难之后，又已变得面目全非，无法为我所用。此时此刻，被迅速推入现代社会轨道大密度高节奏运转中的我国，已渐渐远离了那座人类社会迄今为止最为辉煌的中华思想圣殿。而我们眼前，则是一片充满了科学技术却是思想文化杂草丛生的荒漠。在这片荒漠的热浪之中，西方社会思想宫殿更像大漠中的海市蜃楼。

我们不能如此仓仓皇皇空着手离开这居住了五千年的富丽堂皇的圣殿，去抱着金碗讨要。

我们要坐下来仔仔细细地考量与盘点，把圣殿之中那些用得着的思想宝贝、文化宝贝、教育宝贝统统带上（而不是只拿古人的片言只语当作挂一漏万的旗子挥舞），充实我们的精神家园，从而阔步地走向未来，创造未来的教育。[28]

伟伟先祖，煌煌创造，赫赫经典。

这绝不是一位位魂去身逝的亡灵，而是有思想有灵魂的生命标杆。

这绝不是一个个冷冰冰的知识点，而是一簇簇仍在燃烧的智慧火种。

这绝不是一块块凝固的教育化石，而是一条汹涌澎湃的文化长河。

这标杆竖起的、火种燃放的、长河流动的，是五千年积累起来的高贵与骄傲，是中华文明丰富璀璨的文化史、思想史、教育史、艺术史、科技史和心灵史。

而今天，传统距离我们那么遥远，如同只能影影绰绰难以望其项背的彼岸。

这里，有一个极其重大、极为紧要、极难回答的课题，留给当今与明天：我们须赏识、研究、借鉴、传承哪一些传统教育的稀世珍宝，为当下教育所吸纳所利用呢？我们须从哪些入口进得中国历史文化的心灵深处，用心去感受先祖探索教育人生大道的心路历程呢？

近些年来，教育传承的大课题像重重的铁锤一次次叩打笔者的心门，令其寝食不安。我常常诵起莎士比亚的诗："望见了海岸才溺死，是死得双倍凄惨；眼前有食物却挨饿，会饿得十倍焦烦；看到了敷伤的膏药，伤口更疼痛不堪；能宽慰悲哀的事物，使悲哀升到顶点。"[29]使我为面对祖先的优秀教育遗产而不能传承，陷入深深的痛苦之海。

特别是闻一多那首直抵灵魂的诗句，更一次次牵动我生命的叩问：

请告诉我谁是中国人，
启示我，如何把记忆抱紧；
请告诉我这民族的伟大，
轻轻地告诉我，不要喧哗！[30]

笔者从孔子及其后一位位教育大家人生长河的浪花里寻觅，在中国文化延续几千年的薪火里观照，于自古至今的教育演化史的梳理中沉思，怀揣惴惴的心，试探着对如何传承教育传统、开发教育传统作如下简约的回答。

其一，对五千年中华文化给予相当有力的传承，成了留给炎黄子孙世代相传最为贵重的大礼。

教育深深包藏在中华文化里。

此文化包蕴母语文字、道德伦理、价值追求、法纪制度、文明科学、哲学视野、人性涵养、教育大全等丰富内涵，其以儒家文化为代表性符号，兼容道家、法家、墨家乃至佛家文化，融汇成华夏文明的大智慧。正是这个大智慧，成了独具特色的文化元素，并以一种独有的书写方式强劲地延续着，融入民族的性格、气质、魂魄，建构出中华文化的独特基因；浸渍世代中华儿女的精神细胞，打造出中国人的独有心灵。

文化，凝集一个民族。教育，崛起一个国家。

历史上四大文明古国中的古印度、古埃及和古巴比伦都曾因领跑世界文明而煊赫一时，然而其古老文明早已在地球上消失，只有中国成为全球唯一一个文明承继不断的国家。中华民族五千年不曾屈服、不被撕裂而一枝独秀，炎黄子孙不管遭遇几多内患外侵都依然昂扬向上和谐奋进，皆因源远流长而又精妙绝伦的文化，凝集了一个长盛不衰的民族。

而正是作为历朝历代中流砥柱的知识分子，或勤勤恳恳传道授业于学所书院，导以诵读、对话和讲授，开启民智之门；或孜孜矻矻著书立说于青灯案头，承之往昔、今日与明朝，书写国魂之典，以其短暂生命，接力似的承受续建与传承中华文明精神家园的无比重负，使其成为民族生命和民族性格最强力最坚挺的支撑，化作今日复兴中华文明的伟大灵魂而熠熠闪光。

这些以文化传承为己任的知识分子一般不曾被重视，即或史书上偶有个别人被提及，也往往淹没于帝王将相武功文治的巨大光环里，而他们的孜孜矻矻、兢兢业业，他们的千辛万苦、千方百计，他们的源源才智、赫赫勋劳，极少有记载与传诵。

此种文化传承，举世无双，光耀天地，波及久远，功莫大焉。

其二，对教育、教学、育人极具前导性的系统理念、思想、主张。

其囊括甚广，博大精深；触角俱全，丰富多彩：既有教育本质、教育作用、教育目的、教育哲学的深入阐释，又有教育者、教育对象的多元透析；既有教育制度、教育管理、教育方法的完备揭示，又有德、智、体、美、劳诸育的精辟论断，甚而至于对科技教育、职业教育等教育的周到光顾……

中国优秀的教育理念、思想与主张，既有影响历史的恢弘掌控力，又有超越时空的巨大穿透力。

比如先秦时代的教育经典，1229 言的《学记》，对教育的目的、制度、原则、方法、效果、教师作用等，都作了精彩、深刻到令人惊愕的阐扬，成了世界古代最早最完美的教育学。文中的“道而弗牵，强而弗抑，开而弗达”，讲教师对学子要引导而不牵着走，激励而不压抑，指点而不替作结论。仅仅 12 字，就把师者说、教学论、教授法刻画得惟妙惟肖、入木三分。

其三，对教育政策、学校体制、选人制度都有适时适地的创造，在世界教育史上独放异彩，让我们暗暗佩服古人与时俱进做教育的精到与高明。

自春秋战国时起，就已出台了影响深远的文教方略：大办官学与鼓励私学同进，培养人才与选拔人才统一，校教、家教、社教并举，德、行、艺、仪等教育内容兼容。其中传承数千载文明的私学（民办）教育更是中华文明赖以传承的主动脉。而孔子即以一介平民的身份，一辈子诲人不倦的精神创办私学，拥有弟子三千、圣贤七十二，揭开了将贵族教育下移为平民教育的序幕，成为中国教育史上开天辟地的伟人。孔子开私学之风是源，引来诸多百家兴起之流，使私学风起云涌，席卷神州。

这种民间的潮涌般智力、财力的注入，私立学校爆炸式的增长势头，形成对教育的强力拉动并使之步入良性循环的轨道，不仅仅显示民办教育是整个教育肌体中最具活性的细胞，也不仅仅表明民间和社会蕴藏着兴办教育的深厚源泉，还隐隐约约地暗含着一种必然趋势、一条事物规律，这就是：私人民办教育是鸟之一翼、人之一腿、车之一轮，是断然缺失不得的一条泓脉。

始建于南宋的科考场所——位于南京的江南贡院

再如推出了纵贯古今横俯中外的科举制度，曾经成了中国教育史乃至政治史上具有重大意义的空前创举。该制度发现（渊源）于汉朝，开采（创始）于隋朝，打磨（确立）于唐朝，完满（完备）于宋朝，展用（兴盛）于明清，抛弃（废除）于清末，前后竟历经1308年，不仅对中国，就是对世界教育的发展也曾产生过激活、催化的功效。如今，国人选官，国外择才，所用的考试不仍缊含科举制度的诸多元素吗？

再如自唐末五代至清末，星罗棋布于名山大川里存留一千年之久的书院，讲学与研修同行，墨香共书香齐飘，有效地催动了教育的生生不息。唐初，这种私人创设的聚徒讲学性质的书院开始出现，到宋元明三代，书院进入极盛时期。其中的白鹿洞书院、岳麓书院、应天府书院、嵩阳书院已成了闻名遐迩的四大书院。大教育家朱熹为创办书院竭力，还孜孜授课，且邀请学术对手陆九渊前来他主持的白鹿洞书院讲学。

当公立教育名存实亡之时，中国以书院为代表的民办教育挺身而出，异军突起，承载着时代赋予的使命，成了继战国诸子百家之后，中国三千年教育史的又一座丰碑。胡适认为“我国书院的程度，足可比外国的大学研究院”，钱穆先生1949年在新亚书院的前身——亚洲文商书院开学典礼上说：“中国传统教育制度，最好的莫过于书院制度。私人讲学，培养通才，这是我们传统中最值得保存的先例。”① 毛泽东当年曾以书院为楷模创办湖南自修大学。历代书院以人为中心，以讲学、研修、游艺、著述为别具一格的形式，至今依然放射着光芒。

其四，对为师之道（师之人格、操守、情怀、境界、理念、智慧、方法等）作了精深的阐述。

师道，作为为师者的理念、情怀、操守、人格、智慧、方法等集大成的统称。换言之，即为师者的为人之道、为学之道、为教之道；引发开去，“师”亦可理解为教育，“道”亦可理解为最高道理，“师道”即激活教育生命力的基本法则、原理和运行轨迹。

毫无疑问，师道是一个永恒的命题。它的内涵丰富，价值重大，影响深远，给师者以永恒的精神牵引与践行导向。孔子为开创师道的宗师，其后的诸子承袭弘扬，历代教师完善发展，“道之所存，师之所存也。”一句话，“道”乃教师存在的基础与前提，“道”也通过教师的创造得以弘扬与展延。

孔子曾多方面论说师道。“其身正，不令而行；其身不正，虽令不从。”道出了师者（领导）表率示范的莫大教育作用。“志于道，据于德，依于仁，游于艺”，明确了为学和做人和谐统一的教育目的。“见贤思齐焉，见不贤而内自省也”，主张自我省察、自我克制，自律约束。

古代经典著作中也多有“道”的论述：“大上有立德，其次有立功，其次有立言，虽久不废，此之谓三不朽”（《左传·襄公二十四年》）申明了教育以德为先，德才兼备成就

① 转引自《走在复兴路上的中国书院——国际儒联“书院教育与儒学普及研讨会”侧记》，《光明日报》2011年8月22日第15版。

大业的人生目标。“大学之道，在明德，在亲民，在止于至善”（《礼记·大学》）宣示了大学美德教育的使命。

在社会浮躁、教坛功利的当下，借鉴传统师道这面宝镜，无疑会大大有助于提升与净化当下教师们的灵魂。

其五，以修身立德为重心的育人理念，显现了一以贯之的突出特色。

从周公的“以教育德”，到孔子“仁”对育德的发展，从《左传》提出“立德、立功、立言”的三不朽，到《礼记·大学》主张“格物、致知、诚意、正心、修身、齐家、治国、平天下”的自内在修养到外发事业的做人要求……从古至今，传统教育的长河绵延不息，而道德、人格则以最为绚丽的浪花，注入其高贵和厚重的底蕴，引领着教育长河奔腾向前。

其六，对教育、教学、管理、阅读等方法及模式，做到了多元、多种、多侧面的开采与挖掘。

源远流长的教育传统，博大精深的教育（教学）思想，造就了琳琅满目且千秋各异的教育方法。这实在令地球村其他家族兴叹不已。

仅取先秦 时期的教学法为例，孔子践行因材施教、启发诱导、言传身教法，孟子主张循序渐进、由博返约法，《礼记·学记》提出长善救失、教学相长法，《中庸》概括了博学、审问、慎思、明辨、笃行的反思法，荀子倡导诵经读理、闻见知行法……若观览教育史的浩浩长河，那用心血、才智及实践而结晶的方法，多如浪花，贵如珍珠，亟待撒网捞采，为今所用。

其七，星汉灿烂的教育大家以其各有千秋的思想与践行的底蕴，述说着教育的无限精彩。

文化光鲜无比、绩效煊赫的战国时期，诸子峰起，百家争鸣，家家立学设教，私学兴盛无比；诸家著书立说，文论精深奇绝。老子、孔子、孟子、墨子、庄子、荀子、韩非子……群星闪耀，各领风骚，彼此互映，照亮华夏，开创了教育大拓展的盛世、思想大解放的先河。

自那以后，中经董仲舒、郑玄、韩愈、朱熹、王守仁，再到明清之交的黄宗羲、顾炎武、王夫之，乃至近现代的张之洞、严复、蔡元培、陶行知……中华大教育家、大思想家及其作为，犹如北斗高悬。其流派多门，学说林立，含玉抱珠，行云播雨，大有“风翻白浪花千片”之意韵。他们每个人，都是一部独具特色的教育大书，写满了大发现、大智慧、大精彩；续接起来又传递着华夏文明的火种，燃亮了华夏教育的历史时空。“真知灼见固然需要教育，教育亦要靠真知灼见。”[31]教育大家昨日的真知灼见，正变为我们今日该信守乃至捍卫的常识。

星光灿烂的教育大家，不仅仅竖起了各个时代的文化丰碑，沉淀为中国文化与教育的基因，更成为国民性格的主流元素，社会特征的大写符号。正如被称为“世纪智者”的罗素所说：“同属于公元前6世纪的老子和孔子，早就具有了我们今天看到的现代中国的特征……在现阶段，我不认为科学能够完全解释国家的特征。气候和经济条件可以说明部分问题，但不可能说明整个问题，也许在很大程度上，取决于恰好在开创年代临世的卓绝人物的个性，比如像摩西、穆罕默德和孔子那样的人物。”[32]

其八，不胜枚举的教育故事（教育科研），展示华夏教育千姿百态的无穷奥秘。

一个个、一串串、一束束的教育故事，犹如灯火闪闪、星光烁烁，映亮中华教育的滔滔长河，呈现出独特的奇观美景，其以精简的词句、精美的叙事、精深的寓意，表现了传统优秀教育的丰富内涵。如讲苦学的“凿壁偷光”、“囊萤映雪”、“头悬梁，锥刺股”、“韦编三绝”、“断齑划粥”；讲礼貌的“程门立雪”、“曾子避席”；讲育子的“孟母三迁”、“岳母训子”；讲孝敬的“卧冰求鲤”、“羊跪乳，鸦反哺”等，可以说，年岁悠久且连续未断的中华文化，七彩纷呈的教育故事当数世界各民族之最。例如：

> 子路问：“闻斯行诸？”子曰：“有父兄在，如之何其闻斯行之？”冉有问：“闻斯行诸？”子曰：“闻斯行之。”公西华曰：“由也问闻斯行诸，子曰‘有父兄在’；求也问闻斯行诸，子曰：‘闻斯行之’。赤也惑，敢问。”子曰：“求也退，故进之。由也兼人，故退之。”（《论语·先进篇》）

这是孔子因人施教的典型故事。对同一个问题：“听到了道理就马上行动吗？”孔子应答子路说：“你有父亲兄弟在，为何不问询他们就行动呢？”而应答冉有则说：“听到了道理就马上行动。”在一旁的弟子公西华听到两样不同的回答便困惑地问孔子。孔子解释说："冉求做事畏缩不前，所以鼓励他大胆去做；仲由一个人能顶两人（胆大好胜），所以要抑制他后退一步。"知情知性，知根知底，成了"夫子教人，各因其材"（朱熹《四书章句集注》）的成功奥秘。如此闪烁智慧、真知与科学之光的故事，在传统教育的诗篇里不胜枚举。这些众多的教育故事，为今天教坛倡行的教育叙事早早地开了先河。

其九，修身、处事、治国等方略无所不包，人生、事业、功德等路径尽在其中的国学经典名句，闪耀着迷人的智慧光芒。

五千年文明之河波飞浪涌，五千度春花秋月异彩纷呈，五千载朝野才俊接力传承，创造出一种彰显东方神韵、影响着人类思维的语言律动——中华国学经典名句。

洗尽铅华的凝练，细致入微的精准，参透精髓的深邃，灵动传神的形象，昭示其特色；朝野尽知，老少咸宜，流淌唇间，铭刻心头，显现其魅力。于是，它成了人们思路的"标志杆"，主张的"定盘星"。

历经历朝历代流传中的反复筛滤、丰富与发展，这些箴言名句早已成为中国文化的精髓，也化作中国百姓耳熟能详的道理。例如：

一张一弛，文武之道（《礼记》）

士有百行，以德为首（《三国志》）

穷则独善其身，达则兼善天下（《孟子·尽心上》）

静坐常思己过，闲谈莫论人非（《增广贤文》）

修己以清心为要，涉世以慎言为先（《李叔同讲禅》）

流水不腐，户枢不蠹（《吕氏春秋·尽数》）

先天下之忧而忧，后天下之乐而乐（范仲淹《岳阳楼记》）……

如此名言，如是文化，编织着思维经纬；优化着国人性格，塑造着民族心魂。

这是一个工程，一个庞大的工程，一个奇伟的工程，一个利于当代、福及千秋的工程。

"从孔夫子到孙中山，我们应当给以总结，继承这一份珍贵的遗产。"[33]1938 年 10 月，毛泽东在党的会议上，郑重地宣示这一要务。此后他又批评我们队伍对自己祖国的历史"漆黑一团"，"简直还没有人认真动手去研究。"他要求"聚集人才，分工合作地去做"[34]。这些终成过耳之风。严酷的对日作战，壮阔的解放战争，紧迫的新国家筹备，新中国成立后一场接一场的思想文化教育大风暴，一直到大破四旧、大整教师为开端的“文化大革命”，致使中国文化教育因优秀传统一度被阉割而在一定程度上陷于孤岛。

封杀历史、漠视祖宗、割断根脉的民族是令人类不屑一顾的弱智民族。此等民族只配稀里糊涂地打发日子，不会心明眼亮地直面未来。我们当拂去历史尘灰，打通时光隧道，盘点传统教育，认识、升华其育人本真，走出“闭着眼睛抓麻雀”的窘境，让逝去的昨天活鲜起来，从衔接传承中营养自身，也好更有针对性地吸纳外来文化教育精华，为今日教育坚实地走上现代化之路注入沉甸甸的营养。

注释：

[1] 许慎撰. 说文解字［M］. 北京：中华书局.

[2] 刘铁芳. 古典传统的回归与教养性教育的重建［M］. 北京：北京师范大学出版社，2010：24.

[3] 林格. 教育是没有用的［M］. 北京：北京大学出版社，2009.

[4] 斯宾塞. 斯宾塞教育论著选［G］. 胡毅，王承绪，译. 北京：人民教育出版社，2007：11.

[5] 张焕庭. 西方资产阶级教育论著选［G］. 北京：人民教育出版社，1979：29.

[6] 杜威. 民主主义与教育［M］//任钟印. 世界教育名著通览. 王承绪，译. 武汉：湖北教育出版社，1994：1096.

[7] 霍华德·加德纳. 多元智能理论二十年［J］. 人民教育，2003(17)：7－11.

[8] 泰戈尔. 泰戈尔诗选［G］. 冰心，译. 长沙：湖南人民出版社，1983：80.

[9] 维果茨基. 维果茨基教育论著选［G］. 余震球，选译. 北京：人民教育出版社，1994：400－402.

[10] 海德格尔. 人，诗意地安居［M］. 郜元宝，译. 桂林：广西师范大学出版社，2000：18.

[11] 康德. 判断力批判［M］. 宗白华，译. 北京：商务印书馆，1964：98.

[12] 刘铁芳. 古典传统的回归与教养性教育的重建［M］. 北京：北京师范大学出版社，2010：164.

[13] 本书编委会. 文白对照二十四史：第5卷［M］. 天津：天津古籍出版社，1999：547.

[14] 顾明远. 教育大辞典：第9卷［M］. 上海：上海教育出版社，

1992：267.
［15］同上.
［16］钱穆. 王守仁［M］. 台北：台湾商务印书馆，1984.
［17］郭沫若. 沫若文集：第10册［G］. 北京：人民文学出版社，1959：49.
［18］柏拉图. 斐多篇［M］//柏拉图全集：第1卷. 王晓朝，译. 北京：人民出版社，2000.
［19］恩格斯. 英国工人阶级状况［M］//马克思，恩格斯. 马克思恩格斯选集：第四卷. 北京：人民出版社，1995：432.
［20］泰戈尔. 泰戈尔诗选［G］. 冰心，译. 长沙：湖南人民出版社，1981：115，91－92.
［21］鲁迅. 未有天才之前［M］//鲁迅全集：第1卷. 北京：人民文学出版社，1991：169.
［22］钱钟书. 钱钟书论学文选：第2卷［G］. 广州：花城出版社，1991：113.
［23］培根. 培根人生随笔［M］. 何新，译. 北京：人民日报出版社，1996：84.
［24］伽达默尔. 真理与方法［M］. 洪汉鼎，译. 上海：上海译文出版社，1992：422.
［25］黄延复，贾金悦. 清华园风物志［M］. 北京：清华大学出版社，2005.
［26］洛克. 教育漫话［M］. 傅任敢，译. 北京：教育科学出版社，1999：2.
［27］马克思，恩格斯. 马克思恩格斯全集：第1卷［M］. 北京：人民出版社，1995：88.
［28］东缨. 教育大境界［M］. 北京：北京大学出版社，2007：290.
［29］莎士比亚. 鲁克丽丝受辱记［M］//莎士比亚全集：第11卷. 朱生豪，译. 北京：人民文学出版社，1988：119.
［30］闻一多. 祈祷［M］//蓝棣之. 闻一多诗全编. 杭州：浙江文艺出版社，1995：245.
［31］康德. 康德论教育［M］. 瞿菊农，译. 上海：商务印书馆，1926：9.
［32］罗素. 中国文化与西方文化的对比［M］//人类的声音：第二册. 北京：商务印书馆，2003：288.
［33］毛泽东. 中国共产党在民族战争中的地位［M］//毛泽东选集：第二卷. 北京：人民出版社，1991：534.
［34］毛泽东. 改造我们的学习［M］//毛泽东选集：第三卷. 北京：人民出版社，1991：802.

第二章

求索教育『天问』

远比屈原 172 个“天问”更多的疑问，抛向了中国教坛：

人类灵魂的修行，是靠体制约束之下打造呢，还是大体遵循规律的轨迹自由发展？

教育首要当给学子的，是人性的唤醒、道德的建构，还是知识的输入、智力的开发？

永葆师者的青春，是靠某种规范导引的牵动，还是凭借燃烧一种生命理性所迸发的激情？

一所学校向上冲击的爆发力，是靠上级及体制的扶助，还是激发自身能量的大爆发？

……

当下，教坛有这样一种现象委实怪异：苦不堪言之感被回味甜若蜜饯；口诛笔伐之境却让人趋之若鹜——认为不对的路偏偏是非要走的路，而且越走越远，人们仿佛都成了偏执的盲童，尽管异口同声地责备应试教育，却又丝毫不加以改变，做着揠苗助长、饮鸩止渴的错事傻事，真真应了那句话：骂是爱，贬是褒，知行各一套。

行孕知，知导行。行知连体，彼生此长；行知脱节，南辕北辙。

教育侏儒化的原因是过度浮躁与过分虚空，其深层根源是行与知的断然分手，践行对理论的无比鄙夷。

鸟瞰知行的大举措——口是行非，不循真知，当是中国教育又一大悲哀。

第一节　迷途中的棒喝

一

唐朝时，福建福清有一位叫黄檗的传佛禅师。他接纳新弟子时，有一套古怪的规矩，即不问情由地给对方当头一棒，或者大喝一声，而后提出问题，要对方不假思索地回答。而且每提出一个问题时，都要当头棒喝。黄檗的目的，是考验对方对佛教的虔诚和领悟程度。告诫对方一定要自己悉心去苦读深究，弄清佛法的奥妙（见《佛祖历代通载》）。黄檗禅师的这种传教法，后来成为禅宗师家接待初学者的手段之一。

“棒喝”是中国流传千百年的智慧。老禅师针对学僧的一句棒喝，能够迅速使他瞬间去除种种迷障，直抵问题的根源；能把他从茫茫渺渺的此岸世界中摆渡出来，接引向充满光明智慧的彼岸。

棒喝不问礼节，只管事物的本质；

棒喝不执表面，瞬间破除人心的迷惑；

棒喝让人不假思索，尽快得到顿悟；

棒喝如破梦之钟，如醍醐灌顶。

如今，“棒喝”渐渐演化为促人醒悟的警告之意。书有《棒喝中国》[1]，文有教育改革家刘道玉棒喝教育[2]，书或文的题目也偶见用了“棒喝”。笔者曾面对面及多次电话采访刘道玉老先生，聆听他对中国教育忧国忧民的厉声棒喝。他早已年过古稀，又患过中风，头脑却依然敏捷而缜密，剖析已重病缠身的中国教育一语中的，说起除弊去衰的改革思路条分缕析。

在好大喜功的众多国人面前，在某一些教育权威的视角里，刘老先生被列为另类，然而当下的中国，此种另类实属凤毛麟角，多多益善。若治病，须先正视有病，再诊准其病根底，后是对症下药。若讳疾忌医，捂着盖着，或轻描淡写，希望大疴化小，后果必将久拖不治，走向不归之路。

由此看来，对迷途中的中国教育，确该揭示教育思维的尖端问题，当头棒喝，再对其沉疴投一剂猛药。

二

当下的中国教育究竟有没有灵魂？

派生的问题是：究竟什么是灵魂？灵魂涵盖着什么？

再追寻的问题是：国之复兴、民族的复兴究竟靠的是什么？如今如此教育为复兴提供了足够强大的支撑了吗？

以中小学校为观察的窗口，看看我们的教育吧。

1985 年，柳斌刚到国家教委做主抓基础教育的副主任，北京 49 中学 12 岁女孩隋鑫因考分低服毒自杀的悲惨一幕便迎面而来[3]，时任党中央总书记的胡耀邦对该悲剧所作的长文批示也恰好发了下来。

柳斌反复领会总书记的良苦用心，又一遍遍听了隋鑫喝农药前伴着啼哭的录音：

爸爸妈妈：女儿只有走了。我这次考试又没能达到你们的要求。父母的希望由弟弟完成吧！弟弟呀，要努力学习，别再走姐的后路。忘了我吧，永别了，爸爸、妈妈、弟弟……

那童稚的语声，在哭泣中时断时续，却像炸雷一样长久轰响在柳斌的心里，他觉得听的是一声声血泪的呼唤。这以后，如此悲剧又接二连三地发生了。

从这些呼唤、哭诉里，柳斌想得很远。国之亿万学子甚至从入幼儿园始就被奴隶般地驱向一条缺少笑语欢歌的应试之路。他们的足迹远离了小溪里的鱼虾、草丛中的蚁虫和美丽的大自然。童年的天真磨损成百依百顺的羔羊，活泼的天性钝化为呆头呆脑的木鸡，这岂不是一个民族的莫大悲哀吗？

救救孩子！救救明天！救救未来！这是历史也是现实的心灵呼唤，这是社会更是民族的肺腑疾声。

柳斌（左四）在河南省焦作市许衡中学调研

1987 年 4 月上旬的一天上午，在人民教育出版社召开的九年义务教育各科教学大纲统稿会上，柳斌从迷茫而辽远的教旅深处走来，代表历史良知、民族良心，以如下一段话推出了素质教育的重大思想理念：

一个时期以来，不少地方把基础教育办成单纯的升学教育，这就导致了重视智育，而忽视德育、体育、美育和劳动教育的偏向。基础教育不能办成单纯的升学教育，而应当是社会主义公民教育，是社会主义公民的素质教育。[4]

素质教育的思想理念，迅速拉开了教育大变革威武雄壮的序幕，且在教育历史长河里卷起持久的涟漪。

自20世纪90年代起，素质教育由国家教委领导者的个人倡导变成了教育部门的教改方略，继而化作发展教育的国家意志，定位为中国教育改革的核心命题和主旋律，铸入了国家铁的法律。“素质教育”遂成了我国教坛上、百姓育子经中和社会流行语里，一个使用频率最高的新词组。

站在历史高山之巅俯视，你会清晰可见：素质教育绝不仅仅是在对抗应试教育模式，更体现为一个泱泱大国在重新崛起中的宏大视野：摒弃以知识为本，选择以人的发展为本的教育新格局，极大地提升人才这个核心竞争力，进而在世界竞争中，扭转因教育对民族素质的逆向拉动而可能走向沉沦的倾向。因此说，实施素质教育，是中国教育至明至圣的历史性选择，这是造福国民、昌盛民族的根本性大计。

这面“素质教育”的帅旗一经打出，迅速赢得来自四面八方的呼应。江苏省教委第一个出台推行文件。从这面浓缩教育方针昭示育人导向的帅旗上，人们依稀洞见教育富有魅力的亮色与前方的辉煌，得到了心灵久经磨折后的慰藉与喜逢春雨般的欣悦。

1997年11月20日下午5点采访湖南汨罗市教委主任黄泽南（右）

素质教育的帅旗指处，圣园春光明媚，人心春水融融，一批典型应运而生，因时而长：湖南省汨罗市成了领头雁，继而是山东烟台、辽宁大连、河南南阳油田……似乎已形成了群雁腾飞的雁阵。而典范学校，则是北京八中、上海建平中学、湖北的宜昌一中、盘锦实验中学等一些领跑者，真有点“隔岸桃花红未半，枝头已有蜂儿乱”（王安石《渔家傲》）的景况。

这些从各自的实践园地出发，从不同角度叩开了素质教育之门的典型，都在破译着实施素质教育——前提在理念，核心在育人，攻坚在课堂，运行在机制，生命在质量——的奥秘，顽强地演绎着活生生素质教育运行学。其可圈可点的经验鲜如春花，灿似秋叶。

然而，像刚将解冻的冰河又卷来一场场寒潮朔风，春之气息与冬之淫威、新的理念与旧的思维，在我们尚未从理性到践行的融通上真正将素质教育掰扯清楚的时候，开始了双方势不两立的交锋，各亮“兵器”，自展“绝招”：一个放眼于人的终身幸福、民族复兴，一个醉心在金榜题名、立成龙凤。新旧元素在交战中此消彼长，渐渐地，出现一些难解的困惑，局势也从双方交锋到对峙，又到僵持，再到逆反的演化，素质教育从人心所向的第一选择悄悄蜕变为次要选择，乃至应景选择。且不说急功近利者的偏颇行为，许多人对素质教育的意旨，也因理解的若明若暗而在践行中出现一个个误区。

起初，素质教育重要定位之一是全面性，即德、智、体、美、劳、心（心理）、个（个性）等所谓“七子登科”，结果是：素质教育成大筐，想起什么都能装。装来装去，筐里七彩交错，“五官争功”，再也分不出主次里表了。

中间，讲突出创新精神和动手能力，继而又贴膏药似的增补了实践能力，然而终因没有落实举措与考核办法，更对学子至为关注的升学、就业毫无联系的纽带，结果大抵流于纸面写写，口头说说，宛如作物开出一朵朵诱人却不结果的花。农村百姓称这样的花为谎花。

再后来，又出现“德育为先”、“教学为主”、“教学为中心”等提法，不一而足。何为“先”？何为“主”？又何为“中心”？“先”与“主”、“先”与“中心”是何种关系？从未有具体规定的确定内涵的任何提法与口号，无非都流于文字游戏，中国一向是“口号满天飞”，而口号像孩子吹的泡泡，轻而空，美而虚，中看不受用，口惠而实不至，在半空绕来绕去，让人如丈二和尚摸不着头脑。于是，口号犹讲，行动照旧，教育仍难于摆脱失魂落魄。

况且，在中国近几十年教坛之上，知的，不一定就践行；行的，也不一定践知。

在许多地方许多时候，知为知，行为行，说一套，做一套；上头管说，下头管干，说归说，干归干；行与知断然分裂，践行对理论无比鄙夷。

当新世纪的朝阳普照山河时，“千呼万唤始出来”的素质教育，犹如大海退了潮，篝火烧过劲儿，深秋降了温，宛若蓝天上飘荡着的几朵美丽的白云，应试教育则强势依旧。

高潮时那种如火如荼的场景不见了，潮渐落时那流于口头轰轰烈烈的话语也少了。素质教育在应试教育严酷的挑战面前，尤其在被视为雷区的高考、中考面前，现出了忧郁的尴尬，脆弱的抵御，且战且退的无奈。

或许因急功近利的光环吸引，或许因鼠目寸光的眼界局限，或许因随波逐流的惯性牵动，我们有一些升学率高、校规森严且久享盛名的中学，像牛顶架似的硬顶着素质教育的浩荡春潮，既轰轰烈烈又扎扎实实地在那里夜以继日地大搞不要灵魂的应试教育，无视国家、民族、人民的福祉，狠命地将学生推向集体自虐的深渊。这些学校的校长和教师往往沾沾自喜于每年有多高的升学率，有多少学子拼进了名牌大学，自以为托起了教育的脊梁，殊不知正是他们，极为卖力地充当了做假教育、伪教育的领头羊角色，无情地砍下学子个性腾飞的翅膀，吞噬了学子天性舒展的时空，一届届原本可能成为优秀乃至精英的民族骄子，却集体地告别人生的奇伟而走向生命的平庸。

不是吗？往往越是那些出了名的学校，对学子的时空掌控得越严，对苦学的神经绷得越紧，对生命的消耗搏得越狠，对人生的乐趣挤压得越干。其必然的后果是：这些学校学子的精神气象迅速走向枯萎，心理状态呈现明显下滑，进入大学及走向社会后劲普遍不足，因生命力的消耗透支而提前衰颓。

透过上述那类中小学校教育所蕴含的文化背影，我们能看到当下教育的什么症结呢？

——背离教育规律底线。

人们像蒙着眼睛在应试教育的磨道周而复始地拉磨。只会低首，不会俯视，只能绕圈，不能径行，哪里有大视野？

最严重的是，这些人已经从心照不宣哑默而干中走出来，开始大模大样喋喋不休地交流应试教育“磨道流水线”如何通畅、稳定、源源不竭地培养高水平考生，以及如何强化这条流水线神圣而不可侵犯的严章妙法。

——教育的正确率很低。

低到几乎成了不像教育乃至不是教育的扭曲变态教育：弃德、残智、病体、废美、无个性，就像剥笋一样层层剐皮，只能留下苍白可怕的人生。中国孩子从幼童时就苦爬知识山，父母盼其进神童榜，恨不得让其成为精通“十八般武艺”的超人；如此苦干到高中，学生“教育荒废”：荒废人格、人性、人文和心理教育[5]。

日本的鲁迅研究学者伊藤虎丸认为教育显现了“整体性的丧失”[6]。这是由科学与思想和人的分离导致的。伊藤将教育的“整体性的丧失”与人的“整体性的丧失”的问题尖锐地摆在了世人面前。

是的，当教师只授业不再传道，解惑也只解知识的惑，那他们真的不再是志大、德厚、学高的知识分子，而只是“知道分子”，因此也丧失了对现实的判断力，培育的也是“整体性的丧失”的学生。

——我们跑出一条教育跨国竞争的逆向道。

站在中西方教育对比的平台上，人家跑在培育竞争性人才之路上，我们则跑在巧取高分数之路上（变人才竞争为升学竞争）。标准不同，手段相异，南辕北辙，差距益大。然而跨国竞争愈烈，国内竞争也愈强。只是，大舞台竞争不断给小舞台竞争以尴尬、难堪、挑战，催动小舞台做些许“微调”。

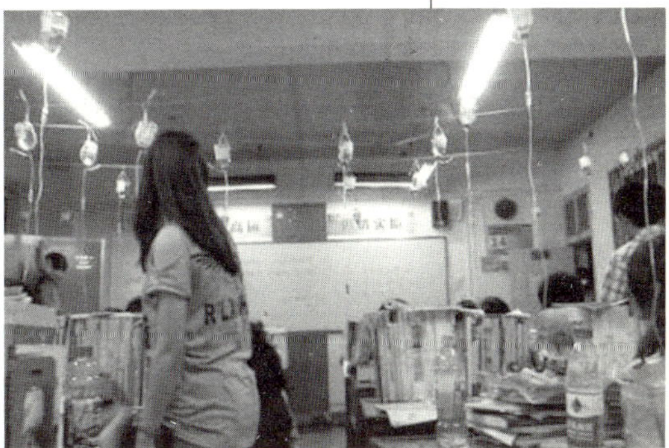

湖北孝感一中惊现史上最刻苦“吊瓶班”，据称，学生打的是补充能量的氨基酸。然而，“吊瓶班”高考却无一人考上重点大学

有一个耳熟能详的真实故事：1979 年，中美互派一个初等教育考察团，各自回国都写一份报告，其中各自见闻部分是：我们见美国小学生一个个趾高气扬，踌躇满志，整天奢谈发明创造，重视音体美而轻视数理化，课堂上个性放纵得自由无比。他们见我国小学生课上正襟危坐，不苟言笑，喜欢早起甚至边走边吃，回家做家庭作业，考试分高的学生为优秀，获得证书。中美报告的结论分别是：美国初等教育病入膏肓，前程不堪设想；中国初等教育扎扎实实，学生勤奋成绩最好。出人预料的是，两国的结论都错了。25 年之后，“病入膏肓”的美国教育竟然造就了 43 位诺贝尔奖获得者和 197 位知识型的亿万富豪，而所谓扎扎实实的中国教育却没有育出一名如此奇才[7]。

我们已经走得太远，以至于忘记了为什么而出发（纪伯伦《先知》）。

黎巴嫩著名诗人纪伯伦的话，可借用为观照今日中国教育的一面镜子。我们是不是有些离开教育出发地太远太远，乃至将为何办教育都置之脑后了呢？

如此中国教育，难道不该反思猛省吗？

对如此中国教育，难道不该当头棒喝吗？

三

“不畏浮云遮望眼，只缘身在最高层。”（王安石《登飞来峰》）古人在诗句里道出连老百姓也熟知的道理：站得高，才能望得远，看得透。我们能否立于世界教育发展的潮头，守望国际人才竞争的前哨，也首先看我们能否登高望远。

“文化大革命”的烽烟远去三十几年了，然而，其乱了人性、心魂、道德、伦理的罪恶余毒，尚需几代人的心灵耕耘方能一点一滴地肃清。

尤不可小觑的是，在加速进入现代化、迈入现代社会的激流中，世人的道德水准、文明素质、公民精神，却又没能及时跟进和重塑，频现“道德真空”、“文明恶瘤”、“精神贫血”等诸多症状。

作为社会的分支，教育自然也是上述现状的受害者，但作为社会精神的发源地，民族素质的再造场，教育更该发挥其激浊扬清、正本清源的作用，展现其在社会转型期的民族精神的“摆渡者”功能。

然而，对照近年来社会发展的流变，我们只能遗憾地说，教育没能走在时代的前列，而成为甘居平庸的角色，似乎与社会演进中的病变无关。

20 世纪 80 年代我们就大讲精神文明，文件一份份地发，理念一次次地新，典范一批批地树，活动一番番地搞，结果呢？谁都无不惋惜地痛感，民族道德之山滑坡了，民风世风之船下沉了，古老中华文明之魂亦面临星辰滑落了。

就说维系社会正常运转的纽带——人与人之间的关系吧，曾被推崇了几千年的助人为乐的善行，如今却为人们视若“傻帽”；曾为自古至今鄙视的“自扫门前雪”的利己行为，当下人却视若再正常不过的“人生规则”。

从熟人社会向陌生社会过渡，从传统道德向现代道德转型，一个逆向发展的社会不期而现：好人好事显得孤立无援，渐而少有人理解趋同。这种可怕的德行衰颓、良心泯灭令人不寒而栗。

我们来取一两滴水以观社会沧海吧。

2011 年 10 月 13 日下午 5 时 30 分许，一出惨剧发生在佛山南海黄岐广佛五金城：年仅两岁的女童小悦悦走在巷子里，被一辆面包车两次碾压，几分钟后又被一小型货柜车碾过。而让人难以理解的是，7 分钟内在女童身边经过的 18 个路人，竟然对此视而不见、不闻不问。人情冷暖，何至于此？

在无锡、广州等地，相继曝出教师让“差生”测智商的新闻。若测出孩子智商低，即使成绩差也不会影响到教师的业绩。测智商已成让教师和学校丢掉包袱的招法。包头等地给优秀生的“红校服”，西安市未央区某校给差生佩戴的“绿领巾”，南昌市进贤县有的中学指令学习较差学生在寒冷的教室外面考试……早早地把学生用外部标志分成三六九等，将“差生”身份标签化，对“差生”歧视公开化，置“差生”处境边缘化。让其人格扭曲，心性受辱，一颗稚嫩的心蒙上厚厚的阴云，清亮的眸子闪动着一片迷茫。师道之花，枯谢如斯。

若问，国人何以冷漠如此？道德何以沦丧如此？教育何以败落如此？

难道是市场经济冲击波太大，致使国人的德行动摇？

难道是大千世界诱惑力太多，致使做人的品位低俗？

难道是人才竞争功利性太强，致使师生的关系冷漠？

上善若水，然国人善心之水日趋干涸。厚德载物，凸显的浅薄之德能载何物？多年社会大场各种力量作用所成的定局，无论有怎样深厚的根系，教育的失职还是脱不了源泉性的干系。

天天讲“以人为本”，何为以人为本？

时时说“育人第一”，第一当育何等样人？

长话短说。广角粗描。

一个个大国的轮番崛起而影响世界，给我们的启示是什么？崛起的终归是人而不是物，让一个大国屹立于世界之林恰恰需要一个信仰、一种德行把全体国民抱成一团，激起国人内在精神的觉醒与凝聚，葡萄牙、西班牙、英国、法国、德国、美国、俄国、日本莫不如此。

一个民族的复兴，绝不仅仅是经济力、财富力的复兴，而是文化力、人才力——核心竞争力的复兴，国民的道德、精神、理想、品位的复兴才是民族复兴的真正旗帜。

以此反思当今教育，所育之人是国家崛起、民族复兴所需要的理想之人吗?

人，总是靠精神与道德在民族的传承中充当闪烁的链环。

这样的人，一定是有头脑有志向有发展的人。

这样的人，一定是高境界高品位高涵养的人。

这样的人，一定是立奇志创奇迹建奇勋的人。

而我们的孩子呢?他们能背记一门门知识，会做一道道试题，赢得一次次考试，承载一段段的苦学压力，但是，请注意!他们欠缺的首先是精神魂魄，即童稚的天真，灵动的特质，善良的人性，自信的定式、丰富的心灵，创新的想象，人文的情怀，整体的素养，道德的支柱，高贵的气质，一句话，欠缺国家崛起民族复兴首要的民族精神，以及人格与责任的自主承担。这可是一个人安身的筋骨、立命的气力啊!

在中外教育白热化竞争中，我们若忽视了精神魂魄给养所造成的深刻危机，输的就不仅仅是一代学生，而是民族的未来。

当下教育缺失灵魂，没有气魄，原因在于教育目光短浅，教育功利性过强，教育内容偏颇，远远做不到给人以高尚道德的哺养与善良心魂的拯救。

改革之初，我们先是从知识荒漠走来，大抓狠抓死知识。抓来抓去，抓得与造就创造性人才的路径南辕北辙。

反思之余，我们继而大抓狠抓活技能，然而，抓来抓去，抓得的技能无非是一技之长，养家糊口的谋生之径。没灵魂的技能、特长，终为派不上大用场的僵化的智术，而不是真善美的灵魂阳光照耀下的全面素质。

不是吗?讲素质教育，要学子会歌舞演练，会琴棋书画，会讲写算做，一个孩子在周日里竟像跑马灯似的赶到几个场子去听课，疲于奔命，焦头烂额，将生命撕成一个个碎片，心灵得不到片刻的舒展。

上头呢，眉头一皱计上心来，就搭建各种形式、各个层面特长的比赛竞技场，擂响震天锣鼓：比写，比画，比说，比做，比唱，比跳（连稚童也比华尔兹圆舞，表演《纤夫的爱》）。下面呢，就紧张万分地组织培训、辅导、苦练，学生、家长、教师自觉不自觉地被发动起来，又变相卷入另一种应试教育的漩涡里，造成学子苦不堪言，累不可支。教育已与原初的目的渐行渐远，教育回归其提升素质、丰富心灵的原点之路愈发渺茫。

我们还不停地空对空地灌注一系列的思想教育，打造与学子心田接不上潮土、长不出芽苗的价值观，并努力设计如同考核教师绩效、考查学生分数一样的某种标准。

每多一条路却反而如同多了一道坎。

现实永远比激情澎湃的大脑冷静。没有精神支点的观念输送，不做道德行为形成的惯性力的体悟演练，再美好的愿景也只能流于华美空壳的展示，就像往盖得严严实实的桶里注水一样，无论怎么用力也注不进一滴水去。

四

然而，茫茫长林，必有秀木；阔阔大野，定见芳草。

自 20 世纪 80 年代起，僵化思维开始有些松动的教育战线，居然自然而然地长出一株又一株芳草秀木。这就是在棒喝里为拯救中国教育心灵、重塑民族魂魄的一些领头学校。

俗语说："始生之物，其形必丑。"庄子则说："其作始也简，其将毕也必巨。"（《人间世》）

当初，这些学校引不起周遭的注意，更牵动不来远处的眼球。然而，是金子总要发光。在他们不屈不挠的努力中，一条条属于自己的素质教育之路开拓了出来，经过数载运行，行为成习惯，文化塑教养，坚持出特色，素质育传统。中国人见贤思齐，一传俩，俩传仨，七十二个传八十八个。名校"桃李不言下自成蹊"，其辐射效应便悄悄起了发酵作用。走来记者，涌来同仁，日复一日，年复一年，展示着自己亮丽风景的连续剧，也成了中国教育改革创新特定历史阶段的一张张崭新名片。

这是与那类重升学、轻素质，校规森严、学生卑微的"传统名校"大不相同的学校。

这里，笔者只举几所典范性中学予以说明吧。

2008 年 4 月 22 日考察洋思中学，与校领导合影

第一张名片——江苏省泰兴市洋思中学。

洋思中学的个性旗帜上高标四个字：主体教育。

这是新时期教育面临跨越式发展的历史时刻而创造奇迹

的第一所学校。

江苏省有个泰兴市，泰兴市有个天星镇，天星镇有个洋思村，1980 年创办洋思中学时，只用了 2.4 万元，盖了 26 间简易平房，无设备，借课桌，13 名教职工，只 1 名为公办教师。学校四季的典型风光为“春天的野草，夏日的流萤，深秋的衰竹，严冬的寒风”[8]。

学校越办越差，濒临黄铺。

1982 年，刚刚走马上任的掌门人蔡林森陷入了苦苦的思考。

他久久琢磨着那么一条路：一条中国式的振奋精神的路，一条高扬道德的路，一条主体发展的路。

这条路该怎么走，才能迅速甩掉后进帽子呢？

抓什么不如抓人，抓人先抓教师。用什么机制抓呢？他从农村家庭联产承包责任制的神效受到极大的启发，灵活而巧妙地将“包”字请到学校，要教师像农民“包”责任田那样“包”教书育人的质量，像织女绣花一样精耕细耘教书育人的“责任田”。然而，在中国农田里显灵的绝招用到中国校园也能灵吗？你还别怀疑，隔行不隔山，这一招真灵！

洋思中学从校长到教师，从前线到后勤，一旦肩负起崇高的责任，人人抖起精神，个个激活心智，条条神经绷紧，处处迸发火光，行进提速，节奏加快，成果立显。

蔡林森走的第二步棋，是激活并挖潜学子，催化其生命力的爆发。孔子的“有教无类”的思想，引发他产生了“没有教不好的学生”的理念。

从哪儿下手呢？他从孔子“子无常师”自学成才的历程受到启示，何不让学生靠自学突破？将孔子“因材施教”的思想迁移到教学全程，让学生“吃自助餐”会怎么样？从孟子“君子引而不发，跃如也。中道而立，能者从之”（《孟子·尽心上》）获得点化，课堂上师生“互动生成”岂不更见成效吗？他辅导自己三个学习后进的孩子先行试验，引其自学自悟、再适时点拨，果然奏效！于是，他带领师生在教苑里一步步探索出“先学后教，当堂反馈”的教学模式。

这种模式非同小可，表象上看，这是对中国传统教学先教后学程序的颠覆，对当下整个“少慢差费”教育的冲击，其实，这恰恰是对中国传统教育教学思想的深入采掘与智慧复原，是对孔子的“学而知之”、“学而时习之”、“温故而知新”等教育主张的幽邃思索与针对性践行。其让学生在自学的"主轴线"上自信力大增，呈现出蓬蓬勃勃的智力景观与生命气象。这无异于在改革深水区放出的颇有威力的原子弹。

在此基础上，洋思中学以理念的突破，即提出一系列振聋发聩的办学目标——"没有教不好的学生"，"让每一位学生家长满意"，"让每一个学生合格"及"堂堂清、日日清、周周清"的"三清"工程。有趣的是，这些目标的初衷也来源农民种田论：庄稼种不好，农民从来不怪庄稼，总是怪自己没及时施肥、浇水、除草、搞田间管理。这些目标及其依托的理论所产生的飞跃，完成了从行到知的跨越，走出了第三步好棋。

1994 年，《洋思之路》在中国教育报刊上发表后，一石激起千层浪，国内教坛、千万同仁被洋思这块生长奇迹的热土感动了，80 多万人次的教育者先后奔至这里，1000 多名校长在这里长期挂职学习，吸取教育改革的阳光雨露。

为发展计，洋思中学 1997 年搬迁到紧靠泰兴市沿江开发区。现有教学班 69 个，教职工 250 名，学生 4000 多名。学校占地 104 亩，建筑面积 3.7 万平方米，有一流的教学楼、综合楼、400 米塑胶跑道、餐厅、浴室、师生公寓，真所谓鸟枪换炮，阳光普照。

第二张名片——山东省杜郎口中学。

杜郎口中学的个性旗帜上高标四个字：释放教育。

在新旧世纪之交，当许许多多人还迷恋于听上面说法、请专家点化、取四方精华、求经书开导之时，前来杜郎口中学挂帅的崔其升，怀着执著而美丽的教育梦想，以一种看似原生态、本土式、草根性的招法，实则吸纳了中国古代书院的自学辅导式、教学研究式、"讲会"式三种主要教学模式之精华的新模式，带领一批普普通通的乡村教师"闪展腾挪"，一举撞开中国教育教学的门扉，刮起席卷教坛的"杜郎口旋风"。

杜郎口中学的课堂

杜郎口旋风刮的是什么风？表面上看，是诀别当下教坛的旧教法、旧学法的教育变革之风，深层次看，是精神大解放、个性大释放的生命张扬之风。

“杜郎口最有特色的是它的课堂。三面全是黑板的教室、学生们争先恐后地发言、大胆张扬的青春个性、人头攒动的听课场面都让人叹服不已。”[9] 崔其升将“满堂灌”的病课称作“癌症晚期”。而崔其升的课，由预习、展示、反馈三大板块组成。教师的组织、点拨、连接教学不超过 10 分钟。在完全破除常规而出现的“教学超市”般的课堂上，人人抢着“称帝”，个个争当“主角”，教室里旭日喷薄，春潮卷动，鹰击长空，百舸争流，到处是四射的激情，喷发的智慧，鲜活的思维，跃动的灵感，放飞的心灵，释放的个性，张扬的人格。

崔其升告诉笔者，他 1997 年 4 月 28 日到任时，学校乱成一锅粥，每年升入茌平县一中的学生只有个位数，还是复读生，而到 2005 年，杜郎口中学报考茌平一中 268 名学子，被录取了 267 名！

又是一块“新大陆”！急于探寻、考察、感受、取经、解密和“朝圣”的人，每日有几百乃至逾千的数量，自天南地北而来涌入这所乡村学校。

第三张名片——四川省绵阳东辰国际学校。

作者采访东辰国际学校

东辰国际学校的个性旗帜上高标四个字：融通教育。

该校创建于新世纪的曙光里，办学从小学到高中全程。来自国内乃至世界 1000 余名教职工，来自 26 个省市 10000 余名学子，在教育家、校长祝启程的带领下，开始了一场开掘精神潜质、开采智慧个性、开发生命极限的教育实验。

笔者在《中国教育的顿悟——东辰新教育宝典》封底曾如是介绍：

这是一段非凡的创业史。短短十年间，绵阳市东辰国际学校成长为中国西部教育版图上最耀眼的明珠，被称为“中国伊顿公学”的旗舰之校，孕育出国内罕见而宏富的教育珍宝。

这是一部中国教坛的启示录。该校在国内率先擎起了一面融通中西教育的旗帜，致力于培养有中国灵魂、有世界眼光的现代人，从而打造出极具核心竞争力的“东辰教育模式”，在百多年来中西教育理念如何水乳交融的疑难面前，从理性到践行率先全面突破，最终实现了对理想的基础教育方式的历史性顿悟，给人以茅塞顿开的启示。

这是一座中国民办教育的巅峰。这里有政府与企业联手，创建股份制寄宿制学府的密踪；这里有教育家校长坚持理念前导、行动拓路、持续创新，带领一所学校走出困境、攀升高峰的新路；这里有让教师和学生享受教育、发展自我的蹊径。[10]

我们不禁叩问——为什么洋思中学、杜郎口中学、东辰国际学校、东庐中学等学校的崛起与繁荣，出现在并不被人看好的乡村学校或不被人关注的民办学校里？或者再问，为什么大都出现在似乎缺理论少文化无积淀，而采用“土法”、“偏方”治大病的最底层学校里？

这是一个值得人们深入反思的问题。

这是让那些条件论者永远不可理解的困惑。

一些并不被看好的农村学校，似乎没有立足教育理论的高峰，使用的又是带着若干传统教育元素的土法，居然走出一条素质教育的新路，岂不令人错愕与费解？在一些自以为高贵的人的眼里，你土里土气，连理论都没搞清，能迈什么践行之步。可若照此理儿，小孩子不知道如何爬、站、走、跑的要领就别去爬、站、走、跑，那就永生永世躺在摇篮里算了。

民办学校本来不占政策之优、人力之优、财力之优，一些民校无法跳出“其兴也勃焉，其亡也忽焉”的“黄氏（黄炎培）周期率”，从出生到成长都像喝不足奶水的幼儿，长得瘦小枯干，甚至纷纷夭折，而东辰国际学校却依靠中西方融通教育的理念健康茁壮生长着，走出了缠绕教坛多年的三大误区：应试教育与素质教育水火不容；民办学校与知名学校不可同语；做成大校与做成强校不能齐观，以中国灵魂、世界视野所探索创造出的理想教育，勇敢地回应了一个时代的挑战。

如同小药铺有大人参，深山飞出金凤凰一样，这一些原本边缘化了的学校，没有青睐的目光，少见“婆婆”的监管，无缘高人的指点，也不受书本和框框的羁绊，有的是自身拧成一股绳，心贴心地想、实打实地干，创造性地杀出一条生存的血路。

他们摸爬滚打着从濒临黄铺的绝境中走出辉煌之路的宝贵经历，给我们带来那么深、那么真切的感受，拓路的甘苦，鲜活的困惑，错综的矛盾，改革前沿那一股清爽强劲的风。他们想出了别人曾想而未想出的道，做出了别人想做而未做的事。所有这一切，大大增厚了他们创举的现实底蕴。

还有一张特殊的名片——河南省少年先锋学校。

该校的个性旗帜上高标四个字：承纳教育。

河南省少年先锋学校校监任晓林向笔者谈大才教育

这是一所以弘扬国学为主轴的“另类”学校，1998 年出现在中华文化发祥地郑州。它特立独行的“大才教育”宣言是：“根植人类元典文化，纳容东西圣贤智慧，诵读中外圣贤文化经典，在完成现行教育幼儿至初中阶段的知识学习的基础上，完善人格和思想教育，形成具有独立人格和思想、高度智慧和涵养、博学厚德、志存高远、融合儒释道耶回文明的通世大才。”

15 年来，这所公办民助学校，在传承国学、纳容圣贤，开启科技、人文并重的新教育模式中卓尔不群。

他们超越了一些学校将传统文化当作“边角料”补充的做法，而是视之为精神家园、文化根源，聚力挖掘，建立了分年段的大才教育目标体系；

他们超越了一些学校教授国学只止于让学生多读些古典诗文的偏见，而是建构了国学文化特色的全部课程，主要有：

经典诵读——大脑开发与再造生命工程，为传统最核心的教育模式。此绿色环保的教育模式适合每一个孩子右脑开发的至简之道；

优因数学——将中国优秀的数理教育、中国传统易经智慧融入现代数学教育；

还有艺术教育、体智修炼、《弟子规》养成教育……

他们超越了一些学校多停留在口头上“弘扬民族传统”，而是将弘扬民族传统落到实处，植入心灵，做到极致。他们年年组织孔子游学式的夏令营，瞻仰古今名人的人文遗迹……

为打造中西文化融合、天地和谐的教育体系，提供适合发展的生态课程，以弥补学生思维活跃与个性张扬上的少许欠缺，该校还开创性地把中西圣贤经典诵读纳入常规课程；引进世界最前沿的丹麦课堂机器人项目为选修课程；将欧洲心理和潜能评估开发理念及软件引入学校，以学生“心理、潜能测评”结果作为因材施教的依据；将奥尔夫音乐教育体系植入课堂；成立国内第一家“国学启蒙馆”；开展50余项特长培训……

当下，民办教育举步维艰，然河南省少年先锋学校却越办越火，已成为国内乃至华人圈弘扬传统文化的一面旗帜，国内首家最大的传承国学的基础教育机构。其教育硕果令家长、学生趋之若鹜，也获得了《人民日报》、《南方周末》、中央电视台、《华盛顿邮报》等国内外媒体的好评。

学校创始人、学校督教任晓林，痴迷地求索我国优秀的传统文化，被誉为现代新儒学的践行者，他引领他的团队，聚精会神地探究着吸纳传统教育精华的教改之路。

笔者曾在上述一些学校做过深入调研，琢磨他们何以在山重水复的国之教林里，低起点起步却卓尔不群，棒喝中清醒能独辟蹊径，“杀”出一条个性赫赫、硕果累累的素质教育之路？

他们源于气，一心发誓改变后进坐标之气。

不求理论之高，但求践行之远。

“曾经阔气的要复古，正在阔气的要保持现状，未曾阔气的要革新。大抵如是。大抵！”[11]当年，鲁迅剖析社会上几种人的心理是如此，今日教坛上管理者的心态又何尝不是大抵如此。

竞争激起活力，挑战焕发激情，绝境突来出路。

物极必反，反中藏变：差距越大潜能也越大；困难越多希望也越多；坚持极难突破将也至。

沧海横流，鸡也飞出鹰；面临砸饭碗，羊也狠成狼；走上艰险路，庸人也成强者。

他们源于魂，一名校长的精神前导之魂。

不求思想之深，但求精神之盛。

精神界这个生灵
已从孽海中超生。
谁肯不倦地奋斗，

我们就使他得救。
上界的爱也向他照临，
翩翩飞舞的仙童
结队对他热烈欢迎。[12]

歌德所讲的精神思想的偌大作用，与爱默生说的“当一个人知道自己的目标去向时，整个世界就会为他让路”的内涵是相似的。

思想引领方向，精神高扬气魄，方略调动队伍。

发展是硬道理，改革为主旋律，竞争当常态化。

朴质是原生之态，求是乃超越之本，实验是突破之径。

相信精神种子，相信岁月雨露，相信思想阳光。

他们源于特，一种办学文化个性之特。

不求建校之名，但求办学之色。

“个性——这是最重要的；一个人的个性应该像岩石那样坚强，因为一切都是建筑在个性上面的。”[13]个性比智力更优秀，比能量更崇高。

个性的成熟在于特。

特为品牌，特为名片，特为卓越。

特是旗子，特是种子，特是命根子。

特是具体的，鲜明的，凸显的。

各校的“特”，无一不是立于自己的地，支撑自己的天，依托自己的人，一日日创造，一月月坚持，一年年积蓄，终于独行而特立，百炼而钢成。

你不到江苏洋思中学不知学生自主小，不到山东杜郎口中学不知教改步子小，不到四川绵阳东辰国际学校不知教育模式（低教师遵循模式，高教师创新模式，大教师超越模式）超越小，不到河南焦作许衡中学不知师生读书少，不到南京滨江中学不知转后招法少，不到北京光明小学不知自信威力小，不到重庆巴蜀小学不知教师提升功力小……

此种特色，邯郸学步学不来，克隆复制制不出，唯一能做的，学精神，吸营养，做内化，辟蹊径。

遥想战国当年，“行吟泽畔”的屈原只有“举世皆浊我独清，众人皆醉我独醒”的无限慨叹。而今天呢，面对棒喝，中国教育人的先行者已经有所作为，且身手不凡，当有胆略、气度、智慧、力量迎难而进，后来居上。

第二节 “盲点”中的突围

一

看到这一节颇具弹性张力且又尖锐醒目的标题时，先须弄清标题的指要。

盲点是什么？《辞海》解释为，“眼球后部视网膜上，视神经进入眼球处的一个凹陷点。此处无视觉细胞，不能感受光的刺激，物体的影像落在此点上不能引起视觉，故称盲点。我们这一节说的是中国教师在“盲点”中的突围。那么，中国教师的“盲点”究竟是什么呢？或曰，对教师十分紧要却又被教师自己严重忽视的是什么呢？

有人说，是教师高远的教育境界。

有人说，是教师高尚的职业道德。

有人说，是教师高超的教育能力。

有人说，是教师高强的科研本领。

有人说，是教师高效的教学艺术。

……

看上去，似乎无一没有道理，又觉得都不那么十分准确，没有一眼看穿实质处，一语道破核心点，最关键之点是什么呢？

古人云：“月晕而风，础润而雨。”月晕的出现，是因为将要刮风；础石的湿润，是因为就要下雨。“事有必至，理有固然，惟天下之静者，乃能见微而知著。月晕而风，础润而雨，人人知之。”（苏洵《辨奸论》）

以此观之，我们何不从当下教师的最不尽如人意的表现中去透视其“盲点”呢？

我们许许多多教师职业倦怠着，这是举国上下不争的事实。他们工作没劲，眼睛没光，心里没标。

然而，2000年夏，我到俄罗斯的赤塔市等地访问，那里的教师半年多没发一戈比薪水，但他们仍笑容可掬地与学子谈天，激情满怀地讲课，朝气勃勃地坚守着事业，还对我说：“国家经济好了，老师也就会好了。”这种理智地体谅并分担国家的困难，丝毫没有懒散懈怠的心理，着实让人钦佩！

我们许许多多教师的理念滞后，依然穿旧鞋，走老路。课上，将简单的道理说得很麻烦，将具体的知识谈得很抽象，将复杂的问题解得很糊涂，学生如听老和尚念经，兴趣索然。

我们许多教师技能偏低，上作文课的，写简单的应用文就心虚笔拙；讲理化课的，做演示实验却两手发抖；给学生说动作要领的，自己做跨越跳箱示范动作竟大头朝下……

我们许多教师不讲求教育技巧、教学艺术，不知晓教育艺术与技巧是教育教学的最高境界，以为教学就是向学生的知识池里注水，注得越多越好，其教学活动，平铺直叙向前推，一潭死水无波澜。在这些人的眼里，教育教学的艺术化、个性化似乎是与他们的践行无关的渺茫的愿景。

《中国教师缺什么》罗列了中国教师对爱、服务意识、生命意识与等待意识、理想与激情、创造、健康与关怀等六大类十三小项的缺乏，对教师角色的冷思考不可谓不齐全，然一细化，又让人有胡子眉毛一把抓之感。

若从知与行两个视角看，将教师的缺失加以梳理、归纳、提炼、凝集，最终用一个词囊而括之，那就是素养。

素，指方方面面素质，涵盖道德、能力、个性、身心等基本方面。

养，主要指教养、学养。教养为文化与品德的修养。学养为学问专业的修养。

素养，这个平时似乎被师者挂在嘴上的名词，却又是当前师者最为欠缺的所在，因此也就成了为师者的盲点。

试问，外国教师（欧美、日本等国）的素养就修炼到家了吗？他们就没有盲点吗？当然不是。不过绝不像中国教师如此严重，如此令人心忧。

为什么中国教师的素养缺失尤甚？其主要原因是作为背景的中国教育的偌大困境，和辗转操劳于偌大困境中的中国教师的无奈与焦忧：社会对教育的高度期待，师者周而复始的强度疲劳，事倍功半的低度效能，职业奔波的深度疲软。

中国教师群体正因为长期处于精神、心理、身体的持续疲劳，久久旋圈在应试教育的磨道周而复始地拉磨，时空单调，视觉枯燥；工作重复，激情蒸发；待遇偏低，情绪低落；职称到手，目标茫然；更有知行互搏，无所适从；竞争变态，压力陡增；世风暗影，心潮难平。

二

从素养这个盲点处眺望，中国教师最缺的已不是知识，尤其是在教师学历几近全部达标之后；也不输技能，教师的专业化提升工程已全面展开；也不缺理念，教育、教学、管理的理念之潮自上而下涌灌得有如水漫金山，人们早不陌生。

笔者在几十年里，通过对近30个省市及港澳台的1600多所学校的调研、6000多位教师的访谈，渐渐清晰地感到，制约当下中国教师素养持续发展的，当为教育理想、教育科研、教育智慧三大瓶颈。这亦可理解为中国教师的三大贫困。

教育理想是中国教师普遍缺失的精神支撑。

2003年1月采访北师大林崇德教授（左）

理想是人安身立命的精神支柱，坚定地支撑着的奇伟信念，给人展示出一派美妙的境界。

教育理想不仅仅指师者身许教育的信念，更包含追寻理想教育的内在精神：既涵盖着适应未来社会所必需的若干教育元素，又坚守了几千年传统教育的诗意精魂，以“让古典教育的精神得以在逐渐物化的现代教育与现代生活中，散发出一瓣蕴涵着形上魅力的幽微馨香”[14]。

我们的教育理想是什么？

教育的理想是创造理想的教育。

理想教育是适应每一个学子终身发展的教育，是让国家民族称心如意的教育。

教育理想如导航的灯，行路的标，前方燃亮的火光。

昔日，“人类灵魂的工程师”曾是全员教师耳熟心仪的神圣理想。在改革开放的商品大潮里，伴随着教师自身的一层层蜕变，它已是再没人提及的高尚念想了。“当一位学生欢迎的名师”，也成了大多数人不敢多想的奢望。

时下，不少“两眼一睁，忙到熄灯”的教育者认为：教育理想太遥远，太虚幻，如梦、如云、如诗、如画，可望而不可即。

其实，没有虚的，哪有实的？没有梦想，哪有超越？没有远方，哪有旅途？没有诗画，哪有憧憬？

教育理想是理性的呼唤，是童真的招引，是美丽星空的感动。

心灵的理想能赢得命运。有了教育理想，生命就有了明媚春光。遂灵魂与身姿一起坚挺雄立，智慧与爱心同时异彩纷呈。

失去教育理想的人，心无所依，情无所寄，目无所望，足无所向，也就丢失了源于教育理想而焕发的人生动力与教育激情。人也不可能静如秋水，动如排山，而变得情态麻木、兴味索然，甚而至于心井干涸，形容枯槁。

有理想的人就有目标，有目标的行船叫航行，无目标的行船叫漂泊；人生照着目标跟进的路叫捷径，而毫无目标漫游的路极易陷入歧途。

为什么教学队伍普遍不同程度地缺失教育理想？

从自我主观看：在应试教育的模式下，教师的教育理想在与教育现实的一次次地对撞中，渐渐地消损了原本美丽的火花，教师职业智能的光和热，也在随之产生的倦怠中变得心空黯淡、心血寒凉。

从外界客观看：市场经济冲击太大，固有的师德悄然动摇；大千世界诱惑太多，教育理想渐渐淡漠；应试教育功利太强，师生关系日趋疏远。

2008 年拜访 95 岁教育家史绍熙，请教为师之道

无奈的现状，无情地将曾经血气方刚、心志如虹的师者拖入了不思进取的泥滩，唯有高远的理想，方能成为解救师者冲出泥滩的缆绳。

拯救自己的灵魂，拯救被扫荡出门的教育理想，迎其回归心灵，这实在是当代每一名教师的首要任务。

那么，当下该如何竖起教师心灵理想的支柱呢？

作为上级（党、政及教育主管部门），必须千方百计地架构中国理想教育的平台：认准办好教育和优化人的成长的规律性轨迹，下决心推行人性化、道德化的绿色教育，摒弃牺牲师生眼前幸福终身发展的专制化、就范式教育的种种恶性，让“尊师重教”从教师节口号的圣坛走进领袖集团、各级官员及国民的心灵，刻入民族发展的里程碑，真正化作民族复兴、国家崛起的巨大助推力。

作为教师，什么时间、什么情况下，都不得小瞧自己，而要将自己视为民族教化中的主角，用“理想”、“守望”、“致知”三把尺子考量生命的价值。

心怀理想。永远将人生视为一场锲而不舍的奋进，把目标当作心灵永恒的珍宝，并且像每天初升太阳一样保持着新鲜的光亮度。车尔尼雪夫斯基说：“没有目标，哪来的劲头?”没有劲头，哪来的激情？没有激情，哪来人生的亮色和精彩？因此，要让目标的珍宝时时被拂拭得清洁如镜，不染尘埃；新美似画，永不退色，保持高度的生命自觉和精神自省。

学会守望。守望岗位即守望理想，守望责任，守望担当，守望信念，守望灵魂。人不能主宰世界，却能主宰自己；不能感动众人，却能感动个人；不能让人生伟大，却能让灵魂崇高。为此，守望要有宗教般的情怀，其内核是信仰（含信念），其外象是执著，其载体是事业，其心神是忘我，其口号永远是：挑战极限，超越自我！

格物致知。格物：穷究事物的道理或纠正人的行为。致知：致，求得；知，知识。即“获得知识”之意。如是，就可能将每件事做得尽善尽美，一旦遇挫，重抖精神，奋起再做，不改憧憬，取普希金诗意：“假如生活欺骗了你，不要忧郁，也不要愤慨！不顺心时暂且克制自己，相信吧，快乐之日就会到来……”[15]

教育科研是中国教师当前相当普遍的事业盲点。

拍脑门决策，想当然出击，迷迷瞪瞪上山，稀里糊涂过河，我们民族近一个花甲吃尽了盲目的苦头。教育当然也未能“跳出三界外，不在五行中”。无视规律的不教育，忤逆规律的反教育，遍及国之教坛，莫不是尽在播种毒杀教育的罂粟吗？好在当下教改潮头中教师们已经对准首要的科研课题：激醒生命，激强个性，激活大脑。

人是万物之灵。育人的活动是科技含量最高的活动。

教育科研是教育事业的加速器。它可以丰富人生内涵，精简思维程序，优化工作内容，改变行动方式，骤增自身能量，捷登事业顶峰。

教育科学现代化代表教育的未来。今天教育科研的含金量预示明天教育的开发量。

教育科研不能教授，不可复制，唯一的路径靠自己的践行。诚如纪伯伦所言：

> 天文学家也许向你谈他对宇宙的理解，但他却不能把他的这种理解给予你。
>
> 音乐家也许会向你唱那韵律遍布宇宙的曲子，但他却不能把他那听取韵律的耳朵和他应和韵律的声音给予你。
>
> 通晓数学的学者能向你谈度量衡的范围，可是，他却不能引导你走入数学殿堂。
>
> 因为一个人不能把洞察力的翅膀借给他人。[16]

由此观之，真知来自感悟，感悟来自践行。我们许许多多教师之所以长期甚至一辈子踟蹰于机能型的普师（普通教师）路段，关键的一点是没有教科研意识和眼光，更不会有教科研的行动，而和教科研不搭边的教师，永远只会蹒跚着踱步，难以走出庸师的樊篱，欣享名师的职业快乐，也就难以拥有教育人生的烂漫春色。

其实，教育科研的厚实土壤层就在教坛第一线。温家宝引王充《论衡》："知屋漏者在宇下，知政失者在草野，知经误者在诸子。"毫无疑问，有的放矢摘得教育科研硕果的当数第一线教师。

为什么会这样？

因为真正的教育理论不是"象牙塔"理论，不是书斋哲学，它从不像飘浮在天空美丽却虚无的彩虹，而是擦在粗糙地面上迸发的火星、火花，其真谛是与理想逼近，与实践为伍，与批判结盟，与创造孪生。

而那种"象牙塔"的书斋理论，看上去似乎条分缕析，初听起来也头头是道，然而却像掩映在云里雾里的海市蜃楼，景奇却缥缈，中看不中用。

有些教科研论著把自己打扮成教师爷般的僵化状：冷漠得没温度，苍白得没血色，呆板得没笑容。若从操作层面分析，这不是故弄玄虚的显示，就是毫无责任的误导，不待多久就只会灰飞烟灭。只因他们的研究与第一线的践行若即若离，隔河隔山，如此的研究者难免不像蒙在云里雾里观景，想出成果自然难于登天。

这类研究者与马克思在 1862 年写给拉萨尔信中所批判的："……这类按本性来说从来越不出教和学的老框框而自

己也从来学不会什么东西的学究，这类‘瓦格纳’式的人物与‘只会死死抠住理念化的模式不放’的人物有何区分呢?”[17]

正如著名学者、北京理工大学教授杨东平先生所说："教育的理想和活力存在于第一线勇于探索和实践的实践者，而不是各种各样官方的会议。"[18]

若不信，请看啊，新中国的63年间的基础教育，有哪一些有价值、有魅力的教育理念与教育实践是孕育、产生于教科院所、大学"象牙之塔"里的呢?1958年"集中识字"、1982年"注音识字"、1987年"韵语识字"等教学改革实验新体系分别产生在辽宁省黑山县北关实验学校贾桂枝和李铎、黑龙江省佳木斯市第三小学特级教师周慧园、辽宁省东港市实验小学姜兆臣那里，实施素质教育的愉快教育、情境教育、主体教育、尊重教育、差异教育、成功教育等教育途径，不也是首先由上海一师附小倪谷音、江苏南通师范附小李吉林、河南人民大道小学姚文俊、河北衡水中学李金池、杭州天长小学李乘龙、上海闸北八中刘京海等基层教师创造的吗?

1991年，在著名教育家韩作黎家里，与其共进早餐时话教育改革

近几年，中国教坛突然涌出一部部随笔杂感，让读者顿觉琳琅满目，不胜暇接，然而细读时才发现，那着笔实、内容新、描写细、情感真、触角深、震撼大的佳作，除如肖川、刘铁芳等细察、深思、精作的少数专门教育家的作品外，还当数在教育教学第一线饶有兴趣耕耘了一辈子的名师吴非、李镇西等人的《致青年教师》、《不跪着教书》、《爱心与教育》、《风中芦苇在思索》了。为什么会这样?只因他们太熟悉教育"围城"里的人和事，太深悟其中的情与理，太透辟如何判断是与非，理因感而吐，情自境而涌，文从心而生啊!

第一线有真知的教育者向来不屑于理会那种"躲进小楼成一统"的空对空构想理论，视之为误教误人的玄学，并确认浅出深入比玄入深出有用得多。教育改革其实很简单，简单得只需遵循常识。"改革开放的起步，得益于常识的回归；改革开放的历程，正是一步步找回常识的历程"[19]。

当然，我们也不能忽视那些为数不多在教育第一线努力耕耘的专家学者。他们以一颗忧虑的心，关注着中国教育的困顿，用自己超凡的智慧思想，为迷途中的教育列车指点迷津。只是，此种高端引领者在中国教育广袤领域里寥若晨星，且因其思考常常囿于象牙之塔而较少有可操作性，故显得曲高和寡，不免常常流于杯水车薪或让人望梅止渴。

教师如何跑步冲破科研的盲点？

一定要造就一颗科研心。科研心即比较心、鉴别心、审视心、反思心、创造心。有了这颗心就会时时想着科研，策划科研，就可能在科研视野里耕耘教育之树，收获育人之果；若没有这颗心，就无法“祛魅”于科研神秘与困惑，就永远置教育、教学在安于现状、浅尝辄止的天平上悠哉度日，焉能收获什么科研之果？

一定要擦亮时刻面对课题的锐眼。教与学的本真之意是解决问题。问题置于科研的视角下即是课题。时刻在充满挑战性的氛围中做教育，面对自己须着手致力解决的草根课题，眺望富于愿景化的未来课题，瞄准无人光顾的处女地上的原始课题，就是说做到教育教学科研化，用科研的眼光、大脑观察和思索每一个教育教学活动。课题研究让人从终日忙乱得如同一只无头苍蝇的茫然中解脱出来，“更上一层楼”，找到“柳暗花明又一村”的新境界。

一定要有“打破砂锅问到底”的态度。人世间的事，一要用心，二要较真。用心了，较真了，哪还有过不了的火焰山、蹚不过去的通天河？自己差哪儿，补哪儿。别人高哪儿，学哪儿。问题在哪儿，抠哪儿。关口在哪儿，破哪儿。与问题打擂，和高手较量，同自己过招，将每一个问题的解决权且当成迈出的一条腿，另一条腿又必须跟进腾空迈出，教育的路、人生的路如同一场马拉松赛，正等着我们持续精进呢。

教育智慧也是中国教师至为缺乏的教育财宝。

教育智慧是什么？是教师的知识、能力、思维等素质的艺术化舒展，自由的驰骋与飞翔，因而喷发出无限新鲜的发现与创造的活的源泉。

师者的教育智慧在哪里？在信赖眼神的火花里，在悄而无声的微笑里，在“引而不发”的点拨里，在推心置腹的话语里，在思维之泉的开掘里，在个性奇芽的捕捉里，在默默前行的身影里，在扶弱助强的给力里，在魅力无穷的人格里……

教育智慧随处可在，随时而涌。教育、教学、活动的设计践行及反思，其全程的每一个环节，无处不见智光慧彩的闪耀。

教育智慧犹如点石成金的仙人指头，让教育过程倏忽间沾得仙气，撞生灵感，开窍大脑，凸显吉光，让人迸发出百思而不曾解的顿悟的火花，接通了思维流一度堵塞的渠水，上下贯通，左右逢源，四面溢彩，八方来风，达成厚积薄发的瞬间灵动，“主观世界与客观世界最愉快的邂逅”[20]。

传统师者讲授式教育与现代师生生成式教育哪个更需要教师的教育智慧？当然是后者。现代活的教育情境向教师的智慧、才干、能力发起一串尖锐的挑战：

“当学生精神不振时，你能否使他们振作？当学生过度兴奋时，你能否使他们归于平静？当学生茫无头绪时，你能否给他们以启迪？当学生没有信心时，你能否唤起他的力量？”

“你能否从学生的眼睛里读出愿望？你能否听出学生回答中的创造？你能否觉察出学生细微的进步和变化？你能否让学生自己明白错误？你能否用不同的语言方式让学生感受关注？你能否使学生觉得你的精神脉搏与他们一起欢跳？你能否让学生的争论擦出思维的火花？你能否使学生在课堂上学会合作，感受和谐的欢愉、发现的惊喜？……”[21]

尤其在现在着力考知识而不考或少考智能的时期，教师的智慧教育是纠偏似的拨乱，是示范性的引领，也是对人的发展核心的坚守。教育智慧是教育生命飞翔的翅膀，是应对未来教育疑窦的“锦囊”，是优先入住世界教育村的居民证。

人类对教育智慧津梁、教育艺术宝筏的需求与渴望，从来没有像现在这样强烈。他们可以突破空间的阻隔八方求索，可以穿越时间的隧道上下探寻，以让当代教育的精神家园智光四射。

尤其在世界知识总量七到十年翻一番的“知识爆炸”的当今，一个人从如花儿少到鹤发耄耋，即使一日 24 小时不吃不喝不睡地学，也无法跟上知识的脚步。只有师者的智慧教育，方能张开学生想象力的翅膀，引出学生创造力的喷泉，观古今于须臾，抚四海于一瞬，才能走出知识神速膨化的困惑，实现精神领域的自由超越，从而立于人类文化知识的峰巅。

智慧教育乃是举一反三的教育，点石成金的教育，掘泉培根的教育。

有智慧的教育是精教育，无智慧的教育是傻教育。

如今，教师普遍不大注意教育智慧，看不到它以少胜多的神奇功能，只信赖早练晚补、死磨硬缠的“笨牛效应”，直接导致学生厌学、弃学、失学的恶果。

最可怕的，是不动脑筋却埋头苦干的教师，每日每时都在认认真真、一丝不苟地误人子弟。他们给力越大，害人越深。著名特级教师王栋生（笔名吴非）说得极精彩：“一名在辛勤工作的愚蠢的教师，他的破坏作用就大得多。他不聪明，本是他个人的不幸，而当他通过辛勤的工作，把一百多个原本可以变得聪明的学生教育得和他一样蠢笨时，教育的不幸就出现了。”[22]

据悉，美国大学的学生桌上有个“讨厌电钮”，一按，一盏灯亮了，表明对老师讲课不满意；若多人按，多盏灯亮了，老师须讲得有趣些，若不改，学校就将依据学生意见将该教师解聘。

没有一位教育家不重视教育艺术的。

孔子说:“知之者不如好之者，好之者不如乐之者。”（《论语·雍也》）“不愤不启，不悱不发。举一隅不以三隅反，则不复也。”（《论语·述而》）前一句启示师者要激发学子快乐地学习，后一句指导师者要采用启发式艺术方法。

苏格拉底（公元前 469—公元前 399）

苏格拉底认为，最有效的教育方法不是告诉人们答案，而是向他们提问。他自比产婆，从谈话中用剥茧抽丝的方法，使对方逐渐了解自己的无知，而发现自己的错误，建立正确的知识观念。“我不是给人知识，而是使知识自己产生的产婆。”他本人就在古雅典的街巷“课堂”上，向众多市民和从各邦慕名而来的人艺术地说道论理。他采用“苏格拉底问答法”：先抛出一串串问题让听众答，引其一步步陷于自知无知的陷阱为他“俘虏”，末了乖乖信服他[23]。

夸美纽斯十分重视教育科学，更重视教育艺术，他说：“在人类知识的百科全书式的读物里面，艺术总放在前面，科学总放在后面；虽则科学所教导的是事物的本身，而艺术所教导的则是操纵事物的方法。”[24]他的《大教学论》开宗明义对该书揭示道：“它阐明把一切事物教给一切人们的全部艺术。”

印度精神导师克里希那穆提说：“教育的真正意义，在于培养你的智慧，借着它找出问题的答案。你知道智慧是什么？它是一种无限的包容力，允许你自由地思想；没有恐惧，没有公式，然后你才能发现什么是真实、正确的事。”[25]

加里宁对教育看得很透，一下子就抓住了它的两大柱石——科学和艺术：“教育是一种最困难的事业，优秀教育家们认为教育不仅是科学的事业，而且是艺术的事业。”[26]

吕型伟深通此理，将此立论引发开去，推导出脍炙人口的教育三大命题：教育是事业，其意义在于奉献；教育是科学，其价值在于求真；教育是艺术，其生命在于创新[27]。

两位教育家都聚焦了教育的艺术，这是最需要教师教育智慧的心血浇灌的花朵。

如果说教育智慧更多绽放着诗性（人文）智慧的花朵，那么，教育科研则举着理性智慧的旌旗，两者同向异构，情理交融，呈现了教育哲学无穷的魅力。

教育是人育。人是悠悠万物之中最为复杂最易多变的动物。因此，毫无疑义，教育是艺术中的最高艺术，是科学中的最强科学。康德在《论教育》的第一句话就是：“只有人是需要教育的生物。”“人完全是教育的结果。”他还在该文中下了结论：“有两类人类的发明被认为最困难，一是政治的艺术，一是教育的艺术。”[28]

教师如何在教育教学中开采自己的智慧？

遴选趣味与意味十足的鲜例，激引学子兴趣（习性）注意力（学习力）；

精心设计发人深省的问题链，激动学子思维（灵性）想象力；

着意开发与耕耘践行的盲区，激活学子手脚（感性）践行力；

因材而提升智慧思考的捷径，激扬学子潜能（悟性）创造力；

进入、润泽一个个心灵世界，激醒学子情志（个性竞争力）。

教育智慧来自哪里？表象上看，有时来自教育技巧，有时来自教育灵感，有时来自教育艺术，有时来自特定的时空情境……

上述着眼点多在技艺上，若从内涵分析，它来自哪里呢？

——来自教育哲学。“天下之至柔，驰骋天下之至坚，无有入无间。”（《道德经》）天下最柔弱的东西，能够驾驭和征服天下最坚硬的东西；无微不入的道能穿透没有间隙的东西，这是老子对道的妙释。在笔者眼里，那至柔驭至坚、无有入无间的道即是最高智慧精深的哲学之一。而教育哲学呢，则围绕人在教育中发展的根本问题，诸如教育、人生、知识、课程、教学、理性、民主、自由、解放等的观照、叩问和探求。它“帮助教育者思想的成熟，增进教育者的理性”，“引导教育者反思自己的教育生活”[29]。

因而，我们当刻不容缓地修炼教育哲学的心灵和慧眼，造就教坛最具穿透力、凝聚力和冲击力的哲思，以此苦苦地寻觅出一条捷径：在华夏传统教育与现代教育的结合、交合、融合之点突破，在立足中国教育与借鉴外国教育的互动、互融、互补之处创新，在世界各国五彩多元教育的比较、交流、选择之间扬弃。

——来自博学广才。知识是奔向能力的踏板，博学广才是智慧产生的土壤。诸葛亮一次次未卜先知、一回回锦囊妙计的智慧，源于他上知天文，下晓地理，军事、政治、经济、社会、心理、科技、管理、人才等诸门学科无所不通。他在五十四载人生末旅，留给八岁儿子诸葛瞻的《诫子书》中还强烈而委婉忠告：“才须学也，非学无以广才……”

高师的智慧也无一不是学富五车、经多见广、切磋琢磨中所得到的。孙维刚的数学课充满了广阔的联想：从东周列国到解放战争，从拿破仑到斯大林，从尼克松访华到雅各宾专政，从唐诗宋词到最新科技发明……这种打通学科、相互渗透、把握内在灵魂的视野，源于渊博的学识和睿智的头脑。譬如泛舟诲海，有大海水的依托方能实现。若在浅水枯河里行船，只能面临随时搁浅的无措。

娴熟多科，厚积广才，就可以在智慧迷宫中融会贯通，自由穿行，乃至纵横捭阖，信手拈来，迸发无穷的智慧。

——来自宁静心态。“非宁静无以致远”。德国大哲学家叔本华一直主张明晰中才有思想的清晰和深刻：“真正的哲学家所深求的永远是明了、清晰，达到像瑞士澄清的湖水一般，湖水的安谧才使得极为澄清的湖水产生极大的深度，澄清的湖水恰好显示出湖的深度，混浊迅疾的山洪是不能显示深度的……”[30]

其实，宁静—澄清—深刻，正是从心态到思维再到思想的生发链。只有教育者的心态变得静如明澈的秋水时，教育的思想和艺术，才能从浮躁内心与功利诉求的沉淀里得以滋润，渐渐生成智慧的涟漪乃至波涛，化作德行、生命的营养，才能够成为智慧的种子或者根基。

只有这样，也好让心灵和现状拉开长长距离，让眼光跨越若干缺少远见的评判，让脚步超脱眼前众多有形与无形的羁绊，着眼于教育的未来，生命的未来，心灵成长的未来，着眼于对生命的极大尊重和激活，着眼于心智的发展和人格的健全。

——来自用心思维。“心之官则思，思则得之，不思则不得也。”（《孟子·告子上》）一个惯于用眼审视、用心思维的人，就具有发现者、谋划者的基因，也就有可能通过辛勤的劳作叩开智慧者的创造之门。因为许许多多的发现、创造，都源于思维活动的智慧碰撞。

——来自诚挚的爱。全身心地爱学生，爱学科，爱学识，爱教育。爱是教育者的职业天性、专业习性、事业本性。教师全身心的大爱里，藏着千方百计，跨越着千回百折，流动着千言万语，赢得万紫千红，必将使教育人生智泉喷涌，七彩纷呈。

笔者从长期调研中得知：善思的人是成长得最快的智人，带反思的教育是几何式倍增的教育。思者一日胜过庸者十日。智人一年超越庸人十载。

我的教师朋友啊，若拥有了登天的梦（理想），登天的梯（科研），登天的法（智慧），还不能登上教育之天堂吗？

三

面对教师军团相当部分人正被恶魔一样的职业倦怠感吞噬着教育生命的现状，翻开中国当代教育史，笔者惊奇发现，在几十载教育奔腾的长河，总有一批痴迷弄潮儿，信奉“天下兴亡，匹夫有责”的箴言，以“不管风吹浪打，胜似闲庭信步”的气魄，到中流击水，赴潮头弄舟，从“盲点”处突围；他们的教育人生极其富有而充实，工作极具勤恳而拼搏，科研成果丰盈而硕大，构成一种与众不同的成长风景。

其人数虽少，能量却大，堪称典范。从其卓越的创业史与心灵发展史里，向上的人看到了希望、智慧、勇气、执著、操守、挚爱七彩纷呈的师道美德；让今天仍困扰于“应试教育”等种种困境的人们，在浮躁的校园、混乱的教坛之中，透视出中国教坛最生机勃勃的一面，看到了中国素质教育的人间四月芳菲天。

几十年间，笔者访谈了几千位中国教师，这里从各个不同年代择取几位典型，寥寥简述，以一当万。

斯霞（1910—2004），最早崭露于20世纪50年代，为师代表符号：母爱情结。

将回眸的视线拉向时间远方的地平线。新中国初建，一穷二白，教育废墟，百废待兴。在共和国的朝霞里，师者激情如沸，以身相许，将满腔的爱倾注在孩子身上。

从历史深处走来的南京市小学教师斯霞，成了当时教师的化身。她用一位小学教师从婷婷少女到耄耋老人的漫漫教育人生，以饱含着“师爱”的“母爱”情感，活生生地演绎了她为人师的心灵独白：“教师要永远保持一颗童稚的心。”

她是杏坛圣母，把爱的雨露洒给每一颗童心的花蕾，用爱的彩线系牵着每一个孩子的终身幸福。母爱，童心，这就是中国教师斯霞对师者的独到诠释，世界还有什么文字比这四个字更形象、更博大、更精准、更简洁、更有涵盖力呢？

南京师范大学附属小学斯霞广场上的斯霞塑像

她自掏腰包为近视男孩配眼镜；她有意让丧母的娇弱女孩多承受锻炼以走向坚强；她把其父“畏罪自杀”、其母挨批斗的孩子，带回自己仅有8平方米的小屋一住就是一年，还包下这孩子的全部吃穿……[31]她经年累月一点一滴如此细作时，就像皎洁月光无声地倾洒，清澈泉水默默地润物。大爱无痕，大象无形。教师的心原本就属于学生的，哪怕有丝毫傲气或悔意都是对为师者的莫大亵渎。

即使在“文革”之前与“文革”期间，斯霞无端地遭到批判和指责时，她也母情未减，爱心犹存，母爱情结仍是心中扑不灭的火焰，大有屈原“亦余心之所善兮，虽九死其犹未悔”（《离骚》）的坚贞。“文革”中，她细细看了学生任小梅所写的批判自己的大字报，别的啥也没说，只悄声对她说一句：“你过来，上面有一个错别字。”面对批判自己的大字报，斯霞想的居然还是检查与改正学生的错别字，完全将自身处境置之度外，心里只装着师者的使命，这是何等境界与何等情怀的伟大师者！

如今，斯人已去，霞光满天；师魂浩荡，爱泉流香……

霍懋征（1921—2010），最初光鲜于20世纪60年代，为师代表符号：全员关怀。

20世纪60年代，全民族犹在暴风雪生存线上挣扎。两年后，教育也日暖风和，拨乱返轨。在教育“调整”列车上，教书育人又有了高效卓越的新要求。

当年毕业于北师大、留校后执意去二附小任教的教师霍懋征，相信夸美纽斯的箴言：“我们差不多找不出一块模糊的镜子模糊到了完全反映不出任何形象的地步，我们也差不多找不出一块粗糙的板子粗糙到了完全不能刻上什么东西的地步。”[32]“学问、德行与虔诚的种子自然存在我们身上。”霍懋征将自己的一颗心当作照耀每一颗童心的太阳。

在她的眼里，学生没一个差生，都是国家的宝贝，为他们的成长，教师只能给助力，不能泄力。她是花园尽心尽意的园丁。呵护，哺育，给养，除害，扶弱，助强，对长得遒劲的苗，她笑微微地呵护它别长弯了，切切地期盼着枝繁叶茂；对长得孱弱的苗，她笑眯眯地再多给一点水肥，静静地等待花开的日子。在她无微不至的关照下，“幼苗”百分之百地茁壮成长起来。

霍懋征用爱耕耘一生（2003年1月5日采访霍懋征时，她执意请笔者到火锅店共进晚餐）

“文革”前，一名叫何永山的学生两次留级，闹课逃学，没法说，不让管，哪个班都不要他，学校准备送他去工读学校，霍懋征要求把他放到自己班里。她先和全班孩子“约法三章”：谁也不能轻视他，不提他的过去，不揭他的短。她自己更是以欣赏的眼光发现何永山爱劳动的优点，遂让他当班级清扫小组组长，一次次表扬他的微小进步。六一儿童节时，霍懋征找大队辅导员商量破个例，让还不是少先队员的何永山背起大鼓，亲自给他买了一身白衫黑裤，他雄赳赳地走在鼓号队里，享受无限的尊荣，不久就入了队……[33]

就是这样，从教60年，她从未对一个学生发过火，从未惩罚过一次学生，从未向一个家长告过状，从未让一个孩子掉队留级。她更有一种魔力，能让每一个学生都觉得“霍老师最爱我”，因为她践行着“学生是脚，教育是鞋”的为师之道。

教师一日一次这样做也许不算难，难的是像霍懋征这样——60度春秋21900个日夜都如此做，做得又如此出色。天尚有阴晴，月还有圆缺，花亦有开谢，处于社会中的霍懋征却属例外，不曾因外界风雨或内心沧桑而使生命的指针发生哪怕微小的变动，奇迹啊！

“南斯北霍”，无愧国之瑰宝；师道楷模，犹如杏坛明星。

于漪（1929— ），彰显于20世纪70年代，为师代表符号：情感熏陶。

时至“文革”后期到改革开放初期，是非混沌，人心浮动，情薄如纸，师生隔墙。人到中年的于漪曾在“牛棚”里目睹一些原本很可爱的十六七岁的学生，竟兽性发作地责骂侮辱老师，其时她仍坚信人间自有真情在，且暗暗发誓：一定要以心换心、以情唤情，把青少年教育成有良心、有人性、有情有义的天使，而不是疯狂肆虐的野兽。

怀揣火焰般拳拳的心，于漪上路了。

治理乱班，她挨家挨户家访，诚心实意谈心，渐渐地，学生不再是一个个名字，“而是立体的、灵动的、各有个性的、生动活泼的形象，变化着的、发展着的形象，充满希望、有无限的可塑性”[34]的生命，她用大爱奏出学子心弦悦耳的乐曲。

当代名师于漪

上语文课，一节节课成了孵化器，被她有声有色地孵化出了感情。1977年10月19日，她在上海电视台第一次向全市直播公开课——《海燕》。朗读，剖析，讨论，辅以精简的板书，学生十分投入，她也进入忘我境地。海燕、精灵、飞舞、大笑、号叫、乌云、暴风雨……全班师生一起，将无声的文字，演化成有形象能呼吸的语言，展现一幅幅暴风雨来临前怒吼的大海、海燕搏击的惊心动魄的图像，齐读到“这个敏感的小精灵，……它深信，乌云遮不住太阳，——是的，遮不住的！”的一段时，群情振奋，语调高昂，自信、豪迈、欢乐，洋溢其间。

这似乎已不是朗诵高尔基的诗句，而是师生

发自肺腑的心声；教室也不再只是课堂，而如同生命的大海，师生们是用鲜活的生命像海燕一样纵情歌唱[35]。

据说，于漪讲这一课时，上海市万人空巷，人们醉心地看着电视里于漪如此讲课：教者不是当旁观的评论员，而是用生命编织着从心底里流出的动听感人的歌儿，这歌儿像清澈明净的泉水，叮叮咚咚流入学子的心田……

佛性慧心，己达达人，德艺双飞，师者首席。

魏书生（1950— ），凸显于20世纪80年代，为师代表符号："两主"教育。

那是改革开放之初，中国像一团燃烧的火。思想开锁，政策得众，经济纵马，教育突飞。攒足了劲、读透了书、想清了理的魏书生以教育改革家的崭新姿容，大踏步地走上教书育人的舞台。他举民主与科学之旗，立下给未来育人之标，为圣园吹来了一股久违的清新的风，自京沪大都市，至边陲小乡村，中国教坛被他震惊了。

魏书生畅谈民主和科学

他的教学，创造了学生学习自主化。千方百计引学生张满自信之帆，竖起人生灯塔；竞赛似的磨炼其观察力、思维力、记忆力、想象力等提升智力的方法；课上教学民主，师生多是讨论、商量、倾谈，定向、自学、讨论、答疑、自测、自结的六步教学法[36]，把一节节课激发得涟漪层层浪波滚滚；还配以读名著、演讲、写日记、唱军歌、练注意力、踏步、抄录格言等"七个一分钟"活动……如此这般，课堂成了学子听说读写持续提升的平台，生命快乐成长的体悟旅程。

他的理班，又尝试了学生管理民主化。魏书生之所以一反传统教育严管法，是因他走进一个个学生的心灵居所，聆听了学生们真纯的心音；是因他信奉"只有能够激发学生去进行自我教育的教育，才是真正的教育"[37]这句至理名言包含的深刻意义。

"真正的教育在于能让学生实行自我教育"[38]，他如是想，把教育对象当成教育管理的主人，把每个学生当成自己的副班主任，让他们从少年起就承担管理自己乃至管理社会一角的实验。他的主要路径是将班级管理担子交给学生，师生先协商、定班规、选监督员、搞好检查，提升人人应有的责任感、自律心[39]。虽然，这尚未达到自我管理的理性自主，但至少是向这一高境迈出了可喜的第一步。

魏书生回首践行之旅，觉得教师要紧的是守住根本：一靠民主，二靠科学，加之练“注意力体操”，即做到松（身体）、静（心灵）、匀（呼吸）、乐（情绪），学习、工作、养心、健体一体化；还要守住自己：停止攀比，回归内心，超越自我，种好心田，敬业乐业，尽职尽责。如此运作，方可结晶豁朗人生的珍奇。

守住根本，卓尔不群，为师不难，创造真好。

孙维刚（1938—2002），显现于20世纪90年代，为师代表符号：素质教育。

孙维刚年少颖慧，发展全面，学业出众，素养超群。然生不逢时，政治多舛，一心想当科学家的他，只能读师范院校。失之东隅，收之桑榆。因政策阻塞而漏选的良种，却为共和国教坛埋下了真金！少一位科学家，多一位教育家。改革开放前，他为教育人生的大爆发攒足了智与力。

1980年，早任教于北京东城区22中（非重点中学）的他，拉开优化教育实验研究的序幕。

作为班主任，他提出一个形象而深邃的口号：为人民炼一炉好钢[40]。随之推出建班三原则：诚实，正派，正直；树立远大理想；做有丰富情感的人。他的班级黑板两侧悬着一副对联：“明亮的教室永远干净；神圣的课堂永远安静。”学生们课间也不得在教室喧哗，而保持文明之所的圣洁。即使在教室门外打闹，孙维刚也找来打闹者恳谈。

作为教育者，他笑容和蔼，举止优雅，思维敏捷，语言流畅，境界高格，事事率先垂范，身患绝症尤加倍奉献，更有如春阳似和风一般催人向上向善的人格魅力。一次因路上帮人推车，迟到5分钟，竟自罚站在教室外面凛冽寒风里1小时。

作为教学者，他倾全力于学生思维的激醒与点燃，旨在发展学生的智力素质、造就他们强大的大脑。为此，他总是站在系统的高度教学知识，八方联系，浑然一体，漫江碧透，鱼翔浅底，让学子心潮澎湃，浮想联翩，思泉如涌，穿越时空；更着重向哲理升华，高屋建瓴，势如破竹，深入本质，切中要害，让学子发现知识之美，美不胜收，心花怒放，逼近聪明；从初一到高三6年教学，几乎每道例题、每个定理、每个公式，都是引导学生自己动手完成，让学子大脑高速运转，习以为常，思维抢先，蹊径迭出；尤其不搞题海战术，对类型题弄通情景，吃透精髓，让学子做到一题多解，多解归一，多题归一，有所发现[41]。

如此这般，他的四轮实验班（第四轮1999年9月起，未带完病故）每一个学生都志趣高远，品行高洁，智能高超，情感高厚。荣获全美最高水平高中数学奖的江姐的孙子彭壮壮，进了哈佛大学后给孙老师第一封信引用唐诗“洛阳亲友如相问，一片冰心在玉壶”抒发情志，现已回国效力。实验班的副产品是学子各个前程似锦，以1997届毕业班为例，在北京市各教学班中高考名列第一。全班40名同学，100%升入大学，38名上重点大学录取线，22名考入北大、清华[42]……

孙维刚为学生点拨解题思路

他，完全运用东方智慧、儒家学说、道教思想，承袭中国式严谨化的教育气派、教学风格，带出了境界高尚智慧超凡聪颖绝顶的一届届学子，达到了西方式自由化教育教学模式所能创造的极品硕果，真正竖起了以优秀传统教育精华开拓素质教育的一面旗帜。他自己也成了“中国智力素质培养法之父”。

伟哉，壮哉，奇哉，美哉！

一介儒俊，两袖清风，堪称为人师表典范；

三尺讲坛，四轮实验，力开素质教育先河。

张思明（1957—　），出现于19、20世纪之交，为师代表符号：数学建模。

20世纪80年代，“三个面向”号角吹响，素质教育崭露头角；90年代，教育改革中西初融，深水区里有人潜行。北京大学附属中学的张思明当是其中的一个，岁月之河淘出了一块真金。

“学然后知不足，教然后知困。”（《礼记·学记》）张思明对此言有切肤之感，16 岁当老师时遇到了学识低下的尴尬，他发奋五年，拿了数学专业的自考毕业文凭，且以优异成绩，评得全国自学成才的先进典型；继而通过日本文部省在中国招收教师研修留学生的考试，留日学习一年，具备了计算机编程能力，归来又用两年半读下首都师范大学数学系的研究生课程。

如此求学经历，使他具备深厚的学识、开阔的眼界，引领中学数学教学前沿，并折射出“文革”时期那一代少年精英的成长轨迹。

张思明在实践中辅导学生，让数学回归生活

怎样才能让学生真正喜爱数学，学好数学，并在未来人生中留下“怎样提出问题、怎样发现问题、怎样做学问、怎样面对困难和挑战、怎样利用信息、怎样寻求帮助”的“沉淀物”[43]，这是张思明近 30 年来一直苦思冥想的问题。

在美国考察时，“烤面包的程序设计”、“用虚拟现实的计算机技术让学生设计一辆自己认为最好的自行车”等几个案例，留给他的印象极为深刻。那里孩子们兴高采烈，似乎不是在上课，而是在玩、做游戏。教师不是导游员，不给“标准答案”，只是鼓励学生尽情去创造、体验，去理解知识。数学课充满了知识应用与建模的若干小课题。

回国后，从 1993 年起，他与先行者一起，迅速将国外的数学建模引进来。

他不舍昼夜地琢磨起来，并将其作为一个科研攻坚课题，一条数学教学的改革路径，一面学科素质教育的旗帜。渐渐地，他也成为中学数学建模的拓荒者[44]。

何谓数学建模？就是把一个生产、生活中的实际问题，经过适当的刻画、加工，抽象表达成一个数学问题，进而选择合适的正确的数学方法来求解。它是应用数学知识解决实际问题的一把金钥匙。

张思明的数学建模囊括五个环节：引导创设问题情境—师生平等探索讨论—学生自主解决问题—自我评价巩固成果—求异创新形成问题链。

“数学课一旦离开了它在社会生活中的应用方面所占的

地位，就会变成没有任何目的和用途的抽象符号。”[45]张思明的数学建模课堂，是学生自主发展的王国。他们兴趣盎然，探索活跃，创新迭起，智泉喷涌，生命勃发，创设了学科的创造场。数学被他教活了。

张思明把一串串日常生活中的问题引入教学：热水瓶里水位的高低与保温效果的关系怎样？球鞋的鞋带哪种系法最节省，系得最快？一页杂志排版，是通栏字多，还是分两栏字多？为读者阅读方便又应如何设计？最少用几颗地球同步通信卫星，其信号可以覆盖整个地球？十字路口的红、绿、黄灯多长时间变化才合适？一笔款子怎样存可以获较多的利息？……

张思明还把生活、生产和其他学科中的问题引入数学教学，引导学生通过数学建模设计出解决问题的过程，如让学生设计小区最佳邮政投递路线和合理的保安巡逻路线等。班上于颢、陈明卿两位同学的《保安巡更路线软件流程设计》在2002年7月底于郑州举行的全国青少年科技创新大赛上，获得一等奖。他的学生有6人在全国大学生数学建模竞赛中获奖，3人在全国青少年创新大赛中获得一、二等奖，有130多人次在北京市高中数学知识应用竞赛中获奖。

如此数学课已完成从传授知识到发展能力、解决实际问题的巨大跨越，数学教学的时空，呈现出一片美丽的星空，学生成了师生双方迸发创造力的舞台。学生尽可以享受学习，享受思维，享受创造场的激情与突破。

什么是教师的幸福？悉心创造，教学相长，弹拨心弦，拥有自己。

洪宗礼（1937—　），耀眼于21世纪初，为师代表符号：母语研究。

世纪之交，各国教育尽在世界大潮里涌动、撞击、比较、竞争、融通，都想打造最优质的特色教育独占潮头，领跑环球。

此时，年逾花甲的洪宗礼“发已千茎白，心犹一寸丹”（汪元量《杭州杂诗和林石田》），犹率领他的庞大团队，直奔他人生的第三座也是最高的一座峰——中外母语研究之峰。

洪宗礼于1960年秋从教于泰州中学，怀揣“一定要当一名好教师”的宏愿，从稚师到名师，再到大师，历经以构建语文教育之“链”为标志的语文教学的系统研究，终于结晶出208.5万言6卷《洪宗礼文集》，为中国语文教学拓出规律性的通衢，而攀上第一座峰。

他自1983年起，在30度春秋里统领48位名师组成的团队，用全部心血乃至生命精雕细磨三套江苏版语文教材，总的发行量逾亿。那是美的集成、精的展览、活的荟萃，一套教材连续使用逾30年，这在中国百年语文史上绝无仅有，为我国的教材文化建设竖起了一道全新的风景线，即攀上第二座峰。

征途漫漫，奇峰峭立，自加重负，迎接挑战，他决计着手一项价值极高且难度极大的世界性课题——中外母语教材研究，以便为中国母语教育开源引流、寻脉求路。面对国家级的科研所、出版社都望洋兴叹的宏大课题，他个人几次因重病与死神交臂，庞大的投入全要由他来筹集，他还是于1997年义无反顾地上路了。

2010春访洪宗礼（右）在泰州中学

一位中学特级教师，建立起中国现代教坛的母语圣殿，此举可谓中国现代教育史上的“愚公移山”！卧薪尝胆，继往开来，洪宗礼组织中外一百余所高校及科研院所的200多位从事语文教学研究的精英，指挥着这一个特大“洲际乐团”娴熟地奏响这首教育史的鸿篇，对中国百年新学以来的语文教材、40多个国家和地区的语文教材以及语文课程标准和教学大纲，进行比较研究，经过十二载的不懈苦干，先后编撰出16卷841万字的皇皇巨作①，展示了当前中国母语研究足可以与世界对话的一座“珠穆朗玛峰”。他也成了当代中国振兴母语承上启下的主角，对西方母语系统化、理论化研究的先驱，完成了由基层教育精英向教坛大师的神奇嬗变……

真正的教育生命是什么？是眼望峰巅，持续登顶，冲击极限，终成正果。

综观上述几位高师的简介，我们不难发现：尽管这七位名家对教育境界的认识不尽相同，对教育路径的选择也不尽相同，却都在教育的实践中冲锋陷阵，不计得失；他们有着共同的牺牲精神、心无旁骛的执著、锲而不舍的钻研，他们

① 洪宗礼. 母语教材研究［M］. 南京：江苏教育出版社，2008.

虽成绩有多有少，却都领悟到了教育之真；舞台有大有小，却共同厘清了当代中国教育拓展之道。

他们的成长、发展、创造期乃至人生事业有一个两端闭合的链环，即大志—大爱—大痴—大进—大果。目标高远为大志，爱满天下即大爱，爱至深迷是大痴，敬业痴处必大进，持续大进结大果。这也就是一位位教育家的成长线。

他们的成长历程充满了当代中国教坛的时代特色；其个人取得的功绩暗合了中国当代教育的几个节点；其理念的不断升华代表了中国基层教育发展的一种方向；其奋斗历史堪为当代中国教师的一代楷模。

他们的教育人生与时代教育共命运，皆以自己的非凡创造，较好地回答了彼时教育向教师提出的核心命题；解决这些核心命题，始于草根践行的突破，却也饱含若干理性的求索；若将这些求索、突破连接起来，既能清晰可见：中国教师军团自敬业至精业的行知轨迹，又能明晰洞察：中国教育视界从聚焦国内到面向国际的发展坐标。

作为突破盲点的典范、新中国不同时期教师的代名词——斯霞、霍懋征、于漪、魏书生、孙维刚、张思明、洪宗礼，检索其生命路径，他们的人生有哪些奥妙？他们的凯歌又有哪些闪光之音符？他们的突破有哪些规律之踪迹？为什么，为什么就是他们？

让我们走进他们的心灵世界，观照他们的思维走势（尤其在历史转折关头的抉择），研究他们的创造历程，从中便不难解开他们安身立命、持续突进的生命密码。

大道至简：当研究他们生存状态对教育目标（理想）一如既往的情怀。

痴爱、激情、心入、淡定、诗意，构成了这些高师特有的敬业情态。

人们的劳作，可以满怀深情的爱，也可以怀着无所谓的感觉，乃至埋着厌倦与恨的种子。不同的情绪所劳作的结果是完全不同的，诚如纪伯伦所说：

> 如果你进行劳作时不是满怀着爱，而是带着厌恶心理，还不如丢下工作，到庙门去，等待高高兴兴劳作者们的周济。
>
> 假若你无所用心地去烤面包，烤成的苦面包，只能为半个人充饥。

假若你怀着怨恨榨葡萄汁酿酒，你的怨恨会在葡萄里渗进毒液……[46]

斯霞们的劳作是满怀着高尚的痴爱的情怀的。

有爱不觉苦，有挚不觉累，有痴不觉难：苦也甜，累也爽，难也易。

痴迷的爱比天赋、灵气、特长来得更实在，更稳固，更有张力，更能造就奇迹。师品学问，俱成于此；大智大能，无出其外。

他们为什么有此等大爱情怀？缘于有一种身许教育的人生大目标（大理想）。

目标（理想），外显而内藏，像发动机一样，形成动力源。目标（理想）亮于灯塔，高于九天，充盈心窝，导引行为。

据悉，哈佛大学有一个非常著名的关于目标对人生影响的25年跟踪调查，对象是一群智力、学历、环境等相近的年轻人。调查结果发现：没目标者几乎都生活在社会的底层，有目标者几乎都大有作为——有梦就有远方的地平线。

有了目标的斯霞们就有了“我不拼搏谁拼搏”的一颗心。

他们的教育生涯也有低潮，也有困惑，也有痛苦，也有彷徨，甚至也有暗影。斯霞正用淳朴的爱的一池碧水去洗刷孩子的心灵时，1963—1964年的《人民教育》连篇累牍发表了《谁说教育战线无战事?》等文章，开展对斯霞“母爱”思想的围剿[47]；1966年“文革”伊始，霍懋征便被打成“资产阶级反动学术权威”押进“牛棚”，一天她被押回家时，“祸从天降：13岁的儿子赵鸣被人扎死，躺在血泊中。15岁的小女儿吓傻了，痴呆呆地立在门口。家里的东西被抄，屋里院里一片狼藉……”[48]；于漪亦“在劫难逃”，一下子就被打入劳改队[49]；洪宗礼、孙维刚长期遭受冷遇，连魏书生也因在“批林批孔”中被人发现他写有尊孔的论文，而招致无休无止的批判……

然而，正如哲人说：“真正的光明绝不是永没有黑暗的时间，只是永不被黑暗所掩盖罢了。真正的英雄绝不是永没有卑下的情操，只是永不被卑下的情操所屈服罢了。”[50]

面对厄运，他们虽然也有许多无奈，许多苦恼，许多解不开的心结，却从来没有生不逢时的感慨，而只有“与其抱怨黑暗，不如点亮蜡烛”的坚贞；在精神上承受苦难的同时，心里还是坚信明天会是美好的，他们从未停止其做好自己的教育行动。用春蚕吐丝、杜鹃啼血、燃薪为烬、委身成泥来形容他们实不为过。在整个民族都身陷狂热、迷信和盲从的岁月，他们也不曾停止独立思考与创造的脚步。

有一种信仰叫坚守，有一种坚守叫使命。

于是，在他们面前——低潮变作高潮的起跳板，困惑化为沉思的策源地，痛苦成了性格的催化剂，彷徨转作坚守的瞭望台，连暗影也嬗变为明亮的聚光镜。于是，对教育未来的自信铸成了他们生命昂扬的底线。他们的教育人生像扑不灭的火焰，一直燃烧着旺盛的生命激情。

大道有道：当研究他们教育之旅不断登攀永不止步的执着。

“使卵石臻于完美的，并非锤的打击，而是水的且歌且舞。”[51] 哲人的箴言无可置疑地暗示：自然界的决心、意志、勤奋、耐心蕴藏着极大力量。

南美洲海拔四千多米的安第斯山的荒凉草地上，有一种巨型的奇花异草名叫普雅，花儿极壮观，特大花穗展开高达 10 米，像一座座绿塔般地矗立着。每枝花穗上有上万朵瓣儿俏丽的白花，空气中飘动着浓郁的香气。然而，普雅生长期 100 年，开花 2 个月，花谢就枯死。真乃百年蓄积，瞬间辉煌，终身贯以漫长而美丽的坚持。

这也让我想起北京云居寺那位隋朝高僧静琬。在房山某座石山上，他先把石头一片一片地开凿下来，再将石片磨平，后在上面刻佛经，其中还有一部皇皇大藏经。一字一字刻下所有这些经卷，他的精神感动了越来越多的人，他没干完的事业被一代代人传承地干下去。从隋到唐，从宋到元，一直到明末，无数佛教徒筚路蓝缕，前赴后继，一千余部佛经，达三千多卷，一万四千多片石刻终于完成。当你看到藏经穴内那一排排沉默的石刻时，一定会深深震惊。

由此延伸，看看默默地努力、坚持、等待，终于开出灿烂的生命之花的斯霞们，以及这支教师大军的敬业精神何等可贵！

笔者经几十载对几千名教师的调研，理出如下理念，即教师成长之路大凡有三个必经的阶段。

第一段，属机能型的时段，即学当教师的途径，将学得的为师之道运用于教书育人的践行之中，逐渐磨炼教书育人的本事，从稚拙走到称职，进入为师者的底线，成为普通教师；

第二段，属艺术型的时段，即成上佳教师的路径，其学识渐丰，能力渐强，阅历渐厚，感悟渐深，一步步地掌握杏坛艺术，体悟教育真谛，从合格走到特色，进入为师者的中坚，成为名师；

第三段，属精深型的时段，即走上有专攻的高师之路，其深扎于学科或整个教育领域探秘并推出属于自己的一家之言，令教坛瞩目，带科研前行，引发教育效应，从出色走到攻坚，进入为师者的高端，成为大师。

普通教师位于师资之塔的塔基，名师是立于塔基之上的塔身，而大师则构成塔顶。“大师者，仍是通方之学，超乎各部专门之上而会通其全部之大义者是也。”[52]这是我们教育界的翘楚。

自然，名师的光环也不是永恒亮丽，也需靠学与思不停打磨，除锈去斑。

就行走在教坛风景线上的我国教师来说，绝大多数止步于第一路段，品尝了师者的酸甜苦辣便未能深入；只有较少一些人步入第二路段。

笔者曾沉思：大多数人为什么就是不能再向前迈步，如同水只烧到温热而不能烧到沸腾呢？客观上说，山高无坦途，攀爬步益艰；主观上说，追求无高标，践行没基根，不能竭尽全力去进取；若从其思想根源上说，是中国长期封建社会的农民小生产者“小富即安”“浅尝辄止”意识所致，也是缺乏高端有效导引的必然结果。普通教师在我国教师军团中拥有相当的比例，我们不能不深入地研究他们，体恤他们，引导他们冲破束手锁心的困谷，朝着第二路段迅跑。

能走进第三路段的堂奥而深达义理的，不可不谓凤毛麟角。这如同游山，“夫夷以近，则游者众；险以远，则至者少。而世之奇伟、瑰怪、非常之观，常在于险远，而人之所罕至焉，故非有志者不能至也”（王安石《游褒禅山记》）。进入第二、三路段的人数虽少，却表述了中国教师军团的心志，代表着一种蓬勃向上的势头和走向。

斯霞们自然属于进入第三路段者。

透过斯霞们的成长之路，我们看见的是他们匆匆行进的背影，听得的是他们没有休止符的生命之歌，联想到的是那些潜生暗长于深山的参、幽谷的兰。他们不张不狂，不声不扬，习惯于默默沉潜，沉湎于急急赶路；节制欢愉，忍受厄运；居安思危，防患未然，战战兢兢，如临深渊，如履薄冰。无论何时何地都坚守内外一律的低调，保持一颗平常人的心。

这些高师一旦清醒地看透了人生的道路，看清了自己奋斗的坐标，看懂了教师的事业，就开始了超凡的守望：那是望穿秋水般的守望，刻骨铭心似的守望，如痴如醉样的守望啊。而当他们的兴奋（趣）点、智能（特长）点、与其岗哨火力点三点合一时，生命便冲向极限，爆发出迷人的火花，划出一条事业的高端轨迹。

1943 年，学品兼优的霍懋征在北师大物理系毕业，被选拔留校当教师。她执意非到附小去任教。她说，她喜欢小孩子，更感觉小学工作是育苗培芽的启蒙教育，高楼大厦基础起，还有比基础教育更重要的吗？她的渴求被批准后，甭提有多高兴了。一生钟情育桃李，愿做春蚕吐尽丝。

1978 年春，当了一辈子小学老师的斯霞被南京市委组织部任命为市教育局副局长。面对这突如其来的新职，她一次次向市委、教育局明确拒绝：“你们非要我当，那我只好挂个名。”她仍在南京师范大学附属小学上班、上课。她坚决纠正别人称她“斯局长”：“千万不要这么喊我。我还是一个小学教师，喊我斯老师。”

1977 年年底，知识青年魏书生进了盘锦电机厂当政工干部，还内定为厂级领导的接班人。当时“工人阶级领导一切”，教师沦为“臭老九”。而他却对当教师怀着苦恋之情，恳切向各级领导提交书面申请竟达一百五十份之多，且多方面做从教准备，终于在 1978 年 2 月夙愿得偿。在此后漫长的教育人生里，一直孜孜不倦地探索教书育人之道。

有一种忠诚叫执着，有一种执着叫境界。

他们历经杏坛沧桑，阅尽诲海波浪，走过且品味了一程程教育山水：二十岁在桥上看风景，三十岁在楼上看风景，四十岁在山上看风景，五十岁在云上看风景，六七十岁在九天之上看风景，终于看出教育大境界、教育大乾坤，有了教育大发现。他们的人生也随之达到那种大境界。

地低成海，人低为山。他们将荣誉看成昨日的脚印，视压力为动力的源泉，迎挫折当作创造的契机。累月经年，聚力于一处挖井，绝不会挖不出一眼深井。

岁月啊，留给近视平庸者的是麻木、虚空与烦恼，呈现为或是对自身得过且过的满足，或是对生活无止无休的抱怨；而馈赠给执著创造者的，却永远是激情、渴望和超凡，体现为眼睛前瞻中的向往与冲动，心灵收获里的充实与欢欣。

大道通天：当研究他们再造自己各有专攻自呈奇彩的特色。

“道”是事物本质及演化规律。

老子曰：“人法地，地法天，天法道，道法自然。”即大道通天。那么，如何寻找通天大道呢？

杨振宁讲“成功秘诀”的第一条就是“面对原始的问题”。“一个人最好在研究开始的时候，进入一个新领域，就像挖金矿，挖新矿容易出成果，如果一个地方人家已经挖了五年，要想再挖出新矿，就比较困难。”[53]见人之未见，发人之未发，让思维触角直指没人开发的处女地，探索的屐痕奔向“尚无人烟”的区域。

为何极少有人正视原始问题？因它需要的投入太大，付出太多，能力太强，又没有借鉴和参照，如同穿越飞沙走石的大漠，谁都不知道你何时何地倒下了。

斯霞们都在各自的领域里，“深入虎穴”，直面原始问题而苦苦觅道，建立各自学科的“井冈山”，开拓自己的学术高地，练一手过硬功夫，正所谓：人人各怀绝技，家家自展秘宝，身藏灵蛇之珠，手握和氏之璧：精管理之道，通教学之法，善育人之策，长抚心之术。

这里，举洪宗礼探索语文教学改革出特色的一例。

他久久地寻找、建构着语文教学这条“链”。

这条链应该是纵横交织的语文体系的立体联络图，是语文教学运行的多维程序网，是语文各要素合力作用的结构模型，是解读教书育人过程的“河图洛书”。

它需简约地显现语文教育的整体形象，清晰地展示提升语文素养的终极目标，始终贯串着语文教育的内在规律，科学地展示教学流程必依的语文大法。

他千百次地思考着，由此及彼，由表及里，由个到群，由近到远。

他一回回勾画着图样，常常勾了又画，画了又勾，再又画又写。

流光荏苒，转瞬已过三载。到了2008年6月，语文教育“链”建构图随着《目标：构建语文教育“链”》一文终于面世了。

下图即为语文教育“链”建构图。

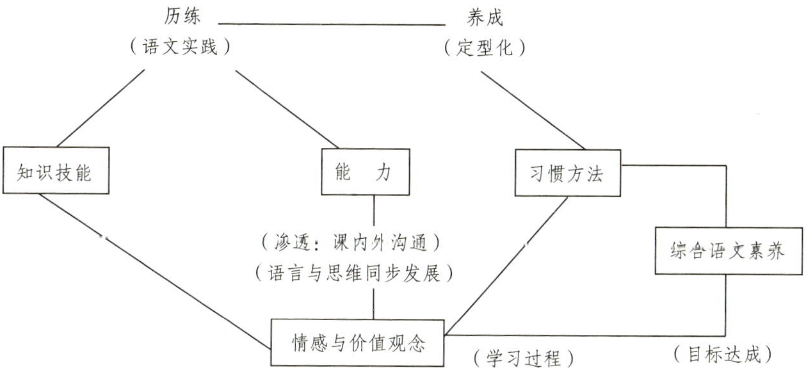

语文教育“链”建构图[54]

这张图像星空图、气象图、布阵图一样清晰了然，这张语文“链”图，竟将复杂万端的语文教育系统条分缕析地摆在人们的眼前。语文教育“链”注明先后有知识技能、能力、习惯方法、情感与价值观念四个方面的内涵，总括为综合语文素养。

它揭去学科神秘的面纱之后，袒露出语文教育周身全貌的体系架构，运行着语文要素鲜活的血液流程，切准了语文教学诸环各点相谐共振的脉搏，梳理解析了语文学科各类矛盾的症结及诊疗，找到了一条语文教育教学健康发展的规律之路。

它把原本纷乱无章的东西，在实践里沉淀结晶成条分缕析的珍宝；将混沌模糊的事物，通过理性思维的显影定格，一点点化作清晰可见、具体可感的整个体系；把千百年来鲜有高论、难有定论的母语教育，在检验、梳理、扬弃、审查、建构的系列劳作中，终于变为了一套可觅可知可循可用的章法。

这条语文教育之链实属原创性的理论，流淌着鲜活的生命，饱含着勃勃生机。对旧秩序，它是极具廓清力的秋风。对新征途，它是极具唤醒力的春雷。

《红楼梦》作者曹雪芹无限感慨其所著时说：“字字看来都是血，十年辛苦不寻常。”

是的，耀眼的闪烁出自昏暗里的守望，突然的迸发来自长久的沉潜。卓尔不群的特色背后，是呕心沥血的创造。每一位高师的代表作品里，铭刻着术业专攻的生命纹理。

像潜水一样，潜得越深，寻得越奇，压力越大。

删繁就简三秋树，领异标新二月花。挑战极限，追寻新异。

不相信意外的捷径、超凡的天书或者什么仙人的点化，那是梦幻，属天上掉馅饼，不是圈套就是陷阱。

居里夫人说："即使在人类知识宝库中投进一粒沙子也是伟大的。"我们的名师，正是靠自己智慧的付出，为人类知识宝库增加分量和增添光彩。

有一种再造叫超越，有一种超越叫神奇。

这些历史的见证人也为历史所见证，这些时代的弄潮儿亦被时代所崇尚。他们在教坛的最新脉动里，以自己厚实的积淀和拥有，割据并创造一个内有乾坤的小世界。

第三节　断裂中的弥合

一

一个伟大的文化时代，总会有让人惊叹群星闪耀的炫丽夜空。

如同奥地利文豪茨威格所说，在一个民族内，为了产生一位天才，总需要几百万人，一个真正具有历史意义的时刻，一个人类的群星闪耀时刻出现以前，必然会有漫长的岁月无谓的流逝。那些数不胜数的事件会像避雷针的尖端集中了整个大气层气流一样，集中在极短的时间里发生[55]。

这种伟大的时代，常常来自于德国文豪歌德所说的"上帝神秘礼物"的历史作坊。在这作坊里发生的，每一桩真正的事件都需要一个发展过程，需要许多数不胜数的无关紧要的和习以为常的事情的堆积，从而迎来时代文明在几年乃至几十年内大规模地爆发。

在这种跨时代文明的"避雷针"上，能够"观古今于须臾，抚四海于一瞬"，能够爆发出各个时代的智慧能量，闪烁出古今中外的文明精华。一个伟大的文明时代，就来自于它纵横捭阖的吞吐天下文明的能力，来自于它迎接八面来风的会聚能力。一个贫困的时代，常常源自于它闭目塞听的愚蠢，源自于它自绝于天下的固执。

会聚能量的时代，如中国春秋时代兴起的百家争鸣，吸收了商周千余年的文化积蓄，方有百家学说门派纷杂的繁盛；断裂的时代，亦如随后秦王朝的焚书坑儒，最终造成了两千年的上古文化从此凋零。

中国的盛唐时代，既吸收了中国文化传统的主流，更吸收了波斯、印度等古国千年文明，方有世界帝国的气魄与魅力。近数百年来，中国不断闭关锁国，造成了这个世界第一帝国的不断落后，造成浩浩数千年的中华民族陷入长期的贫血。

欧洲的文艺复兴既吸收了欧洲希腊罗马的文脉传承，更吸收了阿拉伯世界的文化遗产，方能拥有影响世界几百年迄今不衰的能量；也有漫长的中世纪宗教垄断人的思想，造成人们思想贫瘠、社会落后的文化鸿沟。

会聚与断裂，成为造就一个时代的文化机枢，成为评判一个文化时代是否伟大的依据。当前中国，在从传统社会向现代化社会过渡之中，最需要一座连接古今中外的文化桥梁作为强有力的支撑，为一个大国的崛起打下坚实的基础。它以作为民族灵魂的文化为桥墩，以作为民族摇篮的教育为桥面。若要使这座桥梁铁打钢铸，就亟待教育、文化的发展呈现大繁荣、大复兴、大跨越的景观。

这个本该会聚的时代，需要教育的大发展、大吸收、大复苏。但是，如果在这个关键的时刻，我们的文化教育出现了巨大的断裂，而且是横亘数十年的断裂，会有怎样可怕的后果呢？

二

人才的需求，如江河之水，不可断流。断流似道之断裂，车之断档，钟之断力，造成的是停行、停运、停摆，那样对国家、对民族的危害必然是灾难性的。

当下，我们的教育、文化出现的隐性断裂，对建构这座桥的使命实难担当，让醒来的国民无时无刻不陷入深切的蹙眉焦心的忧虑之中。

“文化大革命”曾给中国造成的灾难之一，就是教育出现偌大断裂带，造成一代人才的断档。有学者粗略统计，由于高考停顿，十年间至少为国家少培养一百余万合格的大专毕业生和两百万以上的中专毕业生，造成目前各条战线人才奇缺，后继乏人[56]。断裂十载，危及数十年，以致如今全民族仍在吞咽、咀嚼这枚教育断裂的苦果。

然而，目前的断裂带挟带隐形的翅膀，比“文革”深刻得多，隐蔽得多，就像慢慢地加热游动着鱼儿的水，让鱼儿反应迟缓地一步步走进菜盘。

在教育表象的兴旺下面，是教育目标、教育本质、教育质量悄然而深刻的断裂。此种断裂，不易被发现，不便被认识，更难以被共识，很难被摆上议事日程。还有另一种断裂是，重知轻能的基础教育无法与陈旧知识理念所覆盖的高等教育衔接，僵化的高等教育更无法与急剧转型社会与日俱变的需求衔接，因为都被一条应试的僵死的机制绳索绑缚着，学生的身心焉能得以解放与飞翔？反映在学生那里，是人格、人性、人文和心理出现的荒漠。

或曰，你莫不是耸人听闻吧？

那么，让我们共睹几段备忘录吧。

备忘录之一：读书无理想——

新中国成立之初，那些唱着《歌唱祖国》与年轻共和国一起成长的孩子们，几乎个个心怀理想，朝气勃发，无限憧憬于美好的未来。其向上的奔头、攻学的劲头，真像春花竞放，春潮激荡。

“文革”乍停，骤雨初歇，那些决计抢回青春年华，跨越浩劫岁月的学生们，是怎样如饥似渴、争分夺秒学习，义无反顾地踏上了圆梦之旅！有的与小于自己十几岁的少年同读高中，有的背着瘫痪爸妈上大学，原丽江市一中校长对我说，当年他在师专苦读时，竟常常忘了上厕所，以至于身感极度不适而又不知何故……

“为什么读书？”如今多少学生面对这个问题觉得无言以对，因为这不是什么问题呀！“读书就为了考学，念完大学就找一份工作，考北大、清华就为了找更体面的工作，挣大钱。”读书就为了变成挣钱机器，完成一个学子的成长流程。

这让人联想到20世纪80年代，一位记者和黄土高原的一位弃学牧羊少年的那段对话。

问他为什么放羊？为赚钱。赚钱做什么？为盖房子。盖房子做什么？为娶媳妇。娶媳妇做什么？为生孩子。生孩子做什么？为放羊……今日读书仔的读书经，与当年放羊娃的车轱辘话，一样的无灵无神，何其相似乃尔！

前不久，从一篇调查报告上看到，对一地小学生进行理想调查，所填写的竟依次为：演员、歌手、总理、贪官……

此虽属个例，却也发人深省。

读书一无理想，学习就没了劲头，辍学、弃学难免不成过江之鲫，普及教育工程的理想难免不被一点点掏空。

备忘录之二：留学缺目标——

如涛似浪，一股出国求学热席卷国之教坛。此潮流在京沪等大都市涌起来了，在广东、浙江等沿海地域也涌起来了。因不满于国内僵化教育，学生弃国内高考而到国外参加“洋高考”或就读的，2009 年有 84 万（当年全国高中毕业生 834 万），2010 年竟达 100 万，考大学的去，考高中的也去，甚至初中、小学生也纷纷扑向国外去念。

这是另一种形式的盲流吗？

有一些是，又不尽然。这里的情况很复杂。

不可否认，我们自己办的教育砸了我们自己的饭碗。列宁批判俄国旧教育时说：“我们不应当吸取旧学校的这样一种做法，即用无边无际的、九分无用一分歪曲了的知识来充塞青年的头脑。”[57] 当下学校的教学内容，尤其高校开的课程，又有多少是有用的呢？这与列宁批判触角的指向很有几分相似。学的无用，用的没学，知识教死，学习走偏，学校不去分析学生的结构变化与需求，基本上“以不变应万变”的方式，对待“流水般”的学生，致使教育没有吸引力，学生没有竞争力。中国赴海外留学的大、中、小学生比肩继踵，前赴后继，不能说与此没有相当的关系。无独有偶，龙应台著文说台湾也有“许多父母千方百计地把儿女送到国外”，不能眼看着孩子“眼镜愈戴愈厚、书愈读愈死、精神愈逼愈紧张”，我们该“沉痛地检讨教育制度的缺失，问为什么台湾留不住人……”。

日前，笔者从网上见高等教育问题研究学者、上海交通大学教授熊丙奇《原来在国内我上的不是大学》一文，提及在国外大学“虽然只选了五门课，但他感到异常的繁忙，因为每门课，老师都要求阅读大量的书，有的课，还必须做大量的实验，稍微掉以轻心，就跟不上，在他们的同学中，晚上在图书馆熬夜看书到深夜的情形，十分普遍”。这问题是，出国的大多数人，并没有此等比较，他们的心中有没有数，眼前有没有标？

这让笔者缅怀起一百四十年前留洋学童的非凡表现。

“一八七二年八月十一日，上海港丽日当空，人声鼎沸。美国一艘远洋商船一声长鸣，启碇开航。船上，三十名英姿勃勃的中国少年，频频向岸上欢送的人群挥手。轮船出黄埔，过吴淞，驶向烟波浩渺的太平洋……”[58]这是我国第一批30名留美幼童出发时的情景，其以亘古未有之创举，载入了中国教育史册。

这30名10到16岁大都是广东沿海的贫苦孩子，家长与出洋肄业局签署“倘有疾病生死，各安天命”的生死承诺契文，决意创造孩子美好的未来。何其壮哉！

第一批30名留美幼童出发前留影（1872.8.11，上海），12岁学童，后成“中国铁路之父”的詹天佑即在其中

这些远离父母和家国的孩子们个个学习用功，成绩优良。他们因为用功过度，加之身体单薄，常常病倒。

时任中国工商界代表的李圭曾在美国费城万国博览会上见到中国幼童，“于千万人中言动自如，无畏怯态……幼小者与女师偕行，师指物与观，颇能对答”。随行翻译也说：“幼童在哈佛攻读二年，足底其当日在香港学习五年，诚可见用心专而教法备焉。”[59]李圭还与幼童交谈，幼童“人言皆简捷有理”，当问到“想家否?”，答曰：“想也无益，惟有一意攻书，回家终有日耳。”[60]耶鲁大学校长鲍特曾写信赞这些中国学童：“……自抵美以来，人人能善用其光阴，以研究学术。以故于各种科学之进步，成绩极佳。即文学、品行、技术以及平日与美人往来一切之交际，亦咸能令人满意，无间言……”[61]

这些留学学童（前后派四批共120人）学成回国，贡献极大。他们成了建造海军、开发矿业、修筑铁路、从事外交及电报业的中坚。

首次留美学生的风范影响至深。此后数十年，无论留日的孙中山、鲁迅等先驱，抑或留法的周恩来、邓小平等领袖，乃至新中国成立后从欧美归来的钱学森、邓稼先、钱三强、李四光、华罗庚等两千多位科学家，尽怀救国之心，图报国之志。周恩来19岁东渡日本写下的诗足以表明中国留学生主流意愿，与当年留美学童有一脉相承之感：

大江歌罢掉头东，
邃密群科济世穷。
面壁十年图壁破，
难酬蹈海亦英雄。

与先祖前辈的求学救（报）国相比，今日中国留学生应该汗颜。

许多学子对前程朦朦胧胧，若明若暗；许多家长为此精心筹划，投资明天。于是，留学动机各异：为进心仪学府深造者有之，为遵从父（母）命“胜利大逃亡”者有之，为借出国留学之机移居异国者有之，为留洋镀金以抬高身价者有之，为随帮追影的猎奇者有之，为去国外“花花世界”玩乐者也有之，五花八门，不一而足。

当然，笔者并不怀疑先知先觉的家长、学生洞察了中国教育窒息人才的“病变”：变学生大脑为储知容器而不是智慧喷泉；让学生归宿径向升学就业的路径而不是生命有效成长，不再信任这种教育能育出适应未来竞争的智者。但这只是极少数。

日前，剑桥大学中国学者学生联谊会（以下简称“学联”），因其主席选举违反程序而被校方注销、被英国政府取缔一事尤发人深省。

一位叫常非凡的女学生，暗箱操作发邮件称学联执行委员会一致同意她连任主席。这让学联全体成员深感震惊。因按照学联章程，主席必须由全体成员选举产生，他们之前没有接到任何关于选举的通知。于是，一些学联成员向校方投诉求校方仲裁，校方就决定介入这桩中国人的家务事。这在一贯主张社团自治的剑桥大学非常罕见。

据说，谋划当学联领导的目的，无非为日后归国对自己发展有所帮助。为达此目标，便无视民意，无限地膨胀个人野心和权力欲，竟把不懂民主为何物的中国官僚风习也和盘托到国外去了。

一位青年学人因此发帖子给笔者，说：“阅后就一个心情：极度失望，很是悲观。要知道，这些能读剑桥大学博士的人都是中国精英，他们中大多数人会留在国外，对中国不会有太多影响，但像这位不经选举就自封连任的常非凡，将来是一定会回国的，而且会成为主宰中国中的一员，一想到三十年后中国将由这么一群镀着金光环的精英们发号施令，我就不寒而栗。”

教育，不能背离教育目标，什么时候都要使教育者找到人生的支点。

备忘录之三：生命少动力——

“70 年代不愿下班，80 年代不愿加班，90 年代不愿上班……”社会流行语透视出当下人工作状态，折射出一种心态。

“考考考，老师的法宝。分分分，学生的命根。抄抄抄，我们的绝招。打打打，家长的王法。”学生的顺口溜，则流露出学生眼中的教育形态，更传递了学生心灵之声。

谁都不可否认，当下青少年有相当棘手的倾向性问题：缺少精、气、神。其内在潜藏为思想流浪，灵魂漂泊，追求虚脱，心志疲软，梦想休克；其外在显现为对亲人少爱，对师长少敬，对学友少近；乏自我约束，缺道德底线；目光短浅，渴慕舒适，“刀枪不入”，少年世故。

我们谁都能列举出大量的事例。

读书无理想，留学缺目标，生命少动力，这不能不说有相当数量青少年，从心志理念到生命气象正悄悄滑坡，一个十分可怕的人性堕落。怪学生吗？不怪。

这还是应了邓小平那句话：“十年来我们的最大失误是在教育方面，对青年的政治思想教育抓得不够，教育发展不够。”[62]中国孩子成长的软肋反衬出中国教育的软肋：我们教育缺少竞争魅力，缺失精神支柱，不能深入人性深处，构筑心灵港湾。

三

弥合教育的断裂带该从哪儿做起呢？

“教育研究最终关注的是人。”[63]我们还是从对学生的教育切入吧。

在学校的全部教育活动中，学生是受教育的主体。学生的成长如何，是教育的终极落脚点与检评点，犹如最终要从作物的产收检评农业、从产品的质量数量检评企业一样。

本书起笔时说过：中国传统教育一直秉承着“教”与“育”这两个本源。而教育两个路径则是内育（自身发展）和外化（外力助动）。正如钱穆在《中国教育制度与教育思想》中写道：“《易》曰：‘果行育德’。天地功能则曰‘化育’。化则由外向内，育则由内向外。育即是一种内在生命之各自成长。”[64]

多年以来，笔者一直沉潜于人的心性与发展的凝思，十分看重“教”与“育”两大教育本源的协调发展，“育”与“化”两大育人路径的合力打造。只教而不育的教育宛若

“埋鸭”，只育而不教的教育则易流于迷失方向的“蒙鸭”；只化不育的教育如“填鸭”，只育不化的教育则似“牧鸭”。将教与育、育与化融通一体，方得教育的精髓。

由此而思，如何从两大本源、两大路径出发，对学生不同发展时空施以最有效教育，以弥合教育的断裂带呢？教育第一前提又是什么呢？

显然，我们当从人性人格的建构与形成出发，透彻地明晰学生心性的萌芽、生长、成熟的全程环节，对不同阶段的学生该施以何样的人格教育，达到何等的完人目标，做到心知肚明，并不遗余力地予以完成。如此这般，我们便可以一步一步将教育的断裂带弥合起来。

笔者依据多年的摸索，提出如下按人才成长时序划分的“芽季”、“花季”、“果季”教育理念，即育德季节说。

2012年4月19日作者与四川泸县二中外国语实验学校学生座谈

像大自然有春夏秋冬四季一样，学生时代的育德有三季，各季的耕耘收获各有不同。如果当季应修炼的人格任务没有完成或完成得不好，紧接的季节又未及时补上，可能会使人格失态甚至终身不得健全，酿成人生精神发展史上无法弥补的大错。围绕“积行成习，积习成性，积性成命”的人格修养与升华，“三季说”大体有如下的运行轨迹。

第一季节——芽季。

芽季（学前、小学阶段）为习惯修炼季节。

该生命段为人格教育的起点，是学旅时代乃至整个人生的播种时期。

该生命段对人的成长极为紧要。马卡连柯在《给家长的书》的读者讨论会时说：“人将会成为什么样子，主要取决于您在他满5岁时把他造就成什么样子。如果在5岁以前您不按应该的那样加以教育，以后就不得不重新教育了。”[65]

这一阶段的核心任务是播种好习惯，让卓越修炼为一种习惯。

积千累万，不如有个好习惯。

习惯乃做人之基，人格的种子。

习惯是人一种自动化的反射行为。习惯就像司机的方向盘、列车的铁轨，常常表现为思维定式、动力定型、行为定轨，注定人的未来的成就大小、命运好坏、幸福指数高低。

习惯有速度；习惯成天性；习惯出能力；习惯结硕果。

孔子早早发现了小时修炼习惯的极其重要性："少成若天性，习惯如自然。"其意思是说，小时候形成的习惯和天生的一样牢固。可见，习惯从芽季教而育之，不仅必需而且必要。年少时如果不能形成好的习惯，以后漫长的人生之路或者难以形成，或者需用几倍的精力强化训练方能渐渐形成，比如长歪了的小树，容易扶正再长直，而当其歪长为大树，再想扶正已相当困难了。

辽宁省调兵山市第九小学"亲子活动现场"

阅尽烟波教海的叶圣陶曾一言以蔽之："什么是教育？简单一句话，就是养成良好的习惯。"他进而说明："德育方面，要养成待人接物和对待工作的良好习惯；智育方面，要养成寻求知识和熟习技能的良好习惯；体育方面，要养成保护健康和促进健康的好习惯。"[66]

习惯之于人，功大于天。它强过规则，超过约定，稳过承诺，胜过涵养，甚至高过信念。这种惯性力一旦形成，就像地球自身的转动一样，任什么伟力也无法阻挡哪怕一点点。

洛克更早就断言："一切教育都归结为养成儿童的良好习惯，往往自己的幸福都归结于自己的习惯。""只有你给他的良好原则与牢固习惯，才是最好的，最可靠的，所以也是最应该注重的，因为一切告诫与规则，无论如何反复叮咛，除非实行成了习惯，全是不中用的。"[67]

乌申斯基也深刻阐述说："良好的习惯乃是人在其神经系统中存放的道德资本，这个资本不断地增值，而人在其整个一生中就享受着它的利息。""习惯是教育力量的基础。"[68]习惯囊括人生活各个方面的内容，如思维、学习、劳动、工作、服务、待人、接物，等等。

为什么习惯如此重要？缘于习惯之于人，往往是根深蒂固的，自动化地迅速形成某种心理反射，指挥人自然而然地沿袭某种定式去想与做，直接惯性地作用于人的思维、行动、状态乃至人的全部生活格局。

好习惯是人生爬坡的加速挡，坏习惯是自毁之路的催化剂。

在这个越发浮躁的时代里，经常有少年问我：用心学、努力做（好事），为什么常常只有几天热血而不能坚持下去呢？我的回答因人而异，但最常见的答案——只因没有形成用心学、努力做的好习惯。

好习惯的形成又是很不容易的。为什么呢？

其一，习惯细若牛毛，微如尘埃，看上去小，小中见大。一般不易被人重视。

习惯的达成有一个渐进的过程。积土成山，积水成渊，积善成德。“积”的过程乃是习惯修炼的过程，人的行为走向自动化的过程。没有积蓄，哪有宏富？火花的瞬息迸发，哪里离得开能量的积蓄？

其二，习惯形成犹如涌泉成流、细流成河，看上去易，其实很难。难在它成流成河的凝聚过程中要冲破许多险阻。这个险阻就是人的惰性、任性、无长性。这是潜生暗长在人的心性上的毒菌，只有不断地清除它，习惯的流水才能畅通。

其三，好习惯需要坚持，坚持，再坚持，达至神秀大师所谓“身是菩提树，心如明镜台，时时勤拂拭，勿使惹尘埃”（《坛经》）的境地，坚持的时间越长习惯才越稳固。这对于可塑性极强的儿童、少年来说，坚守起来犹如画地为牢，在指定的狭路上行走，十分困难。而坏习惯却让人自觉舒服、自由，如脱缰野马随心所欲，况且，见周围大人行为，多是我行我素，耳濡目染，便像流星一样偏离了轨道。

2010 年 6 月和绵阳市儿童在一起

好习惯，金不换。一经形成，便如日月经天，江河流地，自然而然，见性觉悟，修成“正果”，达至慧能大师偈子“菩提本无树，明镜亦非台，本来无一物，何处惹尘埃”（《坛经》）的境界。

习惯的副产品孕育兴趣，培植幼童多方面的兴趣，为个性的形成悄悄播下了种子。

人没财富可以创造，没知识可以学习，若没好习惯则一事无成。若相信“人之初，性本善”乃人之天性，那么，就要从幼小儿少之时培育习惯，保养人的天性。

柳斌多次提及习惯对人生的意义，写道："有位诺贝尔奖获得者在回答'他为什么能成功'的问题时说：他的成功是得益于小学老师的教导，是小学老师教会了他：①吃饭前先洗手；②不说假话；③做错了事要改正；④承诺了的事要做到。他认为，正是这些最基本的做人准则，为他的人生坐标确立了正确的方向"[69]。不消说，这位诺贝尔奖获得者是将老师教导的做人准则践行成自己的习惯了的。

成都市第七中学育才学校发动全校师生从实际出发，几经讨论，几番推敲，笔者也参与了鉴别、增减、锤炼与润色，最后确定了中小学生最该具有的如下十大习惯：健身习惯、文明习惯、践行（含劳动）习惯、自学习惯、求索习惯、感恩习惯、诚信习惯、责任习惯、惜时习惯、合作习惯。这是迄今为止笔者所感知的对当前时代学子最具针对性的习惯养成体系。

包头市铝业集团小学在卓有思想的校长蔺永忠引领下，多年来坚持学生每日"踏步一分钟，唱一首歌，写一篇日记，练一次字，做一项家务劳动，一个小岗位，至少读半小时课外书"的"七个一"习惯，从践行的角度敞开习惯的入口，收效甚佳。他们视培养好习惯为学生第一成绩、为人根基。

苏联教育家苏霍姆林斯基曾给人们提供一个呵护幼儿纯真天性的例子。

校园的花房里开出一丛硕大的玫瑰花，全校师生都非常惊讶，每天都有许多同学来看。这天早晨，苏霍姆林斯基在校园里散步，看到幼儿园的一个 4 岁女孩在花房里摘下了一朵玫瑰花，抓在手中，从容地往外走。苏霍姆林斯很想知道这个小女孩为什么摘花，他弯下腰，亲切地问："孩子，你摘这朵花是送给谁的？能告诉我吗？"小女孩害羞地说："奶奶病得很重，我告诉她学校里有这样一丛大玫瑰花，奶奶有点不信，我现在摘下来送给她看，看过我就把花送回来。"听了孩子天真的回答，苏霍姆林斯基的心颤动了，他搀着小女孩，在花房里又摘下了两朵大玫瑰花，对孩子说："这一朵是奖给你的，你是一个懂得爱的孩子；这一朵是送给妈妈的，感谢她养育了你这样好的孩子。"

像爱护清晨草叶上浮动的晶莹的露珠，一个博大的爱之心就这样小心翼翼地护卫童真美好的天性，进而培植起爱的习惯的嫩苗悄悄生长。

第二季节——花季。

花季（初、高中阶段）为道德渐成季节。

该生命段为人格教育的支点，是学旅时代的耕耘时期。

这一阶段的核心任务是耕耘好道德，让高尚修炼为一种道德。

“道德普遍地被认为是人类的最高目的，因此也是教育的最高目的。”[70] “道德可以被认为是一种理想的人类行为。”[71] 大哲学家康德说的形神兼备又大气磅礴：“有两种东西，我们愈是时常反复地思索，它们就愈是给人的心灵灌注了时时翻新、有增无减的赞叹和敬畏，这就是我头上的星空和心中的道德法则。”[72]

道德乃立身之本钱，人性的路标。

道德的根本准则是“己所不欲，勿施于人”。

道德的核心要求是人的责任感（对己、对人、对社会、对自然）。它是全部道德中影响力最大、感染力最强最该具备的品质。比尔·盖茨说：“人可以不伟大，但不可以没有责任心。”罗曼·罗兰也曾说：“99%的努力和1%的灵感，对于成功是不够的，你还必须有100%的道德品质做保证。”

伴随树德而来的是青少年的个性的潜生暗长，在花季里已见雏形。

道德不是天生的。

道德是涵养、加固人的天性的营养素。

天山脚下、巩乃斯河谷的学生在实践基地享受丰收的喜悦

在苏联一所学校里，语文教师尼娜·彼特罗芙娜八年级班上有一个叫米哈伊尔的独生子，高个儿，蓝眼睛，浑身像水银一样好动，眼睛闪露嘲笑狡黠的光。他是全校公认的不可救药者。因不交或“糊弄”作文，女教师几次气得面孔发白双手颤抖，以至离八年结业还剩3个月，米哈伊尔跟他的母亲一起来央求校长而同意他退学后，同仁们都向女教师表示祝贺。

几个月后的一天，尼娜·彼特罗芙娜的旧电视机又出了毛病，她打电话给区中心修理部，请无论如何派一名手艺高的师傅。

她万万没想到，敲门而入的竟是穿着一身朴素却非常合体的工作服、手提小箱子的米哈伊尔。

“你找我吗？”女教师惊惶失措。

“是的，找您，”米哈伊尔发窘地说，“是为了修电视机的事儿，您不是打电话了吗……”

女老师经历了非常难受的两小时，直到米哈伊尔修好，演示出极好的清晰度和音响效果，并开好发票，说“保修三年”后，女教师羞愧的脸上发烧，另外多付了三个卢布……米哈伊尔把钱退给老师，低缓地然而带有一种激动的心情说：“您，这是为了什么呢？难道您是这样教育我的吗？我的作业文写得不好，可是毕竟学会了正确地对待生活。当时我也喜欢您的课……是的，比任何别的课都喜欢。这些课会一辈子留在我的心里。”

米哈伊尔匆匆收起工具悄悄离去了。

女教师捏着三个卢布热泪簌簌流淌。

她想些什么呢？是目睹的惊奇？是心灵的惭悔？是对学生的偏见及其特长发挥之间的巨大反差所造成的困惑？是一股强烈的思维之光，把她百思不得其解的疑团照亮？

这尴尬的一幕，令人回味、令人领悟、令人回肠荡气的是一个学生走上社会后显现的品德啊。

道德，教养，文明，不仅使人在众人面前挺得起腰杆，也能使国家在多国之林一展大家气象。

当下，道德已成为制约我们快速发展的瓶颈。

有文章说，古时礼仪之邦的中国，至今“逐渐丧失文明优势，成为教养指数低下的负面样板……中国人把粗鄙当豪情，把无知当朴素，把暴力当革命，把失礼当率真，把低俗当可爱，把仇恨当爱国，又把无耻当成了反叛……”[73]这里所揭示的，正是关乎民族的习惯重塑与道德整容的深层议题，这就该从国民中少小的根部做起，从一个个细微处开抓，一点一滴地根治育德的顽症，夯实民族道德教养性教育的地基。

第三季节——果季。

果季（大学、研究生阶段）为灵魂生长季节。

该生命段为人格教育的顶点，是学旅时代的收获时期。

这一阶段的核心任务是收获感悟，修炼灵魂，让美丽修炼为人的一种灵魂，或者说让灵魂绽放出美丽的内涵。纪伯伦说："灵魂像荷那样开花，花瓣不计其数。"[74]

灵魂是什么？灵魂乃生命之根，人性的主宰。

它是主宰生命的一种伟大力量，润泽人的天性的春雨夏露。

灵魂的核心是人的心性的真善美，是对是非、真伪、善恶、美丑、曲直的透辟的洞悉与美丽的坚守。

教育说到底，无非是人的灵魂的生长、再造与圣化。

在灵魂生长季节里，人的个性也走向成熟。成熟的显著标志是人生观、方法论的悄然形成。

灵魂，作为一种切实的存在，它往往意味着生命最深处的感触；作为一种难以捕捉的本体（本源），它往往出现在灵性闪光的时刻；作为一种精神的载体，它在境界的高端可以镌刻不朽；作为一种生命的本质，它在疏离自己时又会顿生行尸走肉的痛楚与磨折。唯有身体与灵魂完美地融而合一，我们才能说自己是一个完整的有尊严、有理性、有灵性、有创造力的大写的人，唯有灵魂在我们的身体里诗意地栖息，我们才能挥洒自己的青春，释放自己的激情，升华自己的境界，达至生命所追寻的人生价值的极限！

2010 年 8 月 25 日下午 5 时，杭州西湖大雨滂沱，一名男子从断桥掉入西湖。不愿透露姓名的大学生小冯（右）与民警带着救生圈跳入西湖，奋力将该落水者（中）救起

俄罗斯诗人叶夫图申科在其《提前撰写的自传》里记述过一个真实的故事。

1944 年，白雪漫漫的莫斯科寒冬，两万五千名疲惫不堪的德国俘虏列成纵队垂着头从街头穿过，许多俘虏头上扎着血糊糊的绷带，有的拄着拐杖，有的艰难地靠在其他俘虏的肩头，街道两边挤满了围观者，大部分是妇女和儿童，她们"做着繁重艰苦的"工作，"手都变了样，嘴唇上没有血色"，德国人很可能对她们每个人都作了孽，夺走了她们的父亲、丈夫、兄弟和儿子。当俘虏们出现时，满怀仇恨的妇女们纷纷把手攥成了拳头，担任警戒的苏军士兵和警察竭力阻挡着她们，生怕她们控制不住自己的冲动。12 岁的叶夫图申科跟随母亲挤在人群中。

突然，他看到一个穿着破旧俄式长靴的老年妇女把手搭在一个警察肩上，要求让她靠近俘虏。她从怀里掏出用印花布方巾包着的一块黑面包，把它塞到一个两条腿勉强支撑得住的俘虏的衣袋里。这个俘虏怔怔地看着面前的这位老人，刹那间已泪流满面。气氛一下子有所改变，接着，许多妇女像这位老人一样，把面包、香烟等各种东西塞给了战俘。这时候，叶夫图申科感慨道："这些人已经不是敌人了。这些人已经是人了……"

笔者遴选这个故事，意在说明灵魂觉醒了的善良的莫斯科人，如何以行动激发了德国俘虏灵魂的发现与苏醒……

芽季播下习惯的良种，花季收割道德的丰收。

花季播下道德的良种，果季获取灵魂的成熟。

以上每季应该达成的任务必须按季完结，否则下一季不得不如同补考一样，用几倍于当初的心力，去完成两个季节的重担，德行建造进程中难免会力不从心。

请注意，这并不是说，学旅三季之后，习惯养成、道德修炼、灵魂造就统统已经万事大吉，自此可以一劳永逸了，这种念头即是退步的开始！

笔者总结出的学旅三季，并非真理或定律，只是提炼了人生的一种规则，而这一规则理应成为人格建构的一项必不可少的奠基工程。

每个人踏进大社会以后，都面对波澜壮阔、五光十色、波谲云诡的人生之海，每时每刻都要驾驭高格的人生飞舟破浪向前。

人生永远似动态的冲浪，朝乾夕惕；

人生智慧，如逆水行舟，不进则退。

育德是生长，是天地化育般的养育，要耐心地守候时光带来的嬗变，"强扭的瓜儿不甜"。内心不能强取，外力不可揠苗，过犹不及，相信种子，相信土地，相信岁月，要静静地等待芽发、花开、果熟的日子。

嫩绿的芽儿，
　和青年说：
"发展你自己！"
淡白的花儿，
　和青年说：
"贡献你自己！"
深红的果儿，
　和青年说：

“牺牲你自己！”[75]

我们则对芽儿说：“茁壮你自己！”

我们要对花儿说：“芳丽你自己！”

我们更对果儿说：“丰硕你自己！”

四

笔者推崇一个词语：绿色生态德育。

2010 年 7 月 26 日，笔者还在上海做了题为《绿色生态德育：教育永恒、核心的命题》的主旨演讲。

绿色生态德育，基于德启智、德益美、德健体、德促劳的特点，发掘其渗透、催化诸方面和谐共进，实现人的优化发展的特质，因此是充满活力、张力、魅力、威力的德育系统。它超越应试，激活生命；超越教化，耕耘心灵；超越行为，升华人格。

绿色生态德育，将德、智、体、美等诸育穿成一个连环的套。

体为载体，给人以精力；

德为载气，给人以动力；

智为载才，给人以实力；

美为载格，给人以魅力。

作者在昆明召开的全国“生命教育大会”作主题演讲

学子的精力旺盛、动力强劲、魅力富有，智慧的实力定会自然而然地充溢而饱胀，生命的潜能就有可能开掘到人生发展的极限。从这一视角看，有了精力为盾（载体）、动力为柱（支撑）、魅力为神（风采）的保驾导行，实力自然会紧跟相随。反之，若只抓实力，而漠视精力，不给动力，摒弃魅力，实力必陷于茕茕孑立、形影相吊的可怜境遇。

那么，德育给力于生命哪些根本的打造呢？

德育是动力源泉。好像江河的源头、机械的发动机，德育解决生命状态有没有力道（劲头）、能否持续产生力道（劲头）的动力问题。

德育是生长根基。犹如树之根、楼之基，德育解决生命发展有没有坚实的底蕴、能否支撑雄立久远的目标问题。

德育是营养素。恰似动植物健康肌体所需要的多种营养成分，德育解决生命供养有没有渠道、能否四面八方源源而至的补给问题。

2010 年，笔者在四川绵阳市东辰国际学校采访，发现东辰人用自己的方式、手段、途径，从古到今地寻找，从东到西地发掘，急于获得这些道德、精神的营养素，滋养自己学子的生命根基。他们编著做人（尊师、孝敬、感恩、爱国）、处事（尊重、负责、守纪、诚信）、勤学（目标、方法、静心、拼搏）、生活（生命、修身、理财、节俭）、成功（信心、执著、抗挫、合作）五大类二十个专题的一套德育教材，让学子有书可依，依书去做，以获得丰硕的灵魂补给。

那么，未来的中国人大体需要哪一些营养素呢？笔者曾在以前著作里如是写道：

> 需要激情，需要微笑，需要举止有度的大家风范；
> 需要感恩，需要诚信，需要儒家的仁爱心怀；
> 需要自信，需要坚强，需要一身的抗挫性格；
> 需要宽容，需要尊重，需要与他人携手并肩；
> 需要负责，需要担当，需要做事情尽善尽美；
> 需要睿智，需要个性，需要一双发现的慧眼；
> 需要自主，需要思想，需要大胆的探索精神；
> 需要侠骨，需要柔肠，需要一腔的爱国真情；
> 需要惜时，需要精细，需要努力开掘精彩人生……[76]

所有这一切，需要丰富多维高智高能的营养素啊。而这些营养素的摄取，只靠学科知识传授中的渗透，是断然不够的。

育德教育不是可抓可不抓的虚功，也不是可少抓可多抓的良心活，更不是先抓头后抓尾的面子事，它是阳光普照，是水流浸润，是空气弥漫，不能离开须臾，如盐之于菜、血之于体、神之于身，充溢在教育、教学的整个过程，作用于师生人生的全部时空；它不是贴标签，不是打强心剂，更不是为“官赏”（观赏），而是为培养有中国灵魂、世界眼光、现代智慧的当代人的必需营养素。

五

“教育的目的是应该向人类传送生命的气息。”泰戈尔的命题艺术性地揭开了教育的盖头，大有一语中的之妙。

透过这一伟大的命题，我们可以如是认为，有价值的生命气息的发现、开掘与传承，即是教育的宗旨。

人类几千年文明史，无不是生命发展运动史。

半个多世纪以来以“生命教育”命名的教育理念，旨在传送着积极的生命气息，感动着生命，提纯着生命，张扬着生命，让生命的芽苗更壮实，生命的花朵更绚丽，生命的果实更丰饶。

由此看来，生命教育乃是人之根、心之魂的教育，是育德中的母题教育。它旨在通过对生命的关爱、开发、解放和超越，以实现智慧增长与生命生长的和谐共进，求得人生最大价值。

生命教育要舒展的是人的胸怀的广度、眼界的长度、思维的深度、德行的厚度、个性的亮度、成长的速度、事业的高度，因此，生命教育也是人的世界观、人生观、价值观的建立与升华的教育。

生命教育富于深刻的科学内涵和内在的哲学魅力，在笔者看来，其有五大要素，即泰戈尔所说的向人类传送生命的五大气息。

一要认识生命，活在理性的世界里。

此为前提（人根龙脉）。

人的生命是万千年人类进化而成的有语言有思维的精灵。这种精灵无时无刻不在追求完善自然、完善社会之时完美着自己。

希腊德尔菲小镇阿波罗神殿的石柱上镌刻如下一句话：“人啊，认识你自己！

这是一个简单而复杂、古老而现代、浅显而深邃的哲学问题。正如钱学森的教育三问一样，人的生命也应该有三问：我是谁？我该做什么？我该怎么做？只有时刻向自己这样发问，并不断地矫正自己生命的轨迹，建立健全生命自我意识和生命价值观念，才会活得有滋有味，有声有色。

我曾提出如是理念：“小到一个人、一个单位，大到一个国家、一个民族，无论办什么事业，都须心知肚明地做到：查清现实坐标点，把握自己支撑点，找准前方突破点，占领事业制高点。”这个查清坐标点，就是正确认识自己的生命。

人世间，狂妄者发酵自己，卑微者小视自己，都好像面对哈哈镜，变形的观察带来的是认识的扭曲，给理智的知与行打了大大的折扣。

当下的情况是：许多中小学生并没有清醒地活在理性世

界里，一些学子竟活得浑浑噩噩，无精打采，无梦无标，无拘无束，缺失动力，出现了种种生命困顿。

理性地认识生命，实在是人成长与发展的基石。

二要敬畏生命，活在感恩的氛围里。

此为情态（人格境界）。

一个千差万别之中独一无二的个体人的生命，不仅属于自己，也不仅属于家庭，还属于他所在的民族、祖国、社会，属于祖国、民族、社会的历史与文化，因为他是上述众多因素合力的结果。上述因素缺失一个都不会有如今的我和你。

我幼小时，看到自家屋内供奉着老祖宗的家谱，两边对联写道：

慎终须尽祖德宗功深似海

追远长怀父母恩情重如山

听大人解释，祖宗是根，父母是干，我们孩子只是树干的枝叶。我以为很对。

长大了对生命的意蕴理解得渐渐深邃了之后，才感觉到此联有失于理性的狭窄与事实的偏颇。敬畏生命，懂得感恩，一要有大眼界。因为一个人的生命，不仅属于自己，也不仅仅属于家庭，属于父母，更属于民族、祖国，是历史、文化、民族、社会等众多因素合力的结果；二要有深目光。敬畏生命，懂得守卫，呵护人性的自由形态，保持人性的隐私（不可过度地解密祛魅），维护人的生命发展的诗性张力。

一个人敬畏生命，内心就充满了神圣，那些激动人心的高峰体验，如感动、震撼、欢快、幸福等就伴着你，让你的生命充溢着梦的甜美与价值的光彩。

一个人感恩生命，情感就饱胀了燃烧的火焰，就会有一股旋风般的力，海潮般的情，就会觉得浑身充满着力量，在事业打拼中释放生命的光和热。

如果说，心存希望是渴望精神的飞翔，心存感恩则是冀望精神的净化。

心存敬畏与感恩，自会懂得对生命的珍爱与宽容。

当下，有些青少年为什么不敬畏不感恩？出走、自残、打杀、跳楼、服毒……对自己或他人的生命如草芥般地轻视？如何报警轻浮，引人走向厚重？捷克作家米兰·昆德拉写出名著《生命中不能承受之轻》，其书名很有几分厚重哲思的睿智韵味。

敬畏源自感恩，感恩必藏着珍惜。

1924 年 1 月 21 日清晨，在莫斯科城郊哥尔克村一家医院里，将走到生命尽头的列宁，用低弱的声音请他的夫人克鲁普斯卡娅再为他读起《热爱生命》这部杰作。作者是 19 世纪末 20 世纪初美国小说家杰克·伦敦，小说将主人公置于近乎残忍的恶劣环境之中，与寒冷、饥饿、伤病和野兽（一条狼）的生与死的抗争中，生动逼真地描写出了生命的坚韧与顽强，充分展现出人性深处的某些闪光的东西。列宁静静地听着听着，慢慢地闭上了眼睛，悄悄地停止了生命的最后一下跳动……这位革命导师的弥留之际，亦是对热爱生命、渴望生命、敬畏生命的生动诠释！

当下的情况是：我们多数孩子心中压根不懂感恩，也不知责任为何物，流于社会、家庭越来越富足的新生代那种惯有的迷茫与浅薄。这缘于当今条件的嬗变，也缘于我们教育的疏漏。

当少年的生命被激活时（近十余年来，作者在深圳、瑞金、宜昌、南京、伊犁等地给学生作演讲均受到极大欢迎。在包头二中、在调兵山市第一高中，作者演讲后分别有三四十名学生抢着上台倾吐心声。）这是焦作市许衡实验学校数百名少年听讲后争求签名的一角

怀着感恩的心敬畏生命，会给人的生命以无限求索的张力。

三要激活生命，活在昂奋的个性里。

此为特质（人性高峰）。

生命是一种选择：在价值观日益混乱、两极分化日趋严重的当今社会里，醉与醒、迷与清显示着对生命知与行的不同情态。生命教育的真正危机不是青少年轻生的个别现象（尽管我国每年有以青少年为主体的 25 万人自杀），而是对生命的麻木、梦寐乃至漠视，这才是生命教育的瓶颈和慢性杀手。

没有目标的生命肯定是缺失蓬勃活力的生命。而缺失蓬勃活力的生命又肯定是没有昂奋个性的生命。

激活生命，让生命不仅仅能够承受应负之重，更能够独树一帜昂扬奋发地承受。

靠什么激活生命？靠渊博学养，靠深邃哲思，靠丰富阅历，靠高洁目标，靠炽热情怀，靠智慧言语，靠心灵触动……

如何激活生命？就要进行灵魂按摩、个性点化、人文滋补、生命关怀，历练心理承受之重，帮助每一个学生寻找到自己生命个性化的山峰。

笔者面对学子，曾创作一些适切的短诗，点燃其心中激情的火苗，随即转化成生命向上的力量。日前，我曾以《目标》为题，即兴说给新疆新源县龙涛远小朋友如下一首诗：

目标定了，就不怕远；
关山飞度，就不怕险；
书山攀登，就不怕高；
学海泛舟，就不怕难。
生活就是冲浪，
生存就是闯关，
生命就是拼搏，
生涯就是画卷。

他即刻记住了，说："这短诗听了有劲，背了来劲，想起长劲！"

焦作市教育专家周秀龙借鉴中医中药的补虚、扶弱、固本之理，原创性地推出家教大行动——请数以万计的家长、孩子参加写教育日记行动。他编制了《让我们一路同行》的教育日记本，让家长与孩子每天都写上三言五语、一句两句。这种教育日记成了父母与子女、姐与弟、师与生探视对方心灵的小小窗口。生命的独白变成了心灵对话，思维的封闭化作亲情宣泄，郁闷的压抑让位给天性灵气的展示，情感的下滑置换为意志的激发。教育日记成了一场生命激活的道德长跑，一部人文滋补的家教宝典……

昂奋地激活生命，足以让生命放出强烈无比的火光。

四要发展生命，活在登顶的圆梦里。

此为大道（人生铁律）。

发展生命的第一要务，须有强烈而深厚的生命意识，对人的生命尊荣的庄重叩问，同时要给生命之钟拧足发条，让生命活在科学发展、优化发展、长远发展的途程上，生命的精神底色充满着超越。

邓拓说："古来一切有成就的人，都很严肃地对待自己的生命，当他活着一天，总要尽量多劳动、多工作、多学习，不肯虚度年华，不让时间白白地浪费掉。我国历代的劳动人民以及大政治家、大思想家等等都莫不如此。"[77]鲁迅"把别人喝咖啡的工夫都用在工作上"。

是的，生命隐藏在时间里，更写在挑战自身潜能的契约中。

据载，在美国西雅图的一所著名的教堂里，有一位德高望重的牧师戴尔·泰勒。有一天，他向教会小学一个班级学生郑重承诺：谁能背出《圣经·马太福音》中第五章到第七章的全部内容，他就邀请谁去西雅图的“太空针”高塔餐厅参加免费聚餐会。《圣经·马太福音》中第五章到第七章有几万字，而且不押韵，要背诵其全文无疑有相当大的难度。尽管参加免费聚餐会是许多学生梦寐以求的事情，但是几乎所有人都浅尝辄止，望而却步了。

几天后，班上一个 11 岁的男孩，胸有成竹地站在泰勒牧师的面前，从头到尾按要求背了下来，竟一字不落，毫无差错，到了最后，简直成了声情并茂的朗诵。

泰勒清楚，就是成年信徒，能背诵下来的也是罕见的，何况一个孩子。他在赞叹男孩那惊人记忆力的同时，不禁好奇地问：“你是怎样背下这么长文字的呢？”

男孩不假思索地回答道：“我竭尽全力。”

那个男孩就是 16 年后成了世界著名软件公司老板的比尔·盖茨[78]。

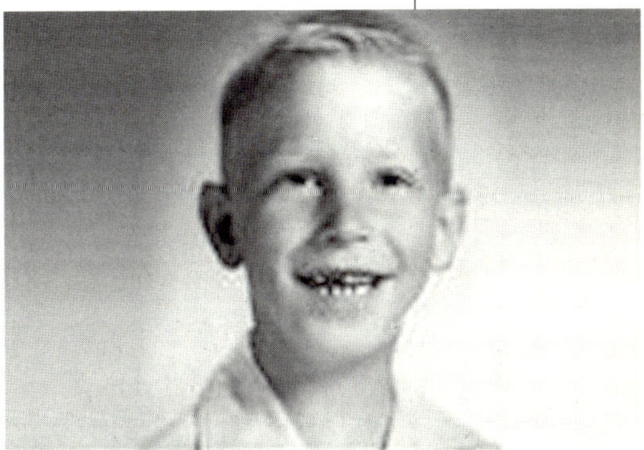

少年比尔·盖茨

他的成功背诵给人启示：每个人都有极大的潜能。正如心理学家所指出的，一般人的潜能只开发了 2%—8%，像爱因斯坦那样伟大的科学家，也只开发了 12% 左右。一个人如果开发了 50% 的潜能，就可以背诵 400 本教科书，可以学完十几所大学的课程，还可以掌握二十来种不同国家的语言。这就是说，我们还有 90% 的潜能处于沉睡状态。谁要想创造奇迹，仅仅做到尽力而为还不够，必须竭尽全力才行。

竭尽全力吧，登顶般地发展生命，使生命拥有沉甸甸的黄金。

五要达成生命，活在无悔的宁静里。

此为目标（人心追慕）。

每个人来到世间，各自带着自己一种天赋，完成自己一种使命，追求自己一种完美。伟人讲“养天地正气，法古今完人”就是这个意思。

观照古今人生全程，莫不是以认识生命和敬畏生命为起始点，以激活生命和发展生命为攀登点，以达成生命即到达生命的极限为制高点。走过生命的三个境界，收获“当他回首往事的时候，不会因为碌碌无为、虚度年华而悔恨，也不会因为为人卑劣、生活庸俗而羞愧”[79]那样一种宁静而欣慰的心态。这种真正的安宁，只有懂得了“我是谁”、感恩、竭力奋斗之后才会出现。

无悔地达成生命，是生命一种至高、至远、至大的境界。

自2002年10月起，中央电视台启动一年一度的“感动中国年度人物”评选，就是对生命境界的感动评选，感动来自传统美德的召唤，社会责任的担当，生死抉择的震撼。一个个大写的人物，做得有情有义，活得无愧无悔，其高风亮节可歌可泣，其奇美灵魂感天动地。

一百年前的1912年4月15日，从英国南安普顿出发开往美国纽约的豪华游轮泰坦尼克号因撞上冰山而沉没。2208人中，1503人死亡，705人生还。

在那陷入灭顶之灾的最后时刻——

八位音乐家沉着平静地演奏乐曲，那飞翔的音符，体现了至死不向自然界的凶恶低头的人类的尊严和高贵；

船长史密斯得知救生艇不够一半乘客逃生时说：“让妇女和儿童先行。”又补充道：“我跟船走。”海水涌进驾驶舱时，他还一直站在船舵旁，像石头一样沉默，直至海水没过头顶；

900多名船员、服务员、烧火员以至厨师76%遇难，这比例超过了船上头等、二等和三等所有房舱的乘客死亡比例；

亿万富翁约翰·雅各布·阿斯德问负责救生艇的船员，他可否陪同正怀孕5个月的妻子马德琳上艇，船员说：“妇孺先上。”他压根没找船长走“后门”，而是像真正绅士那样回到甲板，当小艇飘飘悠悠地划向远方时，他在甲板上，点燃了一支雪茄，安静地坐在那里，直到轮船沉没，船上倒下的烟囱把他砸进大西洋中。

另一个财富仅次于阿斯特的斯特劳斯，他的夫人几乎上了八号救生艇，但脚刚要踩到边，突然改变主意，又回到丈夫身边，说：“这么多年来，我们都生活在一起，你去的地方，我也去！”她把艇里自己的位置让给一个年轻的女佣，连毛皮大衣也甩给了她：“我再也用不着它了！”当有人向67岁的斯特劳斯说：“我保证不会有人反对像您这样的老先生上小艇……”斯特劳斯坚定地回答，“我绝不会在别的男人之前上救生艇。”然后挽着63岁太太艾达的手臂，一对老夫妇蹒跚地走到甲板的藤椅坐下，像一对鸳鸯一样安详地栖息在那里，静静地等待着最后时刻的来临。

世界著名的管道大亨本杰明·古根海姆穿上了最华丽的晚礼服，他说："我要死得体面，像一个绅士。"他给太太留下字条："这条船不会有任何一个女性因为我抢占了救生艇的位置，而剩在甲板上。我不会死得像一个畜生，会像一个真正的男子汉。"

造船师安德鲁斯在最后的时刻，还痛悔地对一个女服务员说："孩子，我没有给你造一条不会沉没的船。"

这么大的群体，怎么能如此纪律分明，坚守岗位，富于自我牺牲精神；怎么能怀着如此巨大的勇气，不奔不逃，坚守职责；怎么能有那样高尚的人道情操，把救生艇让给孩子和妇女，把最后的时刻留给自己。责任意识撑起了人的价值、人的高贵、人的美丽，使无数普通人变成了英雄！

人类文明世界第一艘最大的巨轮沉没了，但人类美德、人道情操、人性善良却没有沉没，在这场世纪大灾难中放射着光芒！

注释：

[1] 黄东涛，郑汉根．棒喝中国［M］．北京：华夏出版社，2011.

[2] 高伐林．专访刘道玉：找出中国教育危机的祸根［J］．中国改革，2004（12）.

[3] 柳斌．柳斌谈素质教育［M］．北京：北京师范大学出版社，1998：69.

[4] 柳斌．努力提高基础教育的质量［J］．中国教育学会通讯，1987（5）.

[5] 孙云晓．中日韩美四国高中生比较研究［N］．光明日报，2009－03－24.

[6] 伊藤虎丸．鲁迅与终末论——近代现实主义的成立［M］．李冬木，译．北京：三联书店，2008.

[7] 杭大庆．两份错误的预言［N］．中国教育报，2004－09－14.

[8] 戴荣．洋思经验与新课程改革［M］．上海：上海科学普及出版社，2005：1.

[9] 滕纯．杜郎口旋风［M］．济南：山东文艺出版社，2006：序.

[10] 东缨．中国教育的顿悟［M］．桂林：漓江出版社，2010：封底.

[11] 鲁迅．小杂感［M］//鲁迅全集：第3卷．北京：人民文学出版社，1991：531.

[12] 歌德．浮士德［M］//爱克曼．歌德谈话录．朱光潜，译．北京：人民文学出版社，2000：244.

[13] 屠格涅夫．父与子［M］．李小鹏，译．北京：中国致公出版

社，2002：65.

[14] 刘铁芳. 古典传统的回归与教养性教育的重建 [M]. 北京：北京师范大学出版社，2010：20.

[15] 普希金. 假如生活欺骗了你 [G]. 普希金. 普希金抒情诗选集. 查良铮，译. 南京：江苏人民出版社，1987：113.

[16] 纪伯伦. 纪伯伦作品精选 [M]. 李唯中，译. 武汉：长江文艺出版社，2006：47.

[17] 马克思. 致斐·拉萨尔（1862 年 6 月 16 日）[M] //马克思，恩格斯. 马克思恩格斯全集：第 30 卷. 北京：人民出版社，1995：624 - 625.

[18] 杨一仁. 仰望灿烂星空 [M]. 呼和浩特：内蒙古教育出版社，2012：11.

[19] 郭光东. 面朝常识　春暖花开 [N]. 南方周末，2008 - 12 - 18.

[20] 艾青. 艾青诗选 [G]. 北京：人民文学出版社，1979：13.

[21] 叶澜. 让课堂焕发出生命活力 [J]. 教育研究，1997 (9).

[22] 吴非. 致青年教师 [M]. 北京：教育科学出版社，2010：48.

[23] 柏拉图. 苏格拉底的申辩 [M]. 吴飞，译. 北京：华夏出版社，2007：108. 色诺芬. 回忆苏格拉底 [M] //任钟印. 世界教育名著通览. 武汉：湖北教育出版社，1994：3.

[24] 夸美纽斯. 大教学论 [M]. 傅任敢，译. 北京：教育科学出版社，1999：79.

[25] 克里希那穆提. 一生的学习 [M]. 张南星，译. 深圳：深圳报业集团出版社，2010：18.

[26] 加里宁. 论共产主义教育和教学 [M]. 陈昌浩，沈颖，译. 北京：人民教育出版社，1957：57.

[27] 吕型伟. 为了未来——我的教育观：续集 [M]. 上海：上海教育出版社，2002：扉页.

[28] 康德. 论教育 [M] //任钟印. 世界教育名著通览. 武汉：湖北教育出版社，1994：498 - 499.

[29] 石中英. 教育哲学导论 [M]. 北京：北京师范大学出版社，2002：43、44.

[30] 叔本华. 人生的智慧 [M]. 张尚德，译. 哈尔滨：黑龙江人民出版社，1987：17.

[31] 储继芳. 斯霞之路 [M]. 北京：人民教育出版社，1987：273 - 274.

[32] 夸美纽斯. 大教学论 [M]. 傅任敢，译. 北京：教育科学出版社，1999：53.

[33] 程路. 平凡的传奇 [J]. 人民教育，2010 (6)：52.

[34] 于漪. 教海泛舟　学做人师 [J]. 人民教育，2010 (17)：55.

［35］于漪. 岁月如歌［M］. 上海：上海教育出版社，2007：89.
［36］肖琪坤. 教育改革家魏书生［M］. 北京：北京教育出版社，1991：134－136.
［37］苏霍姆林斯基. 少年的教育与自我教育［M］. 姜励群，等，译. 北京：北京出版社，1984：99.
［38］苏霍姆林斯基. 帕夫雷什中学［M］. 赵玮，王义高，等，译. 北京：教育科学出版社，1983：91.
［39］魏书生. 班主任工作漫谈［M］. 桂林：漓江出版社，1993.
［40］孙维刚. 孙维刚谈全班55%怎样考上北大考上清华［M］. 北京：北方妇女儿童出版社，1999：4.
［41］同上，209.
［42］同上，封底.
［43］张思明. 张思明与数学课题学习［M］. 北京：北京师范大学出版社，2006：55.
［44］申炜，郑玉飞. 张思明：中学数学建模的拓荒者［M］. 北京：教育科学出版社，2009.
［45］杜威. 教育中的道德原理［M］//杜威教育文集：第1卷. 赵祥麟，译. 北京：人民教育出版社，2008：147.
［46］纪伯伦. 纪伯伦作品精选［G］. 李唯中，译. 武汉：长江文艺出版社，2006：31.
［47］储继芳. 斯霞之路［M］. 北京：人民教育出版社，1987：265－268.
［48］林蔚. 一代师表［M］. 北京：知识出版社，2001：5.
［49］于漪. 岁月如歌［M］. 上海：上海教育出版社，2007：60.
［50］罗曼·罗兰. 约翰·克利斯朵夫［M］. 傅雷，译. 北京：人民文学出版社，1987.
［51］泰戈尔. 泰戈尔抒情诗选［G］. 吴岩，译. 上海：上海译文出版社，1992：101.
［52］钱穆. 文化与教育［M］. 北京：生活·读书·新知三联书店，2009：63－64.
［53］杨振宁. 我的学习和研究经历［R］. 中国农业大学名家论坛，2012－04－18.
［54］洪宗礼. 洪宗礼文集：第1卷［G］. 南京：江苏教育出版社，2008：22.
［55］斯蒂芬·茨威格. 人类群星闪耀时［M］. 舒昌善，译. 桂林：广西师范大学出版社，2004：序言.
［56］黄利群. 中国近现代教育史研究文集［M］. 沈阳：白山出版社，2000：556.
［57］列宁. 青年团的任务［M］//列宁选集：第4卷. 北京：人民出版社，1995：285.

[58] 黄利群. 中国近现代教育史研究文集 [M]. 沈阳: 白山出版社, 2000: 26.

[59] 祁兆熙. 游美洲日记 [M] //钟叔河. 走向世界丛书: 第一辑Ⅱ. 长沙: 岳麓书社, 2008: 202.

[60] 李圭. 环游地球新录 [M]. 长沙: 湖南人民出版社, 1980: 106.

[61] 中国史学会. 洋务运动 [M]. 上海: 上海人民出版社, 2000: 196.

[62] 邓小平. 中国不允许乱 [M] //邓小平文选: 第3卷. 北京: 人民出版社, 1993: 287.

[63] 弗玛·布雷德. 教育研究 [M] //教育研究方法. 北京: 人民教育出版社, 1988: 8.

[64] 钱穆. 国史新论——钱穆作品系列 [M]. 北京: 生活·读书·新知三联书店, 2005.

[65] 马卡连柯. 马卡连柯全集: 第4卷 [G]. 莫斯科: 俄罗斯联邦教育科学院出版社, 1951: 444.

[66] 叶圣陶. 当前教育工作中的几个问题 [M] //叶圣陶全集: 第11卷. 南京: 江苏教育出版社, 1987: 228.

[67] 洛克. 教育漫话 [M]. 傅任敢, 译. 北京: 教育科学出版社, 1999: 7.

[68] 乌申斯基. 乌申斯基教育文选 [G]. 张佩珍, 冯天向, 郑文樾, 译. 北京: 人民教育出版社, 2004: 166.

[69] 柳斌. 求解 "钱学森之问" [J]. 中国教育报, 2010-11-25.

[70] 张焕庭. 赫尔巴特·论世界的美的启示为教育的主要工作 [M] //张焕庭. 西方资产阶级教育论著选. 北京: 人民教育出版社, 1979: 259-260.

[71] 赵中建. 全球教育发展的研究热点 [M]. 北京: 教育科学出版社, 2001: 16.

[72] 康德. 纯粹理性批判 [M]. 邓晓芒, 译. 北京: 人民出版社, 2004.

[73] 朱大可. "礼仪之邦" 的教养问题 [J]. 中国新闻周刊, 2007 (33).

[74] 纪伯伦. 纪伯伦作品精选 [G]. 李唯中, 译. 武汉: 长江文艺出版社, 2006: 47.

[75] 冰心. 繁星·春水 [M]. 北京: 人民文学出版社, 2008: 6-7.

[76] 东缨. 中国教育的顿悟 [M]. 桂林: 漓江出版社, 2010: 175.

[77] 邓拓. 燕山夜话 [M]. 北京: 北京出版社, 1984: 5.

[78] 冰冬. 竭尽全力 [J]. 发现, 2004 (6): 1.

[79] 奥斯特洛夫斯基. 钢铁是怎样炼成的 [M]. 曹嫚西, 王志棣, 译. 南京: 译林出版社, 1996: 252.

第三章 渐悟东西文明

16 世纪，当西方教育初现“以人为本”的曙光，发轫义务教育的德国开始强迫六七岁儿童入学之时，中国极少数能读书的学子还终日在摇头晃脑地背诵四书五经；

18 世纪中叶，当伴随着英国瓦特蒸汽机的日夜轰鸣，西方普及义务教育大潮开始涌动之时，中国仍在科举的窄胡同里精心选拔着迂腐的“范进”们而无暇他顾；

19 世纪中叶至 20 世纪中叶，当西方铸成了从小学—中学—大学的完整教育链条时，中国犹在水深火热的救亡中时断时续地诵读着启蒙课本……

无数个问题，成为叩问中国教育落后于西方的主题：四百年以降，西方各国教育家辈出，纷纷使本国教育实现自身特色的现代化，中华帝国却为何毫无知觉？19 世纪中叶的大清帝国既遭鸦片战争的烽火，为何迟迟不能学习西方教育？20 世纪上半叶，中华民国已呈开放姿态，为何迟迟无法改造传统教育？时至今日，中国教育仍落后于发达国家，千头万绪，我们应该在哪里找到真正的“赶超范本”？

要想厘清这些问题，我们必须撇开缠绕于教育人心中的激愤、麻木与盲目；我们应当静听历史的涛声，从四百年来中外先哲那里倾听历史与教育浪潮，或许能得到若干启发。

第一节　东西方教育的邂逅

一

1600 年是西方思想史上的一个“节点”。

向前约 50 年，1543 年哥白尼《天体运行论》问世，就此拉开了西方科学史上“哥白尼革命”的伟大序幕。同年，维萨留斯《人体结构》的出版，宣告人体不再是“灵魂之宫”的禁区，从而为血液循环的发现奠定了重要的基础。这些发现，宣告西方科学进入高潮：开普勒发表了《宇宙的神秘》（1596）；向后 50 年左右，伽利略发表了《星际使者》（1610）；哈维发表了《心血运行论》（1628），最后是笛卡尔的一系列经典著作：《论宇宙》（1633）、《方法谈》（1637）、《哲学原理》（1644）。

西方教育的江河波涛滚滚，载着科学之舟百舸争流，一批批前赴后继的学者大师勇立潮头，击水搏浪，呈现“星汉灿烂若出其里”的奇景，足以令世界闪露出惊羡的目光。

1600 年的春天，在明帝国的陪都南京，一位 38 岁的年轻儒雅的举人拜访了该城著名的西方传教士、学者——利玛窦（1552—1610）。此时，来自意大利的耶稣会士利玛窦已在中国传教八年之久，48 岁的他在南京享有盛名，高官显贵和名士文人都乐于与他交往。

利玛窦（1552—1610）

《利玛窦传》一书的日本作者平川佑弘，称利玛窦是“人类历史上第一位集欧洲文艺复兴时期的诸种学艺，和中国四书五经等古典学问于一身的巨人”。他还将利玛窦看作是“地球上出现的第一位“世界公民”[1]。作为一个高鼻深目的蓝眼睛白人，利玛窦为了贴近中国社会，当时身着儒服，口说汉语，还能用汉字写文章，被有名的狂士李贽称作是“第一标致人”。年轻的举人很快被利玛窦的渊博学识与西方各类知识所折服。

这一次会面，大大改变了中国的历史。这位举人叫做徐光启（1562—1633）。徐光启为明朝末年的数学家、天文学家，农学家、水利家，政治家、军事家，官至崇祯朝礼部尚书兼文渊阁大学士，被后人尊称为“会通中西第一人”。

1605 年，一种新的世界观在欧洲逐渐兴起。培根发表了他的代表作《学术的进展》，他敏锐地意识到科学技术将成为最重要的历史力量，从而提出了“知识就是力量”这一著名论断。

1605 年的一个下午，在明帝国首都北京一座教堂内，钟情于东西方文化交流的利玛窦吐露他的心声，他希望将古希腊数学家欧几里得的《原本》翻译成中文。《原本》是西方科技的基础，对中国人来说，却是一门完全陌生的学问。该书为拉丁文所著，17 世纪几乎没有中国人懂得拉丁文，仅凭利玛窦的讲授，能理解《原本》已属不易，遑论翻译。这时，坐在利玛窦对面、身穿官服、身入翰林院的徐光启不紧不慢地说：“我来试试。”

这一年徐光启已经 44 岁，身为翰林院庶吉士的他前程无限。利玛窦表示怀疑，徐光启却极其平静地回答：“一物不知，儒者之耻。”这句话震烁古今。一年多后，徐光启用清晰、优美的汉语译出了《原本》的前 6 卷，创造性地解决了翻译中的术语问题。其中，简练的中文对译，从“点”、“线”、“面”，到“平行线”、“对角线”，到“三角形”、“四边形”、“多边形”，甚至“相似”、“外切”等，一直沿用至今。徐光启为译作起名时，意味深长地使用了一个汉语中用于设问的词汇——“几何”。自此“几何”成为中华民族一大学科。

中西四百年文化交流史，从一开始即入高潮。明史中说，徐光启“从西洋人利玛窦学天文、历算、火器，尽其术。遂遍习兵机、屯田、盐策、水利诸书”（《明史·徐光启传》）。他借助西方科技，复兴工程技术，兴修水利，他引发了栽种番薯等美洲农作物的热潮，使中国粮食产量迅速上升，并使中国人口从 1 亿迅速突破到康乾时期的 3 亿；他还从澳门购置红夷大炮，使得袁崇焕在“宁远之役”中伤毙努尔哈赤。

在学习西方先进思想的同时，徐光启提出了著名的“会通”与“超胜”的思想。它既指对翻译之作的“领会”与“贯通”，也指将西方科学

徐光启（1562—1633）

技术与中国学术传统的“融合”与“并蓄”。“超胜”指什么？如果说“翻译”是起点，“会通”是实践，那么“超胜”才是徐光启的最高追求。继承传统，而“不安旧学”；翻译西学，但又“志求改正”，这样才能超越前人，超越西人，这正是徐光启的伟大抱负。

徐光启中西融通的思想使他站在了中古世界的顶峰，甚至超过19世纪中国思想界的精英——林则徐、魏源、张之洞。复旦大学教授朱维铮曾提出这个设想：“他（徐光启）向利玛窦问了西方政教，便想赴欧洲亲自考察一番。没有成行，那不是他的过错。假如他真的去了，又回来了，中世纪晚期的思想史，会不会是另一种模样呢？”[2]

恩格斯评价文艺复兴时说，“这是一个需要巨人并且产生了巨人——在思维能力、热情和性格方面，在多才多艺和学识渊博的巨人的时代”[3]。徐光启这位16、17世纪之交的中国知识分子，无愧于这个巨人的时代，在“思维能力、热情和性格方面，在多才多艺和学识渊博”方面，也不逊色于世界上的同时代人。

可惜的是，徐光启与利玛窦未能掀起一场中国的文艺复兴，在徐光启去世11年后，明帝国覆灭，中国文化教育的历史被更加保守和封闭的清帝国书写。在清帝国之时，西方传教士虽然仍沿着利玛窦的足迹纷纷进入中国，但除了对宫廷有所影响外，再没有出现一位徐光启式的中西融合的大儒。

宛若早春唯一的一声雷鸣，中西文化交流刚入高潮便戛然而止，中国传统文化教育没受到丝毫触动，封闭落后状态一直停留到20世纪，仍然没有发生群星灿烂的文艺复兴。

二

恩格斯在谈到中世纪到近代社会的转变时说：欧洲中世纪的终结和现代资本主义的开端以意大利诗人但丁这位“大人物”作为标志。但丁“是中世纪的最后一位诗人，同时又是新时代的最初一位诗人”[4]。

在徐光启的时代，西方教育史上有一位与但丁地位类似的承前启后的杰出人物，这就是17世纪捷克教育家夸美纽斯（1592—1670）。

夸美纽斯生活在一个伟大的时代，文艺复兴的春风席卷了整个欧洲，然而教育界依然是“春风不度”，旧教育的陈污积垢令人感到窒息。管理混乱无序，内容保守陈旧，方法简单粗暴，知行严重脱节，教育积弊之深，即使是16世纪宗教改革也难以触动。夸美纽斯是这种旧教育的受害者之一，对此他抱怨说，那些旧教育“教导青年的方法通常都是非常严酷的，以致学校变成了儿童恐惧的场所，变成了他们的才智的屠宰场，大部分学生对学习与书本都感到厌恶，都急急离开学校，跑到手艺工人的工场或别种职业去了”[5]。

面对阴云紧裹万家墨面的教坛，夸美纽斯不仅仅亮出了尖利批判的精神嘶鸣的雷电，撕裂了黑暗的夜空，更以一系列卓越的主张、设计、阐述及教学深度探索的晨光，描画了心仪中教育的美丽风景，让人感知明日教坛的温馨与光明。

夸美纽斯（1592—1670）

夸美纽斯的历史功绩在于，在宗教力量盘踞在欧洲大地之时，他把教育从政治、经济，从宗教、哲学，从各类话语中解放出来，他把世界给孩子，把生活给孩子，把心灵给孩子，把未来给孩子。他独特地界定教育的本质：就是要扩展人的本质。他开始探寻人的极限，通过教育给人以自由，给人以开阔的空间；他要解放人的束缚，给心灵以最美的舞蹈。

孔子“有教无类”的思想提出了千年，夸美纽斯却成为现代普及教育思想的第一人。他指出“所有城镇乡村的男孩和女孩，不论富贵和贫贱，都应该进学校”，将初等教育普及到手工业者、庄稼汉、脚夫和妇女。他满怀信心地说：“我们差不多找不出一块模糊的镜子模糊到了完全反映不出任何形象的田地，我们差不多找不出一块粗糙的板子粗糙到了完全不能刻上什么东西的地步，即使找到了，镜子还可以先擦干净，木板也可以刨平。”[6]这些思想，也成为现代义务教育的舆论上的前奏。

奠定夸美纽斯在教育史上重要地位的，是他出版于1632年的《大教学论》。夸美纽斯在该书中第一次把教育学从哲学中独立出来，系统地论述了教育学，包括教育目的、任务、原理、作用、内容、方法以及各类分科教学法等基本内容，其中就有对近现代教育产生深远影响的班级授课制。

这部巨著，历经三百多年的考验，成为近现代教育、教学理论的精华和核心。西方学者斯皮尔曼甚至给予了这样的评价："倘若各时代关于教育学的著作全都丢了，只要留得《大教学论》在，后人便仍可以把它作为基础，重新建立教育的科学。"

徐光启的高峰只不过一代而终。夸美纽斯则完成了西方古典教育史上思想的跨越——柏拉图认为，教育不过是心灵转向的艺术，所体现的乃是古典教育的审慎；夸美纽斯提出教育作为一种"把一切事物教给一切人们的全部艺术"，不仅传达了教育平等的现代梦想，极大地扩展了教育对象，而且表示出现代教育无所不能的信心。这实际上为其后现代教育对各种心理学化的教育设计的追求奠定了重要的精神基础，教育可以依照科学的手段与人为的设计，把每个人都教成社会所期待的人[7]。

远离夸美纽斯所在的欧洲旧大陆，崭新的英国资产阶级正在进行着激烈的资产阶级革命。其中涌现出了具有代表性的思想家、教育家——约翰·洛克（1632—1704）。洛克终生信奉笛卡尔的思想，与牛顿等著名科学家引为知交，他在历史上的贡献也不小于上述两位巨人。

洛克（1632—1704）

洛克一生著作甚丰，涉及政治、哲学、法律、教育等诸多领域。他在人类历史上第一次完整地提出了"天赋人权"的理论命题，影响了美国托马斯·杰斐逊，并成为美国独立战争的重要思想支柱。他在荷兰逃亡期间所著的《教育漫话》，集中反映了他的绅士教育思想体系。

如果说夸美纽斯在培养旧世界的人才，洛克则在培养现代社会的绅士。

洛克在该书中明确地提出：教育的最高目的在于培养绅士，绅士应该是"有德行、有用、能干的人才"。即绅士应具备"德行、智慧、礼仪和学问"[8]四种精神品质，以及健康的身体，也就是具有文明礼貌与高贵的仪态，具有多方面的学识，足智多谋。三百多年来，洛克所倡导的绅士教育直接为英国培养了大批人才。

当时，在英伦群岛上流行着带有宗教色彩的"天赋观念论"。洛克则针锋相对地提出了著名的唯物主义经验论——白板说：人的心灵就像一块白板，上面没有任何记号，没有任何观念，一切观念和记号都来自后天的经验。他说："我们的全部知识建立在经验之上，知识归根结底都是源于经验。”“人的观念不是天赋的，而是后天获得的，是由外物印入的。”“人们单凭自己的天然官能，不借助于任何天赋的印象，就可以获得他们所有的知识。”[9]

洛克所倡导的绅士教育思想从诞生之日起便受到政府、社会和家庭的广泛关注，其影响直至今日。英国人普遍认为对孩子的溺爱和娇宠是孩子独立性格形成的最大障碍。因此，当孩子不慎摔倒时，父母一般不会去扶他，而是让他自己站起来，从一点一滴的小事去锻炼孩子的独立能力，使他们明白，不能依靠父母去生活，而完全要靠自己。

洛克的这一思想，让今天溺爱孩子到“顶在头上怕摔了，含在嘴里怕化了”的中国人面红耳赤。他所播撒的绅士教育思想种子已深深地植根于英国人思维的土壤中。几乎所有的英国人都认为孩子应该懂得忍耐，不管哪种痛苦，都要自己去忍耐。家庭和学校的这一系列做法会让孩子长大后受益匪浅，久而久之这便成了一种传统，使得绅士教育在英国延续至今。

洛克热切着手于绅士教育之时，西方思想正通过传教士而传播到清朝。这些传教士有志于成为利玛窦的继承者，但是他们的思想仅仅限于宫廷之内。历代皇帝们把西方文化、科技精华当成皇家的私藏，拒绝与天下共享。顺治帝尊德籍耶稣会士汤若望为“玛法”（满语之“爷爷”）；康熙帝曾派法国传教士白晋返国要求路易十四增派传教士来华；雍正帝在残酷打击宗室基督徒的同时又留下穿戴欧洲贵胄衣装假发的“御像”；乾隆帝钦定的《四库全书总目》有对元明清的西洋图书译著的提要与批判……

“当我们少数人正漫游在亚平宁的森林中的时候，中华帝国已经治理得像一个家庭了。”18 世纪，法国启蒙运动的代表人物伏尔泰曾说过上述的话。他想象的中国皇帝把辽阔的东方，统治得井井有条。中国像一个家庭那样和谐有序、充满仁爱，自由、平等、博爱的故乡就在中国皇帝那里……在法国许多启蒙思想家一厢情愿的观念中，启蒙的源头似乎应当是东方的光明。

不过，法国另一位思想家怀疑地望着伏尔泰。他就是著名启蒙思想家卢梭（1712—1778）。他在那部著名的《论人类不平等的起源》一书中，对君主独裁进行了猛烈的抨击。

法国启蒙思想家们依靠的是英国的思想。伏尔泰将洛克的思想带到法国，这些思想成为法国启蒙运动乃至法国大革命的重要理论基础之一。

卢梭同样严格地批判着洛克的思想，他用自然主义反对洛克的白板说："用理性去教育孩子，是洛克的一个重要原理；……在人的一切官能中，理智这个官能可以说是由其他各种官能综合而成的。因此它最难以发展，而且也发展得迟。"[10]

两个人在说理教育上出现分歧的焦点是，洛克认为幼儿不只有感受力，而且是"具有理性的动物"。所以推论只要父母能以"说理"的态度对待和管教幼儿，他们对"理"是能感觉和了解到的。卢梭划分教育年龄阶段时，把2—12岁的儿童看作处于"理智睡眠"时期，他认为对孩子们只应进行外感官教育而不应进行说理教育。

卢梭（1712—1778）

卢梭在教育名著《爱弥尔》中，整体地提出了他的自然教育的思想。这本书中，卢梭设计了新的教育制度，强调教育要顺其自然，根据儿童的发展阶段实施教育，培养反封建的新人。他有力地抨击了自古以来传统的教育观点，引起了教育领域中一次影响深远的革命，在西方教育史上乃至世界教育史上具有划时代的意义，被誉为新教育和旧教育的分水岭，卢梭也因此被誉为"教育上的哥白尼"。

《爱弥尔》开宗明义的第一句话就是："出自造物主之手的东西，都是好的，而一到了人的手里，就全变坏了。"[11]

卢梭主张性善论：人类由于上帝的恩赐，生而禀赋自由、理性和良心。自由、理性和良心构成了人的善良的天性。显然，善是人人相同的，并不因人的贵贱而异。人之罪恶，是后天残害所致，并非天性之过。

卢梭要求教育脱离社会文化的樊笼而使人天性得到自由发展，教育要以"天性为师，而不以人为师，要成为天性所造成的人，而不是人造成的人"[12]。卢梭把教育归于三种来源，即"天性"、"人为"和"事物"。

他说："我们身体器官和机能的内在发育，是天性的教育；我们通过努力来促成这种教育，是人为的教育。我们由环境经验所获得的则是事物的教育。"又说，在这三种不同的教育中，天性的教育完全是不能由我们决定的；事物的教育只在某些方面能够为我们所决定；只有人为的教育才是我们能够真正加以控制的。为使这三种教育配合协调，“人为”的教育和“事物”的教育必须以“天性”教育为主轴，围绕着它旋转。因此，我们要永远以本能作为教育的指引。

卢梭的学说使法国发展出与英国截然不同的教育思想。他提倡的教育理想是“自然人”和“自由人”，他们是一种既有哲学家的头脑，又有运动员或农夫身手的资产阶级创业者。这里，教育体现出一种明显的时代性。他反对古典主义和教条主义，要求人们学习真实和有用的知识；反对硬性式教育，提倡启发式教育；主张直观教学；反对向儿童灌输道德教条，要求养成符合自然发展的品德等。这些观点反映了近代教育的发展方向，至今还对我国教育有着重要的借鉴意义。

《爱弥尔》真是一部奇书。大哲学家康德对该书爱不释手，以致打破了长期刻板地恪守每日下午三点半散步的习惯。蒙台梭利、杜威等后来诸多的教育家，都孜孜以求地尽吮其中的甘露。然而，该书以栽培资产阶级社会新人之路的强大冲击力，引发了法国王朝官吏、僧侣的愤怒与恐慌，急欲扼其于摇篮而后快。1762 年 6 月中旬的一天，巴黎一广场火光熊熊。刚出世的书——《爱弥尔》正被焚烧。卢梭也在当局通缉中匆匆逃往国外。

在法国启蒙思想家各领风骚之时，清朝经史诸子考证也大师辈出。西方教会不断有“利玛窦”前往中国，但中国学界却再也没有“徐光启”。在清政府的文化高压之下，中国知识分子在一波又一波的文字狱中噤若寒蝉。这些才华横溢的人物只能在故纸堆中进入义理与考据。与卢梭、伏尔泰同期的乾嘉时期，中国思想界的沉闷也曾达到极致，当时的史学大家章学诚嘲讽同时代的大学问家“徵实太多，发挥太少，有如桑蚕食叶而不能抽丝”[13]。胡适曾感伤地承认，清朝近三百年间无数第一流学者殚精竭虑地考证集成的正续两部《皇清经解》，在思想界教育界的影响，反而不及朱熹一个人所著的几本小书①。

反观欧美，卢梭的“天赋人权”、“自然发展”的教育理论影响日深，先后出现了德国的泛爱教育运动、美国进步主义教育运动等教育改革运动。在瑞士，受卢梭影响的一位教育家将他的部分思想推到极致，这就是裴斯泰洛齐（1746—1827），

① 出自 1923 年国立北京大学《国学季刊》的《发刊宣言》。

一位倾家荡产创办贫民教育的瑞士民主主义教育家。

裴斯泰洛齐早年受卢梭教育思想的影响，放弃神学研究，38 岁开始从事一项教育贫苦儿童的计划，让学童一面纺织一面学习，以培养他们的自立能力。他深信每个人都有与生俱来的发展机能和受教育的平等权利。1774 年，裴斯泰洛齐在新庄开办了一家孤儿院，收容 6—18 岁的乞丐孤儿和流浪儿童，为了使这些乞丐生活得有尊严，他自己也生活得像乞丐一样，经常在路上狼吞虎咽地嚼一块面包了事。他说："从早到晚我一直生活在他们中间……我的手牵着他们的手，我的眼睛注视着他们的眼睛。我随着他们流泪而流泪，我随着他们微笑而微笑……"他对儿童的无尽的爱，被教育史家称为"裴斯泰洛齐精神"[14]。

裴斯泰洛齐教育思想中最突出的一点就是强调情感教育，爱的教育。他强调教育者首先必须具有一颗慈爱之心，以慈爱赢得学生们的爱和信赖。因此，教师要精心照顾好儿童，注意儿童的需要，对儿童的进步和成长报以慈爱的微笑。教师要用亲切的话语、情感、面部表情及眼神打动儿童。当爱和信赖在儿童心中扎下根以后，教师要尽力激励它、增强它，使之不断升华。裴斯泰洛齐也强调教师的权威性，但这种权威性不是来自对儿童的惩罚、告诫、命令和指示，不是来自凌驾于儿童之上的特权，而是来自教师对儿童强烈的爱和责任感。

裴斯泰洛奇
（1746—1827）

裴斯泰洛齐还是教育史上第一个提出"教育心理学化"的人，认为教学必须建立在心理学基础之上。在充分研究儿童心理的基础上，他提出了著名的要素教育理论。要素教育的理论就是强调教育过程要从一些最简单的、为儿童所理解的、易于儿童接受的"要素"开始，再逐步过渡到更加复杂的"要素"，以促进儿童各种天赋能力的全面和谐发展。

这简直是瑞士版本的"素质教育"。裴斯泰洛齐一生都在思考与实践。在裴斯泰洛齐进行教育实验的时候，全世界的眼睛都注视着这里，意大利、西班牙、德国、法国等都派专家前去参观学习，伊弗东城的伊弗东学校被视为教育圣地，裴斯泰洛齐也被誉为"现代教育学与新学校的创始人"，许多国家都掀起了国民教育运动，公共教育特别是初等教育受到了前所未有的重视。

1827年2月17日，裴斯泰洛齐离开了人世；185年之后的今天，我们的学校教育中仍然散发着他的思想和智慧的辉光，而“以人为本”的理念，始终是他醉心于教育改革的第一信条。

裴斯泰洛齐对世界的影响巨大，而1798年，他直接启发了另外一个世界级的教育家——赫尔巴特（1776—1841）——近代德国著名的哲学家、心理学家和教育家，科学教育学的奠基人。

1798年1月，年仅22岁的赫尔巴特游学到苏黎士，结识了已经闻名的裴斯泰洛齐。裴斯泰洛齐为思想还没有定型的赫尔巴特带来了一场巨大的冲击。1800年1月，赫尔巴特来到布格多夫，参观裴斯泰洛齐的学校，他亲眼看到了裴斯泰洛齐的具体教学情景。教室中师生融洽的、友好的气氛使赫尔巴特感到特别惊奇，他“也不自主地忘记了自己是一个旁观者和观察者，而变成了一个学生和孩子”。

赫尔巴特（1776—1841）

在以后的岁月里，赫尔巴特继承了裴斯泰洛齐的“教育心理学化”思想，并在统觉心理学的帮助下，深化和完善了裴斯泰洛齐的思想。裴斯泰洛齐曾试图寻找从感觉印象到清晰概念之间的过程，最后则由赫尔巴特得以完成。赫尔巴特明确地把心理学作为教育科学的基础之一，更清晰地表述了“教育心理学化”的意义和要求，为西方现代教育科学铺砌起坚实的奠基石。

学习的统觉形成说是赫尔巴特在洛克的“心灵白板”论的基础上形成的。所谓统觉，即新观念为已经存在于意识中的旧观念所同化和吸收。赫尔巴特认为，任何观念的存在都不是孤立的，而总是与其他观念相互联系，组成一个“观念团”，这个观念团通过统觉过程把与之一致的新观念吸收进来。像滚雪球一样，观念团随着统觉过程不断扩大和完善，以至形成观念的体系，最终形成统觉团或称“思想之环”。统觉团或思想之环是观念体系的最终形式，是心灵发展的最高阶段[15]。

这是教育史上的一场革命。

从近代教育学开创者夸美纽斯到卢梭、裴斯泰洛齐这些伟大教育家，都把人的教育看作是自然发展的过程，而教师的任务就类似一个园丁，充其量不过充当自然的助手而已。依照赫尔巴特的见解，教师则仿佛是一位艺术师或工程师，要对于成品的形式和质量负起最后的责任。尽管这一观点带有机械性、片面性，却也不容否认它确实提升了教育工作者的责任感。赫尔巴特从否定人类先天的或直觉的才能开始，指出儿童的心灵（灵魂）本质上与肉体不同，与各种动植物亦不同。一粒植物种子总是向着预定目标向前开展的，一只动物所有一系列的活动始终是受着本能驱策的。至于人类，则支配他们的行动的不是本能，而是智能。智能不是先天的，它是以各种表象为材料“建筑”起来的。因此就需要有一种能够把儿童的心灵筑成正确的形式的艺术。

赫尔巴特是继夸美纽斯之后教育学的又一分水岭式的人物，正是他使得教育学脱离哲学的附庸，使其成为一门真正独立的学科。按照赫尔巴特的意见，筑造心灵的过程可简述如是：儿童在与教师见面时，先已通过和自然界的接触、与人之间的交际而积累起了许多表象（观念）。教师第一步的工作要检查一下儿童现有思想的内容，把他们已有的知识加以整理和归纳，以便使其更容易吸收或被吸收于教学中所提示给他们的新知识。他们原有的知识必须成为新获得的知识的坚实基础，并且要进而用儿童全部思想内容，构造成为一个各个部分交互连贯的系统。这个系统他称为“思想之环”或“观念体系”。

“以中国之大、当事及学者之众、教育之事之亟，而无一人深究教育学理及教育行政者，是可异已。”[16]在中国教育长期没有突破之际，国学大师王国维发出如是呐喊。1901 年 5 月，王国维创建了我国最早的教育专业刊物《教育世界》。他以《教育世界》为阵地，坚持了自己学者化的引进道路，刊发了大量关于赫尔巴特及赫尔巴特学派的译文和论文，开创了近代中国导入赫尔巴特教育学的先河，这对于教育学作为一门独立的学科在近代中国的建立起到了推助作用。

当赫尔巴特的思想在欧洲大陆上传播时，英伦三岛上的一个实验，悄然地改变着世界教育的主流方向。实验者为英国教育家、哲学家斯宾塞（1820—1903），著名“社会达尔文主义之父”。

斯宾塞曾做过一个有趣的实验：“我带两群孩子到德文特河边，告诉其中的一群孩子：我一发出口令你们就跑到教堂那里去，那里正在举行婚礼，先跑到的有可能会得到小糖果。另一群孩子我只是告诉他们：你们要尽快跑到教堂那里，越快越好，谁落后我就会惩罚谁。随着我的一声口令，两群孩子都飞快地跑起来，要知道从河边到教堂不是一段很短的路程。结果呢，知道教堂在举行婚礼的孩子，先跑到的很多，而且到了以后，大多还很兴奋。而另一群孩子，有的掉队了，有的干脆跑了一半就停下来了。停下来的孩子多了，大家也就不怕惩罚了。”[17]

斯宾塞（1820—1903）

斯宾塞从这个实验看到，孩子如果把一件事情当作是快乐的事，那么他行动起来就很轻松；反之，如果他们是被逼迫的，结果便会很糟。对于孩子的学习也是这样，需要运用快乐教学法。痛苦的功课使人感到知识讨厌，而愉快的功课会使知识吸引人。那些在恐吓和惩罚中得到知识的人们，日后很可能不继续钻研；而那些以愉快的心情获得知识的人们，不只是因为知识本身是有趣的，而且许多快意和成功的体验将促使他们终身进行自我教育。

每一个有责任心的教师，都希望自己的课堂成为愉快的课堂，希望自己的学生快乐学习并学有所成，这也将成为所有教师共同努力的方向。

斯宾塞把人看作自然的一部分，向着进化的目标不断前进，这个目标就是每个人的“完满生活”或幸福，教育就是为个人的“完满生活”做准备。“为我们的完满生活做准备是教育应尽的职责”[18]，而评价一门教学科目的唯一合理办法就是看它对这个职责尽到什么程度。斯宾塞把人类生活进行排序：“1. 直接有助于自我保全的活动；2. 从获得生活必需品而间接有助于自我保全的活动；3. 目的在抚养和教育子女的活动；4. 与维持正常的社会和政治有关系的活动；5. 在生活中的闲暇时间用于满足爱好和感情的各种活动。”[19]

由此，斯宾塞得出“什么知识最有价值”的直接明了的回答：一致的答案就是科学。而那些“才艺、艺术、纯文学以及一切组成我们所谓文化之花的东西都应该全部放在为文化打基础的教育和训练之下。他们在生活中既是占闲暇的部分，在教育中也应该是占闲暇的部分”[20]。

斯宾塞是教育改革的先导者。他指出：“长期以来的教育误区，把教育仅仅看作是在严肃教室中的苦行僧的生活，而忽视了对孩子来说更有意义的自然教育和自助教育。”[21]他的快乐教育理念来自对孩子天性的透彻分析和妥善驾驭。他提出了“逃走教育，快乐教育”的教育理念，揭示了科学教育最本质的特征，成为现代教育史上的一座纪念碑。

美国哈佛大学校长艾利奥特说：“很少有人像斯宾塞一样，在各个国家，各种阶层的人民中有那样大的吸引力。他像闪电一样冲击着美国和英国的学校教育。在美国，他的思想统治美国大学达30年之久。他是一位真正的教育先锋。”

哥伦比亚大学教授、美国实用主义哲学家、社会学家、教育家杜威（1859—1952）则直言“斯宾塞的教育思想是现代教育史上的一座纪念碑。”不过，杜威同时也是斯宾塞思想严厉的批判者，他不满于斯宾塞为完美的生活做准备的教育观，而破天荒地提出了“教育即生活”、“教育即生长”、“学校即社会”的著名观点。与斯宾塞不同，杜威反对将教育视为为未来生活的准备。杜威认为，教育就是儿童现在生活的过程，而不是将来生活的预备。

杜威（1859—1952）

杜威极力批判“传统教育”对学生创造力的束缚。他在中国的演讲中，曾经对传统教育进行了形象的比喻：美国有一种农家，养鸡鸭出卖时，常常把鸡鸭喂得饱饱的，为了多卖钱，他们还特地造了一种管子，插进鸡鸭的喉咙里，把食物硬灌下去，使它们更胖更重。他认为传统的教学方法就是“教师硬装食物到鸡鸭肚子里”的方法。“填鸭式教学”自此成为教育学的重要词汇，成为划分传统教育与现代教育的重要标志。

从教育即生活的角度，杜威认为儿童的心理内容基本上是以本能活动为核心的习惯、冲动、智慧等先天生理机能的不断发展、生长，教育的本质和作用是促进这种本能的生长。他说：“生长是生活的特征，所以教育就是生长；在它自身以外，没有别的目的。”[22]在杜威看来，教育绝不是强迫儿童去吸收外面的东西，而是要使人类与生俱来的能力得以生长。出于强调教育在儿童本能生长发展的本质作用的认识，杜威提出了“儿童中心主义”的教育原则，反对把教育变成一种外在的压力和忽视儿童内部机能与倾向，主张儿童是中心，教育的措施要围绕儿童来组织。

从教育即生长出发，杜威提出了“教育即生活”。他认为生活是生长的社会表现，一切事物的存在都是人与环境相互作用产生的，人不可脱离环境，学校也不能脱离眼前的生活，所以教育就该是生活本身，必须把教育与儿童眼前的生活融为一体。在杜威看来，最好的教育就是“从生活中学习”。教育就是给儿童提供保证生长或充分生活的条件，而不问他们的年龄大小；教育就是儿童现在的生活过程，而不是将来生活的预备，应把学校改造成简化、净化的雏形社会，学校中的课程不应该着眼于文字科目，而应着眼于儿童现在的生活经验，教学应该从学习者现有的直接经验开始，注重培养儿童对现实社会的适应能力。

一种直逼开辟人的无限创造力的教育思想，以其缜密的内在逻辑思维、科学的想象思维为两翼，载起创造教育践行开始了一次伟大的飞翔。

受杜威课程观的影响，美国现有的课程内容仍是丰富多彩的。其内容比较重视让学生学习现代经济、社会、科技发展相关的知识，特别注重选择有利于培养学生实践能力和创造能力的教学内容。在美国的小学里，教学往往是在宽松的活动中进行，师生活动都很自由。教师按照自己的特点给学生上课，有时像大孩子一样，在教室里边走边说，边唱边跳，与学生一起活动、游戏。学生在课堂上也可以为所欲为，只要不妨碍其他人。而美国学校鼓励学生参加校内外的各种社会活动，如学生会、兴趣小组、体育俱乐部、童子军、图书馆助理员等。美国教育开始领潮世界，也从这些解放人性、发展人性的教育思想中破巢而出。

风乍起吹皱一池春水，投一石激起千层浪，前者为一片涟漪，后者为一时波浪。而杜威教育思想的强势影响，却如同起落不息的潮汐现象，对世界教育形成持久的冲击大潮。

纵观西方教育从中世纪走向现代化的历史，各个民族大师辈出。

他们用学问，用科学，用生命探索了世界的过去、现在与未来，他们把人的自由与发展写在未来的天空之下。

他们把自己当成献给真理女神的祭品。他们牺牲自己的快乐，自己的享受，自己的拥有，自己的权力，自己的名誉，他们本有惊天的才华，却肯于默默无闻地完成一生；他们有着炽热的信仰，宁愿为其漂泊一生。某些时候，他们是未来人类的化身：在全人类都陷于蒙昧之时，他们作为极少数知道未来方向的人，通过孜孜不倦的努力，使庞大的世界，在他们渺小而伟大的生命中穿过，通向灿烂的未来！

他们通过自己的努力，使貌似权威的谎言变成落后的代表；使那些高高在上的权贵成为落后的代表，使循规蹈矩的办学方式成为必须改革的对象，使那些政府与宗教规定的道德教育被钉上了十字架，使那些道德家们变身为落后的象征；最终将其扫进了历史的垃圾箱。

这些精英人物在寻找人性中更为积极的因素，寻找人性中更为牢固的基石，用来搭建人性成长的捷径。教育，在更人性更科学的层面上再次建立；每一代教育家以身试法，敢于摆脱一切传统、权威的压力，走出一条新路，他们唯一的证据就是用生命、用科学抚育出一代代的英才。那是教育的真知，那是人性的证据。

通过这些教育的改革，这些教育大师们超越了前一代大师，把自己的民族推到了世界民族之林的峰巅。每位大师都非常尊重前代大师的传统，却更强调超越传统。他们在前师的基础上另辟蹊径、别开洞天，既在现代教育史上开辟出新的途径，又成就了本国教育的现代性格。

他们掌握着世界的最新动向，能够在海洋一样的信息大潮之中选择自己的姿态，巍然屹立，精绘蓝图，浓书历史，发出各自的教育独白，进而形成了各个民族的教育特色。而越是特色的，又越是以其纷呈的异彩，给世界教育以独树一帜的张力的招引与活力的启迪。

捷克受夸美纽斯的影响，教育目的重在造就理想的灵魂；瑞士受裴斯泰洛齐的影响，教育重在陶冶；德国受康德、赫尔巴特的影响，教育重在启蒙；英国受斯宾塞的影响，教育重在追求完美生活；美国没有国家统一规定的教育目的，于是形成众多的教育流派，其中实用主义流派认为教育重在成功。

三

中国近代教育也有它的盛时。1919 年，美国教育家、哥伦比亚大学教授杜威携夫人阿丽丝在日本讲学时，他在哥伦比亚大学任教期间的中国弟子胡适、陶行知等中国教育界知名人士邀请他来华讲学。此时，他在哥伦比亚教出的几位中国弟子：北大校长胡适、北大校长蒋梦麟、中国教育家陶行知、“东南大学之父”郭秉文、中国幼儿教育的奠基人陈鹤琴等逐渐成为中国教育界的代表人物。

杜威的赴华讲学成为中国教育史上的大事。1919 年 5 月 1 日，杜威夫妇抵达上海，那一天正是五四运动爆发的前三天。原打算过了夏天就回美国的杜威夫妇，被这场运动所吸引，直到 1921 年 7 月 11 日才离开中国，历时两年零两个月。从 1919 年 5 月 3 日、4 日在上海演讲“平民主义之教育”起，杜威的足迹遍及中国的奉天、直隶十一个省，他的思想一时风靡全国，他被蔡元培誉为“美国的孔子”。

胡适（1891—1962）在 1921 年的《东方杂志》上这样描述杜威的影响：“我们可以说，自从中国与西洋文化接触以来，没有一个外国学者在中国思想界的影响有杜威先生这样大的。”杜威在华期间，胡适辞去北京大学的职务，专程陪同杜威巡讲。

胡适被公认为杜威在中国的大弟子，他对中国教育的贡献可谓居功至伟。胡适对教育之重视，几乎贯穿着他的一生。他在各个时期对教育的奔走呼吁，既存教育救国之心，也是他对西方尤其是杜威的一些先进教育理念认同的结果。他认为教育是接受人类遗产的必要途径，是人类文明积累和传递的重要环节，是立国之本，也是实行民主政治的基础。这既是他本人读书治学的经验，也是遍观民国社会弊端后所开的药方。

早在五四运动之前，留学美国的胡适便参照西方现代文法，来实施对我国古文文法的改良，可说是国文教育改革的先知先觉者，“他日欲求教育之普及，非有有统系之文法，则事倍功半，自可断言”（《诗三百篇言字解》）。日后他与马裕藻、周作人、朱希祖、刘复、钱玄同等人一起参考西文的标点符号，而制定出我国新式标点十二种的议案，并在 1920 年颁行全国。其对文化教育普及的影响之深巨，无论怎样估计都不过分。

胡适（1891—1962）

为了更好地普及基础教育，胡适参与了民国政府有名的壬戌（1922 年）学制的制定。学制作为教育制度的子制度，极为重要，它能反映出教育上是重普及还是重提高，尤其是决定着考试制度的性质，而考试制度又会影响教学，因而反映出教育制度的教育目的观。胡适参与制定的7项学制标准中有4项与杜威的思想有关：加强职业教育，实行选课制和弹性制，下放大学预科至高级中学等。此学制在中国现代教育史上有开创之功，并且一直延续到1949年，改革开放后我国又承此制，可见此学制的生命力和相应的科学性。

胡适认为教育若不独立，受制于一党一派，必为党派利用，成为党化教育和奴化教育的工具。多年以后，在胡适等人开辟的教学环境里成长、并且成为全球著名学者的许倬云回顾道，中国当时尽管“一穷二白”，但仍能够出大师，而且学术水平可以与西方社会抗衡，甚至在数学、考古、地质学等学科已占国际一流。

“为什么1949年以前，中国的大学总数三五十个，像样的不超过十个，学生人数很少，可出了大量的人才，这可以归结成两个原因：第一是高中的教育好，原因是那时高中规模不大，而且全国没有统一的法则，各个高中龙腾虎跃，自己去找最合适的教学方法，教育自理。当时的教育部规章管不到高中内部，立案只是立案而已，学校的名声地位完全靠自己的教育的好坏获得。当时全国满地都是高中，甚至差不多每个县城都有高中，但这种高中，等于是大学预备学校，有着五花八门的教学方法。举个例子，我当时念的高中，第二年走了1/3，第三年又走了1/3，毕业的时候全校还有200人，一年级100人，二年级60人，三年级40人，淘汰率高，因为班小，而且自学，学校找了9个好学生，辅导我学习英文和数理化。每天放学我多留3个小时，我们10个人互相学些各自的长处。要按照现在的教育体制的话，我根本不可能上高中，因为我偏科，但偏科是有原因的，所以要别人辅导补充我的短处。第二个原因是1949年以前的大学，政府也不管，爱怎么办怎么办，教会学校有教会学校特色，地方学校有地方学校特色，科系爱怎么定就怎么定，并无一定标准。”[23]

杜威在中国普教界的学子代表，则首推中国教育家、教育思想家陶行知（1891—1946）。1914年，陶行知来到美国的伊利诺伊大学学习政治学，获得学士学位以后转到哥伦比亚师范学院，在杜威的门下学习研究生课程，直至1917年回国。在陶行知回国后的头七年，他试图完全照搬杜威的理论在中国的环境中创建微型民主社会式的学校。然而，他发现这种方式不适合中国当时的社会、政治、经济和教育状况。他也提出“生活即教育”、“社会即学校”、“教学做合一”等思想，但这些绝非杜威思想的简单翻版，而是有其符合国情民性的一面。

美国著名教育家、前哈佛大学校长科南特评论陶行知时，把他的“生活教育”的改革看作是适应中国文化状况的必要的一种文化。陶行知著名的“生活教育”理论来自杜威的“教育即生活”学说，然而为了达到教育中国大众的目的，陶行知将杜威的“教育即生活”的理论改变为“生活即教育”的理论，他倡导拓展教育范围，将杜威的通过做来学的原则改变为教、学、做合一的原则。本质上，生活教育意味着属于生活，通过生活和为了生活的教育，生活教育是一种为了普通人和改革社会的教育。依据这个原则，陶行知和他的同事们发动了一场涉及中国历史上最多的穷人和普通人的平民教育运动，平民教育运动经常在常规的学校和教室外进行；社会是学校，生活本身就是教育。

陶行知（1891—1946）

陶行知从杜威那儿学到一条原则：教育不是教与被教那么简单，而是在现实生活的经历中一种积极的有建设性的进步。他进而极力倡导创造教育，将1941年定为创造年。之后又发表《创造宣言》，力主对儿童的头脑、双手、嘴、空间、时间“五”解放，“处处是创造之地，天天是创造之时，人人是创造之人”[24]，让教育“发古人所未发，明今人所未明”[25]。但是，他的理想终未写成中国教育践行的诗篇。

民国时期的教育家们，在“会通”方面已超越晚清知识分子。三百年以来，中国教育人士在对西方文化教育的“超胜”方面，首次集体达到了徐光启的高度。可惜在此后的政治运动中统统被批为“资产阶级教育”，从此，中国开展了半个世纪的新教育运动被连根拔起。

四

新中国成立以后，由于受当时政治状况的影响，我国在各个方面实行“一边倒”的政策，凯洛夫主编的《教育学》开始盛行一时。这本《教育学》完全受到了赫尔巴特的影响，甚至有人认为他的教学论就是赫尔巴特学派教学论的翻版。

1899年，杜威在《学校与社会》一书中首次使用了“传统教育”一词，把以德国教育家赫尔巴特为代表的教育称为“传统教育”，同时把自己的教育称为“现代教育”。杜威认为“旧教育”的特点可以概括为“重心是在儿童以外。重心在教师、在教科书以及在你所喜欢的任何地方和一切地方，唯独不在儿童自己的直接的本能和活动”[26]。从此，“传统教育”和“现代教育”这两个概念在西方教育思想中被广泛地应用。而50年后的中国则完全摒弃了民国时期的教育精华，随即把赫尔巴特—凯洛夫的教育思想奉为指针。

十一届三中全会后，人们还在感叹“苏联凯洛夫教育学的体系，我们沿用了三十多年，至今没有大的突破”。从总体上看，凯洛夫主编的《教育学》，其体系在很长时期内成为我国教育学的一种固定模式。虽然当今中国的教育学与过去的教育学已不可同日而语，但我们仍能在中国的教育体系中看到赫尔巴特《普通教育学》体系的“影子”[27]。

中国教育，至今大梦初醒，我们的教育理论、教育体制、教育人才培养等方面仍迈着纤纤细步，难以望西人项背。在教育的多个领域、多个层面、多项发现上，中国因毫无探索与建树而缄默不语。

采访顾明远教授

著名教育家、中国教育学会会长顾明远的一则故事实在耐人寻味：“1974年，我作为代表团的顾问（指参加第18届联合国教科文组织大会的中国代表团顾问——引者注）出席了这次大会……”

此次大会上顾明远第一次接触到“终身教育”问题。早在法国大革命时期，教育思想家孔多塞即提出了学校后继续教育应组织化和义务化的思想。1947年朗之万与瓦隆重新提出此教育理想：对全体法国人“通过终身的方式提供智力的、审美的、职业的、公民的及道德修养的教育”。1956年，法国政府在世界上首次提出了“终身教育”的概念，并阐明了终身教育的具体目标和方法，因为人们要适应社会急剧变化和科技迅猛发展，就必须在一生中不断地接受教育。尤其在1972年，联合国教科文组织国际教育发展委员会主席埃德加·富尔已在一份著名的教育报告——《学会生存》里，多处论述该教育，指明“终身教育”是“由一切形式、一切表达方式和一切阶段的教学行动构成一个循环往复的关系时所使用的工具和表现方法”[28]。而我们却浑然不知，足见当时中国教育已闭目塞听到何等地步！

“开会之前，中国代表团做了认真的准备，在国内用了一个多月的时间研究各种文件资料。我负责教育方面的资料。教育方面的提案有一百多条，大致分为两大类：一类是提出要为扫除文盲、普及初等教育立项；另一类是提出要为成人教育、终身教育立项。前者都是一些不发达国家，也即第三世界国家提出来的；后者则是工业发达国家提出来的。什么叫终身教育？使我犯了难。学习研究了20年教育，却不知道什么叫终身教育。问问周围的学教育的人，也说不知道。于是当时就认为，既然都是发达的资本主义国家提出来的，肯定是资产阶级教育思想，我们不能支持。等到表决立项时，凡是扫盲、普及初等教育的项目，我都举手赞成；凡是终身教育的提案，我都投了弃权票。当时阿尔巴尼亚与我国关系较好，他们的代表坐在我的右前方，他总是回头来看我，见我举手他就举手，见我不举手他也不举手……”[29]

此次大会后，西方发达国家在短短数年便普及终身教育，中国大多数人至今仍对终身教育懵然无知。此例透视出中国教育现代底蕴几为虚空，少数人领悟世界教育冰山一角便自称“××教育”；中国远离世界主流已经数百年之久，杏坛失律，大师无踪，前路崎岖，目标遥远，一切仍需吾辈奋起直追。

世界潮流，浩浩荡荡。顺之则昌，逆之则亡。沉思当今的中国教育，是仍在“一穷二白”之上建设教育，还是远向孔子等先祖、近向陶行知等前辈的教育人中汲取营养；是应当在“坐井观天”中故步自封，还是应当勇于投身世界四百年教育的大潮，这些是吾辈考量教育的基本出发点。

第二节　走出教育中世纪

一

九州生气恃风雷。

万马齐喑究可哀。
我劝天公重抖擞，
不拘一格降人才。

1839 年（农历己亥年）的一天，年近 48 岁的龚自珍（1792—1841）辞官回乡。路过镇江时只见街上人山人海，热闹非凡。人们抬着玉皇、风神、雷神等天神在虔诚地祭拜。这时，一位道士挤上前来恳请龚自珍为天神写篇祭文。龚自珍一挥而就写下了这首名篇，也成为他《己亥杂诗》系列诗篇的代表作，主题直指人才。

开始进入老年的龚自珍，虽然当年的凌厉之气少了几分，对世道衰落的洞悉却更加深刻。

推至 24 年前的 1815 年，鸦片战争发生前四分之一世纪，敏感的南国青年诗人和政论家龚自珍，有感于清帝国的沉闷、压抑、腐朽与落后，这位 24 岁的天才写下了《乙丙之际箸议》等一系列石破天惊的政论文章，他直指嘉庆年代那日薄西山的衰世之忧：

龚自珍（1792—1841）

“在衰世之中，文字与治世相仿，声名与治世相仿，声音笑貌也与治世相仿。黑白错杂，色泽昏黯，像是治世之朴素无华；宫羽淆乱，五音灭寂，像是治世之安宁静谧；道路荒芜，河岸毁没，像是治世之坦荡平易；人心混沌，口无阙失，像是治世之清平完美，无可非议。而在这衰世中，君主左右没有富于才华的辅相和史官，军营中没有富于才华的将帅，学校中没有富于才华的士人，田间没有富于才华的农夫，市井没有富于才华的工匠，街道没有富于才华的商贾，甚至连小巷间都没有富于才华的偷儿，贸易场上没有富于才华的市侩，而山泽间也没有富于才华的盗贼。在衰世中，不但有才华的君子罕见，连有才华的小人也罕见。”

龚自珍被誉为揭示清朝衰世第一人。

他的观察不但揭穿了乾嘉时期貌似的盛世，也揭穿了中国许多貌似强大盛世的真相。这些盛世虽然“文字与治世相仿，声名与治世相仿，声音笑貌也与治世相仿”，但它却是以诛心——尤其是诛杀这个民族的精英分子之心为代价的。

“在这样的衰世中，一旦有富于才华的士人与百姓出现，则必有成百上千的庸碌者监视着，束缚着，以至扼杀着他们。扼杀之工具既非用刀、用锯，也不是用水火，而是扼杀其文字，扼杀其声誉，扼杀其声音笑貌。这种扼杀的权柄任何一个‘不才’之人都可拥有，既不必向君王贵官乞请，而官方也不必明令宣布。实行杀害的办法，用不着触及腰颈，只杀他们的心。杀他们会忧患的心，会愤怒的心，会思考的心，会干事的心，会发生廉耻的心，会消除杂念的心。这种扼杀又非一日之间完成，而是三年、十年、百年地徐徐进行……”

“一祖之法无不敝，千夫之议无不靡，与其赠来者以劲改革，孰若自改革！”[30]龚自珍呼吁大清帝国尽快进行“自改革”，否则会有后来者进行暴力革命的“劲改革”。

龚自珍的呐喊响彻清朝知识界，直到戊戌年间仍热度不减，甚至在今天，他对中国的各类观察与预言仍有深刻的现实意义。龚自珍被公认为清朝知识分子“自改革”的始祖[31]，也可以看成是中国知识分子企图将中国教育现代化的鼻祖。

进入近代，欧美教育纷纷进入现代化，传统的教育制度与智慧升格为现代化；中国传统教育领先世界两千年，至近代陷入到无可自拔的境地，各类教育制度与智慧皆没有实现现代化。这是中国这个泱泱大国于教育上的耻辱与悲哀。

龚自珍的文章描绘了中国文化教育的中世纪轮廓——教育缺乏独立的生命，成为专制政权压迫人、改造人的工具。专制体制阻碍着真正的大师、符合人性的教育、百家争鸣的学校。龚自珍终生在呼唤一个尊重知识、尊重教育、尊重精英的知识社会。从龚自珍写下《乙丙之际箸议》的这一年开始算起，可算为中国教育企图自改革，仰望现代化的序幕。

二

1839 年，龚自珍写出了著名的《病梅馆记》，痛击那些养梅之人将梅树“斫其正，养其旁条，删其密，夭其稚枝，锄其直，遏其生气”，从而造成病梅的时代病根。

龚自珍的文章锋芒直指清国的病态，这当然涉及人才制度。

龚自珍这位出生在文化世家的天才，却在八股文科考中屡试不中。他最终把矛头瞄准了当时的教育制度，它不仅无法选定人才，还不停摧残人才，应当进入“自改革”范畴。我们倒不一定急于应和龚自珍。实际上，中国教育制定的人才选举制度一直领先于世界，成为中古世界的制度之冠。用今天的视界来观察，用今天的词汇来评判，中国教育制度一直在通过应试之法，寻找素质之才。其不断发展变化，各个朝代分别作出了不同的贡献，直到明清之际，方走向衰落。国学大师钱穆（1895—1990）曾经详细地描述过中国如下制度：

为了从民间选举人才，中国史上很早便有选举制。选举用意，即在希望全国各地人才，都能有机会参加政府。远从西汉时起，便有人才选举制度，汉代选举的第一专案便是贤良（杰出人才）。为了选到真正贤良，被选人应举后，政府就政治大节发问，被举贤良应各就所问直抒己见，政府就其对策，甄拔录用。

钱穆（1895—1990）

汉武帝时，又新定太学制度，设立五经博士，郡国俊才，年在十八岁以上，均得送太学为博士弟子。一年以上，即得考试。甲科为郎，乙科仍回原郡国为吏。吏治有成绩，仍得按年有被举希望，以孝廉名义，再入郎署。故汉代仕途，首先当受国家教育，毕业后，转入地方政府服务，凭其实际成绩之表现，乃始得被选举资格。

汉代选举制度开展之时，考试制度亦相随成立，如贤良对策，如太学生考试，如孝廉应选后之吏部考试皆是。我们应当看到，寻找贤能为各个政府之首要任务，但中国汉代时便开始了以“应试”补救“素质”的尝试，最终延伸为中国重要的制度。

汉代为中国历史上考试制度之先行时期，则隋、唐是中国历史上考试制度之确立时期。汉代是选举而附带以考试，隋、唐则完全由考试代替了选举，素质与应试，应试反而比单凭的素质更胜一筹。唐代通过此项制度，进而用进士考试渐渐替代了门第势力。社会孤寒之士，亦得平地拔起，厕身仕宦，使仕途不再为门第所垄断。更大量的民间精英人士，亦能通过公平的考试，进入政府之内。

唐代考试偏重诗赋，此层亦有种种因缘。最先亦如汉代对策般，就现实政治上大纲大节发问。但政治问题有范围，按年考试，应举人可以揣摩准备，说来说去，那几句话，不易辨优劣高下。诗赋出题无尽，工拙易见，虽则风花雪月，不仅可窥其吐属之深浅，亦可测其胸襟之高卑。朱庆馀《近试上张水部》一诗："洞房昨夜停红烛，待晓堂前拜舅姑，妆罢低声问夫婿，画眉深浅入时无？"此是当时谒举送公卷，乞人评定附上的一首小诗。但设想何其风流，措辞何其高洁。诗赋在当时不失为一项最好的智力测验与心理测验的标准。唐人将素质与应试融为一体的功夫了得[32]。

"中国考试制度之用意，本在开放政权，选拔真才，来分配于政府各部门。唐代科举制度兴盛之时，唐太宗看到众多进士时忍不住脱口而出地说：'天下英雄，入吾彀中矣！'清代的部族政权，既绝无意于把政权开放，则考试只成为羁縻牢笼之一术。换言之，只让汉人们也尝到一些甜头，开放政权之一角落，作为一种妥协之条件而止。"[33]

中国考试制度迟迟无法进化，反而是身在中国的外国人体会到它的精妙。意大利传教士利玛窦评价说："国家主持的考试将给每一位有知识的人提供参政的机会。这是一种公平的竞争。中国的哲学学位有三级，秀才相当于学士，举人相当于硕士，而进士则相当于博士。"

在西方只是柏拉图式理想的制度，在中国则成为制度化现实，皇帝身边的内阁里都是饱读诗书的"大学士"，六部的官员都拥有"品行与学术的荣誉"，翰林院"由经过考试选拔的哲学博士组成。这个部门的成员并不参预朝政，但职位比别的官员更为尊严"[34]。从 1570 年至 1870 年的 300 年间，英国出版的介绍中国科举制的书籍就达一百多种。

1793 年，马戈尔尼作为第一个英国使节访问中国时，在他列出的一长串考察清单中，就包含有中国的科举制。随后不久，西方一些国家纷纷将中国的科举制度作为一项先进的文官选拔制度，陆续引入科举制通过公开报考、公平竞争、择优录取选拔人才，有人称中国的科举制度为第五大发明，是中国在精神领域给予世界的一笔宝贵财富。

18 世纪末，英国海军率先实行了现代化的公务员考试，仅仅过了四十年，这些经过考试的几千名英国海军，便乘坐数艘军舰远涉重洋，竟然把"天朝上国"打得体无完肤。悲哀的是，中国考试制度日渐衰落，以致被西方国家现代化以后，成为武装其他国家的文化利器。近年来，我国现行公务员考试制度取法于英美发达国家，这些应试者浑然不知公务员考试制度，却是西方在学习了明朝的科举制度的基础上发展起来的。

真。清末无数有识之士提出了改革传统教育的方案，但清末以慈禧太后为首的统治者频频以“变法”、“改革”为烟幕，尽长地拖延其统治的时间。然而武昌城头一炮，清帝国即在没有太多抵抗中宣告灭亡。无意自改革的帝国，肌体已经完全腐烂。有人称，清帝国仿佛一个巨人，最终竟死于一次微小的感冒[35]。

“与其赠来者以劲改革，孰若自改革！”龚自珍的话语成

三

中国教育走出中世纪很容易，距离德国教育仅一步之遥。

中国的“太学院”很像德国的大学，德国大学“乃国中才识兼优，名闻于众者，方能职膺掌院。凡有志之士，欲博古穷经，皆躬就学。院内各种书籍、学问器具，无一不备。且非由上实学院及仕学院考起之生徒，不能入此院肄业。院内学问，分列四种，一经学，二法学，三智学，四医学”[36]。

上述思想，出自1873年德国同善会传教士花之安（1839—1899）写作的《德国学校论略》一书。此书以言简意赅的形式，以符合中国思维习惯的表达，说明了太学院与上实学院及仕学院上下衔接的关系，也阐述了西方近代高等教育主要分为四大专业，为中国教育进行现代化提供了具体而便利的路径。

这部书是近代系统论述西方近代教育制度的开山之作，影响了黄遵宪等多位名家，并且成为戊戌变法时期康有为提出“远法德国，近采日本”的教育改革方针的重要依据。

19世纪下半叶，西方传教士沿着利玛窦的足迹，向中国全面介绍西方文化教育，以图改变中国学校。美国监理会传教士林乐知受清政府总理衙门委托，于1883年完成了欧美、日本教育制度的报告；英国浸礼会传教士李提摩太写的《七国新学备要》和林乐知写的《文学兴国策》在当时都产生了较大的影响。

这个时期的传教士走得比利玛窦还远。他们创办报章杂志，兴办教会学校。这些优秀的教会学校成为燕京大学、金陵大学等名校的前身，亦教出金庸、南怀瑾、陶行知、冰心、徐志摩等一批名家。

这些热爱中国的传教士们，希望西方这些优秀的办学精华能在中国落地扎根。他们往往精通中西方文化，并且对中

国传统教育充满善意，并且以实现中国传统教育的现代化为己任。

中国传统教育源远流长，近人钱穆曾对其有详细的记述——

“中国教育始祖先有周公，后有孔子。周公在上，先秦所谓的官学由其创始；孔子在下，先秦百家私学，承其轨辙。两汉太学，以六艺为教，此则作于周公，传之孔子，从汉人开始并尊周、孔，公学私学融会贯通。中国传统政治中，学校、选举（考试）两途并重。学校在造贤，选举（考试）在拔贤。

中国历代政府，西周不论，两汉以下，几乎无不注意国家公立教育之建树。然惟两汉太学最为持久，并有成绩。不过至明代国子监已不能相比。其他如唐、宋两代，虽亦曾尽力提倡，而国立教育之被重视，实仅昙花之一现。外此率皆有名无实，未见绩效。在中国教育史上，其真实具影响力者，多在社会私家讲学之一途。以宋代为例，政府虽刻意兴学，而当时教育势力，则终以私人讲学为盛。二程在伊洛，横渠在关中，风气初开，聚徒不盛。然彼等之讲学故事及讲学精神，则大堪与战国诸子媲美。”[37]

进入19世纪，中国的公私学堂一片死气沉沉，活力日渐衰落。而传教士们的改革方案，无不给中国教育“自改革”以欧洲最新的例子。从文艺复兴开始，西方教育纷纷开启了现代化历程，譬如英国的教育改革，使被称为欧洲教育“活化石”的公学教育再获青春。

英国公学是英国最古老、同时也是最具活力的高品质私立中等学校。最早出现的公学是14世纪时创立的温彻斯特公学，公学最早时是为比较贫穷人家的子弟提供教育的场所，但到18世纪逐渐发展成为贵族学校，学费也变得非常昂贵。由公学培养出的学生大多学术成绩优异，而且在体育方面表现也很出色，毕业后大多进入牛津、剑桥等一流大学。

不过19世纪以后，公学像中国学堂一样也出现很多问题，课程陈旧、入学率低、学生道德败坏、身体素质下降严重等问题使得公学早已失去了昔日的威风。比如拉格比公学，虽然各方面条件优越，但校长和教师习惯于把学生当作被征服者，校长滥用体罚，有些校长甚至成为有名的打手；教师视学生为仇敌，不许其自由活动；学生中恃强凌弱现象十分普遍。公学课程僵化，学风败坏，已被时人称为“早成的堕落系统”[38]。

此时，英国公学教育中涌现出一批大胆改革的教育家，使一股教育新风吹遍公学。拉格比公学校长的阿诺德（1795—1842）就是一个代表人物。阿诺德1828年开始出任拉格比公学的校长，注重从根本上扭转校风，培养具备基督教性格的绅士[39]。阿诺德的教改一直持续到其1842年去世，他整顿校风，加强管理，改革课程，在英国教育系统掀起了一场有声有色的革命。

阿诺德耐心而细致地观察这些公学里青少年学生的表现。他很快地发现了一个公学里普遍存在的问题：公学学生中泛滥成灾的手淫自渎行为。整体社会环境的性压抑、生理青春期发育的冲动是自渎行为普遍存在的两个原因。阿诺德出于让青少年学生释放郁积能量、同时增强纪律和团结意识的目的，便在学校大力开展体育活动，从而催生了现代足球、橄榄球，以及多项现代体育运动。

在阿诺德等人施以手术性的改造之下，公学教育在英国重返青春。在20世纪70年代末，牛津大学近50%、剑桥大学近60%的学生都来自公学。英国从1721年任职的第一任首相罗伯特沃·弥尔爵士算起，迄今为止的50位首相中，有33位曾就读于英国九大公学，占总数的67.3%。

英国伊顿公学

阿诺德现代化的教育思想，不但使公学教育重焕生机，更在无意间改造了欧洲与世界体育运动的面貌，而他对“现代奥林匹克之父”顾拜旦的深刻影响，可谓现代教坛的佳话。

1872年，9岁的顾拜旦第一次读到了《汤姆·布朗的学校生活》一书，在书中作者描绘了格拉比公学校长阿诺德如何让那些沉湎于饮酒、打猎和赌博的乡绅子弟学生变得充满朝气和阳光。阿诺德利用了那些集体进行的体育运动来满足孩子们喜欢交际的心理需要。1883年，20岁的顾拜旦自费前往英国考察，兴致勃勃地考察了梦寐以求的拉格比公学，详细了解了英国教育和体育的现状。这次考察，他验证了少年时代自己心中目标的合理性。1892年11月25日，身为法国田径协会秘书长的顾拜旦第一次公开和正式地提出了举办现代奥林匹克运动会的设想。1894 年 6 月 16 日至 24 日，在巴黎旧索邦的圆形剧场召开了“恢复奥林匹克运动会代表大会”。顾拜旦举办奥运会及通过体育改善年轻人的理想终于成真。

阿诺德的教育方式，对整个近代教育影响之深远，从毛泽东平生发表的第一篇文章，即 1917 年刊登在《新青年》上的《体育之研究》，文中那句“文明其精神，野蛮其体魄”的名言，都能感受到维多利亚时代公学体育兴起的遥远的余音①。

在现代思潮的强烈冲击下，包括西方文化自身在内的每一个文化体系，都曾经历过一个“传统”与“现代”互相激荡的历史阶段。由于各民族文化背景不同，这种激荡的过程与结局也彼此殊异[40]，各国教育影响深远的大发现正是从此激荡的历史阶段产生。

如果说公学教育可称为“活化石”，中国传统教育则可以令人心痛地称为“死化石”。

中国士大夫与传教士们借鉴西方社会的“自改革”方案无数，但以“诛心”为理念的清政府拒不采纳。“自改革”于是变成了“劲改革”。清末废除科举，民初兴办新式学校，前代各地书院几乎全改为新式学校。中国传统书院发出最后一丝余晖——南海九江礼山草堂朱次琦传学康有为，杭州诂经精舍俞樾传学章炳麟，南菁书院黄以周传学吴稚晖后，永远地退出了历史舞台。

唐代诗人杜牧在《阿房宫赋》中感慨秦朝的灭亡时云：“秦人不暇自哀，而后人哀之；后人哀之而不鉴之，亦使后人而复哀后人也。”今人感叹清朝政府冥顽不化的同时，是否应当在清朝的封闭落后，拒不改革中得到教训呢？如果今人迟迟不肯对教育进行真正的改革，使其进入高速发展的轨道，是否后人一样会哀叹今人的愚顽与落后呢？

历史没有如果，我们多么企望：后人对今人可能产生的如果永远只是如果。

四

半个多世纪来，我国的历史教科书，如此描述“近代”

① 《新青年》1917 年第 3 卷第 2 期，毛泽东笔名为“二十八画生”。

与“现代”两个历史开端：一曰，1840年英国发动鸦片战争，倚仗“船坚炮利”，把封闭的中国打得门户洞穿，迫使清朝签订丧权辱国的江宁合约，从此中国沦为西方列强的半殖民地。二曰，1917年“俄国十月革命一声炮响，给我们送来了马克思列宁主义”，从此中国人醒悟了，决心“走俄国人的路”。前一炮将中国由“古代”打入“近代”，被迫纳入西方资本主义世界体系，而后一炮却把中国由“近代”引向“现代”，跟着苏俄进入列宁、斯大林建构的社会主义的新世界[41]。

复旦大学历史教授朱维铮将此认识归结为“双炮论”，并且质问：难道中国没有能力实现“自改革”，只可能“被现代化”，难道清末的学界只能等待数十年后的“炮声”吗？

真正的历史，远不是以政治为纲的历史教科书所表白的“双炮论”那样绝对。

林则徐的学生、清末思想家冯桂芬（1809—1874）

早在1861年，林则徐的学生、清末思想家、散文家冯桂芬即写成《校邠庐抗议》四十二篇，成稿前正值英法联军攻陷北京而逼迫清廷签订新一轮的不平等条约之时。《校邠庐抗议》被看作是我国近代第一份采西学、谋自强的宣言书，认为冯桂芬最先将“变法”与“自强”联系起来，其采西学、谋自强的思想主张独具特色，远远地走在时代的前列。

冯桂芬攻击现存科举制度的考试内容贫乏，主张来一次大变动。他建议对兵工厂和造船厂中的优异工匠授予举人的功名，对那些能改进西方产品的人应授予进士的功名，并允许他们参加殿试。“今令分其半，以从事于制器尚象之途……上好下甚，风行响应，当有殊尤异敏出新意于西法之外者，始则师而法之，继则比而齐之，终则驾而上之。”[42]

虽然冯桂芬被李鸿章赞为“深懂洋务机要”，被张之洞推作“中体西用”的先贤。但他的绝大多数想法并没有被采纳。他“给工匠授予功名”的主张，反倒是在德国教育家凯兴斯泰纳（1854—1932）那里得到了应和。

从19世纪末到第二次世界大战爆发前的半个多世纪的历史长河中，凯兴斯泰纳领衔的职业教育运动使德国人空前重视职业教育，并且从西方的落后国家一跃成为世界级的制造业强国。

1871年德国统一后，资本主义得到迅猛发展，社会急需大批训练有素的劳动力。凯氏职业教育思想体系的核心就是“劳作教育”，而他的劳作教育思想是以“公民教育”这个教育理想为基础的。

凯兴斯泰纳把教育视为使国家达到理想境地的重要工具，认为一个国家的重中之重在于在教育上确立一个明确的指引公民的目标，使每个国民都能被陶冶成为对国家有用的公民，劳作学校就是这一教育理想的具体化。

劳作学校的最根本、最终极的目标，并非职业陶冶和活动训练，而在于使学生受到最高价值的“精神训练”，实现性格陶冶。“公民性格陶冶”首先在于“实践的精神培养”，劳作就是最重要最基本的实践。同时，学生的劳作，特别是机械的操作活动，既可培养学生劳动过程的“准确性”，也可发展学生的“彻底”和“细心”精神。正是从这个意义上，凯氏把劳作学校也称为“性格陶冶学校”。

在凯兴斯泰纳的影响下，德国中古时期的“学徒制”迅速走向现代化，发展为现代化的职业教育。2006 年，笔者在德国纽伦堡市亲身体验了“双轨制”教育的精华所在。在中国，年轻人争相读名牌大学。但在德国却不存在“学历热”，75% 的德国学生初中毕业后都到职业学校接受“双元制”职业教育培训。

所谓“双元制”职业教育，学校、企业各为“一元”，职业教育为德国的各类企业提供“订单学生”。“我们学校的二年级学生，已经能够找出奔驰车的所有毛病。”纽伦堡市第二职业学校校长卡尔·舒曼先生对笔者说，学生们刚刚把一台因车祸而报废的车辆重新安装起来。纽伦堡数百年的培训历史发端于中世纪的“学徒制”；一百多年以来，随着工业化的深入，企业与学校建立了更为密切的联系。“德国制造”驰名于世界，其秘密武器在于：高质量的“双元制”教育，将德国 75% 以上的年轻人培养成世界级产业工人。

在德国的启示下，许多国家开始结合本国情况，重建本国的职业教育体系。如“英国的现代学徒制”、澳大利亚的“新学徒制”等。

面对蓬勃引领经济大潮涌动，撑起德国教育半壁江山的职业教育，笔者曾久久凝思：在我国，职业教育学校至今仍被许许多多人看作考不上大学者的收容所，而少有学子问津。于是，中国人才培养出现一种怪现象：一方面是一窝蜂似的挤向大学的校门，可谓熙熙攘攘，宁肯走出校门后因无岗可择也在所不惜；另一方面大多数职业教育学校冷冷清清，门可罗雀，而大中企业又因找不到娴熟技工无可奈何地深以为憾。

“沉舟侧畔千帆过，病树前头万木春。”当西方职业教育的洪流已注入现代化大海之时，中国的文化教育人却丧失了超越的能力。他们许多人——尤其是在文化和政治上最为活跃的人——自觉或不觉都转而相信“政治力量”可以决定一切，这是中国教育悲剧的一个主要造因。

中国教育传统内容无法现代化，反而造成了一个可怕的循环：个别的知识分子有一种无力感，觉得自己面对巨变无可奈何，因此毫无顾忌地发扬激越的言论，无数个别激越言论的集合最后终于造成一种共同的“声势”；另一方面，社会上永远有一批野心家等在那里，他们属于边缘知识分子，不能自造“声势”，但却最善于利用已成的“声势”，这几乎成了中国近代和现代史上的一个规律。近代中国学界的“无力感”加深了他们对于“文化超越”的怀疑，因而更助长了“政治决定论”的普遍意识[43]。

五

近年来，国人针对“虎妈”、“狼爸”等教育问题进行过颇为热闹一时的论争，将这些上哈佛、北大的孩子的成功，说成是棍棒教育、打骂教育的结果。其中，“虎妈”似乎更具“国际影响”：几年前，49 岁的耶鲁大学法学院教授蔡美儿出版了一本名叫《虎妈战歌》的书，书中介绍了与美国传统方式背道而驰的育儿方式：“我的女儿绝对禁止做以下的事情：不准在外面过夜；不准参加玩伴聚会；不准参加学校戏剧演出，也不准抱怨；不准看电视或玩电脑游戏；不准选择自己喜欢的课外活动；任何一门功课的成绩不得低于A；不准停止练习钢琴或小提琴。”此外，她还会骂女儿“垃圾”。

《虎妈战歌》在美国的反响不啻一个炸雷，在中国更像一枚原子弹炸于教坛，一些人继而将棍棒教育与打骂教育说成是中国教育的“国粹”，全国各个媒体貌似庄严地探讨中国教育与西方教育的问题，闹出了把封建社会的余毒当成中国教育“国粹”的当代超级弱智笑话。

在西方教育的冲击下，国人对教育现代化逐渐丧失了信心，传统智慧更被人淡忘。

文化教育是一个民族的魂魄。近人钱穆曾说过：全部中国思想史，亦可谓一部教育思想史。

中国传统教育思想之背后，有经典的人生大真理存在。传统教育与宗教不同。宗教固亦在教人做人，但宗教先重起信，教育则重开悟。信在外面，悟在己心。教人做人，亦分内外两面。知识技能在外，心性德行在内。

孔子以六艺设教，但所重更在教仁、教恕，教乐、教不愠。风月在外面，吟弄则在自身。外面尽有好风月，己心不能吟弄，即不归入人生境界。《大学》八条目，格物、致知、诚意、正心、修身、齐家、治国、平天下，身、家、国、天下，皆是实际人生，但皆在外面。格、致、诚、正在内面，更实际。修、齐、治、平，须种种知识技能，但无内面一番心情，则外面种种知识技能皆将运用不得其所[44]。

这些独步世界的教育精神，不幸地成为了今日中国社会的游魂，无所寄托。今人应愧对五千年来的各辈先祖。

扫视世界上的古老民族，印度、土耳其等国都在现代化的过程中衰落下去，但以色列人的教育却因其古老而传统的思想而迅速进入现代化，堪为古老民族实现现代化的典范。

1948 年 5 月 14 日，以色列国宣告成立，随即卷入到一场与周围阿拉伯国家的战争中。当时，以色列国内也是一片混乱：大批难民从欧洲和阿拉伯国家涌入，许多人只能居住在临时搭起来的草棚子里；国家的经济情况非常糟糕，到处都是失业的人群；原来建立的学校几乎被战争摧毁，根本谈不上有什么教育设施。刚成立的以色列教育部也只有首任教育部长盖尔和他的秘书艾德勒两个人，部里唯一的财产便是一架旧打字机。

这是以色列随时会亡国的一天。

盖尔把艾德勒叫进了他的办公室，庄严地说：“艾德勒，我们一起来起草一部教育法，要求三岁至十五岁的孩子们都必须上学，让他们接受免费的义务教育，这是我们这个新国家的头等大事。”面对艾德勒的惊愕，他激动地说：“我们处在敌人的包围之中，背靠地中海，前面是埃及、叙利亚、约旦、黎巴嫩，这些阿拉伯人无时不在想把我们赶到地中海去。我们必须培养高素质的人，只有这样才能对付几十倍于我们的敌人。”

他们说干就干。

1949 年，第一次中东战争的硝烟刚刚散去，以色列就颁布了《义务教育法》，几年后又通过了《国家教育法》。1980 年，以色列又颁布了《教育法修正案》，把强制教育延长到十六岁，免费教育延至十八岁。几年前，以色列提出要逐步实现从学前教育到大学教育的全部免费制度[45]。

以色列的教育现代化过程，激活了这个民族的古老智慧。《圣经旧约》中反复强调要知书识字，在古代文明中，这也是很独特的。有人做过这样一个统计："书写"一词在荷马史诗《伊利亚特》中只出现过一次，在《奥德赛》中一次也没有出现，而在《圣经旧约》中则出现了 429 次。世界上没有哪一个宗教像犹太教那样对学习和研究如此"强调"。正是这些宗教上的规定，使犹太民族形成了一种几乎全民皆有文化的传统[46]。

以色列教育事业高度发达还缘于全社会对教育的重视。据说在每一个犹太人的家里，当孩子刚刚懂事时，母亲就会翻开《圣经》，将一滴蜂蜜洒在上面，然后让孩子去吻《圣经》上的蜂蜜。接着母亲会告诉孩子：书本是甜的。身为犹太人的爱因斯坦的成就，也与他在童年时代受到的良好家庭教育有关——得益于他母亲的音乐熏陶，得益于叔父的数学启蒙，得益于父亲在他做出了蹩脚的小板凳后仍加以鼓励的情感教育。

以色列教师用图示法讲课

以色列历届政府不但重视教育，更保证了教育制度的连续性。被誉为"以色列国之父"的以色列第一任总理戴维·本·古里安认为"没有教育，就没有未来"；以色列曾邀请当时在美国任教的爱因斯坦担任第二届总统，但爱因斯坦宁当教授、科学家，不当总统予以拒绝。曾在 1978 年至 1983 年任以色列总统的伊扎克·纳冯离任后，却欣然"屈尊"担任了教育部长，并到处宣传一个国家在教育上的投资就是经济上的投资，号召国家大力投资教育，把以色列的教育搞得有声有色。20 世纪 70 年代以来，以色列教育经费一直占国内生产总值的 8% 左右，至今这一比例仍然名列世界第一。

在古代的以色列，由拉比构成的教师队伍被誉为"无冕之王”、“以色列的光明”。在今天犹太人心目中享有最高权威的人仍然是教师，今日以色列大学教授过剩，在美国东部名牌大学中犹太人任职者的比例达20%。现在，4岁以上的以色列人平均每月读一本书，全国770万人中有100多万人办有图书证，以色列人已获得了10项诺贝尔奖。

据平均统计，一个国家在建国后30年就有一位科学家获得诺贝尔奖。新中国成立60年了，竟没有一位中国本土科学家戴上这顶桂冠。早在1986年中国就制定了《九年义务教育法》，在1995年又出台了《教育法》，但新中国成立以来国家对教育的投入大致徘徊在GDP的2.5%—2.7%之间，1985年最高也仅为3.54%。如果从《教育法》规定政府应努力使教育投入达到GDP之4%，以及我国目前GDP增长已经超过8万亿元来看，我国教育投入的资金缺口1000亿元左右（《中国统计年鉴·2000》）。

相对于已迈入教育现代化的以色列而言，中国教育还没有全面普及的教育设施，没有教育教法的成熟系统，没有稳定的全社会投资教育的资金来源，没有更切实尊重教育、把教育真正当成国家未来的战略眼光。

在教育现代化的路上，在没有现代化的教育人格之前，很多中国人常常邯郸学步而走向歧途。**中国尚没有在国际教坛发出自己的天籁之声，尚没有把传统教育精华融入当下教育，更没有对世界教育的现代化贡献出独特的思考。**

六

中国教育界一直为一则消息窃喜：多年来，美国基础教育的国际测评成绩一直不如亚洲和欧洲国家。20世纪90年代中期第三次国际数学和科学研究的成果表明，在八年级的数学测评中，41个国家中有20个国家的平均分都超过了美国，仅立陶宛、塞浦路斯、葡萄牙、伊朗、科威特、哥伦比亚、南非这7个国家比美国低。学生的基本知识不扎实，基本技能水平不高是美国基础教育突出的问题[47]。中国学生的这方面数据则占据较高位置。

中国教育界在不明就里的情况下颇为陶醉过，也颇为主张应试教育之人增长了信心。但对中美教育进行过深入对比的专家则指出：“美国有人说他们自己是‘科技发达，教育落后’，那是他们在鞭策自己。国内有人说我们自己是‘科技落后，教育发达'，那是有人缺乏自知之明。"[48]

中国孩子的想象力状况令科学界陷入深深的忧虑。2009年，教育进展国际评估组织对全球21个国家进行的调查显示，中国孩子的计算能力排名世界第一，想象力却排名倒数第一，创造力排名倒数第五。在中小学生中，认为自己有好奇心和想象力的只占4.7%，而希望培养想象力和创造力的只占14.9%。在目前中国几乎"只有考生，没有学生；只有考校，没有学校"，教育成了与考试有关的知识灌输，学生以知识的背诵、接受、考试、获得高分为学习的全部内容的情势下，这一两极分化的调研数据毫不奇怪。结论很清楚：中国孩子的创造力被传统教育扼杀了。

该如何比较这两个数据？

爱因斯坦对这个问题有很好的回答："我们都以为知识是最重要的，其实还有比知识和结论更重要的东西，那就是人的想象。"

推而广之，这种想象，包含着人的想象力、创造力、激情、生命冲动、革命精神、主观能动性和永无止境的好奇心，这些恰恰是人之为人最重要的东西。我们的应试教育仍停留在学习知识的阶段上，把人与生俱来的这么多可贵东西几乎都断送了，被动地接受别人既定下来的文明。

深一层思索，几百年中西方教育的分野也恰在这里。

我们的出发点是牢记知识，人家的出发点则是发现知识；我们的育人过程是塑造，教育要像雕工那样按自己的意愿对学子自外至内地精雕细刻，人家的育人过程则是生长，教育顺应学子自身的潜质、智能、兴趣促进其自由、主动、舒心地发展；我们好学生（好孩子）的标准是听话、懂事、分数高，人家好学生（好孩子）的标准则是强好奇、爱质疑、能发现、有个性。

教育理念源头的差异，造成了教育结果的大相径庭：我们的孩子成了教育"流水线"上的规格相同的"产品"，从幼儿始就一步步丧失了质疑、批判、求异、发现、创造——人之所以为人的本质精神，而人家的孩子在独立、自由、民主、好奇、想象、怀疑和批判的氛围中生长，达至创造性的杰出人才的不拘一格，竞相辈出。

如此这般，我们的刻苦求知教育宛若陷入沼泽，而人家的趣味智慧教育则犹如攀山。

华盛顿大学教育学院专家温伯格教授有段教授教育学的故事，是一个有力的说明。

多年前，他让一位朋友冒他的名去上第一节课，方法是照本宣科，但学生还是打开笔记本来认真记录，朋友讲得乱七八糟，也没有学生提出不同意见，这时温伯格教授和学生一样坐在教室里，温伯格教授举手问："这些内容都在课本里，为什么要我们记?"老师说："等会儿就知道了。"15分钟后温伯格教授又举手发问："还是听不懂。"老师又说："我只能这样了，要么你来讲。"然后，温伯格教授才上讲台去开始上课。据说这个办法他已用了11年，目的是为了引导学生对教师的讲解进行批判思考，克服学生上课时一味听讲、不假思索记笔记的习惯[49]。而中国学生只是一味地接受"不假思索"的答案。

美国斯坦福大学教务长米凯莱·马林科维奇博士更是一针见血地指出，亚洲的大学若要成为世界级大学，所面对的限制会比欧美大学来得多。她说："亚洲一些国家如中国至今仍缺乏自由与开放式的追问风气。我们相信，必须等到亚洲地区普遍存在着学术自由风气，以及能够进行自由与开放式的追问后，才能有一流学府出现。因为我们绝对相信，学术界应该是自由而且不受拘束的。"时间已过了14年，中国大学赶上欧美大学的目标仍仅仅是梦想[50]。

面对激烈的现代教育竞争，中国提出了素质教育。素质教育的首倡者、原国家教委副主任柳斌说："我认为，以提高国民素质为目标，为促进每一个受教育者（生命个体）品德、智力、体质、情操等方面和谐发展的教育就是素质教育。"

素质教育虽然成为中国教育的一场革命，但仍与应试教育纠缠在一起，没有从教育肌体、社会肌体的高度上解决问题。废科举已整整一个世纪，但我们今天仍然崇拜状元，热衷于培养"一流考生"。

美国也有"高考"，叫做SAT（学术能力评估测试）或ACT（美国大学入学考试）。1996年全美有545个考生SAT得满分，即所谓的"高考状元"。其中，365个申请哈佛，但哈佛把其中165个拒之门外，拒绝率约45%。哈佛每年约录取2000个新生，怎么会容不下这165个"高考状元"?说到底，哈佛是在冷静地选拔"一流学生"，而不是"一流考生"！哈佛、普林斯顿、耶鲁等美国一流大学都采取

"高考考分 + 平时成绩 + 综合素质"的评价和选拔人才的标准[51]。

现代社会对人才的需求不断变化，现代素质教育该如何立足？什么样的素质更为重要？在知识经济社会中如何判断素质的更迭与价值？科学的现代教育是一门精密而科学的学问，它涉及对社会的流动、经济的嬗变、国家的发展、产业的递进的综合考量。在这点上，美国给了我们一个极好的例子：

在号称美国硅谷"发源地和思想库"的施乐公司里有一个科学园区。在这里，多学科、多方位地追求尖端的科学成就，从事最基础、最根本的科学研究，工作人员有电脑科学家，有从原子物理学到化学方面的专家，还有语言、社会、艺术、人文等方面的科学家。他们聚在一起相互学习，从不同角度做研究。多年来，这里一直是美国传奇式的思想智库[52]。

这个思想智库完全免费提供给美国社会，作为社会的大脑、学习的海洋。施乐公司的首席科学家和副总裁约翰·布朗做过一场有关数字时代学习革命的精彩报告："我们应从一个系统的角度看待教育，而这一角度需要考虑所有的因素——K（指幼儿园）至十二年级的学校，社区学院，州立和私立学院以及各种大学，社区图书馆、公司等——这些组成了一个地区。接着，引发出更多的关于我们如何创造地区优势的问题，如在北卡罗来纳州研究三角区或硅谷，是否有办法把围绕在各大学周围的科学园区延伸发展成为学习园区，再通过本地的知识生产成分和互联网所提供的无尽信息相结合，进而建成 个学习生态。"

在此强大智库的作用下，美国孩子可以与最著名的大学、最著名的网络公司、最有创造力的科学家建立有效的联系。"我们回头问问今天的孩子，成长于数字时代的孩子，他们的学习会有什么不同？将有什么改变？我认为以下几个特点是比较明显的：读书能力不单涉及形象和屏幕，能'阅读'多媒体文本，能从中选取所需的资料，能适应这种快速发展的多媒体新形式的能力非同寻常，这里我想说明的是新的读写能力是一种信息导航搜索能力；网络冲浪已成为一种新型的信息娱乐，或者说是数字时代孩子们主要的娱乐方式；推理不单是抽象的逻辑演绎，而且与利用手头资料更相关，它与一种查找能力相关，查找目标、工具、代码、文件并以一种新的方法使用它们和把它们运用到新的情境中；判断在任何时代都从本质上说更为关键，过去《华尔街日报》上的信息还有某种理由可以信赖，但在网上，我们拥有的搜索能力基本上与发现相联系，而发现又与利用手头资料去推理相关联，对于手头资料的质量和可信度作判断就成为最基本的能力；最后一个转变与行为相关，新的学习系统如何被社会所吸收，这就是知识的创造与共享，并从多种智能的观点和从手头资料推理的观点看这个问题”[53]。

笔者之所以引述这篇如此长的演讲，是希望让各位读者看到美国教育的某些本质。利用强大的社会智库，美国八九岁的孩子就可以思考美国南北战争的大势、美国“二战”投放原子弹的道德评判，甚至“我怎么看人类文化”等题目。应当说，美国教育秉承着文艺复兴教育以来的精神主脉，一直追求着当今社会的更深本质，并且以世界的未来定位现在的教育。

美国教育用上述方式解决知识爆炸与信息社会带来的冲击。约翰·布朗先生说，“现在光纤通信技术 9 至 12 个月翻一倍，芯片计算能力 18 个月翻一倍。”高速的变化是社会发展的法则与力量，“按这样的速度增长，生存的关键是经济和教育，人类需要有一种新的学习方式，需要学得更快，共同学习……”[54]。

美国学生在未来的互联网等世界自由遨游，中国学生却辗转在学习过去的知识系统里埋头应试；中国学生在书山上跋涉时，美国学生已经学会了飞翔；美国学生在创造未来，中国学生沉溺于在过去的知识江流上“刻舟求剑”。

在当下地球村，人与人的空间距离，早让信息化的射线连通得近在咫尺，而人与人思维、理念的偌大差距却往往会隔断人们的视野，引发人们各不相同的生态格局与生活方式。

华人历史学家黄仁宇凝视世界现代化的湍流，曾经发出如下的感慨：由传统国家到现代国家的过渡，犹如“一只走兽蜕化成飞禽”，这绝不是颁布一纸宪法就能做到的，它需要整个国家基层组织的功能结构都发生全面变化[55]。

龚自珍在《己亥杂诗》中的《咏史·金粉东南十五州》有一名句：“避席畏闻文字狱，著书都为稻粱谋。”此诗说明当时有志之士害怕朝廷的打压，无节文人卑躬屈膝歌功颂德的士风。

1957 年，国学大师陈寅恪六十七岁初度时，曾经有诗自道："平生所学供埋骨，晚岁为诗欠斫头。" 12 年后，他在孤独与屈辱中死去。他晚年的遭遇，业已证明那个兽性疯狂的时代实实在在是知识分子的血泪场，斯文扫地乃是斫丧中华民族元气的极大不幸。

从世界教育现代化进程中，我们可以看到，如果我国的教育走不出长官意志，摆脱不掉种种束缚的罗网，无法按照现在教育的内在理路发展，无法使教育界有着普遍的超越意识，无法真正解放芸芸学子的个性，无法实现"不拘一格"产出人才，就不能说中国教育已经走出了中世纪，走出了那令龚自珍忧虑的视野。

第三节　突破中西壁垒

一

1875 年，四川省乡试副考官张之洞（1837—1909）为全国"初学者"开列了一个书单。从先秦到清代学术，甚至包括天文几何等所谓新学，总共列了 2200 种书，两千多位作者。这份名为《书目问答》的书单流传很广，影响极大。透露给我们的等于是一百年前中国知识分子的"共同知识范畴"。在这个范畴内，从周秦诸子到程朱陆王之学到乾嘉汉学，都是中国学界可以指涉运用、彼此沟通辩诘的知识符号。

一百年以后，国学大师钱穆惊慌万分地说：今天我们对传统的旧中国，已可说是完全无知识了。那么对以后的新中国，我问诸位又有什么理想抱负呢？我们中华民族将来的出路究竟在哪里？这样一想是很可怕的。

于是，钱穆为 1979 年的中国"知识分子"、"读书人"，开出一个国学书单：《论语》、《孟子》、《老子》、《庄子》、《坛经》、《近思录》、《传习录》，总共 7 本。书单开出的同时，钱穆还赶忙强调：后三本，全是白话文！

张之洞的 2200 部必读书和钱穆的 7 部必读书放在一块儿，再问：这一百年间中国人抛掉了多少自己的东西？这个过程，称为集体失忆、自我清减，也不算太过吧[56]。

时至今日，中国的学子又有几个通读过钱穆的书单呢？在中国知识界精英龙应台那双忧虑的眼里，中国的近现代是一个被各种西学分割得支离破碎的时代，存在主义、女性主义、新马克思主义；碎片化的后现代主义、结构主义与解构主义、后殖民主义与东方主义；更别提含义不明的达达主义、表现主义、超现实主义、魔幻写实主义……这些来自西方文化的“狂风暴雨”，使中国传统文化被“连根地摇撼着”。

近人时常把张之洞与日本近现代思想家、教育家福泽谕吉相提并论。

19 世纪后期，中日教育思想变革及其实际成效是什么样的呢？中日两国一衣带水，均久受儒家传统思想文化的浸染。19 世纪中叶，两国共同面临着西方列强入侵，都面对着民族存亡威胁，都不得不放弃闭关锁国的传统国策而被迫开放门户。两国的一些有识之士在东西方的冲突中看到了与西方文明的差距，从而为实现富国强兵和挽救民族危亡，掀起了一场向西方学习的改良变革运动。

无论是张之洞的“中体西用”还是福泽谕吉的“和魂洋才”，其宗旨都是要在保存本国固有民族观念意识的前提下，学习西方先进的科学技术与物质文明。两国在 19 世纪后期都进行了一系列的维新变革运动。但在中日甲午战争后，人们可以清楚地看到两国变法的成效截然不同，日本在 20 世纪初已经成为一个新兴资本主义强国，而中国与列强差距的鸿沟不仅没有缩小，反而裂变似的日益扩大。

同样的西学东渐和维新变法，为什么会一成一败？其原因有历史背景、政治、文化思想等方面，但教育是其中非常重要的方面。我们可以从张之洞和福泽谕吉两位两国变法代表人物的教育思想，洞悉到两国教育变革成败，乃至两国命运改变的深层原因。

在 20 世纪，中国教育逐渐沦落为政治的附庸，失去独立的生命力。虽然文化教育界大师辈出，但始终没有完成中西方文化的汇流，其脉络千头万绪，从细节上不易觉察。

在本节中，笔者将从中国历史的大视界中，以重要的知识分子的思想与经历变迁，叙述文化教育的变化走势，探讨其没有突破中西壁垒的原因。

二

张之洞、福泽谕吉两人生活的年代相同，生平也有许多相似之处。两人都出生于封建世家。张之洞在其任上也整顿了湖北经心书院、四川尊经书院、两湖书院等旧式书院，并开办了湖北自强学堂、农务学堂、工艺学堂、湖北师范学堂、三江师范学堂等一系列新式学堂。福泽谕吉则出身于日本丰前中津奥平藩的一个低级士族世家，父亲在藩内任总管职务。福泽谕吉从 1868 年起一直致力于庆应义塾的创设和发展，先后开办了庆应义塾及医学所、幼稚舍、大学部及京都分校等教育机构。

两个人的出身背景相似，甚至宣扬改革教育的机缘也相同。在两次鸦片战争之后，张之洞希望尽快进行教育等方面的改革，能够尽快地“师夷人之长以制夷”。

日本近代著名的启蒙思想家、明治时期杰出的教育家福泽谕吉（1834—1901）

福泽谕吉也有同样的思路。19 世纪下半叶，欧美列强加诸日本一系列不平等的条约。1872 年，日本派出使节团走访欧美各国，希望恢复关税自主权，废除领事裁判权等不平等条例。在西方诸国的一概拒绝下，使者团在从落后国家刚刚升格为发达国家的德国那里听取到“真经”，他们从宰相俾斯麦那里感到，要想富国强兵还必须建立法制，还要普及教育，造就大批有用人才，使节团回国以后，“明治维新”也在不久后发轫。

福泽谕吉成为“明治维新”期间的核心人物。他宣扬向西方学习并不是简单地引进西方的物质文明，而是力求通过吸收西方文化来促进日本的文明开化，在福泽谕吉向西方学习的领域里，科学技术、工商制度、政法思想、文艺理论无不包含其中，并且以“和魂洋才”的理念为依据，改革并建立起了以国家主义为本的教育体系。

张之洞、福泽谕吉虽同为新旧思想交替中的过渡人物，但张之洞的身份为上层的帝国重臣；而福泽谕吉却从小对西学很感兴趣而痛恨封建门阀等级制度，身处平民阶层，而立志改造整个社会的文化教育。虽然两人都提倡向西方学习，但张之洞是一个具有变革思想的封建统治者，而福泽谕吉则是已颇具资产阶级意识的日本近代启蒙思想家。

张之洞与福泽谕吉两人开办新式学校，致力于教育事业，而且同时写下教育名著《劝学篇》，他们的共同目的是通过教育来学习西方的先进科学技术，培养人才，实现富国强兵，但他们在如何看待西学西政与本国传统封建文化的关系时，其分歧如同水火不可调和。

张之洞的办学宗旨，始终把忠孝摆在首位，其所要造就的不过是具有西方科学技能的封建顺民和人才。“无论何等学堂均以忠孝为本，以中国经史之学为基，俾学生心术一归与纯正，而后以西学瀹其知识，练其艺能”（《奏定学堂章程》），而随着中国的近代化，张之洞的“中体西用”的保守性愈加明显，将“三纲五常”视为“中国神圣相传之至教，礼政之原本，人禽之大防”（《劝学篇·明纲》），这成为张之洞“中体西用”文教模式中最为保守的部分。

福泽谕吉在向西方学习的态度和范围上，则更为广阔和开明。与张之洞相左，福泽谕吉却极力反对向学生灌输封建伦理道德，反对用忠臣、孝子、义士、节妇等故事来向学生传授封建伦理观念。他认为只有教育才能培养个人判断事理、处置事情、独立生活的能力，他主张用自由自在、独立不羁的精神来教育学生，“全国人民有独立的精神，才能深切地关心国事”[57]。

培养“顺民”还是“公民”，也是张之洞与福泽谕吉在教育目的上最大分歧之所在。因为教育目的与宗旨的不同，两者在教育内容的选择上也存在着偌大的差异。

张之洞与福泽谕吉的教育理念，标志出两国教育改革起点的巨大不同，也折射出中日教育的不同命运。1898 年江西人朱绶考察日本教育时，已感到两国教育的巨大差异：“学校之名中东皆同而其实迥乎不同。中国之学校专为文教而设，东国则推以教水陆之战阵、有无之迁贸以及艺术也、农作也、音乐也、裁缝也、盲视哑语也、跳舞体操也，无一事不设学校也。中国以文士专讲读书识字目为校中人，其余则否。东国则中外臣工、文武员弁、大小教习，以及新旧之兵行、坐之商、百业之工、四境之农、闺阁之淑媛、提携之幼稚、残缺之穷氓，无一非读书识字之人，即无一非学校中人也。乌乎同哉？”[58]当时中日两国在教育对象、教育内容、教育目的等方面都存在着明显的不同，对学校教育社会功能和作用的认识上更有差异。

在明治维新之时，日本高速度教育出“洋才”一代，使国家高速度崛起，而在“二战”之后，日本以“和魂”为动力恢复战后教育现代化，在近百年来，福泽谕吉的“和魂洋才”显示出巨大的张力。

三

1907年9月，古稀之年的张之洞从湖广总督奉调入京，任大学士、军机大臣和学部总管。这位中国近代化先驱离任前，与武汉名流梁鼎芬、辜鸿铭等人到黄鹤楼饮酒。张之洞登上楼顶，凭栏远眺，武汉三镇尽收眼底：高楼林立，车水马龙，烟囱高耸，帆樯十里，回想督鄂十余年来历尽艰辛，换来今日繁荣景象，不禁心潮澎湃、感慨万千，一副至今脍炙人口的黄鹤楼联也由此一气呵成：

昔贤整顿乾坤，缔造先从江汉起；
今日交通文轨，登临不觉亚欧遥。

中国高等师范学堂之鼻祖，中国幼儿园创始人，清末著名教育家张之洞（1837—1909）

张之洞是“中学为体，西学为用”思想的鼓吹者。在以后整整一个世纪里，他理想中的“整顿乾坤”“不觉亚欧遥”这样中西融合的盛境仍是未尽如人意。

“中体西用”与“和魂洋才”两大思想并立不过十多年，即发生了1894年的中日甲午战争，中国败于日本。1895年春，乙未科进士正在北京等待发榜之时，《马关条约》内割让台湾及辽东，赔款两万万两白银的消息突然传至，引发在北京应试的举人群情激愤。康有为、梁启超写成一万八千字的《上今上皇帝书》，十八省举人响应，一千二百多人连署，其中申明“守旧不可，必当变法；缓变不可，必当速变；小变不可，必当全变”。

康有为的思想，成为近代中国知识分子的基本心态。

在康有为、梁启超等人主张被反对派阻碍时，康、梁阵营激进派的最高代表谭嗣同参加了论战。他在《仁学》一书中表现了极为激烈的态度，一口就否定了中国两千年来的文化教育传统。

从英、法、德、日等国教育现代化的路径看，其文化发展轨迹大都表现为一张一弛。而在近代中国，则看到一种截然不同的景象。

从五四运动开始，激进主义已经从政治层面推进到文化层面，所以又称为“新文化运动”。在康梁等人看来，虽然制度要改变，但中国还是要保留某些传统的东西，比如康有为希望模仿西方建立“孔教”为国教，还要保留皇帝；然而很快“新文化运动”的领袖们（如陈独秀和胡适）就提出了民主和科学的口号，他们认为中国文化不但产生不了民主和科学，而且正是民主和科学的最大障碍。他们彻底否定了中国的传统，直截了当地要向西方寻找一切真理。再后来连文化的问题都不谈了，因为大家认为文化的问题已经解决，就是说大家都认为中国文化是阻碍现代化的，此时问题的焦点已经集中到资本主义和共产主义的选择上了。

百年以来，“变”已成为中国的最高价值，任何人如敢于对“进步”稍表迟疑都将被宣判为“反动”。这里最根本的问题在于，中国不像西方，在现实中找不到一个基本的体制或系统，可以使各方安顿下来[59]。

五四运动为里程碑，现代中国的文化激进主义发生了质变。从那时起，不论批判传统或提倡变革，中国知识分子几乎必然诉诸某些西方“典范”，作为正当性的最终依据。西方文化从此成为判断中国一切事务的最高标准和终审法官[60]，唯一的不同在于，不同派别的人眼里有不同的“西方”。

在这个过程中，中国的文化传统不但没有获得其应有的位置，而且越来越被看作“现代化”的阻碍，“现代化”每受一次挫折，推动者对传统的憎恶便随之更深一层。这一心态的长期发展终于造成一种普遍的印象，即以为文化传统可以一扫而光，然后在一张白纸上建造一个全新的中国[61]。

以现代学者闻一多的转变为例，可以窥见中国学界激进化的速度。闻一多原是研究《诗经》的专家。他发挥的“文学突破”说，比大哲雅斯贝尔斯的“轴心突破”还要早6年。不过这位学者几年后便激进地宣称，他已读遍了中国古书，没有发现任何有价值的东西。他又说：他在中文系任教，目的是要和革命者“里应外合”，彻底打倒中国旧文化[62]。

在文化教育不断激进的中国社会，一个政党或一个政治家，在推动一种现代化运动之时（不管这一运动是激进的“革命”或缓进的“变法”），他们都要抓住该阶段所特有的主题，从而推动之。前一阶段的空想，往往也可变成次一阶段的主题。如此各“阶段”相承相催的程序之中，中国现代化运动，是不能“毕其功于一役”的；它是或缓或急，永远不断向前流动的[63]。

近年来，中日学人共同认定了一则历史事实：日本的明治维新有两个思想来源，一方面为吸收西方先进思想，另一方面则是王阳明的心学派儒学。

中国近代著名学者章炳麟说：“日本维新，亦由王（阳明）学为其先导。”[64]

日本著名学者高濑武次郎则充满感情地说：“我邦阳明学之特色，在其有活动的事业家，乃至维新诸豪杰震天动地之伟业，殆无一不由于王学所赐予。”[65]

在中国传统中，学术和思想，一直被看作是为社会指示方向的，因此在整个社会体系中占据了枢纽的位置。而当学术激进化，以及“政治是决定一切的”思潮席卷中国时，文化教育领域开始失去了自主性，逐渐地把权利交予政治，渐渐地沦为生活中最无关轻重的外围装饰品[66]。

日本的明治维新，通过相对中国简单得多的“中体西用”文化框架，竟然逐渐走出中世纪，较为顺利地进入现代化。“二战”结束之前，王阳明的文章仍与西方发达思想一道，进入日本的课本中。王阳明的思想，通过中国旅居日本的知识精英传回到中国，也让这些文化精英——章炳麟、王国维、梁启超等人坚持了“中体西用”的思想。

被公认为民初西学第一人、同时自认庚续乾嘉学统的王国维，说过一句话至今犹未过时：“余谓中西二学，盛则俱盛，衰则俱衰。风气既开，互相推助。且居今日之世，讲今日之学，未有西学不兴而中学能兴者……虑二者之不能并列者，真不知世间有学问事者矣。”[67]

在维护中国之所以为中国的学术神经之时，国学大师梁启超讲得很清楚：“近顷悲观者流，见新学小生之吐弃国学，惧国学之从此而消灭，吾不此之惧也。但今日欲使外学之真精神普及于祖国，则当转输之任者，必邃于国学，然后能收其效。”[68]

中国的文化教育史从来没有按照王国维与梁启超的思维轨迹发展。

也许因为如此，中国现代的表面变动很大，从科技、制度，以至一部分风俗习惯都与百年前截然异趣，但在精神价值方面则并无根本的突破。由于近百年来知识界在思想上的分歧和混乱，中国文化与教育的基本价值一直没有机会获得有系统、有意识的现代清理。

近代，在中国学界始终摆脱不掉“尊西人若帝天，视西籍如神圣”的心态。西方知识界稍有风吹草动，不用三五年中国知识分子中便有人闻风而起。所以清末的“神圣”是达尔文、斯宾塞一派的社会进化论，五四时期是科学主义、实证主义，20 世纪三四十年代是马克思主义，现在则是“东方主义”、解构主义之类。但是另一方面，中国知识分子对自己历史、文化、传统的认识则越来越疏远，因为古典训练在这一百年中是一个不断倒退的过程。到了今天，很少有人能够离开某种西方的思维架构，而直接面对中国的文化、思想、历史了[69]。

1919 年冬天的哈佛大学校园，29 岁的陈寅恪和 25 岁的吴宓讨论中西文化的优劣，他们承认中国的哲学、美术、科学都远不如西方，但他们对中国文化的独特价值的肯定一点也没有犹疑[70]。

陈寅恪是中国传统文化保守主义中的代表人物，一生最关切的是中国文化在现代世界中如何转化的问题。尽管他对中国传统文化充满信心，但到20 世纪30 年代整理国故时期，他已慨叹道：“今日之谈中国古代哲学者，大抵即谈其今日自身之哲学者也。”现在我们恐怕更要下一转语说：“今日之谈中国文、史、哲诸学者，大抵即谈西方某一流派之学者也。”[71]

在“体”与“用”的迷途中，在世界上人口最多的中华民族，在世界思想的海洋中却丧失了声音。为什么会这样呢？当代著名历史学者、人文学家余英时将此问题归结为：因为中国人集体处于一种脑震荡状态之中[72]。

什么是“脑震荡”？“这就好比一个人遭遇飞来之祸，被外力撞成了脑震荡，失去了记忆，看不清方向，没有时间了，没有空间了，已往先验的时空坐标全部垮掉了。他只能跟随眼前正常人走到那里算哪里，重建新的时空坐标。”

"在脑震荡中，中国人的独立思索能力消失了。中国人几乎只知道学习，我们从幼儿园就开始学习，一直学到中学、大学毕业后学到博士，还要学到老，我们却没有想到，这种学习，是有问题的，它的后面蕴藏着巨大的陷阱，我们完全成了所谓真理、结论、模式、教科书的奴隶，我们成为被动的客体。我们以跟国际接轨为目标，说到底，别人怎么做，我们就怎么做。这种思维模式，把我们与生俱来的创造力、生命冲动、自主性、想象力都抹杀了。"[73]

观览六十余年当代中国教育的列车，似乎一直没有自己固定的思想轨道，而是长期在寻觅他人思想的轨道上东奔西走。先是一股脑儿扑向苏联凯洛夫的"智育至上"、"三中心"（课堂、教师、书本）的教育思想，"文革"中被斥之为"封资修"扫地出门；伴随改革开放的雷霆，中国教坛门户大敞，空荡荡的教育荒野，一忽儿潮水般涌入来各显神通的西方教育思想：美国心理学家布卢姆的教育目标分类法，美国认知主义心理学家布鲁纳的"发现法"，保加利亚的心理学家洛扎诺夫的"暗示教学法"，德国教育家瓦·根舍的范例教学即案例教学法，苏联教育科学博士赞科夫"高难度、高速度"五大教学原则思想，苏霍姆林斯基的全面发展的教育理论，苏联教育家巴班斯基的"教学过程最优化理论"，哈佛大学教授加德纳的多元智能理论……与此同时，联合国教科文组织又努力推动"终身教育"、"全民教育"、"终身学习"等教育思潮，将原本由各位教育家特定范围里的教育实验，推向综合性、大范围、广角度的教育改革运动。

中国成了偌大试验场。各色思想，各种思潮，无不展灵蛇之珠、荆山之玉，被试验者也都自操异宝，认土独尊，或引入教坛，或流于笔口，似觅得珍奇，不胜欣悦。

然而当怎样借鉴，怎样吸纳？怎样挖掘我们自己的优秀教育传统元素加以弘扬？又怎样在此基础之上对西方教育强势加以内化融通？几乎绝少有人去思，去问，去谋，去求。甚至，以为只要是西方的，就是现代的，也就是未来的，而中国的都是老掉牙的，不入时的，只能当作垃圾，弃之枯井。这很有几分数典忘祖之嫌，至少患了一叶障目之疾。

由于社会扭曲，人心浮躁，更因为没有洞彻东西文明的大师引导，没有福泽谕吉式的人物为中国人塑造现代性格，中国现代教育无法造就中国人心，许多人便自取中西文化的方便之处，成就自私自利、毫无道德的性格。钱穆因此感慨道："……如何两相全，兼相济，此须有智慧安排。新旧相杂，中西各半，恐终无善后之策。"[74]

四

目前，日本流通的纸币共有四种，即1万元、5千元、2千元和1千元。在1万、5千和1千日元的纸币上分别印有福泽谕吉、新渡户稻造和夏目漱石的头像。

日元上的福泽谕吉头像

耐人寻味的是，这三个人既不是伟大的政治家，也不是开国的元勋，而是日本明治维新时期著名的启蒙思想家、教育家和文学家。应当说，日本将伟大的思想家、文学家作为大和民族的价值取向是意味深长的，这与我国自古至今或以朝代的年号或以政治家的头像为价值取向的做法形成了鲜明的对照[75]。

而在近代中国，知识分子命运的边缘化，却表现得最为清楚。

从晚清到民初，知识分子处于革命的中央。从康有为、梁启超、谭嗣同，到章炳麟、蔡元培等国民党元老，乃至胡适、李大钊、陈独秀等五四运动的领潮者。中国适逢从近代向现代社会的转变，启蒙民众的任务成为中国社会的主要任务，中国百分之八十的知识分子同时也是教育家，不过，中国的知识分子却在被不断的边缘化过程中。

"戊戌变法"时代的康有为、梁启超无疑处于政治的中心。梁启超论及教育之时，尚有鸟瞰天下的自信，他表示创立新式学校显然是兴民权的先决条件，而在论及议院与民权的关系时，他特别强调，"强国以议院为本，议院以学校为本"。谭嗣同提倡地方上的绅权也是因为绅权有助于学校的创建[76]。

孙中山颁布的《五权宪法》中，在他所领导的革命运动中，革命军的"智囊"章炳麟的位置已在外围而不在核心。不过章炳麟在《代议然否论》一文中，为中国政治进行了设计：行政、立法、司法三权之外，特别加上了学校一权："学校者使人知识精明。长官与总统敌体，所以使民智发越。"这个思想影响了孙中山，在《五权宪法》中特意将

“考试权”与行政、立法等权力并列。

据章炳麟《自编年谱》，孙中山最喜欢接近的是会党人物，对于宋教仁和章氏本人这类知识分子，孙中山并不特别重视。知识分子的地位在不断下降，章炳麟的观念却化入教育战线。1913 年起，章门弟子纷纷北上，主持北大的何遹时、胡仁源等陆续延揽黄侃、马裕藻、沈兼士、朱希祖、钱玄同等章炳麟的学生执教北大。北大章氏学派的渐成声势，既为蔡元培成功执掌北大奠定了具体学术研究教学层面的坚实基础，同时又为章炳麟另一批弟子如周树人、周作人二兄弟及后来成为《新青年》主导人物的陈独秀、胡适的进入北大铺设了通道，既而奠定了北大的校风、新文学运动，以及以后的五四运动[77]。

自 1949 年新中国成立以来，知识分子一度也在不断地被边缘化，他们在漫长的时间里是“革命”改造的对象，何谈教育他人，更不可能拥有梁启超、章炳麟式的自信。在政治上的边缘化大致可分为两个阶段，第一个阶段是党外知识分子一批批地被整肃，直到他们完全被逼到整个政权系统的圈外为止，1957 年的反“右”便是这一阶段的高潮。第二阶段则是在党外知识分子已丧尽了影响力之后，清算的矛头转而指向党内的知识分子，这是十年“文革”所表现的一种动向。中国知识分子的政治边缘化至此才全部完成，文化教育完全失去主体地位。

时至如今，教育紧跟政治，落实不符合实际的文件、条规的事情时有发生，教育本体不断被虚无化。违背教育规律的教育，若要实现育人第一的要务，当然无异于“缘木求鱼”。

中国文化教育“缘木求鱼”的悲剧性在于：激进地试图以西方文化全面涤荡中国传统的努力，非但没能达到预期的目的，反而激活并放大了传统中负面因素的能量；而“一切为政治服务”的学术功利化之途不仅没有改善政治，反而加深且恶化了政治中的传统黑暗面[78]。

中国知识分子边缘化、中国文化教育走向歧路，一个原因就是知识分子们对待西方文化“羡憎交织”的深刻心理，导致中国学界在西化的路上越走越远，越走越偏激。

近些年来，社会学家研究西方各国民族主义的兴起与演变，特别重视“羡憎交织”这一心理因素。而这种情绪在俄国与中国表现得最为明显。

俄国彼得大帝在18世纪初年便开始效法西方，且取得很大的成绩。到18世纪的末期，已有俄国史学家认为俄国历史上的光辉决不在英、法之下，西方不过偶然领先一步而已。但在这两个世纪之中，“羡憎交织”的情绪也逐渐在该国贵族知识分子的心中潜滋暗长。因为他们一方面已看到西方并不完美，现实与理想之间距离颇大，而另一方面又感到赶上西方仍是可望而不可即。马克思主义在俄国的生根与成长便得力于“羡憎交织”情绪。俄国最早的一批马克思主义者既是西化派的主要代表，也是幻灭的民粹派；他们已下定决心要拒斥西方了。他们可以说是“反西方的西化派”的原型。他们在1917年发动的革命便是要毁灭俄国效法了两个世纪的“西方”，这场革命当然首先毁灭了俄国自己的传统，更毁灭了这个民族在文化教育上的传统，但他们认为这是必须而且值得付出的代价。

列宁的国际主义的背后也藏着一股“羡憎交织”的俄罗斯民族情绪，通过“无产阶级革命”，俄罗斯人超过了西方资本主义的脚步，率先进入社会主义。这便是俄罗斯民族的骄傲，他们在与西方长期的竞赛中终于胜利了。

与俄国民族认同的历史进程相对照，我们可以发现：“羡憎交织”的心理在20世纪的中国也是一股不可忽视的力量。从19世纪60年代开始，中国模仿西方，范围逐步扩大。无论是晚清士大夫或20世纪的知识分子，尽管其中有些人主张模仿西方的言论在当时听起来十分刺耳，都没有对中国的民族地位真正动摇过。他们仍深信中国与西方从历史进程来看是并驾齐驱的，张之洞的“中体西用”就是一个典型的代表。

不过，在这种思维的影响下，人们越发希望有一蹴而就的思想。1949年以后在文化政策上，中国不但彻底反西方近代的主流文化（资本主义），而且更强烈地反中国传统（封建主义），至“无产阶级文化大革命”而登峰造极。不但如此，在毛泽东1957年再度访问莫斯科之后，他已开始酝酿反苏联所代表的“新西方”（修正主义）了。以后他仍坚持“阶级斗争”这一“西方真理”，但“西方”或“新西方”已只剩下一个乌托邦的影子，再也没有现实的基础了[79]。

五

1926年11月9日和25日，胡适在英国以“文艺复兴在中国”为题演讲。在演讲中胡适表示：中国文艺复兴运动代表我们国家和我们人民在现代化过程中的一个新的阶段。

胡适将近代中西文化交流分为三个显而易见的阶段。第一阶段可描述为机械化阶段——引入机器、战舰、枪炮和蒸汽船。第二阶段是政治改革。然后是第三阶段，文艺复兴运动。

胡适第一次将“五四文艺复兴”与中国现代化运动联系在一起，并将“体”与“用”的学说推到一个新的境界。此后，胡适成为在英文世界里的“中国文艺复兴之父”。

站在文化保守主义立场的梁漱溟，对胡适的“五四文艺复兴”提出尖锐的质疑，“有人以五四而来的新文化运动为中国的文艺复兴；其实这新运动只是西洋化在中国的兴起，怎能算得中国的文艺复兴？若真中国的文艺复兴，应当是中国自己人生态度的复兴”[80]。梁漱溟强调“复兴”的意义，认为中国文化的精髓是孔子的人生态度，中国的文艺复兴应该是孔子人生态度的复兴。

胡适与梁漱溟的争论，是在世界文化教育史上经常发生的经典争论。世界上几个主要文化大致上都是循着这种一张一弛的轨迹发展出来的：保守与激进潮流以各守原则、互为尊重的方式推进，形成了西方教育的“尺蠖”式行进。

在近代的中国，我们则看到一种截然不同的景象。大多数知识分子在价值上选择了往而不返的“激进”取向。无论是戊戌的维新主义者，五四时期的自由主义者，或稍后的社会主义者，都把中国的文化传统当作“现代化”的最大的敌人，而且在思想上是一波比一波更为激烈。他们之间尽管也有极大的分歧，但是却有一个共同的假定：即只有破掉一分“传统”，才能获得一分“现代化”[81]。

1976年年底至今，中国社会又开始重新启蒙的主题。十分奇怪的是，过去百年来的持续激进化过程在达到了“文革”这个顶点之后似乎仍未结束，而是倒转了方向——“文革”后，有些人并不将集权制和文革的根源深查细究，而是又一次把目标指到了儒家传统上，虽然他们以“破四旧”的方式将文化传统破坏殆尽，却认为这些问题仍然要由儒家来负责，主张以所谓的蓝色文明（西方的海洋文明）来取代黄色文明（中国的农耕文明）。改革开放以后，民主、自由、人权等观念再度成为中国知识分子的中心价值。但在大多数人看来，这些价值之所以不能在中国得到落实，归根结底依然是中国传统文化之过。

如果说“五四”到改革开放的60年是中国思想界激进化的“第一个循环”，那么从20世纪80年代起这种激进化又重新回到了“五四”时的起点，进入了“第二个循环”。这“第二循环”的激进程度有可能比过去的“第一循环”有过之而无不及[82]。

这些思想文化大走势给中国教育气候的直接影响是，让中国教育人对自己民族教育数典忘祖，任其再闭锁于尘封之中；引中国教育全方位走向西方，却成为无根无源的教育，从而导致民族教育虚无化的悲剧。

今天，中国文化教育陷入到“不中不西”、“不新不旧”的严重危机：客观方面，中国在过去把文化积存几乎糟蹋光了；在主观方面，今天的文化危机特别表现在青年知识分子的浮躁心理上。他们是少数尚有理想、尚有热情的人，也是中国未来的希望所寄。他们浮慕西化而不深知西方文化的底蕴，憎恨传统而不解中国传统为何物。他们的思想境界没有超越“五四”人物，但以中西学术的修养而言，又远不及“五四”先辈那样坚实[83]。

统观百年来的思潮，我们看清楚了中国人激情的真相：抛却文化传承，不去吸收先进思想，希望自己一夜间“超英赶美”，这与其说是激情虚发，倒不如说是痴人说梦。

试问，一个并不知晓自己家底，不了解自己有何珍藏、有何欠缺的人，怎能晓得该到外界去采购精选何物？一个对本民族的文化教育传统精华集体丧失记忆的人群，又焉能把握本体的优势，借助其他民族的“酵母”，在世界民族之林中铺展自己的枝干？

中国教育并没有实现为现代化奠基，对东西方的文化钻研皆浅，当前的教育模式正培养着创造力想象力不足的学生们。其后果之一便是导致中国科技竞争力一直下滑，中国重大科技成果数量明显减少，国家科技进步奖由1985年的1761项到1993年的441项；国家发明一等奖由1988年的4项、1991年的2项，到1992年、1993年的0项。这以后该奖项的一等奖又多次为零。2011 年度国家科学技术奖评审工作已于日前结束，国家自然科学奖一等奖今年再一次出现空缺。这是近 12 年中第 8 次一等奖空缺。

失之毫厘，谬之千里。张之洞式的“教改”，与福泽谕吉式的“教改”的出发点不同，百年后也导致了不同的结果。如今，日本已是名副其实的世界科技大国。2004 年日本投入的科研经费达到 1180 亿美元，仅次于美国，居世界第二。日本拥有的世界级科学家人数仅次于美国，居世界第二。从 1949 年到 2002 年日本先后有 9 人获得自然科学类诺贝尔奖。

1914 年，不满 23 岁的胡适，将留学美国看成是一种耻辱，“留学者，吾国之大耻也！留学者，过渡之舟楫而非敲门之砖也；留学者，费时伤财事倍而功半者也；留学者，救急之计而非久远之图也。”胡适认为留学只是一种过渡，一种自国兴学的预备，必须“以国内教育为主，而以国外留学为振兴国内教育之预备。然后吾国文明乃可急起直追，有与世界各国并驾齐驱之一日”[84]。1915 年 5 月 28 日，他又在日记中自省道：“吾生平大过，在乎求博而不务精。……吾知精力有限，不能万知而万能……自今以往，当屏绝万事，专治哲学，中西兼治，此吾所择业也。”如此反复讲述胡适的思想，笔者只想在胡适身上折射当时学者中西兼通的豁达，以及为了治学而耐得住寂寞的精神。

胡适终其一生继续着这个理想，将“五四”新文化运动说成是一场文艺复兴。他领衔的新运动的意义在于“研究问题，输入学理，整理国故，再造文明”。而五四运动，终其 20 世纪，中国人只作出了前两点。诚如胡适所期盼的那样，**中国文化教育的唯一出路，是来一次真正的文艺复兴，一场改变中国人思维模式和价值观念、清理中国人心灵世界的文化运动，最终重建自己内心世界的信念。**

如果我们的教育工作者都能够在自己的本分内寂寞而持久地工作，立足本体，挖掘优势，智借外力，勇于践行，善于思考，独辟蹊径，让滴滴泉水出自心灵，引涓涓小溪润物无声，终将汇拢成奔腾千里的大川急流，从而彻底更新中国传统文化的面貌。而伴随着这一“文化重生”使命的出发、展开和实现，未来中国终或再度成就八百年前朱熹和两百年前康德那样的思想巨人，我们的教育会再现百家争鸣、百花齐放的辉煌。

注释：

[1] 平川佑弘. 利玛窦传 [M]. 刘岸伟，徐一平，译. 北京：光明日报出版社，1999：4.

[2] 朱维铮. 走出中世纪 [M]. 上海：复旦大学出版社，2007：51.

[3] 马克思，恩格斯. 马克思恩格斯选集：第3卷 [M]. 北京：人民出版社，1972：455.

[4] 马克思，恩格斯. 马克思恩格斯选集：第1卷 [M]. 北京：人民出版社，1995：249.

[5] 夸美纽斯. 大教育论 [M]. 傅任敢，译. 北京：人民教育出版社，1984：61.

[6] 同上，52，68－69.

[7] 刘铁芳. 古典传统的回归教养性教育的重建 [M]. 北京：北京师范大学出版社，2010：114－116.

[8] 洛克. 教育漫话 [M]. 傅任敢，译. 北京：人民教育出版社，1984：52.

[9] 北京大学哲学系外国哲学史教研室. 西方哲学原著选读：上卷 [G]. 北京：商务印书馆，1981：450.

[10] 卢梭. 爱弥尔：上卷 [M]. 李平沤，译. 北京：商务印书馆，1983：89－90.

[11] 同上，5.

[12] 同上，84.

[13] 章学诚. 章氏遗书：第9卷 [M]. 北京：文物出版社，1985：82.

[14] 张焕庭. 西方资产阶级教育论著选 [G]. 北京：人民教育出版社，1979：199.

[15] 高觉敷，叶浩生. 西方教育心理学发展史 [M]. 福州：福建教育出版社，2005：50.

[16] 王国维. 王国维文集：第3卷 [G]. 北京：中国文史出版社，1997：80.

[17] 斯宾塞. 斯宾塞的快乐教育 [M]. 颜真，译. 福州：海峡文艺出版社，2002：45－46.

[18] 斯宾塞. 斯宾塞教育论著选 [G]. 胡毅，王承绪，译. 北京：人民教育出版社，1997：58.

[19] 同上，59.

[20] 同上，108－110.

[21] 同上，45－46.

[22] 孙培青. 中国教育史 [M]. 上海：华东师范大学出版社，

2003：96.

［23］陈航. 寻找有原创力教育［N］. 中国经营报，2011－06－06（22）.

［24］陶行知. 陶行知教育文集［G］. 成都：四川教育出版社，2005：705.

［25］陶行知. 陶行知全集：第1卷［G］. 长沙：湖南教育出版社，1981：72.

［26］杜威. 学校与社会［M］. 赵祥麟，等，译. 北京：人民教育出版社，2008：43－44.

［27］侯怀银，祁东方. 赫尔巴特"普通教育学"在中国的传播及其影响［J］. 中国教育学刊，2008（1）.

［28］联合国教科文组织国际教育发展委员会. 学会生存——教育世界的今天和明天［M］. 华东师范大学比较教育研究所，译. 北京：教育科学出版社，1996：186.

［29］顾明远. 杂草集——顾明远教育随笔［M］. 福州：福建教育出版社，2001：303－304.

［30］龚自珍. 乙丙之际箸议［M］. 龚自珍全集. 上海：上海人民出版社，1975：6.

［31］龙应台，朱维铮. 维新旧梦录——戊戌前百年中国的"自改革"［M］. 北京：生活·读书·新知三联书店，2000：76.

［32］钱穆. 中国历史上之考试制度［J］. 中华文化复兴月刊，1970，3（4－5）.

［33］钱穆. 中国历代政治得失［M］. 北京：生活·读书·新知三联书店，2004：158.

［34］利玛窦，金尼阁. 利玛窦中国札记［M］. 何高济，等，译. 北京：中华书局，1983：264，34－44.

［35］祝勇. 辛亥年［M］. 北京：生活·读书·新知三联书店，2011：前言.

［36］花之安. 德国学校论略［M］//梁启超. 西政丛书. 慎记书庄，1897：5.

［37］钱穆. 中国历史上之考试制度［J］. 中华文化复兴月刊，1970，3（4－5）.

［38］原青林. 揭示英才教育秘诀：英国公学研究［M］. 哈尔滨：黑龙江出版社，2006：36.

［39］同上，44.

［40］余英时. 文史传统与文化重建［M］. 北京：生活·读书·新知三联书店，2004：429.

［41］朱维铮. 重读现代史［M］. 北京：中华书局，2010：5.

[42] 冯桂芬. 校邠庐抗议 [M]. 上海: 上海书店出版社, 2002: 49 - 50.

[43] 余英时. 钱穆与中国文化 [M]. 上海: 上海远东出版社, 1994: 258.

[44] 钱穆. 中国历史上之考试制度 [J]. 中华文化复兴月刊, 1970, 3 (4 - 5).

[45] 肖宪, 张宝昆. 教育立足的民族和国家: 犹太人和以色列 [M]. 昆明: 云南大学出版社, 2005: 151.

[46] 同上, 12.

[47] 顾泠沅. 寻找中间地带 [M]. 上海: 上海教育出版社, 2003: 85.

[48] 黄全愈. 素质教育在美国 [N]. 中国青年报, 2000 - 04 - 05.

[49] 顾泠沅. 寻找中间地带 [M]. 上海: 上海教育出版社, 2003: 85.

[50] 美国专家认为亚洲大学需要 20 年才能赶上世界 [N]. 联合早报, 1998 - 10 - 04.

[51] 黄全愈. 高考制约中国人才战略 [N]. 人民日报, 2005 - 12 - 08.

[52] 顾泠沅. 寻找中间地带 [M]. 上海: 上海教育出版社, 2003: 73.

[53] 同上, 75 - 83.

[54] 同上, 76.

[55] 黄仁宇. 放宽历史的视界 [M]. 北京: 生活·读书·新知三联书店, 2001: 129.

[56] 龙应台, 朱维铮. 维新旧梦录——戊戌前百年中国的"自改革"运动 [M]. 北京: 生活·读书·新知三联书店, 2000: 18.

[57] 福泽谕吉. 劝学篇 [M]. 群力, 译. 北京: 商务印书馆, 2000.

[58] 朱绶. 东游纪程 [M] //田正平. 留学生与中国教育近代化. 广州: 广东教育出版社, 1996: 310.

[59] 余英时. 钱穆与中国文化 [M]. 上海: 上海远东出版社, 1994: 193 - 201.

[60] 余英时. 现代危机与思想人物 [M]. 北京: 生活·读书·新知三联书店, 2005: 90.

[61] 同上, 48.

[62] 余英时. 中国知识份子的边缘化 [J/OL]. 二十一世纪, 2003, 15 [2003 - 06 - 30]. http://www.cuhk.edu.hk/ics/21c/supplem/essay/9100057g.htm.

[63] 唐德刚. 晚清七十年 [M]. 长沙: 岳麓书社, 1999: 465 - 466.

[64] 章太炎. 答铁铮 [J]. 民报, 1907, 14.

[65] 王阳明. 传习录 [M]. 广州: 广东旅游出版社, 2008: 前言.

[66] 余英时. 中国知识份子的边缘化 [J/OL]. 二十一世纪, 2003, 15 [2003 - 06 - 30]. http://www.cuhk.edu.hk/ics/21c/supplem/essay/9100057g.htm.

[67] 王国维. 观堂别集 [M] //海宁王静安先生遗书: 3 册. 长沙: 商务印书馆, 1940.

[68] 刘梦溪. 中国现代学术经典: 梁启超卷 [M]. 石家庄: 河北教育出版社, 1996: 120.

[69] 余英时. 中国知识份子的边缘化 [J/OL]. 二十一世纪, 2003, 15 [2003 - 06 - 30]. http://www.cuhk.edu.hk/ics/21c/supplem/essay/9100057g.htm.

[70] 吴学昭. 吴宓与陈寅恪 [M]. 北京: 清华大学出版社, 1992: 9 - 10.

[71] 余英时. 现代危机与思想人物 [M]. 北京: 生活·读书·新知三联书店, 2005: 39.

[72] 余英时. 从历史看时代转移 [M]. 桂林: 广西师范大学出版社, 2007: 4.

[73] 姚国华. 百年中国脑震荡 [R]. 北京大学, 2009.

[74] 钱穆. 晚学盲言 [M]. 桂林: 广西师范大学出版社, 2003: 202.

[75] 于洪波. 日本和美国教育问题研究 [M]. 济南: 山东教育出版社, 2008: 19.

[76] 余英时. 现代儒学的回顾与展望 [M]. 北京: 生活·读书·新知三联书店, 2005: 135.

[77] 李振声. 作为新文学思想资源的章太炎 [J]. 书屋, 2001 (7).

[78] 余英时. 现代危机与思想人物 [M]. 北京: 生活·读书·新知三联书店, 2005: 50 - 51.

[79] 余英时. 文史传统与文化重建 [M]. 北京: 生活·读书·新知三联书店, 2004: 428 - 429.

[80] 梁漱溟. 东西文化及其哲学 [M]. 北京: 商务印书馆, 1999: 215.

[81] 余英时. 钱穆与中国文化 [M]. 上海: 上海远东出版社, 1994: 216.

[82] 同上, 211.

[83] 同上, 255 - 256.

[84] 胡适. 非留学篇 [J]. 留美学生年报, 1914.

下篇 乾篇

题记

什么树开什么花。什么样的教育托出什么样的国家。

教育，只有赢得学子今日的认同，方能赢得百姓的明天、民族的未来。

赢得教育，须先清醒地反思教育，定位教育，让历史告诉今天并预约未来。

中国教育这部厚厚大书包罗万象，却也脉络清晰，阶段分明：

年代久远底蕴厚重的古代教育；

自16世纪中叶起碎步蹒跚、徘徊不前的衰微教育；

在外国列强枪炮声中呻吟哀叹、抱残守缺的近代教育；

伴随“五四”呐喊，初显一线曙色的现代教育；

一次次极左风暴席卷而丧失了太多机遇终于步向正道的当代教育。21世纪历史点将中国教育：担当起孕育民族复兴及升华东方文明的全新使命。

君子“终日乾乾，与时偕行”(《周易·乾·文言》)。乾乾，自强不息之意。对中国教育而言，则意味着君子当自强不息，积极进取，驾驭六龙飞天，创造中国最美好的教育境界。

本书的乾篇，亦是书写中国教育再出发的自宏至微的宣言书。

其内容主要涵盖：重建圣园胜境，完善理想育人园；再造师道乐土，塑造理想育人师；通向既济之路，驶入理想育人场的彼岸。

蓝图于胸，曙光在前。教育列车正载着我们作别过往，征程中坎坷难免，但更有未曾见过的风光和期待的胜景。

第四章 重建圣园胜境

笔者在《圣园之魂》一书中，将学校比喻为圣园。圣园当有圣境，桃李芬芳，繁花似锦。

无论社会如何进步，网络如何发达，学校作为学习之所、群集之地、融通之处，其地位与价值都将不会被他种事物取而代之。

当年，陶行知为改造中国社会从改造教育入手，改造教育从在农村“创设一百万所学校”起步[1]。今日，崛起民族、发展教育也须从重建圣园胜境，即完善理想的育人园来寻找最佳突破点。

完善的育人园，交集着激情的生命，拓展出诗画的热土，收割着聪灵的个性，高翔起心志的鸿鹄。

这里是德行特区，这里是智慧熔炉，这里是人才摇篮，这里是希望高地。

第一节　萃升杏坛之魂

一

此时，由远而近，从古到今，自外至中，我们将“教育大乾坤”摄像机的镜头移向圣园，对准牵动十几亿国人心魂的学校。

教育的再出发，就从这一所所学校起步。国家核心竞争力，也就从这一所所学校突破。

学校，人才摇篮、民族子宫的学校啊，寄托了时空辽远而绵长的厚重期许，凝集着一代代人痴性不改的守望。当然，也承载着几多梦想失落中的心泪与忧伤。

办让国人满意的教育，成了教育改革直指的靶心。然而达此目标谈何容易！中国教育只有走出举国上下集体自虐式的应试教育的“磨房”，在素质教育的阵地上持续取得全方位、多层面的巨大突破，方能在我们的旗帜上高标四个大字：“理想教育”。

然而，办出“理想教育”的学校，至关紧要的是靠什么？

靠楼大、院敞、室明的亮丽外壳吗？当然不是。1931 年 12 月 3 日梅贻琦在清华大学开学典礼上就职演说的那段话余音绕梁：“孟子说：‘所谓故国者，非谓有乔木之谓也，有世臣之谓也。’我现在可以仿照说：‘所谓大学者，非谓有大楼之谓也，有大师之谓也。’”[2]

靠崇文向学、尊师重教的地域传统吗？当然也不是。重教兴学的传统地域风情，无非是发展教育的人文积淀、民众习俗。但是，习俗不等同新风，积淀也不是现实，况且，历史的影子也不意味着就是今日的路标。

靠精心选取的一流学苗吗？当然仍不是。学苗基础的差异，也只是人才成长起点的前与后，并不决定人才最终发展的好与差，办学特色的强与弱，教育质量的高与低。知耻后勇，慢鸟先飞，后来居上，这样的事例何止千万！

那么，至关紧要的是要靠什么呢？靠教育者，靠师资队伍——教师第一，校长首席。

因此，毛泽东在思考中国革命战争的战略问题时痛切感悟道：“一个军事学校，最重要的问题，是选择校长教员和规定教育方针。”[3]陶行知纵览中外无数所学校的创办经历，更聚焦于一点：“校长是一个学校的灵魂。要想评论一个学校，先要评论他的校长。”[4]

1995 年 4 月 1 日，时任国家教委副主任的柳斌说了一句后来一石激起千重浪的话：“一个好校长就是一所好学校。”[5]他还讲了一个不容忽视的前提——“在一定条件具备的情况下”，这句对校长充满肯定和热望的话，无疑是高度融合了广角经验与深邃思索所得出的明智命题。

好校长是什么？

好校长是领航舵手。心中燃烧火光，眼前亮起灯塔，手把舵盘，全神贯注，绕过险滩，冲破急流，在大涛大浪中不左摇右摆，于狂风暴雨里无左顾右盼，带领一校师生员工，一程一程地全速奔向预定的港湾。

好校长是精神领袖。立于教育发展之高端，守望圣园建设之前沿，胸纳通古察今之策，眼含穿云破雾之功，不为一时风潮而动容，能立中流砥柱以定势，擎起思想旗帜，汇集精神星光，让事业花团锦簇，人才浪涛奔涌。

好校长是管理大家。人格聚心，才智聚力，学识聚气。善于感知矛盾于青萍之末，长于梳理乱丝在股掌之间，精于激醒灵魂打造梦之团队，优于对照高境组织特色行动，创造性地守望心之圣园，以其智慧才干、正气清风，不断创造着良好的教育现象。

好校长是学术导师。羞为山间竹笋，耻当墙上芦苇，术业有专攻，杏坛有巧慧，科研有精专，每每前导于学术高地，常常点拨同人迷津，不求项项课题是行家里手，但求宗宗研究能把关定向，以学术强师，师师高强，用科研兴校，校校兴旺。

好校长是首席教师。淡泊名利，身先士卒，从思维到作为，从操守到境界，刻意争当教师的排头兵，努力追求教坛的新峰巅，并以宽容大度的情怀善解人意，以仁慈长者的知音东风化雨，成为一个师者团队的真正范者，是教师之首、教师之友、教师之师。

不是吗？

北大走来蔡元培，一所以“兼容并包”、“五育方针”为特色文化境界的最高学府便鹤立于

蔡元培（1868—1940）

杏坛。

南开有了掌门人张伯苓，南开迅速跃升为“中国最成功的一所私立学校”（费正清语）。

张伯苓（1876—1951）

赖陶行知举旗，晓庄师范遂以第一所现代乡村教育师范之名而名扬中外。

因梅贻琦主政，西南联大即被打造成星光璀璨、影响的时空极其深远的高等学府。

在改革家李金初激情领跑下，北京十一学校以国有民办体制创造性的变革而独领神州风骚。

江苏省洋思中学因有蔡林森的草根教学思想开路，从濒临黄铺到成为基础教育的排头尖兵。

陕西省下西渠小学由王思明的“延安精神”当家，遂成了改革开放年代教育界的一面新旗帜……

纵目四望，公理尽然：校长杰出，兵强马壮，日新月异，生机勃勃；校长平庸，兵熊马弱，日暮途穷，气息奄奄。

梅贻琦（1889—1962）

放眼明天，法制社会诚然离不开制度的层层铺垫，然而制度也有软肋，也有其无法达到的空白地带。孙中山曾不无预见地说：“即使有再好的制度，最终也需要人来维护制度，执行制度。法律和制度再细致，也无法取代人。”

作为领航舵手、精神领袖、学术导师、教师首席的一校之长，其无比重大的责任、无法估量的价值、不可替代的地位，是显而易见的。

尤其是中国的中小学校长，难题最大，承担最多，负荷最重，在世界校长群落中也几无出其右者。

建校没钱，往往靠低三下四死乞白赖去自筹，又常常演变成无可奈何的自愁。

育人乏才，一度不得不四面八方寻能招贤，渴慕精兵强将成了消不去的痛。

教改无路，教育行政今朝一道令，教研科研明晨一个招，朝令夕改，翻云覆雨，文山会海，频检繁查，反反复复折腾得蒙头转向不知所终，“人比黄花瘦”。

更不必说上级要素质教育，家长要升学教育，社会要人民满意的教育，万斤重担，皆由学校承担。

在如此情状下，中国校长竟能孜孜不倦做事，日日不停领班，有的竟建出了奇勋，岂不令人肃然起敬！

二

圣园之魂在校长。

校长之魂在思想。

校长魂不附体，思不守舍，是校长自身的不幸，更是学校的灾难。

苏霍姆林斯基说："领导学校，首先是教育思想上的领导，其次才是行政上的领导。"[6]他还十分风趣地引用波兰教育家雅努什·科尔恰克的话，说明校长不可没有自己倾注智慧而产生"活的思想"："指望别人给你拿出现成的思想，无异于让别的女人替你生产你怀胎的孩子。有些思想是要你自己在阵痛中去生产出来的，这样的思想才最宝贵。"[7]

苏霍姆林斯基
(1918—1970)

身为学校灵魂的校长，他的办学史就是其教育思想成长史，他的教育思想成长史就是对教育本质的体认发展史。其上，镌刻着一所圣园生命的清晰纹理，记录了师生文化生发的精准辙迹。这因为校长的教育思想，成了指挥全校师生交响乐队的演奏总谱，高高矗立起教育进步和人才发展的坐标。校长的大脑也就化作了学校的思想库、精神库、智慧库。

人生苦短，思想求长。时间像瞬息即逝的流星，思想则似犁开田野的铧迹。

任何一位校长都是办学（教育）长长链环中不可或缺的一环，衔接以往，开启未来。他（她）从回首以往的经验中获得智慧，从展望未来的发展中获得激情，从继往开来的建树中获得超越，将对鲜活教育思想诚挚而不踟蹰的求索，借以发现、发展、成熟自己的教育思想，视为教育人生的神圣使命和终极目标。

唤醒早于改造，引领先于要求，梦想前于行动。当校长将一个人的理念变成众人的主张，将一个人的愿景引为同仁的践行，将一个人的教育思想化作大家的翅膀，高翔的已不再是校长一只头雁，而是一个志同道合的奋飞雁阵。

有思想才有坚守的定力，思想是周身挺立的筋骨。

有思想才有高远的视力，思想是心空明媚的阳光。

有思想才有选择的能力，思想是蓄势待发的空间。

有思想的学校随时抽出思想的枝条，无思想的学校很难涌出思想的清流。其根基是校长有思想的源泉。校长对人的发展不断而自觉的追索，才是遏止办学平庸和育人异化泛滥的坚不可摧的堤坝。

2010 年 10 月，笔者受邀参加湖北省宜昌一中建校 100 年校庆。千年文脉，百年一中。这所于辛亥革命前夕的 1910 年诞生，初生时名为“宜昌府中学堂”的校园，犹如历史隧道中的一盏明灯，把古老的宜昌引入现代文明，其间九易校名，十迁其址，历尽沧桑，几险陨灭，终弦歌未绝，木铎金声，挫而愈奋，凤凰涅槃，秉承了屈子的风骚、昭君的风韵、郭璞和欧阳修的风骨、宜昌山水的风雅情调，伴随着国家风雷激荡的百年沧桑，宜昌一中一路走来，社会动荡没有使她夭折，日寇的烽火没能把她毁灭，应试教育的浊流未能迫使她扭曲发展方向。其原因在于历任校长有一条思想的红线贯串——爱国主义思想、为国育才思想、素质教育思想，引导该校秉承千年的中国文根、华夏诗脉，汲取巴楚文化的精魂；日新月异、气象万千，吞吐世纪浩渺之正气，卓然成为中国西部教育圣园的一颗耀眼明星、华夏基础教育的一张名片。

校长的价值是其教育思想的价值，是其教育观和方法论的价值。校长科学的教育思想不是道听途说、人云亦云，也不是眉头一皱计上心来，而是眺望远方火光，踏着脚下大地，在持续哲思的过滤中，深沉而坚韧地向着目标行进的智慧。正如景克宁所说：“未经思想过滤的生活，是不能创造价值的。而哲学提供了人类思想的过滤器，创造了思想辐射的天宇。”[8]

中国有思想的校长啊，怀揣心志，卓尔不群，把脉教育，问诊教育，誓创有灵魂有个性有张力的教育，从困境之中突围，在逆流里冲浪，用思想触角犁起教育的田垄，于当下瘠壤里种植未来之花，为民族的明天给力、给养、给智、给神，把国家未来扛上肩头吧！

有人说，中国并不缺少教育思想和教育思想家，而是缺乏认真落实的践行。不对！这绝对是夜郎自大。20 世纪存在主义哲学创始人海德格尔曾说：“几个世纪以来，至今，人们也许做的太多思的太少了。”[9]这才是合乎实际的结论。对于当代中国教育亦如此。

盘点近现代与当代的世界教育，有几个教育规律、教育法则、教育效应是属于我们发现的？我们有几个名闻中外的教育理论家、教育践行家、教育预言家？又有几个教育大才、教育巨匠、教育名校根植在我们的教育土壤？

校长的能力是其教育思想的能力，是其教育思想开发教育力量的能力。教育家冷冉将开发教师的教育力量分为三个层次："第一层次是教师积极性的高低；第二层次是教师教育行为中有效教育成分的多少；第三层次是在全校教育和教学活动中，有效教育成分的利用率的大小。"[10]三个层次的开发力，无疑标志了教育家思想的清醒导向力、高超运筹力、团队执行力。

在开发教育力中，第一是校长思想的解放。相信一切皆有可能，没有做不到，只有想不到。思想没能解放的校长，仿佛将自己囚在没有一丝光亮的狭小斗室里，眼没标，心没缝，作茧自缚，抱残守缺，只得入随帮唱影之流，讨随遇而安之窝。

校长随时随地将自己的思想化为梦想也很重要。"没有梦想无异于死掉。"① 人大附中第九任校长刘彭芝说，"教育是实现梦想的过程，前提是敢做梦。"她定下"国内领先，国际一流，创世界名校"的目标。她一步步把该校教育带上了国际竞争舞台。

校长以前瞻思想和践行抢得机遇，更可以抢占制高点。湖北省黄冈中学就是在别的学校对高考、奥赛还不很重视时率先突破，取得成功，获得了巨大的社会影响。实践一再证明：执行力强的学校，有怎样的目标定位，就有怎样的办学特色与风格，也就有怎样的教师与学生。

校长的思维是师生践行的导图，是学校运营的蓝本。理念一变，光辉灿烂；模式一改，排山倒海。但是，思维之路比地上的路难走得多，也更具挑战性。思维本身不仅是立体的、有骨架的，而且是有色彩的、有血肉的，就像树一样，有根，有干，有青枝，还有绿叶。思维的爬坡是享受，思想的博弈育甘甜；出路大抵来自思路，境界绝对源于悟界。

一个民族强大的发展竞争力，来源于这个民族高瞻远瞩

① 2006年6月28日中央电视台新闻报道采访霍金，霍金语。

的心灵洞察力和思维穿透力。

一位校长也毫无二致。

作为精神支柱的教育思想是从哪里来的？自然不是主要受之于天赋，源之于灵性，而是从人类教育典籍中一点一滴学习，从创造性教育实践中一步一程得到的。因为说到底，教育思想的制高点，也是理论和践行的最好契合点，理想和现实的最佳交汇点，中西方教育优势的最优融通点。

在学习中思考，在思考中研究，不仅学方法，更是不断地寻找制高点，一直保持思维活跃、开放的态势，一直保持与中外顶尖级教育思路的对话，一直保持与中国教坛最有生命力最富有“培养基”的学校的精髓沟通，将他校精华取回到自己的学校不致流失，让他人的智慧内化成自己的智慧不致打折，最终变作新教育理念与新教育现实之间的桥梁。

对一位颇具思想穿透力、文化冲击力与人格影响力的校长而言，校长即学校，校长的作风即校风，校长的向学即师生的学风。

三

既然校长富于真知灼见的教育思想能够如旗帜般凝集队伍，似磁石般地吸引人心，而且，如同大江大河，具有超越时空历史的穿透力，在办学兴教史上留得下空谷足音，那么作为一校之长的掌门人就该好生思考，自己在“己欲立而立人，己欲达而达人”（论语·雍也）的兴校育人中，首先应该娴熟地使用哪些最为紧要的管理思想呢？而且，确保这些管理思想又不落窠臼，不染俗套，不着滥调呢？笔者从与国内两千多位校长的对话里，从对中外校长的比较研究中，思虑出如下八大管理思想。

“八大之一”：育人第一（本真）。

育人第一即生命的发展第一。此为校长职业内涵的基本“教义”。

校长的工作既管前线，又管后勤；既管校内，又管校外；既管学生，又管家长，真可谓千头万绪：吃喝拉撒睡，生老病死退，德智体美劳，党政工团队，备教批辅考，校家社网媒，上下左右跑，东西南北会。然而，纵有千条线，也都要集中通过一个针眼，这个针眼就是育人：成就一校教师，育出一代学生，提升一方家长。

育人如渔人撒网的网之纲。

育人像放风筝撒出去的风筝线。

学校无小事，事事都育人。师者无闲人，人人都育人。教育无闲时，时时都育人。

丢了育人，教育就丢了根，校长就没了魂。

对于办学立校，还有什么比育人更重的担子吗？

离开育人，还有什么称得上校长办学的宗旨吗？

国内名校、河南省许衡中学的办学目标是："创名校、塑名师、育英才。把学校办成学生学习、教师工作的乐园，英才成长、名师辈出的摇篮。"再清楚不过地申明了育人的唯一目标了。

为了育人，校长须做人梯，须做师生的公仆。

前些年，校长为讨要办学经费做"外交部长"的很是不少，如今，日子好过了些，当甩手掌柜的却渐多起来，整天出入政界门楼俨然是位官人，而对师生不理不睬的也大有人在，这种当遭棒喝的校长追求官人气派："出则舆马，入则高堂，上一呼而下百诺，见者侧目视，侧足立。"[11]育人的宗旨早忘到爪哇国了。

而日前《华商报》载，教育学者熊丙奇先生在博文《校长，其实就是给师生搬凳子的人》（借用梅贻琦名言）说，他最近参加了牛津国际公学成都学校的开学典礼，就看到了这样一个外籍校长 Sinnett 先生。Sinnett 先生在开场致辞并发表以梦想为主题的演讲之后，一直在会场中忙碌着：帮助担当主持的学生搬演讲台、递话筒；帮演出的同学准备道具；看到幕布没拉好，连忙上去拉紧；在学生们合唱"明天更美好"时，悄悄地走上台，站在边上，挽起学生们的手，也唱起来；在忙碌的间隙，他随意地在台下的座位上坐下，有一次，我发现他似乎就坐在台阶上。

这才是一心育人的校长！

若要如此校长在当下中国出现，近乎天方夜谭。

为了育人，校长须沉潜下去，把脉于前沿望闻问切。

内行校长抓课堂，外行校长抓门房。抓课堂就是抓育人的主阵地。辽宁省本溪高中校长庞鸣荣每日六时半到校，晚九时半离校，此期间手机关闭，冗事尽推，就到教室或教研组里调研学与教的实际情状、生与师的生命发展势态，扎扎实实地优化校园里每一个生命的质量。山东省杜郎口中学校长崔其升为研究学生快速地智能发展，帮助教师专业化迅速成长，根治课堂满堂灌的“癌变”，终日沉潜在课堂里，“他甚至创造过一整天穿插听课20节的记录，而这九年(1997—2006)，他哪一年听课都在1000节以上！”[12] 崔其升率领师生颠覆了中国传统课堂的同时，也为杜郎口学校注入了滚滚沸沸的活力。

“八大之二”：知己知彼（前提）。

你一览无余你的教师吗？——他们的心态，他们的情思，他们的诉求，他们的困惑，他们的尴尬，他们的欠缺，他们的潜质……

你心知肚明你的学生吗？——他们的学习状态，他们的心理情态，他们的生长势态，他们的家庭动态，他们的个性原生态……

这是校长写就育人大手笔的前提。

通过调研、沉潜、把脉，做到“知己知彼，百战不殆(《孙子兵法》)”，“知人者智，自知者明”（老子）。

北京朝阳区马芯兰校长每日早晨仔细地看学生们一眼，就可大体摸透每一个学生的情况：谁心情特好，谁家里有了事，谁精神似有困惑端倪，谁不吃药准发病，谁急于要与自己对话……一本本无字的书，成了她走进一个个学生心田的第一步。这是何等的体贴入微啊！

原北京八中校长龚正行对笔者说，我校有的教师对学生学习状况了解特透，一科高考过去半小时，任课教师看到试题，便能计算出每一名学生该科的高考可能达到的成绩，上下不会差5分。这是何等精察细算啊！

校长对教育任务、教育环境、教育队伍、教育对象和个人态势都应该知根知底，甚至达到如数家珍，才有清醒分析、精准判断、科学决策。

如当下学生，表面上看去，好像是非糊糊涂涂，做事马马虎虎，成绩起起伏伏，错误反反复复，然细细研读来，你会感到这是相当充满阳光与活力、好奇与睿智、追索与反叛的群体：

从总体综合观之，他们是活生生的生命体，都有与竞争时代相适应的独特个性，每一个人都储备有成长为祖国人才的内在基因；

从时代窗口视之，他们求新、求美、求特，开明、开放、开通，信息量大、思维力活、模仿力强，每一个生命都有追求人格完美、收获才华喷发的强烈意念；

从自身情态察之，他们处于精神断乳期（小学中年级为首次，初中一二年为第二次），渴望独立；心理中心期（感到自己是家之日月）渴求尊重；青春躁动期（生理早熟催化情态巨变）渴望交往（尤其异性交往）；每一个鲜活个体都在顽强地推演着独有印记的人生命题。

读懂他们之后，就选择出导向他们的路径：

培育兴趣发展特长，让兴趣、特长成为人生成功的宝藏。顾明远先生曾开出如下公式——成功 = 兴趣 + 执著①。早些时候，日本儿童教育家木村久一也曾特别强调："天才就是强烈的兴趣和顽强的入迷。"[13]

养成习惯渐成素质，让习惯、素质成为人生的德智储蓄。正如英国哲学家、思想家培根所说："习惯真是一种顽强而巨大的力量。它可以主宰人生。"[14]他还援引意大利政治思想家和历史学家马基雅弗利的话："人的性格和承诺都靠不住。靠得住的只有习惯。"[15]

超越行为提升人格，让行为、人格引导人走向人生的高境。美国教育家杜威说过："一切教育的最终目的是形成人格。"[16]

"八大之三"：生态群体（队伍）。

2007 年 11 月 9 日，笔者拜访了曾做过 41 年天津一中校长的教育家韦力，请教他如何尽到校长之责。他说："当校长最根本的，是建设教师队伍，建设校风。两者相互依存，互为因果。"

一个群体，办学核心；一种风气，办学氛围，韦老办学思想的目光径直聚焦在这两大要点上。此精要总结，源于他一辈子的治校阅历啊！

2007 年 11 月访问韦力（左）

位好校长要致力创造和谐办学的好氛围（校风），而好氛围来源于一个生态教育群体（队伍）的打造，以形成学校自己的"生态园"，让学校飞奔在和谐共赢、持续发展的高速超车路上。

① 顾明远 2005 年 4 月 5 日在北京师范大学图书馆讲座——《当代教育的热点问题》。

此种生态园，极有利于学校每一个有血有肉有灵魂的生命体的生长，就像植物园里各种植物高低错落相携支撑着蓊蓊郁郁生长一样。在学校生态园里，师生和校领导是血肉，环境、制度、组织是筋骨，理念、思想、文化是灵魂，质量、效益是血脉，名、优、特的品牌是形象，彼此联结着，浑然而成一体。

要使校园人际成为同一个舰艇上的命运共同体。校荣我荣，校耻我耻。同一目标，同一命运，同一文化，同一精神，将上上下下牢牢地连在一块。动如排山倒海，静如幽谷林立。其认同力、向心力、凝聚力融合成无比强大的核心竞争力。

要使师生心灵渐渐练就出海纳百川的大包容。人人对自己鉴以自省的明镜，对别人煦以宽容的春风，彼此之间铺架出沟通的心桥，如此追求高格做人的境界。

“文革”风暴，颠倒了是非曲直，扫荡了文明伦常；商品大潮席卷下物欲纵横的世风，又在一定程度上摧残了教育生态。因此，校长从自己学校出发，建立如此理想的校内小气候，去影响教育乃至社会大气候，不仅是必要的，也是可能的。

从何处着手？

要解决主人情怀、主人意识、主人地位的问题，让每一名教师、每一名学生、每一名职工，都把学校看成大家庭，像爱惜自己的眼珠一样爱护她。

问题的关键，是把人当成人，即把学校里每一个人都实实在在、彻里彻外地当成亲人去关爱，看作贵人来尊重，视为主人以信任。

主人情怀来源于主人意识。

主人意识来源于主人地位。

而关键的关键，是校长不是将学校当成衙门，而真正看作为生态园；不是将自己当成长官，而真正视己为师生的挚友。

主人地位来源于以校长为核心的领导中枢对学校教育“生产关系”的解放——变师生被动接受管理为深层次参与管理，变被人主宰为自己主宰命运；重建与高扬“独立之精神，自由之思想”[17]，从根本上建立和谐亲密、同甘共苦的民主化人际关系的圣园，把每一个人精神生命的控股权交给他们自己；造一个平等、和谐、自主、互助的融融氛围，并让这种氛围的和煦阳光洒在校园每一寸激情燃烧的土地、每一颗生机勃勃的心房。

在这个教育生态园里，校长应该像一轮太阳，以其温暖的光与热均匀地照耀园内的每一个成长着的生命，方使一方圣园长势繁茂，生机勃勃，尤让教师队伍迅速完成从机能型到艺术型，再向精深型的成长三阶段的转化。

“八大之四”：望长久远（视界）。

视界决定境界。高瞻注定远瞩。

雨果说：“广阔的地平线引导心灵产生整体思想，受限制的地平线使人产生局部思想。”[18]

教育是“十年树木，百年树人”的慢工细活，有着日月经天、江河流地般不可抗拒的铁的规律。校长的眼光不单聚焦于学生在校的几年，还要远虑到学生人生奋斗的几十年，缅想着民族发展的几百年。

校长若要具有望长久远的视界，就必须告别立竿见影的烂漫，拒绝急功近利的诱惑，走出浮躁缥缈的梦幻，冲破闭门锁校的罗网，死死地定格于育人第一的坐标，遵循规律，雷打不动，眼观六路，耳听八方，左顾右盼，瞻前顾后，不为潮流所挟，不因强力而屈。

从此视界出发，设计目标望长久远，诸种决策望长久远，教书育人望长久远，使当下所做的一切不会到明天陷于尴尬，而让未来因今日的奠基而路径畅通。

“平生只想办好一所学校”的原十一学校校长李金初一向视野宽宏，思路邃远，举措超前：20世纪80年代中后期，他率先开始了“国有民办”机制转轨的实验，自主招生、自主用人、自筹经费、自主教改实验，“十一学校现象”风靡全国；1994年9月，他委托北师大举办教师硕士研究生课程班，两期近60名教师完成学业，又成为全国首创[19]。

全国首届明星校长李金初

“新的奶酪就在我们身边——发现机遇。”上海中学唐盛昌校长面对国际教育市场，抢抓机遇，于1993年开办了只有18名学生的国际部，到2004年学生发展到47个国家和地区的1200多名，1995年成为国际文凭学校，开通了迅速通往国际教育的通道，赢得了世界各国的赞誉，唐盛昌也成了最早成功地开拓并经营国际教育的风云人物[20]。

"办教育，就办兴国强民、益师利生的素质教育。"湖北省宜昌一中陶三发自任校长第一天起，就心坚如铁、气势如虹、不屈不挠地上下求索于实施素质教育的雷区——高级中学，强力推行素质教育，主张一切以国家民族的迅速崛起为任，以牺牲学生的功利主义为耻。他建立起以学生全面发展为中心的课程体系，把学习、思考、探究、讨论、操作、发展等权利悉数还给学生，绝不违规占用学生休息时间和于节假日补课，扎扎实实抓好每一名学生的特色与个性发展，结果是学校办成楚天名校，师生素质飞快提升，高考成绩也年年报捷。

多位校长的精端例证表明，校长的眼光若望长久远，事业的命脉就浩然绵长。一校之长做一校的掌门守摊人易，而做一校的精神领袖难。

"八大之五"：守正出奇（理念）。

守住常识——"教育所做的一切不过是常识。"[21]不管将教育说得、做得如何新潮，改革深化得如何天地翻覆，都不过是教育自身的回归，对教育本质的厘定和坚守。

常识是什么？是众人皆知、无须解释或加以论证的一般性知识。

回归是什么？从偏离处回到原来的立场。当教育的走向越发离经叛道，遭到异口同声谴责之时，教育皈依常识，回归原点，就成为"反潮流"般的前导了。

守正，守住教育本质的一条基础底线，守住教育常识的一条规律底线，守住教育人文的一条人性底线，这底线如同江河之主流，浩浩荡荡，奔流不息。

出奇是什么？是大流中的一朵美丽的浪花。浪花飞起于大流，点缀着大流，却离不开大流。

诚然，守正通常是基于历史，免不了折射出昨日的影子；而出奇，则往往着眼于未来，要与开拓着的明天签约。然而——

守正不是守旧，而是坚守正道，在正道旅途上踏出奔向远方的坚实步伐。

出奇不是出轨，而是出奇招妙法，在遵循规律的沃土上培植奇异而个性化的花朵。

守正打基础，出奇结硕果：守住规律之正，才出个性之奇。

从表层思维看，守正容易出奇难。然而，在教育浮躁、扭曲乃至变态的今日，守正比寻找、比开拓还难上十倍。如摒弃幼儿园的“奥数班”和小学化教学，劝阻少儿走马观灯似地进各种特长班，拒留成堆成山的课余作业，坚持春游、秋游等亲近大自然和调研、访问等走向大社会的多种活动……都多难啊！但只有当我们从庸人自扰的峡谷泞路走出来，才能感到阳关正道的天高地阔。

当然，在守正之上的出奇更不容易。

说一千道一万，教育的全部行为旨在育人。育人的实验只准成功。成功的秘籍是不越规律“雷池”，雷池不是藩篱，而是框定谬误的智慧界限，是独辟蹊径的理性结构，是不断流金的思维光芒。

“八大之六”：巧功细活（行为）。

“有形之类，大必起于小；行久之物，族必起于少。故曰：‘天下之难事，必作于易；天下之大事，必作于细。’”（《韩非子·喻老》）

西班牙小说家松苏内吉讲得更形象：“凡事都不可小看。你知道，一个铁钉可以毁了一个马蹄子，一个马蹄子可以毁了一匹马，一匹马可以断送一次战役，一次战役可以灭掉一个伟大的国家。”[22]

是啊，做什么事不是小里见大，细里出精，精里藏巧？细节决定成败，巧慧决定速度。细巧化的精髓当融入每个人的血液。

育人的事尤须精细。人是世间最复杂、最多变、最不易认知的生命体，而指挥着育人的急管繁弦“大合奏”的校长更该是精细无比的人。

校长是决策者，也是当家人。治校是管理，更是经营。管理的决策及举措对头，还没做成事情的一半，最要紧的在执行，借用“行百里者半九十”（《战国策》）的古训，说明执行、落实的重要与艰难毫不为过。决策讲准，执行讲实，经营讲细。在这里，甩手掌柜当不得，猛张飞做派要不得：当精心研究如何驱散人们的疑惑，激活每一颗心；当合理地顺应天时、地利，使用好每一件物；当让每分每秒都能给力于成长，孕育出一个个生命的硕果。

教育传承智慧，方法亟须巧慧。

巧慧是什么？是明辨的眼力，创新的才能。

作为一校之长，在矛盾丛生、竞争激烈的当下，光有苦干劲头远远不够——这至多算一个敢打敢拼的勇士，还须讲求艺术，讲求技巧，讲求智取，做到以巧破千斤，成为一员智勇双全的儒将。管理教育、教学、圣园、环境，哪一处哪一环没有巧慧呢？好校长审时度势，见微知著，看风起于青萍之末，视事达在天命之理。

几年前，笔者访问重庆市一中。当晚，校长鲁尚坤引笔者来到校门前马路对面的建楼工地上。那里灯火通明，马达轰响，脚手架高耸，工人忙碌不停。两块足球场大小的地盘上，三幢点式巨型高楼的轮廓直插夜空。一问，原来是为解决该校教职工居住的分散而兴建的教师新村。

教育专家级校长鲁尚坤

"购买这么大一块地得多少钱？"我惊诧地问。

"不多，三千多万元够了。"鲁校长举重若轻地回答。

"那这钱摊到教师身上担当得起吗？"

"压根儿不用老师承担啊，我们还给老师承担一些呢。"

待细问才知道，三幢楼有九万多平方米，一二层做门市房卖出了五千多万元，除交纳购地费，余下的都补给教职工购房，每平方米只需八九百元就够了。

"太便宜了！"笔者惊讶了，忙追问："每位教职工都可以买吗？"

"当然。刚分来的青年教师可买 90 平方米面积最小的，最大面积的有 240 平方米呢！"

笔者完全被震撼了。真是巧思细想，黄金万两；巧功细活，硕果多多。

学校是一个大家。纵有千条线，也须引过校长这根针。校长当心细如发，理事如神。辽宁省调兵山市一中校长孙长义，就是这样一位将管理做细到毛细血管、神经末梢的人。他的心里有一本账。哪位教师家有什么变故，突现何种难题，本人遇到哪方愁事；哪名学生遭遇心结、困惑、难关，他和班子成员准在第一时间前去尽心帮忙。

叶老师类风湿病犯了，卧床不起。母女俩相依为命，女儿又上了大学。孙长义立马安排老师到床前护理，多方照料。她的心态好了，病也见好，刚能下床就急忙上了班。

学生刘恒一家三代同堂，母亲精神不好，家境尤为贫寒。孙长义到他家探望，对他谈心鼓励，还一次次或由学校或由自己给予他经济上的补助，直至他升入大学。学生李明，母子相依，母亲又患癌症。李明高三时母亲去世。孙长义等代学校出面，帮助学生料理后事，传为佳话。

每次月考后，孙长义总是与各年组一块进行成绩分析。对那些成绩提高或下滑浮动大的学生，他往往通过面谈、询问等方式一一了解具体原因，一竿子插到底，沉入源头寻根刨底，帮助教师和学生总结经验教训。但在深情关爱中，他对自己、班子、师生的要求又那么严格细致，比如对班主任，看其每日是否与学生一道跑操，至少找一名学生谈话，给学生一张笑脸……

他对别人要求细，对自己尤严。一次，因路上帮他人做事，迟到了两分钟，他主动向学校交上罚款……

“八大之七”：吸精纳贤（开放）。

在当今开放创新的年代，没有一地、一校、一师单凭闭门锁校、独往独来、冥思苦索、故步自封闷着头就可以发展的，而只有立足本位（本校、本人），博采众长，独辟蹊径，才可能“杀”出一条血路来，打造属于自己的教育经典。

举家过日子，戚来才能起来。治国平天下，才（人才）来财方能来。办学又何尝不是如此。

首要的是开放校门、教门，更准确地说是人的心门——心门开了，校门、教门必随之而开，放入外界的新鲜空气，引进他地的异花奇草，或嫁接之，或改造之，或内化之，或研创之。如此你推我进，此长彼超，一浪高过一浪地发展不息。我国教育战线无数践行者，抓住本校、本班、本科那一块试验田，或引传统教育思想之泉浇喷，或借西方开放教育理念之流滋润，或拜素质教育之水灌溉。他们细心观察比较着，悉心耕耘培育着，精心思考梳理着，察得每一点点端倪，抓住每一细微征兆，促进每一小小转化，意在从亲历中寻找，在探索中突破。

绵阳市东辰国际学校堪为一个典范。校长祝启程集中瞄准1440年创办于伊顿城的英国伊顿公学，尽可能地消化、吸收、内化该校“高品位、个性化”的办学格调，重视素质、磨炼心志的主攻目标，高雅大气、“绅士风度”的修养定位，激励竞争、重奖优秀的调动机制等若干伊顿元素；以创办“中国伊顿公学”为目标，又广为吸纳国内名校的营养素，如北京力迈学校实施素质教育的“根苗工程”，江苏洋思中学“先学后教，当堂反馈”的教学模式，山东杜郎口中学洋溢着生命与个性无限张扬的精彩展示，南京东庐中学教与学一体化的“讲学稿”高招妙法，上海沪新中学生命教育的珍贝秘宝……就这样，东辰国际学校仿佛成了中国基础教育一个偌大改革实验场，中国基础教育若干理论与实践的问题几乎都在这里实验并求索着，创办十载，该校已跃居基础教育的潮头……

“八大之八”：做足自己（闭合）。

“创新偶像”乔布斯有一句话说得好：去寻找，直到找到你想要的。

人想要什么？要内心的憧憬，要最好的自己。

光想不行，关键是做，是做足自己，否则，再美妙的憧憬也只是想入非非。

何以做足自己？自信搭平台，开放采百花，闭合酿自己。

在学校全方位、多角度、深层次的开放，广泛地吸收精华、纳入贤良的基础上，校长应该适度地闭合自己、创造自己、做足自己，其中包括推出打着自己印记的办学思想理论体系，打造科学管理方略与模式，形成自己的办学治校特色，拓出一条提高教育质量的有效途径。

特色异于模式，莫当成工业生产线。

特色不为装饰，不是柔美而不捕鼠的波斯猫。

做足自己就是做出品牌，竖起旗帜，办出特色。

办学品牌即名校品质，拥有广泛而深刻的社会认可度。办学旗帜即学校形象，象征着勃发而坚实的学校知名度。办学特色即强校密码，彰显了鲜明而独特的文化深度。

品牌具有影响力，旗帜具有凝聚力，特色尤具魅力。办学特色化，既是国家的意志，又是学校深层次改革和发展的硬道理，是教育从外形（形象、教学质量）发展，走向内涵（教育质量、人的提升）发展，再跨越到个性发展的必由之路。

四

这里，我们说说管理。

管理是什么？众说纷纭，各执一说。

或说管理就是决策（在管理领域唯一获得过诺贝尔奖的赫伯特·亚历山大·西蒙如是说），决策要求个性化的思想和非凡的智慧。

或说管理就是服务（邓小平说“领导就是服务”），为教师和学生的快速、可持续、终身发展服务。苏霍姆林斯基说：“校长的一项任务，就是帮助每个教师建立个人的创造性实验室。”[23] “教师能翻多大的跟头，学校就搭建多大的舞台”。

或说管理就是学习，把学校变成一个书香校园的学习场，以学习寻求发展。

或说管理就是用人，达到人尽其才，各得其所，实现对管理者的零抱怨。

横看成岭侧成峰，远近高低各不同。

说到底，管理是一种激活、一种整合、一种协调，即对人的智能最大限度地激活以产生最大合力，对物质源最有效的整合以获取超值效果，对人与物（包括环境）关系的最理想协调，以求最佳运作状态和最高效益。

管理又是众人之事，不是一人的独舞。如指挥一个乐队，要急管繁弦竞自由地醉心表演，教育更是每个人各自劳动，同收集体的“合奏”成果。因此，管理的核心机制是科学为主轴的民主化，即解决在为实现教与学的目标的奋斗中，各自所处的主人地位和彼此间的和谐情怀，最终实现人的解放。

管理永远以人为核心：为人，靠人，立人，达人。管理最终目标是建构起一种生有生形、师有师样、爱生敬师、师生和谐的文化氛围，一种极有利于师生的生命强势勃发的发展教育生态。

影响办学品位诸多因素中最核心最活跃的因素，则是造就一批心灵高贵、富于智慧、敢于拼搏的教师。靠什么造就？靠制度，靠文化，靠氛围。制度则是管理文化的规矩与准则。人是活的，制度是死的，死的制度靠活的人掌控；人是有情的，制度是无情的，无情的制度贯串有情的管理；制度是刻板的，人是有灵魂的，刻板的制度要撞击起人的灵魂的升扬。

关注教师健康，珍爱教师生命，宽容教师弱点，赞美教师个性，信赖教师行动；用放大镜观瞧教师的长处，细至每一个“毛细血管”；用“缩小镜”粗览教师的不足，用扬长避短之术尽量去发掘他们发展的增长点。

高扬他们的长处，引其走向成功的通天梯。

聆听他们的品评，作为学校持续挖潜的原动力。

珍惜他们的牢骚，当作变革扭曲现状的催化剂。

与此同时，还要将教师从懒散、被动、滑坡的状态中引向高速发展之路，为他们的发展注入生动活泼成长的动力，撬开其教育生命活力的大门。其关键是正确而科学地评价教师的劳动，不能干与不干、干好与干差一个样，要叫不干和干差者羞愧，能干与干好者光彩。

依据一切生命尽在追求特有的尊荣与价值的本性，让有为者有位，吃苦者吃香，优秀者优先，实干者实惠，优劳者优酬，以激活每一颗灵魂的高扬，每一场智慧的迸发，来一次“百舸争流”式的生命挺进。

管理的最高境界是无为而治。

无为而治原本为老子所提。他说，“无为而无不为”，“为而不争”。无为者，并非不做不为，而是包含不妄为乱为，顺应态势尊重规律，淡泊宁静忘我益人的幽微含义。此乃针对当时诸侯混战，你争我夺，统治者横征暴敛，胡作非为，百姓民不聊生苦不堪言的“国破山河在，城春草木深”的时局，鼓励人去做、去发挥能动力量，只是不要背违规律地争夺占有。

在笔者访问的几千名校长、教师中，那些真正有思想有作为者，如段力佩、斯霞、霍懋征、李吉林，总是悉心研究规律，反思教育实践，投身教改实验，创造独特艺术，总在不倦探索里有新发现，于纯真质朴中见真功夫。他们从来不瞎折腾，不赶风头，不提眼花缭乱的口号，玩弄花样翻新的形式，故做官赏（观赏）性文章。“他们把花的绚丽藏在果里，把美的风采藏在心里，显现为一种喧闹过后的宁静，灿烂至极的平淡。”[24]

管理典范不能复制，模式都有它的时效性，因此切忌模式化。他人再好的经营韬略、模式不一定适于你，而适于你的才是最好的。因此，要学习先进的，借鉴成功的，反思自己的，创造更好的。立足本校，博采众长，独辟蹊径，自成一家。模式化只握有通向僵化的单程车票，特色化才拥有大有作为的永久订单。

管理不可急功近利。急功者急而无功，近利者近将失利。教育莫追求立竿见影。它的一个显著特性是滞后，即今日的努力，体现为日后的人才，数年后的国家。有的人说这是

"慢"的事业。春华秋实，而不能春华春实。十年树木，而不是一载成林。人的成长也不可能反季速成。

多年来，笔者在走访国内1600多所城乡学校中，发现了中国校长对学校的管理大体有五种主导形式。

一是目标管理，让目标引领学校。

以愿景召唤近景，用目标锁定行动。

以目标为中心，进行管理活动的一种现代管理方法，把一定时期的办学目标、教育目标、教学目标等通过制订方案、计划，分解到校、到组、到人，用量化的方法加以检查和监督，予以完成。其运行过程有：定标，展标，达标，评标。其核心的目的，将任务转化为目标；目标使思考专一，智慧聚焦，心性坚强，力量整合，便于突破。

河北省衡水中学就是目标管理的典范。以教学为例，该校制定了"三年一盘棋"的完整的教学目标，高一是基础，目标为夯实基础；高二是关键，目标是强化发展；高三是决战，目标是超越目标。

江苏省无锡市蠡园中学校长邱华国，将学校全部工作分解成若干项，每一项都由某一位教师与校长签订"合约"（分"常规性工作"、"创造性工作"、"业务学习与反思提高"、"临时性工作"、"需要着重抓好的几件事"五个板块）的方式承担下来：上一年末签约，下一年尾交账，寻找学校发展需求与教师发展可能的最佳结合点，做到每一位教工：茧内方寸之地，茧外海阔天空！破茧成蝶，人人飞翔！

洋思中学的目标管理表现为"包"字进校园……

目标管理也有应克服的弊端：一是容易使无关紧要的项目过细过繁，可怕的不是所订目标流于肤浅而是流于形式；二是过细地评价权职无法衡量，把本不该量化的也非弄出个"子丑寅卯"来。

二是制度管理，让制度看守学校。

用制度规范举措，靠准绳定格方圆。

套用古罗马著名法学家西塞罗"执政官乃是会说话的法律，而法律乃是不会说话的执政官"的名言，制度管理模式者可以说：校长是会说话的制度，制度则是不会说话的校长。

1764年的一个深夜，哈佛大学图书馆失火，全部图书被焚。1638年英国清教徒、牧师哈佛捐献的260部珍品书也在其中。师生们痛惜万分。若干天之后，有一名学生经数日心理斗争后，决定将违规带出的一部当年哈佛献的珍品书——《基督教针对魔鬼、世俗与肉欲的战争》送还给学校。他捧着书向校长霍里厄克说明原因。校长先是吃惊，继而感谢，后是出示开除该生公告，让校训校规牢靠地守望哈佛。

上海市北郊九年一贯制学校原青年校长郑杰实施的治校方略就是制度管理，他认为制度可以束人、励人，一套好制度就是一所好学校，他提出："校长应成为教师的精神领袖。"他推行了"好人有好报"的制度管理，他集中建立了两大制度，一个是保障自己的教学质量的制度，另一个是保障教师的相关权益的制度，在他制度化的建设与管理运作下，北郊学校短时间内发生了巨大的变化，一时间参观者如潮，郑杰也因此成为"另类校长"。

2008 年与上海市北郊学校校长郑杰（左）在内蒙古西乌旗讲学

制度管理的关键，是最科学地制定制度，最坚决地执行制度。没有科学管理就无法做到人文管理，讲科学就包容着最大的人文。据悉，开发 100 万吨的煤，澳大利亚死亡 0.016 人，美国死亡 0.03 人，俄罗斯死亡 1 人，中国死亡 3 人。死亡率低的国家，是因为他们建立了制度、设备、培训的铁三角，足见制度产生的巨大作用。

三是人文管理，让人文呵护学校。

用情感指挥情感，以人格提升人格。

马克思说："能给人以尊严的只有这样的职业，在从事这种职业时我们不是作为奴隶般的工具，而是在自己的领域内独立地进行创造。"[25] 而人文化管理与制度化管理看似南辕北辙，实则殊途同归，其要义在于：其管理不是约束，而是激励；不是管住人群，而是凝聚人心。

廖文胜与孩子们亲切交谈

重庆市巴蜀小学廖文胜校长就是人文化管理的典范，他有一个梦想，建立文化的巴蜀园，他的教师理念是：童心母爱是巴蜀教师的爱心，学生成功是巴蜀教师的幸福，学习是巴蜀教师一生的财富，他的管理体制，将“一室两处”的传统机构改为“三部”（校办部、课程部、发展服务部）、“十个团体”（一至六年级各一个团体和物业、住读、退协、管理的团体）及“八大项目”（财务资产、人事管理、招生服务、校园建设、少先队工作、家长服务、名师工作室、梦想网校），各有负责人。该校没有校规校纪，有的是学生十项权利、十项义务、十项良好习惯，教师十项权利和十项义务。廖文胜期待：“我宁愿企盼未来有更多的学校走向‘没有制度的学校’，让人的智慧和创造力能‘自由舞蹈’。”[26]廖文胜的管理艺术，很有些孔子“无为而治者，其舜也与”（《论语·卫灵公》）的味道。

洛克在《教育漫话》中提到，给孩子们的规矩应该越少越好，对他们习惯的养成，只能一条条做起来[27]。

人文管理需要的是尊重、倾听、对话、宽容和信赖。

尊重像那清晨第一道阳光，会唤醒学子的眼睛、耳朵和心灵。

倾听是悉心地接受他人来自心灵的信号，这既是虚怀若谷的情怀，更是海纳百川的智慧。对话如灵魂溪水的对流，在我与他人相互的发现里，彼此都会到达未知的彼岸。

宽容为大爱之海的包容，一种处变不惊的气度。在至圣至纯的境界——心灵世界里，学子发现信任的力量如同一艘“诺亚方舟”。

信赖是解开对方心结的巧手，是开启他人心门的钥匙，以诚换诚，以信赢信，让和暖的阳光照耀携手并肩的路途。

四是序化管理，让序化左右学校。

靠序化管制时空，令教育进入序化。

我国的夏朝曾把学校称为“序”。是什么在主宰着纷繁复杂的教育现象的变化和急管繁弦般的学校管理的运行呢？是序，是学校管理的序化在指挥着学校这部交响乐的正常演奏。发现并揭示序化管理的秘密，破译“序”的渊源，打开“序”四维空间的密门，并把它打造成治校艺术的，当数佳木斯·中原校长刘文华。

20世纪90年代中期，他不仅首先提出了“五心”教育，即把忠心献给祖国，把爱心献给社会，把孝心献给父母，把关心献给他人，把信心留给自己，还在这以后的一次全国学术会议上，第一个揭开了序化管理的面纱。

序化分时序、空序、程序、秩序，学校定时管理，定置管理，定序管理，定规管理。时间是虚拟的空间，空间是实有的时间。抓住时空！它就像坐在飞机里看云，忽高忽低，忽浓忽淡，忽远忽近，倏忽间无影无踪。

序化管理自有它运行的基本原则。

时序——在时间运行上的先后、快慢、次序与接续，即定时管理。其具体规定各项工作进度表，群体、个人的工作规程与计划，考察每人完成任务的定额和效率，人人守时、惜时。

空序——在空间运行的层次、位置、排列，即定置管理。其具体制定空间管理图，确定设施、设备、仪器、教具、材料的位置，规定保管、存放、移动的要求，校容校貌文明整洁和舒适。

程序——遵循教育、教学工作过程的序，以提高质量和效率，即定序管理。其运行是把各项工作分类编序，确定合理的工作流程、方法和步骤，使教师的讲、批、辅、评，学生的预习、学习、练习、复习、考试等都有明确的规程和规范。

秩序——建章立制并将其落实于各个组织，去具体实施；再分解到每一个人去落实达标，还要伴之以检查与奖罚，这就是定规管理[28]。

与佳木斯一中校长崔忠杰（左）、十一中校长胡志平（中）深入研讨佳木斯一中开创的“五心”教育和佳木斯十一中高扬的自信教育

以上的定时、定置、定序、定规管理做到了人动有序，物置有序，流程有序，实施有序，为管理安上了透视眼，拓出了新领域。佳木斯一中德育以“五心”教育为纲，管理以序化管理为序。为这所学校的腾飞插上了一对翅膀。几十年来，这所圣园在刘文华、徐秀珍、付晓秋、崔忠杰等校长接力赛般的引领下，源源不断地出思想、出精神、出理论、出真经、出文化、出人才、出英杰、出特色、出品牌、出爆发性的突破，成为了中国教坛的一颗北国明珠。

五是三性管理，让“三性”激励学校。

使形神联袂理顺，达情智并网激活。

如何把法家的“刚”、道家的“柔”、儒家的“活”这似乎矛盾对立着的三大理念共融于学校的管理之中，让这“三性”规范学校，激活学校，优化学校呢？在20世纪90年代中期，笔者在《圣园之魂》中提出了“三性管理”的理论，其“三性”为：

刚性规范，“刚”得画地为牢，一丝不苟，让人不敢不好好干；

柔性服务，“柔”得人心儿发颤，投桃报李，让人不好意思不好好干；

活性激励，“活”得快马加鞭，群英争雄，让人不能不好好干。

刚柔为两极，贯穿两极间的是活的激励。刚为无情的制度，柔为有情的管理，无情的制度中无时无刻不贯穿着有情的管理。这种刚柔相济、宽严互补、死活融通的管理，形成能者上、平者让、庸者下的你追我赶，万马奔腾的情状。

笔者以为，大到治一国一地，小到理一校一家，总是离不开这三性管理。新疆新源县阿勒玛勒乡二中的原校长翟中华，和他的后继校长龙武、刘志新、席显魁、张好文，都以三性管理为治校指针，演绎出教书育人的有声有色的大戏，使一所原本普普通通的农村学校，治理成天山脚下、巩乃斯河谷一颗教育的明珠。

内蒙古呼和浩特一中校长屈惠华可谓活性激励的高手。

2007年春季开学，屈惠华主政时，这所老学校已跌落波谷，人心散、秩序乱、质量低、声誉差。是她带领全校师生，用睿智书写了瑰丽的传奇：打造主人校园——提升主人的自豪感；学习校园——高扬竞争力的旗帜；感动校园——栽培爱心的花朵；激励校园——撬开活力的闸门。

山东省广饶县实验中学校长赵新峰开创了“慧”从“心”生、“润”以“情”浸的慧润教育，建造了一座初具慧润风格与气派的校园，彰显传统文化雅风，追寻学府品味书院气韵。这是他（中）在校园操场树林旁与学生讨论以文化心、诗意人生。

她带领有关人员对全校教职工的各自工作目标、职能、绩效、等级进行细密的调研后，起草、修改并出台了《校内竞聘上岗条例》、《工资兑现打分细则》、《班主任工作量化考核办法》、《好干部评选与奖励细则》、《党员考核细则》、《中考科目教师的评价与考核》、《非考试科目教师目标考核细则》、《评优、评先、评职、晋级考核细则》等明确而公正的量化考核、绩效激励的评估网络，学校成立了考核办强化执行力，校长由发令员变成督导员，活力闸门一下子撬开了。

教师们说，过去命运掌握在校长手里，这回掌握在自己手中：分管校长聘年级组长，年级组长聘班主任，年级组长、班主任合聘任课教师，以班主任为核心的团队形成了。聘“香”了优秀的，聘“慌”了后进的，个别教师只能落聘再造。学校在职称评定、评选各类先进，以及决定该送哪位教师外出听课、出国考察时，一律靠评价计分标准算出来，而不是靠领导口头、人缘或拉票、投票来确定。教师们概括为：“我的先进我做主，我的职称我做主，我的表现我做主，我的命运我做主!”于是，学校由“一潭死水”变成了“滚滚波涛”……[29]

屈惠华校长（中间坐者）和师生聊天好开心

教师价值能够“称量”吗？教师水平可以“分级定等”吗？长期以来，教师评价问题一直困扰着校长们。

成都高新区实验小学校长陈光前以激励、导向来提升教师发展的境界，通过数年探索，以一个水平系数，把教师动态地分成“三级九等”，由此撬开了活力的闸门，打开了教师生动活泼成长的新局面。

其做法简要地说，是从教师的课堂教学、工作态度、专业素质、教学绩效四个方面确定水平系数，通过自报、测评，对教师分等定级，“优”级教师的系数值锁定在1.6—1.8之间；“良”级教师系数值锁定在1.3—1.5之间；“合格”级教师系数值锁定在1—1.2之间。教师的结构工资与水平系数紧紧挂钩，而每位教师的水平系数一年重新评一次，实行动态管理，于是造成了全校教师在同一起跑线上赛跑，稍不留神就会掉下队来，因此出现了你追我赶、忘我工作的喜人景象[30]。

当然，一所学校的管理不一定采取单一模式，而是以某一种方式为主导，多种管理方式综合调理。如同中国文化，道家文化为根，儒家文化为干，佛家文化为枝叶。坚持和而不同，至于至善。

第二节　守望文化之根

一

近年来，建构校园文化、学校文化的主张犹如风卷水漫一样，迅速波及我国教坛。

先行者醒来得早，动作得快，尝的甜头也大。

先是从表层入手，做得校园绿化、美化，即校园的花园化建设，办学校就办出个氛围，办出个宜学宜教、宜生宜长的学园环境；

继而向内里发展，做雕塑，牵桥水，设长廊，立碑牌，即学园的标识化建设，“努力做到使学校的墙壁也说话”[31]。让每一方空间都育人。

日前，笔者丁近十年间第五次走进新疆新源县，忽然发现：这里的学校文化之风扑面而来，慧雅之气沁心。以至草木滴翠，花卉飘香，廊亭言情，墙壁讲述，泉水细语，石雕轻声，自然并人文相依，智光共心光互耀；学思楼、格致楼、博学楼、韶乐楼、童馨楼、超迈楼、博望楼、睿思楼……求真路、向善路、荟美路、铸魂路、四有路、育英路、星光路、智仁路……定园、慧园、怡园、创园、翠园、名人园、巨匠园、民族风情园……楼楼书声琅琅，路路靓影匆匆，亭亭储秀蓄芳，园园含英待放，隐形教育，默默无声，“义务教师”，永不下岗。新基础教育沃土，高素质人才泉源，校校各具迥然不同的特色，形成了教育潜流的强磁场。县中心小学的文体特色，舞动出生命的旋律；县第三小学的书法、国学的习练，彰显民族的精魂；阿勒玛勒中学森林花园般的生态校园悄悄述说：这里才是育人氛围应有的典雅与幽静；别斯托别中学深邃内涵的文明校园娓娓道来：我们做的乃为塑魂上佳的涵养与境界。在西部边陲的民汉合校，文化竟如此形神兼备，岂不奇哉！

新疆阿勒马勒中学掩映在繁茂的绿林里

学校文化的深化，则逼向核心，立制度，炼精神，蓄教养，升人格，提品位，即圣园的内涵化建设，达成“致天下之治者在人才，成天下之才者在教化，教化之所本在学校”（胡瑗《松滋县学记》）的目标。

笔者曾应邀参加了河南省《教育时报》关于深度构建学校新文化的研讨会，研究学校文化建设如何真正内化于心、固化于制、外化于行、显化于物，并最终统摄于魂。看来，在无人或少有人拓路的学校新文化处女地上，先行者确实一步步地开始了对文化的守望。

面对许多学校还无视文化这部铸魂树人的重头戏，当一些学校对学校文化的认识还止于“贴贴画画，张张挂挂”的表层时，我们的先行者呢，已瞄准把学校打造成文化的摇篮，让学校文化成为一部“立体的教科书”了。

这当然是对的，如登临山巅望海，操纵司南辨向。还是钱穆说得清：“一切问题，由文化问题产生。一切问题，由文化问题解决。”[32]

二

笔者多年考察、观照、研究之中发现——

文化，作为人们通常特指的精神财富，谁丰厚地拥有了它，就拥有了眼光、襟怀和力量，拥有了安身立命的宝贵资源。

文化，只有人类独特之处的文化，才是根深蒂固的、深入骨髓的、影响终身的、左右全程的、化作生命基因的，成为一个人、一个单位乃至一个国家、一个民族最能显示身份的名片。

那么，对于以传承文化为重要使命的学校呢？

一所学校的真正灵魂所在是文化。

主宰学校发展趋向与走势的是文化。

学校核心竞争发展力的形成靠文化。

文化之于学校，具有陶情、励志、养心、塑魂的巨大功力，无论怎么估量都不过分。

鉴于此，它决定事物的终极走向。师生成长、管理水平、教育质量、办学特色，最终打拼的都是文化，是文化的深与浅、高与低的真实折射。

不是所有的学校都有文化。

也不是一切知识都是文化。

正如胡适认定的那样：“文化（culture）是一种文明所形成的生活的方式。”[33]

那么，我们所指的学校文化是什么？

这是一种无处不在无时不有的、显性与隐性的、主流与多元的、稳定而持久的、鲜活而深刻的影响力，标志文明程度的呈现方式，文化磁场的莫大张力。这里有学校的神，学校的心，学校的大脑。

学校文化在哪里？在课堂上，在活动中，在学与教的行为里；在眼里，在心里，在师生每一细微的情感里；在家里，在社会里，在生活触角涉及的每一个故事里；在制度、目标、理念里，在校园的每一寸时空里、每一块心田、每一个人的言行里，甚至，那一张张自信的面孔，一个个个性化的身影，一声声爽朗的笑，都折射着学校文化的含量。

20 世纪 80 年代，一次北京大学开学报到之日，一名新生守着一大堆行李正发愁，遇到一位和蔼可亲的老爷爷，以为是老校工，便怯怯地请他帮忙。老爷爷说："孩子，你放心去办你的事吧。"过了好久好久那新生才回来，见老爷爷仍守在那里，很令他感动。开学典礼上，那名新生听校长介绍才恍悟，那老爷爷原是大名鼎鼎的国学大师、副校长季羡林。

第 20 个教师节之夜，湖北省歌舞团来宜昌一中演歌剧《洪湖赤卫队》，3000 名师生在操场上观看，谢幕后人去场空，笔者惊诧草坪上竟无一块纸屑痰痕，每一寸校园都如此经得起推敲。

在台湾一些小学的厕所里，四面墙壁上，或贴或挂着一首首唐诗、宋词、元曲，而且每隔一周或十日一更新，少儿上了厕所，也随之背诵了古文精品，高雅文化可谓无孔不入，不同于我们有些厕所贴着"来也匆匆，去也冲冲"或"向前一小步，文明一大步"等仅仅是道德底线要求，小儿科应遵循的常规语。

这是饱含着深厚的文化积淀的沃壤，培育师生自尊、自信、自立、自强的价值之树，成长着他们的情感之真、行为之善、人格之美。因为它给目标以灵魂，给制度以屏障，给作为以展示的平台。

被专家称为"新中国成立以来学校发展史上的一个奇迹"的河南省许衡中学，建校仅仅几年，就产生对中国初中教育的示范作用：没有补课，没有题海战，没有坐班制，不分重点班，不检查教案；学生每天都可以上网，可以去图书馆，必看《新闻联播》，可以不做老师布置的作业，却用多项升学指标连年全市第一的事实，缔造了高质量轻负担的教育神话，成为国内重要教育媒体关注的焦点。

是什么秘籍令其奇迹迭出——校长折桂、名师涌现、英才灿烂，创造出正运行着的新教育学、新管理学？笔者答案是，这一切源自许衡中学强力打造的核心发展力——文化。

他们紧紧抓住校园特色文化——读书，来提升每一名师生的视界、心界和境界；

他们紧紧抓住师生理想文化——目标（学生：成绩和素质统一；教师：受欢迎、成绩高、读书多、演讲好、善写作），来激活奔向远方的心灵和梦想；

他们紧紧抓住行之有效的育德文化——写教育日记，来一场思维互动、人文滋补、道德修炼的长跑；

他们紧紧抓住有情的管理文化——人性化，来重塑教育生产关系（干与群、师与生的关系）以求得最为和谐的运行状态和最佳绩效；

他们紧紧抓住作为中心的教学文化——轻负高质，即减负增效，办出家长、学生、社会三满意的学校；

他们更紧紧抓住学生发展的个性化文化——六大活动，给学生搭就展示的舞台和自由飞翔的时空……

在上述全程运作里，校长张璧宏当称总工程师。他视野高远，思维超前，雷厉风行，风范卓越，统领一校师生戮力同心，做足了文化这篇大文章，演红了这场有声有色的文化大戏。

这是值得敬畏、值得探寻的人生美妙的星空，即在文化认同之上师生的精神寄托和归宿、灵魂的栖息地和加油站。它能极大地激发人的无限潜能，涵养人的道德操守，提升人的心灵境界。

成都市武侯实验中学校长李镇西带领全体教师，以“五个一工程”，即每人每天上好一堂课，每天至少找一个学生谈心或书面交流，每天思考研究一个教育问题，每天读书不少于一万字，每天写一篇教育随笔。高扬师道的旗帜，使教师们“精神面貌都发生了很大的变化，教育智慧也获得了极大的丰富。他们现在看孩子的眼光充满了爱和欣赏；他们现在的工作依然辛苦，却体验到了越来越多的成功感，有了越来越多的职业幸福感”（《给总理的信》）。江苏省张家港市高中在学生中实施了“12345”工程，即要求学生说一口流畅普通话，背诵200首诗词，聆听30位名家讲座，阅读40部作品，观看50部电影。这一工程的深入开展，有力地放飞了学生心灵，提升了精神气质，彰显了人生大气象。

2010年，为写作《从教师到教育家》，笔者曾采访教育家洪宗礼，徜徉在他几十载教书育人的省立重点、国家示范性的泰州中学。这座建于1902年的学府，园内外青山巍巍，绿水涟涟，古木参天。一副学府静邃之象，砖砖瓦瓦连接着历史的幽远时空；满目书香氤氲之气，丝丝缕缕荡漾于圣园的每一个角落。

校园后有一座名为“泰山”的小土山。当年岳飞曾在此山安营扎寨抗击金兵。校园内修葺得古色古香的“安定书院”，掩映在苍松古柏之中，为北宋初年大教育家胡瑗设坛讲学之所。漫步校园内外，体味着泰州历史的悠远，地域文化的凝重，让笔者感触颇深。

近距离地细察静思，深层次明析缅想，我们能从高品位的校园文化中看到什么呢？仅仅是那些表象——绿树、鲜花、雕塑、校旗、典章吗？

当然不是！

外行看表壳，内行见深核。校园环境是学校的风采与表情，物质文化建设显现学校精神文化能见度。

我们该深入地探究一下，学校文化通过怎样的载体，作用师生的感官，浸润师生的心灵，悄而无声地对生命产生了深刻影响的？

这是物化了的文化积淀、文化传承、文化浸润，无声无息地规范师生的行为。

人的行为规范在文化里。

你看啊——

一进泰州中学，校门口那株高大峥嵘的银杏树，枝繁叶茂，硕果累累，巨伞形的偌大树冠保护着百十平方米的地面，据载为宋代大学者胡瑗亲手所植。它历久弥坚，成了文化遗产鲜活的象征，至今仍像一位不倦的历史老人在这里切切守望。在它的面前，作为后生的我们岂能不被这历史的文化涛声激励得心儿发颤？

在邹城市一中校园的劝学碑亭，镌刻着昔时家居邹城的孟母三次迁居的故事；而在成器碑亭上，则镌刻着当地名人匡衡凿壁偷光、建安七子之一王粲少年博闻强记等事迹。伫立碑亭前，睹图思人，由人及史，自古至今，在悠长的时光隧道往来，我们又怎能不被这古时教化的火光照耀得心灵通亮？

宁波市镇海中学是镇海市的一个文化地标，她本身犹如一座文化博物馆。走进 1960 年郭沫若欣然题写的“浙江省镇海中学”古朴典雅的校门，柔石亭（柔石曾在此任教）扑入眼帘。明代抗倭将领卢镗书书写的“流芳”两字碑赫然屹立。朱枫烈士纪念楼在往事云烟中熠熠闪光。小桥流水、亭台楼阁、曲径通幽，石径交错，雪松、金桂、蔷薇、香椿、翠柏……一路凝碧叠翠、芳香四溢。这里有中英鸦片战争镇海失陷，时任两江总督、钦差大臣裕谦自尽的投泮池；为纪念在中法、中日战争中屡建奇功的吴杰而建的吴公纪功碑亭；抗倭名将俞大猷生祠碑、都督俞公亭，梓荫山上六尊抗敌古炮，还有林则徐纪念堂，孔子大成殿……17 处历史遗迹、诸多文物景点，使整个学校像一条汩汩流淌的历史长河，述说着生长在校园里的一个个不朽的传说。古贤聆听，英烈伴读，书香浓郁，得天独厚，有谁身处此情此境而不被其浸润乃至沉醉?

宁波镇海中学校园里的古炮

人，是文化的人。文化可以浸润到人的每一条血管、每一个细胞、每一根神经。这种无声无息的浸润效应，却无时无刻不化作永恒的沉淀留在人的生命里。

这是磁化了的精神启示、精神召唤、精神催动，潜移默化地影响师生的价值取向。

人的激情昂奋在精神里。

江苏省常州高中的主楼前有一个广场。广场上有两尊并列的塑像。纪念的是该校校友革命家瞿秋白和张太雷。三级灰石奠基，赭赤理石基座，其上为雪白大理石的雕塑主体：自左至右挺立着青年儒雅的瞿秋白、张太雷。目光悠远，壮怀激烈，似乎正将满腹的报国济世之道向人们倾诉着……主楼后面还有一个雅致的校友园，竖立着文学家刘半农、音乐家刘天华、史学家钱穆、语言学家吕叔湘等校友的塑像，无声地传承着伟大人格与高尚灵魂的真谛……

常州高中教学楼前瞿秋白（左）、张太雷（右）塑像

曾育出方志敏、张国焘等历史名人，并曾为“八一起义”叶挺军部的南昌市二中校园碧绿如织的草坪上，1987年耸立起三尊黑色基座、洁白大理石的塑像。中间雄立的是著名政论家、出版家邹韬奋的英姿，左右分别展现了卓越科学家吴有训和国画大师傅抱石的风采，并排还空着一个黑色基座，意在向每一个后来者示以扣心索魂的问号与平台：你能登其台吗？据说，学生每每毕业，都纷纷立于空白基座之上留影，此种照片取名为“蓝色幻想曲”……

哈尔滨市兆麟小学以英烈李兆麟的名字命名。该校的主楼大厅上，悬挂着展现抗联战士露营生活的巨幅油画和李兆麟将军的遗作《露营之歌》，大厅右侧挂着李将军大幅画像和他不同历史时期的照片，左侧则是全校师生在将军精神感召下学习生活的彩色镜头……

人啊，都有一种精神，依赖于这种精神的动力催动着生命的列车前行。而精神呢，都须在精神世界里陶冶、修炼、充实，完成个人撰写的那部独特的精神成长史。在此期间，榜样、偶像的精神坐标，实实在在如同暗夜里行路远方的火光。

它是人性化了的物象暗示，让楼亭默语，墙壁说话，草木传情，雕塑招手……给人精、气、神，助人才、智、力。

人文情怀定格在物象里。

走进无锡市蠡园中学，在教学楼上，一副醒目的大字标语牌自上而下迎面扑来：一边是“建设积极情态”，一边是“追求高效学习”。这所几乎是为农民工子女办的学校，从校园点缀到班级文化，从按学子的情志自选分成情志提升班、自主信息班、非常自主班、自主高效班等班，到家长与教师亲如一家，共同开发“我们自己的孩子”，爱的教育比比皆是，浓得如胶似漆，宛若人文化的磁场。

上海市建平中学人性化内涵更是了得！藤蔓缠绕的长廊，芳草萋萋的绿坪，雪白飘香的玉兰，古色古香的慧泉门，五颜六色的花坛，整个校园无处不给人圣洁、雅致和静美的意蕴，尤其是掩映在绿树下的“金苹果”雕塑，极为吸引人眼球。它直径有两米，纯铜铸造，堪为世界之最，象征智慧之果，寓意为“最美的、第一的”。如今，“金苹果奖”已设成该校至高无上的奖项……

人生活在环境里，环境是人之家，更是人之师。“蓬生麻中，不扶而直，白沙在涅，与之俱黑。”（《荀子·劝学》）环境之于人，日久天长里目染心悟，人受物化，物我一体；人适天意，天人合一。故曰，环境物象自在较高境界里悄悄地发挥着暗示效应。

它是群体认同感、归属感的基石。校旗一扬，校歌一唱，校徽一戴，校训一讲，同一所学校的学子文化的脉络接通了，更在同一精神的阳光下向更高境界寻梦。

人的归属感凸显在文化标识里。

佳木斯一中是“五心教育”的发源地，该校学生学“五心”，树“五心”，养“五心”，出现一派高道德、高风尚、高水准的育人风景。一出《托起明天的太阳》的话剧，从黑龙江到北京演了几百场，所演的主人公就是他们自己。该校学生走在大街小巷上，人们一看见“佳木斯一中”校徽，都对他们心含敬意。有的学生到商店买东西，钱不够了，店员看校徽认出是佳木斯一中学生，竟放心大胆地让学生先把货拿走，日后有空时再来付款。

形象诠释佳木斯一中开展“五心”教育的话剧《托起明天的太阳》的剧照。该剧荣获国家“五个一工程奖”和文化部“文华奖”

俗话说：一方水土养一方人。这里的水土表面指地域，深层指文化。一地独有的文化滋养着一方人，使他们的素质与心理结构潜移默化地发生变化。

它是向心力、凝聚力、竞争力的产床，每一所学校所展示的独具特色的文化，是一道独特的风景线，孕育和饱含着别具一格的活力、张力与冲力。

风格孕育在特色活动里。

被河南省《教育时报》赞誉为“中国的帕夫雷什中学”的开封市求实中学，是一所学校文化特色十分鲜明的学校。该校的特色活动异彩纷呈。不必说校内一年一度的孝星评选，如何激发强烈的情感冲击，唤醒生命中的道德感动（还评博学星、习惯星、体育星、进步星等），也不必说那真与新的主题班会、晨会、博客日记、校长信箱，如何成了师生的“精神加油站”，就说说他们在社会践行中的丰富体验吧。

就在许多学校将学生死死地囿于校园之内，唯恐安全生出毫厘闪失，不敢活化学校的育人功能的教育非常时期，求实中学却引导学生大胆走出校门，抓紧全方位素质的打造——

去市场批发蔬菜叫卖，体验菜农的艰辛，播下识财、理财、惜财、积财、创财的种子；

徒步90里去兰考县瞻仰焦裕禄烈士陵园，让烈士精神的火光映亮心志的路；

野外宿营，黄河远足，郑州一日生存游，郊野趣味运动会，叫学子们亲近大自然、走进大社会，增加阅历，深化经历；带全体学生东奔上海，北上西安，游览首都，搞社会调查，帮宾馆服务，以博大心胸，扩展视界；

开封市求实中学学生寒假里走街串巷收购废旧物品

领学生上街，投入“给陌生人以拥抱”的活动体验，学生微笑着走上前去，主动拥抱素不相识的清洁工、农民工以至衣着褴褛的乞丐，捐助伤残人与乞丐，给渐冷的人心捧上一簇簇火苗，把爱的光辉洒给社会底层，也留给自己……

阳光、自信、友善、精神丰富，饱含憧憬，这成了求实中学学子的主体风格。

苏联教育家马卡连柯说：“风格和格调永远遭到教育‘理论’的白眼，然而这却是集体教育中一个最主要的部分。”[34]

我们的校长啊，时刻留意、细心关照特色的集体活动，并在其中一点一点地培育学校、教师、学生的风格吧，尽管看上去是软文化。

笔者曾在黑龙江、浙江、四川、香港等地讲过，学校是校长的丰碑。其硬件是校长的碑身，其软件（含人）是校长的碑文。从这个命题出发，名校长不可不谓一座巍巍丰碑。在丰碑上，名校长留下思想，留下文化，留下历史。

三

学校的核心文化在哪里？

面对这个问题，我们须首先建立如此理念：学校文化是文化的综合体，犹如一棵郁郁葱葱干壮枝繁叶茂的大树。

从群落范围分，涵盖着学校管理文化、班级文化，教师文化、学生文化，课堂文化、课下文化，家庭文化、社区文化，传统文化、流行文化等；

从性质角度分，可分为物质环境文化、精神广角文化、制度校规文化等。

上述种种文化，则如学校文化大树的枝枝杈杈，都是相互连接不可或缺的组成部分。学校每一个人，虽身处的位置不同，但都是文化的承载者和创造者。

校长办学就是兴办文化。

教师教书就是承启文化。

学子学习就是蓄养文化。

在这里，我们先分析其中几个相对比较重要的文化后，再聚焦核心文化。

孵化校风的管理文化。

如网之纲、树之干，管理文化是最重要的隐性课程文化，直接左右教师的价值取向和生活态度，影响学生的身心发展乃至生命状态。

管理文化的侧重点在于理。理顺、理清人与人、人与物、人与环境、人与制度、人与理念、人与内心的关系。诸种关系理顺了，心就顺了，气就畅了，情就激了，神就爽了，劲就足了，好像被堵塞的七沟八壑一下子畅达了。

管理文化的着力点在于人，激醒生命，激活灵魂。一个人的挺立、一个集体的崛起，来自生命的蓬勃，灵魂的高扬。人，站立起来是一道风景，醉卧下去如一堆废墟。正如华东师大教授叶澜所说，管理“学校文化的关键是唤醒教师内在的创造激情”讲的就是这个道理。

管理文化的支撑点在以人为本。天地之间，人为至尊。校长之道，师（生）为至重。师生之心，爱为至求。在爱的氛围里，校长当尊重生命，相信潜能，催化成长，人文化、精细化、科学化地指挥这个团队，始终如一地奔跑在发展之路上。

规范行为的制度文化。

改革深处是制度，制度背后是文化。文化凝华出制度，制度外显为文化。这时的文化用制度的铁的梳子梳理着学校的每一寸时空，从无序走向有序，从随意走向规范，从法规走向人性化，从传统走向现代化，给无情的制度注入有情的智慧。

典章制度的本质是一种文化，是一种文化精神的积淀。

当制度有悖人心、漠视人性、侵犯人权时，制度就变作了异化社会主流意识的没落文化；而当一种制度被人认可得以延续，并引领人们的行动轨迹，有利于人的发展，且化作人们的自觉行动时，制度则是上档次有水准的文化。

家有家规。国有国法。校有校纪。

学校的典章、规定，记录了学校文化生发的历程，代表一所学校生命的纹理，实在是学校生存与发展的密码。

它作为一种人文智慧，是对现实的一种深刻判断，对人的生长、发展的科学认识，是一种世界观、人才观的行动指南。

无制度性靠人文化的管理属于理想，至少在目前国情教情之下充溢“桃花源”般的美梦。

从规则繁衍生成的是风气。

从风气滋养拓展的是一个学校的气候。

从气候催生而出的是生命精神。

从精神哺育起来的是健康的人才。

当制度融化到学校和师生的个人生命之中时，人就感觉不到规矩了，就从必然进入自由了，即到了孔子所说的“从心所欲，不逾矩”似的境界。那时，人，就成了制度自觉的执行者，或者更进一层说，成了制度的化身了。

发掘潜质的学生文化。

学生是学校的主体，丰富多彩的学生文化给学生健康人格以得天独厚的营养：读书使人生深邃，活动使人生睿智，实践使人生练达，磨砺使人生坚韧，微博使人生关注，交流使人生滋润，特长使人生高贵，自主使人生自信。让每一名学生感知：**路在脚下，梦在远方。目标是造福人生的通行证，梦想是创新未来的动力源。**

成功的学生文化有三大导向途径：

培养兴趣——兴趣是入门的向导。柏拉图强调用游戏法激发兴趣：“我的朋友，请不要强迫孩子们学习，要用做游戏的方法。你可以在游戏中更好地了解到他们每个人的天性。”[35]组织种种兴趣小组，开辟足以满足学子特长需求的选修课，开展走向社会、拥抱自然、调研人生的诸种活动，展示出童年童趣、少年多趣、青年乐趣的七彩生活，为未来的人生注入美丽的底色。

渐成习惯——好习惯是一本万利。辽宁省盘锦市的中小学生天天做一分钟家务，唱一支军歌，写一篇日记，进行一分钟演讲、一分钟记忆、一分钟踏步等活动，久而久之，都成了习惯，有力地促进了学生的成长。

修炼人格——人格是人崛起的脊梁。作为“人的性格、气质、能力等特征的总和”（《现代汉语词典》）的人格，能够书写出每个人的独特形象。为达到“人的个性化发展”的教育目的，中小学的使命便是，用多元学校文化铺架平台，展示个性，陶冶气质，锤炼能力，启动智慧。

循上述导向学生成功的途径，笔者对学生文化的终极目标进行了多年思考，在教育三部曲之三《播种辉煌》里提出了落实学生文化的“三七工程”。其工程的要旨是：为复兴中华民族育人，为学生终身幸福奠基。

其工程的具体内容是：

横向，夯实三大基础：

终身学习的基础（知识基础），获取提升生命的通行证；

身心健康的基础（母机基础），获取负载生存的通行证；

交际办事的基础（能力基础），获取驾驭生活的通行证。

竖向，牢竖七大支柱：

强健的体魄——载体（顶梁柱）；

创新的精神——灵魂（牵引器）；

睿智的头脑——中枢（加工厂）；

自信的心态——情商（调控器）；

良好的习惯——沃土（丰产田）；

勃发的个性——山峰（指南针）；

澎湃的激情——燃料（催化剂）。

上述的“三七工程”，主要的不是靠外力的塑造和推动，而是靠内力的醒悟和成长。在教书育人的事业中，我们应牢牢地把握这一前沿理念，使教书育人在素质教育的旗帜下，赢在起点，优在过程，胜在终点。

实施“三七工程”，旨在为实施素质教育奠基，为达到理想教育开路，最终实现人的解放与超越。

如此这般，学生将面貌一新：手脚、心灵与个性得到解放，走出死读死抠现代科举的迷宫，弘扬主体，舒展灵性，迸发活力，展现智慧，在成长之路上乘上快车。

统领教坛生态的教师文化。

教师是教育行与知的主体和第一生产力。办学者创办名校仰仗名师，学生择取学校亦在于择师。教师引导着办学之路。

教师文化统领着教坛生态。教坛健康机体的血管里流淌着教师文化的血液，校园蓬勃的形态中充溢着教师文化的基因。

教师以身立教即以文化立教，以独特文化的魅力立教。有怎样气质、个性、品位、智能文化的教师，就注定会有怎样气质、个性、品位、智能文化的学生。很有意思的例子是，不少学生一辈子里的思维、处事、待人都存留有老师的影子，甚至连走路姿势、说话语气、写字风格、笑容神态，也承继了老师的某些元素。

教师文化，从本质上说，是对教育事业的深刻领悟，是对办学理念的最大认同，是对学校核心文化的共同承诺。

教师文化的基点，是发现职业生活的价值与幸福。

教师文化的要点，是设计专业发展的路径。

教师文化的支点，是传承民族文化的道德良心。

教师文化的表象，是文化自觉专业成长中的快乐。

教师文化的深层动因，是接受高品位文化精神熏陶的渴求。

笔者多年的观察研究发现，教师文化主要包含以下三大要素：

一是面对着未来：一个缺失教育理想的人是搞不了教育的，教育是未来的事业；

二是充满着智慧：一个缺之深度思索的人是搞不成教育的，教育是智慧的事业；

三是饱含着大爱：一个缺少爱生情感的人是搞不好教育的，教育是大爱的事业。

栽培人生的课堂文化，[①] **还有润物无声的校园文化、温馨和美的**

① 详见本书第五章第三节第五部分，即高效课堂部分。

班级文化、脑手齐动的学习文化等。

由叶到枝，由枝到杈，由杈到干到根，我们可以讨论学校的核心文化了。

任何一所名校，最值得品味、最耐人寻味、最独具韵味的是该校通古贯今、继往开来、无所不在的文化精魂。

它似乎摸不着，看不见，却弥漫在学校每一寸空间，每个人的心灵。

它写在校园的每一张脸上。

它附着在每一声话语里。它守望在每一个物象上。

一所学校的核心文化，是该校的精神，该校的骨髓，该校品格的结晶和神韵的写照，蕴涵着对办学目标的精到诠释，以及对育人内涵的本质解读，是拉动该校发展壮大的主流价值观。

这是校风建设和学校一切工作的总坐标。

这也是全校师生学习、生活紧紧围绕的轴心。

这还是学校各种文化溪流得以奔淌的源泉。

从班级文化、寝室文化到社团文化，从节日文化、仪典文化到誓词文化，从课程文化、制度文化到网络文化，从楼廊文化、园景文化到书刊文化，从教师文化、学生文化到家长文化，无一不受学校核心文化的辐射，无一不体现学校核心文化的精魂。

核心文化的作用很像水的浸润、气的熏陶、情的感化，如感受大森林传来的气息。它无孔不入，无所不在，无时不有；能打通一校气脉，贯通教师文脉，连接学生心脉。

构建学校核心文化的原动力，靠一代代管理者的远见卓识和人格魅力在前引路，更靠师生员工的优秀品格和高超智慧注入以新鲜元素，也依赖于对绵长的文化血脉稳定而持久地继承、丰富和发展，当然还掺糅着地域文化的一些影响。

那么，学校核心文化集中体现在哪儿呢?

集中体现在办学育人的目标、校训等核心理念里。

何为校训?《辞海》解释道："学校为训育之便利，选若干德育条目制成匾额，悬见于校中公见之地，是为校训。其目的在于使个人随时注意而实践之。"

没有一所名校，不曾有意蕴深远、直逼灵魂、聚力聚气、相对稳定、影响巨大的校训的，不论其校训是浸透传统古韵，抑或濡染西方油彩，还是直面未来走向。

毫无疑问，如此的学校，标志着理性高瞻远瞩的成熟，践行事半功倍的高效，凸显了岁月沉淀下来的特色和个性。

校训描画了远行的导图。

校训点亮了师生的心灯。

校训下达了突进的命令。

哈佛大学校训：“与柏拉图为友，与亚里士多德为友，更要与真理为友。”其内涵何等的高峻雄健，其外延又何其不同凡响，很有几分曹操“日月之行，若出其中；星汉灿烂，若出其里”（《观沧海》）的意味。

正是在追慕大学问家、追求真理的核心文化旗帜之下，哈佛大学开辟了培养研究生和从事科学研究为主的航道，成了美国的思想库和人才库。

这里先后诞生了8位美国总统、40位诺贝尔奖得主和30位普利策奖得主。其商学院的案例教学盛名远播。这里也培养出缔造了微软、IBM、Facebook等一个个商业奇迹的精英。

天津南开中学校训：“允公允能，日新月异。”

“允，信也；允，诚也。”（《尔雅》）这里可释为崇尚、信奉。此校训凸显了张伯苓“公”、“能”教育的真谛：一曰公心，此为社会道德的培养，二曰能力，此为个人才干的锻炼。

此办学核心理念言简意赅，寓意无穷，引导南开中学持续书写了传奇。校友中涌现了周恩来、温家宝两位总理，9位全国人大常委会副委员长和全国政协副主席，40余位我国省部级领导干部；57位中外著名科学家，及一大批教育家、文化家、医学家、外交家。

我国已有许多学校做足了校训的文章。且不说清华大学的“厚德载物，自强不息”，北京师范大学的“学为人师，行为世范”，西南联大的“刚毅坚卓”，笔者近年来调研国内一千六百多所中小学校，就见到一些颇具特色的校训。如成都市树德中学的“树德树人，广才广能”，江苏省苏州中学的“先忧后乐”，河南省许衡中学的“以天下为己任”，山东省寿光世纪学校的“每天进步一点点”，南京市赤壁路小学的“做最好的自己”，江西省九江市龙山小学的“永远微笑”，四川省绵阳市东辰国际学校的“做有中国灵魂世界眼光的现代人”等，都是视角较为独特的校训。

日前，笔者到河南焦作市人民中学参访。该校校长李志强是一位多才多艺的教育专家。他带领全校师生商讨打磨，推出焦作市人民中学的核心文化理念：“用文明化解粗蛮，以人文化育童蒙”，还确立了强化主人感的“舍我其谁”的校训，引导学生做“学习与个体成长的主人”，教师为“工作与价值实现的主体”，学校成“内涵与外延发展的主角”。

轻轻地步入这所校园，一股温馨圣洁的文化之风扑面而来。一幢幢楼镂以雅号，刻记楼铭。一条条走廊悬以名画，挂着箴言。散布于校园内的八景——“绿意迎宾、云蒸霞蔚、正气干云、风荷凝碧、春华烂漫、七贤余韵、飞絮飘雪、高山仰止”，协调地组成一道风景线，彰显中原文化宏富而旖旎的个性，如荷风亭上四副自创楹联：“沐月华而酣眠得清风而曼舞，出淤泥而不染濯清涟而不妖”、“身定如山心静如水，品端为尚学高为尊”、“一抔可成丘一勺亦可海，三载应逞志三省始修身”、“雁影涛声学耕胜地，诗情琴韵梁栋摇篮”，其秀色可餐，诗情摄魂。

再徐徐地漫步于经典诗词诵读长廊与中国文字与书法艺术长廊，笔者更觉美妙得眼睛放光，沉醉得心儿发颤，不禁心驰神往于“子在齐闻《韶》，三月不知肉味”（《论语·述而》）那种境界。

焦作市人民中学楼内雕塑——高山仰止（中间为孔子，左为苏霍姆林斯基，右为陶行知）

志强校长对笔者讲，学校开设“地灵人杰”、“经典诵读”等一系列颇有文化特色的校本课程，伴之以“校园文化周”、“优秀青年日”等学校节日和仪式，让校园真正活起来；还通过书香校园营建出能读书、爱读书的师生团队，让学生心灵渐渐飞起来，进而，达至“建设优雅的校园，塑造儒雅的教师，培育文雅的学生”的人文目标。

笔者认为在焦作市人民中学，校长真的成了学校文化个性的形象大使，引领学校文化内涵发展的领路人。我们的校园果然有了这样的“金丹”文化，师生才过上了幸福完整的教育生活。

四

上品的学校文化有一个鲜明的特征：文化中无所不在的诗意。或诗化地说，让师生“人充满劳绩，但还诗意地安居于这块大地之上。”[36]海德格尔曾经提出一个先决性的命题：“诗首先使安居成其为安居。诗是真正让我们安居的东西。”[37]

什么是诗意？诗的情，诗的境，给人以美感或有强烈的抒情的意味。

雪莱有一句至理名言："诗是世界未为人知的立法者。"

孔子美学思想的核心为"美"和"善"统一。那施美的途径呢？"孔子以诗书礼乐教。"（司马迁《史记·孔子世家》）孔子说："不学诗，无以言。""不学礼，无以立。"（《论语·季氏》）他认为一个完人，应该靠诗、礼、乐修身成性。事实上，大凡名人大家，多会吟诗作赋，哪有诗盲词痴？自古至今，概莫能外。

中国是绝无仅有的诗的王国。

源远流长的诗歌史几等同于中华民族语言的历史。

从二言到四言，从骚体楚辞，到五言、七言、杂言，再到格律诗及白话诗、词和新诗，语调节奏的流变中不变的是灵性的韵律。

从第一部诗歌总集《诗经》、被誉为"东方的荷马史诗"的《格萨尔》，到煊赫辉煌的唐诗、风格各异的宋词、自由轻盈的元曲，乃至现代"五四"时期兴起的自由体新诗，每一次诗潮的涌起都映照出一个永恒的中国。

从屈原、陶渊明、李白、杜甫、李清照，到马致远、龚自珍、郭沫若、戴望舒……诗歌潮头的一声咏叹总能唤起千年后的不绝回声。

诗文化深深浸染了民族的血液，成了国人代代流传生生不息的生命基因。诗教亦潜移默化为不可或缺的育人营养。中国教育自古以来就以诵诗作诗为媒成就了诗意教育。

诗言志，诗寄情，诗铸魂。

穿衣心念"慈母手中线"，端碗想起"汗滴禾下土"，外出"低头思故乡"，立志"生当作人杰"，交友"海内存知己"，御敌"挽弓当挽强"……哪一个中国人不是在诵诗中成长？谁的思维里没有诗光照耀？

中国人，就是亚洲东方骨子里诗化了的那群人！

诗教，实为中国优秀教育一大特色、一大优势！

梁晓声对此讲得言简且富于诗意："教育是文明社会的太阳。"[38]

从这个意义上说，没有诗意的教育是索然无味的教育，是文化的荒漠；没有诗意的人生是无光缺彩的人生，是精神的暗夜。将诗意嵌入校园文化的肌理，融入智慧人生的魂魄，便是对教育灵光淋漓尽致的挥发。

然而，教育发展到应试主导的今日，诗意罕见了、丢失了，生活枯燥了、风化了，一时里像荷叶缺了葱葱的绿，晨风少了淡淡的甜，突兀的岩峰没了点点灵气。

绿草红花尚诗意盎然，比草木钟灵毓秀得多的人，其多彩的情感、翔舞的心灵、攀升的脚步，不更充满着诗情画意吗？

教育是科学，在英国教育家斯宾塞的眼里，“科学本身就有诗意”[39]。

是的，教育本身是一首诗，一首如马卡连柯命笔的《教育诗》。

那欢腾雀跃如诗的迸发，那拔节成长似诗的跳动，那一脸稚容英气蕴涵诗的意境，那一串儿异想天开的主张爆出诗的灵感，那美丽教育故事贯串诗的情趣……正如苏霍姆林斯基所建议的，“让孩子们心里的诗的琴弦响起来”[40]。

我们园丁般的教师呢，每日不也似花朵间美的使者吗？衣沾花香，眸印花影，耳听花歌，心灵祈祷百花明天的富丽与丰饶，这一切，不是美之长诗在淙淙流淌吗？

这一切，就是海德格尔所谓的诗意。

诗意是什么？是给人以美感的意境，让灵性以喷薄，引生命以律动。

笔者登临黄山的光明顶上，见一块告示牌写道：除了脚印，什么也不要留下；除了记忆，什么也不要带走。这一充满诗化意境的规劝词，多么富有人情味啊！

对人性的尊重乃是诗性的内涵。

对心境的解放乃是意境的本源。

校园有没有给人以美感的诗化意境，正是绿洲式圣园与荒漠式枯园的分界线。

你想啊，那满堂灌的“独角戏”课堂有诗境吗？那训斥式的“谈心”教育有诗境吗？那早练晚补淹没于题海考河的生活有诗境吗？那种不讲道德、不要健体、不理育美的教育有诗境吗？

而在绿洲式的圣园里——

大地是诗的身，校园则是诗的眼。

诗是心灵的画境，画是心灵的诗意。

师生每个生命都是一首诗，学校便是一首交响诗。

少年，是人生诗章最新鲜的音节；青春，是人生诗章最活跃的音符。

诗是师生、校园最具活力的细胞、锦绣事业的经丝纬线。

教育是对人全方位、立体化开发的精美的诗。

有文化清泉滋润的校园无时不充溢着诗情画意，无处不被诗性的灵光笼罩，不为诗意的神韵浸染：

当学生掀动书页沙沙作响，怎么会以为那只是翻书，而不是学海划桨、中流击水？

当学生齐声朗诵铿锵有声，怎么会以为那只是读书，而不是心的感染、情的升华？

当瞥见满室默默自学鸦雀无声，怎么会以为那只是啃书，而不是根儿吸水、枝儿蹿挺？

当亲临考场听着走笔一片飒飒，怎么会以为那只是答卷，而不是足的攀登、智的表演？

当你投身学生有趣的课外活动中，怎么会以为那只是兴趣的开发，而不是潜质的掘进、特长的砺磨？

当你领着学生在社会实践里动手操作，怎么会以为那只是简单学习，而不是一次次“蓝天”练飞、“大海”试航？

当你亲手把奖品、奖状发给特色优等生，怎么会以为只是一般的发奖，而不是为孩子今后可能去国际某项大赛的领奖途上铺平道路、垫就台阶？

当踏着铃声学生们“哗——”地涌出室外，怎么会以为那只是闲散的脚步，而不是潮音恬恬、涛声阵阵？

开封市求实中学女校长张建平就是这样充满诗意的校长。“多年来，她一直在教育的田园里寻觅着，为学生寻觅着最适合他们的生活，让学生带着丰富的精神养分，带着母校温馨的回忆，带着对未来美好的憧憬走出校园。让老师因为教育而感到幸福。”[41]

按海德格尔“他（指人——笔者注）在土地上栽培生长着的事物并且照料他本身的增长”的哲思，校园栽培着郁郁葱葱的优美文化，蓬蓬勃勃的健康人格，源远流长的民族精魂；校园之内的每一个人，每时每刻增长着精美的知识，渊深的智慧，人生的才干，丰富细腻的情感……

如何为学校文化注入诗的意境，乃至实现诗化？

一要提升文化品格。

学校文化当以风格净而美、境界高而远为第一标尺。

作为育人摇篮的学校须是社会的一块净土。实现净土的文化须浸透崇高的灵魂，“我们俗世化的文化语境缺少信仰的基础，怎样在教育中提升文化的品格，充实教育的深层价值内涵，提升教育的文化——精神境界，这就成了一个十分迫切的问题。”[42]

在任何时代，雅为高端，俗为时流，高雅引领俗流。不能将庸俗、低俗、媚俗当作通俗在校园这角净土泛滥。

时下，在整个社会，快餐式的低俗文化之风无孔不入地吹入校园的时候，完全堵俗、拒俗几乎是不可能的，只能在崇高文化信仰的灯塔照耀下，用高雅的富于美感的文化战而胜之或取而代之，达成对现实生活的理智超越，医治精神世界的文化侏儒症，升扬内心灵魂的高贵。

二要搭建高雅舞台。

梭罗说：“如果你在地里挖一个池塘，很快就会有水鸟、两栖动物及各种鱼，还有常见的水生植物，如百合等。你一旦挖好池塘，自然就开始往里面填东西。尽管你也许没有看见种子是如何、何时落到那里的，自然看着它呢。”[43]

高雅的文化舞台如同梭罗所云的池塘。

它是生长诗的沃野，奔淌歌的溪流，传递爱的圣园。学校的文化定格于高雅。而穿越历史时空流传下来的经典诗词名著则是高雅文化的音符。它像清泉，它似火种，它如绿荫。校园文化的第一要务，是建立以读经典诗词名著为中心的书香校园，不倦地引导学生“学会读书，便是点燃火炬；每个字的每个音节都发射火星”[44]。

让高雅文化给学生心灵以高贵的人文滋养、精神丰盈和生命再塑，达成个体灵魂的自我升华，而“缺了伟大典籍之助益，心灵的陶冶是不可能的”[45]。

是的，读书让人活得深邃，诵读让人活得高洁，歌舞让人活得欢快，才艺让人活得精彩，雄辩让人活得睿智，活动让人活得充实……

这里，在校园文化的高雅舞台上，所有声音都应放光，所有文字都应有色，所有流光都应为师生定格美好的瞬间。师生在快乐的“教与学”之中，当尽情地享受生活的诗情画意。

三要有高人点拨。

在学校文化建设中，学生是主力军，有无穷无尽的创造力，放开手脚让他们做；师长是导师，更有广博深远的眼光，因势利导由他们点拨。

在这里，师长的点拨点染效应，书写出校园诗集的开篇——

教师激情奋发的勃勃状态，是学子葱绿生命劲长的温床。

教师想象力的思维引信，是学子创造力借以迸发的火种。

教师辽远而博大的心空，是学子诗之鸟振翅翱翔的天堂。

教师迎风沐雨的坚挺足迹，是学子开拓诗画之旅的路标。

如此这般，师者这种诗的境界和诗化人生，有兴致逐浪，有激情飞扬，有精神顿悟，有心灵拥抱，有职业敬畏，有事业升华……

生命如歌，教坛似画，有诗意的教育多雅！

希望升腾，才华井喷，有诗意的人生多高！

第三节　贯通运营之脉

一

有梦就有远方。

出名师，育英才，办名校，几乎成了每一位校长的心结与梦想。

近年来，笔者经大量调研得出结论：处于剧烈转型时期的中国学校，正悄然展露出五大转变的走向——

从量变向质变的变化，一步步完成着布局及结构的高度化调整；

从一般型向名、优、特型的变化，实现精品化提升战略；

从“买方”向“卖方”的变化，用造就名校来吸引优秀师生；

从主导者向服务者的变化，创造超越学生、家长期望值的一等工作；

从管理向经营的变化，让精细化、科学化的管理愿景入驻践行。

还有从乡村向城市（镇）迁移的校址变化。

此五大变化的总趋势是从外延向内涵的深度发展。

为及早完成转变，达到“三名”目标，身处变革前沿的校长有不少人锁定责任：不在上级，不在下属，责任在我！我是第一发现，我是第一头脑，我是第一推动，我是第一责任人！

有强烈责任心是第一位的，还要有娴熟的智慧和循规的策略。

庄子在《庖丁解牛》里，讲梁惠王的厨师面对一头庞然大物，手到擒来，顺应牛体的机理结构，贴着筋骨间的空隙下刀，真正找准肌体“发展链”的关键，无处不显现庖丁解牛的智慧。

老子一句“治大国，若烹小鲜”（《道德经·六十章》）的名言，不仅被美国总统里根引用于当年《国情咨文》阐述其施政纲领，他更运用老子意奥无穷、泽惠环宇的伟大智慧，对国内经济采取“涓滴效应”，使美国经济迅速复苏。

兴校如同种田。

种田讲经营之道，要熟知地情、苗情、节气情，施以一套因地、因苗（科）、因节气不同而有所变化的经营之术。

兴校讲运营之脉。在把握校情、师情、生情，并掌握国家要求、社会需求的基础上，科学地贯通运营血脉，就可以一步步达至目标，让美梦成真。

运营，运作经营之意。运作一所学校说得通，何以又加入经营的元素？

这里的经营，借用经济、商业的常用词汇，却与经商有本质区别，因教育是公益性事业，为育人而不是为赢利。所以如此用，是因为“运营”比“管理”更精准、更科学、更高效，在一定意义上说，表明处于信息经济时代，办教育更讲求成本投入与人才产出的共赢关系。

那么，造就一所名校究竟该贯通哪些运营之脉呢？

笔者认为，在自始至终培植学校文化之根的全程中，抓住运营的三条大脉：一是办学灵魂的理念大脉，二是办学魅力的特色大脉，三是办学生命的质量大脉。

灵魂+特色+生命=名校金三角。

三条大脉尽通，学校运营名校之路就一通百通，即可能达至“治大国，若烹小鲜”般的得心应手，“庖丁解牛”似的游刃有余。

学校深层次文化建设，前一节已阐明，这里，就瞄准极具活力、魅力、定力的金三角策略。

二

学校运营的灵魂大脉——教育理念。

教育理念是什么？

教育理念是文化积淀和教育主张的有机融合。教育理念里蕴有目标，昭示方向，扯动举措，预示结果。

没有鲜明教育理念的掌门人，只会将学校办得松松垮垮。

囿于一套发了霉的教育理念的掌门人，也只能将学校办得平平庸庸。

而占据教育前沿理念的人，才有可能把学校办得蓬蓬勃勃。

若问，在一个时期里，掌握了较领先的教育理念，就可以一劳永逸吗？

否。教育理念似一泓奔流不息的活水，在实践的田野上，遵循着规律的走势，不舍昼夜地前行着，开拓着与时俱进的创新之路。此种对旧事物创新，有扬有弃，扬其积极因素，弃其消极因素。犹如泰戈尔所云，“乃是水的载歌载舞，使鹅卵石臻于完美”[46]。

那么，如何才能击水在教育理念的长河，把住旗帜不放，立于潮头不让呢？

首要之点，时刻通过学、思、做的路径，在宏大视野里，关注教育理念的最新发现。

宏大是多大？把本校置于本市、本省、全国，乃至全球教育的背景上去考量。从本校出发，尽可能地跟踪最新的教育理念，否则我们只可充为教育的“夜郎”国民。

例如，英国教育学家东尼·博赞于20世纪70年代之初发现了思维导图。在此后几十年里，他所撰写的二十多种大脑方面的图书已被翻译成几十种语言，在全球五十多个国家出版，成为世界性的必选教材，我们方始留意，直至日前才有一些专家、学者认可该法，并似乎是自己发现了思维导图这块速学的“新大陆”。

再如生命教育是美国学者杰·唐纳·华特士在20世纪首次提出的。1968年，他又在美国加州创办了“阿南达村”、阿南达学校，倡导和实践生命教育思想，并出版了《生命教育》一书，探讨必须关注人的生长发育与生命健康的教育真谛。这种新教育思想很快地风生水起，势如破竹，冲击波几乎波及全球。

与其相对应的，英国等西方国家即提出“呼应课程”，以顺乎学生生长、发育的规律。日本在新《教学大纲》中增加了敬畏人的生命与尊重人的精神的教育目标。我国的港台地区更是掀起了一股生命教育的热潮，如台湾教育行政部门设立了“生命教育委员会”，并曾将2001年定为“生命教育年”。而在中国大陆，直到21世纪过了五六年，作为先遣队的沈阳、上海才开始行动，生命教育理念也才迈着蹒跚的步子走进一些先锋学校的大门。

还如美国哈佛大学1983年《智能的结构》中正式提出了多元智能的思想。这一领先全球教坛的思想，如似狂飙席卷，引发了发展心理学和教育学的革命性变革。开掘智能！发展特色！构建新型学生评价体系！一时间，此理论牵来世界关注的眼球，并化为20世纪90年代以来许多西方国家教育改革的圭臬。

明眼人看到：多元智能理论对我国的素质教育提供了强大的理论支撑。然而，在中国大陆，世纪之交才有人说起。2003年《人民教育》17期才介绍霍华德·加德纳《多元智能理论二十年》，同年笔者到香港讲学，顺路参观的已有冠名以多元智能的学校了。我们从践行上探索当代先进教育理论与国际发展前沿相比，至少迟到了15年以上（如今，按此理论育人的学校又有多少?）！15年，世界教育的脚步跑了何其遥远！

行文至此，油然想起美国作家塞缪尔·厄尔曼77岁时创作的《青春》，至今被许多人当作座右铭。文中说：“人人心中皆有一台天线，只要你从天上人间接受美好、希望、欢乐、勇气和力量的信号，你就青春永驻，风华常存。”①

我们的校长啊，竖起捕捉外界最新信号的天线吧，万万不可一叶障目，不见泰山；两耳塞豆，不闻巨雷啊！

其次之点，努力通过“找”、“抄”、“超”的途径，在赶超前沿典型时，掌握最新教育智慧。

IBM创始人老沃森在回首创业路程时，感慨万千地说：成功无他，找到你的榜样，学习并有所超越。有人精缩他的话为“找”“抄”“超”三步走。“找”是前提，芝麻开门；“抄”是

---

① 译自1991年3月号的美国《读者文摘》。

基础（这里的“抄”不是全盘照搬），登堂入室；“超”是关键，后来居上，“创新 = 模仿 + 超越”是一个成功的方程式[47]。

这是一个秘诀。

这是一条捷径。

经济领域如此，教育领域亦是如此。新时期以来，中小学校学黄冈中学、学建平中学、学洋思中学、学杜郎口中学，不都是如是做的吗？

盯着前头的，借鉴精彩的，内化自己的，超越领跑的，创造更好的。

再次之点，不断通过扬、弃、善的方式，在对自己教育理念的反思中，保留精华，抛去陈腐，完善发现。

教育理念和任何事物一样，都是在动态的“冲浪”中开辟发展的道路。校长的教育理念，也在因时、因地、因人、因己的变化而不停地创新着，使自己的教育理念日臻成熟。那种企图通过一次学习、一番反思，毕其功于一役似的彻底更新教育理念的想法不仅是不现实的，也是十分幼稚可笑的。

那么，一切理念都欠完善而无所适从吗？

不是的！在绝对的变动里也有相对的稳定。

笔者凝视三十余载教育运营前沿理念求索的方方面面，梳理起来可总括为如下九个方面：

只有素质教育才能兴国（素质教育是中国教育改革的核心命题）；

只有以人为本才能强校（以人为本构成了和谐发展的主导规律）；

只有知彼知己才能双赢（知生知师、知社会知学校便游刃有余）；

只有深耕文化才涌英才（高雅文化蕴含着至为丰富的精神营养）；

只有开发潜能才有优质（从优化心理、发展学力、讲求方法等寻找内动突破点）；

只有打造特色才出品牌（特色强校强师，神速神效地走上卓越）；

只有攻坚课堂才能跨越（抓好师生成长主阵地就掌控了发展时空）；

只有爱满教育才是根本（教育是爱的事业，丧失爱就意味着师者内在精神的崩溃）；

只有修炼内功才会精彩（建学习型校园、研究型队伍乃精兵强将之路)[48]。

比如，素质教育兴国的理念还是没有解的问题吗？新中国成立后的教育行与知在反反复复比较鉴别中选择了它，确立了它。“但不是什么教育都能兴国。科举教育能兴国吗？片面的精英教育能兴国吗？不能。只有素质教育才能全面提高中华民族的素质，才能兴国。”[49]

三

学校运营的魅力大脉——教育特色。

当代教育家朱永新评述理想学校时，开门见山地独抒己见：“最重要的就是学校的特色。”[50]

这是很有眼光、很有见地的主张。

他还列举了美国《新闻周刊》曾经对全世界的学校做过的大规模调查，最后评出十所最好的学校：新西兰特卡波湖学校、意大利迪亚纳学校、荷兰格雷达莫斯学校、日本东京四谷第六小学、荷兰埃克纳顿学校、美国匹兹堡市威斯汀霍斯中学、德国安克库敦考勒中学、美国加州大学伯克利分校、瑞典斯德哥尔摩职业培训中心以及德国科隆地区教育部。

新西兰特卡波湖学校的教育特色就是注重学生阅读能力的培养，该校的学生阅读写作能力一直在国际测验中名列榜首。

意大利迪亚纳学校的成功之处就在于学前教育效果特别显著。该校四面墙壁都是玻璃，看上去与其说是幼儿园，倒不如说是一所欢腾喧闹的温室。

荷兰格雷达莫斯学校的特色之处就是数学教学出类拔萃。该校采用新的、革命性的数学教学体系——“实用数学”教学模式。

日本东京四谷第六小学的特色在于，科学教育强调创造性。学校的教育目标是培养学生能提出问题，形成独立的构思，并且造就出创造性的智力。如让四年级的学生在学习电学、电路图以及发动机的基本知识时，自带零件，动手修理烤面包炉，让十岁的孩子用太阳能电池和汽车模型设法装配太阳能玩具汽车。

荷兰埃克纳顿学校的成功之处在于外语教学方面。学生当中没有人去过英美等国家，但是学生掌握的词汇、外语流利程度和自信心，不亚于甚至还要超过许多美国十几岁的孩子。

美国匹兹堡市威斯汀霍斯中学的成功之处就是实施“艺术推动”计划。该校把通常被认为是奢华的艺术科目作为教育的重要组成部分，其内容包括音乐、视觉艺术和写作，极大丰富了学生的精神生活。

德国安克库敦考勒中学的特色之一就是崇尚工艺。

美国加州大学伯克利分校的成功之处在于造就了大批科研精英。该校规模并不大但在教学中鼓励学生按照自己的思路去进行研究，以便产生出完全不同的思维模式。目前，已培养出二十余名诺贝尔奖金获得者。

瑞典斯德哥尔摩职业培训中心在教育上的成功之处是为学生就业创造厚实的条件。

德国科隆地区教育部在教育方面的特色是十分重视教师的严格挑选与培训，并大力提高教师的待遇。

套用列夫·托尔斯泰“幸福的家庭家家相似，不幸的家庭各个不同”[51]的句式，我们说，平常学校所所相似，名牌学校各个不同，不同就在特色。

成都七中育才学校2005年创建“远程多媒体网络教学示范班”，通过卫星将学校教学资源及时覆盖到云、贵、甘、藏及省内一百多所学校，为西部教育振兴做出了贡献。图为作者和张军校长（右一）了解教师远程网络备课情况

特色是什么？

特色是事物所表现的独特的色彩、风格、形式等，其内涵则是独特的思想、精神和文化。它，表面看单调，内里却厚重；既显示一种独特，又蕴含一种深邃；既崛起一种孤傲，又象征一种成熟；既显剑走偏锋、反弹琵琶之美，又现出奇制胜、别有洞天之妙。

特色，是一块魅力夺人的招牌。

特色，是一面特殊高扬的旗帜。

特色，是一座风光无限的高山。

特色，是一种独辟蹊径的跨越。

特色凝集向心力，激发感召力，存储爆发力，潜伏突破力，拥有竞争力。

如何拥有特色？

找到最适合自己的发展方式，得以追求自己的最大价值，就能拥有最丰富的特色。

一个单位，就怕没特色，成和尚帽子平塌塌。

一所学校，也怕没特色，缺滋寡味平平淡淡。

特色就是金鸡独立，就是独占鳌头，就是别具一格，因此也就是不折不扣的卓越。

特色标志着事物发展到一定阶段的成熟，一种由内涵质地向外延风采的成熟。

走进鄂尔多斯市东胜区学校，你会惊愕地发现，校校各具迥然不同的特色，笔者举几例管中窥豹。

第一中学似乎有一个教育与自我教育的强磁场，一股看不见的教育潜流无所不在地涌动着，人人那么自觉，那么向上，那么和谐，师生间情感相染，智慧互动，心志联升，每位教职工像育自家孩子一样培育每一名学生，春风化雨；每一名学生像怀着一团火焰，激情燃烧。

培正中学的“遵循规律，有序规范，内外发潜，个性舒展”的理念，造就出守正出奇的风气，在追求真善美的生活中，这里的每一个生命都蓬勃生长，尽展着才华；每一寸空间都播种梦想，收获着欢欣，新办三年的学校竟彰显出传统教育的悠远韵味。

第一小学语文课及丰富多彩的课外活动已成为全校教学改革的一大特色。学生在《作文报》等刊物上发表的作品有260多篇，在市级以上各类作文大赛有近千名学生获奖。该校还有1200多名同学的书画作品在自治区、全国大赛中获奖。

鄂尔多斯市罕台新教育实验小学校长干国祥（中）向来访者介绍新教育

第三小学倡导“三元文化”，践行孔子“兴于诗、立于礼、成于乐”的教育思想，挖掘老子“三生万物”的思想精髓，学校教育、教学、活动，都着意围绕诗、礼、乐和天、地、人的理念，引导学生从小用大宇宙观来审视自然和人生，做顶天立地的人。

第十二小学的楼厅里，有一块奇石，上面镌刻着原国家教委副主任柳斌亲自书写的“爱心”。在这所具有现代化特色的学校里，教师以浓浓的大爱情怀与高智修养，对每一名学子施以个性化教育，让朵朵花儿各放异香。

万佳学校到处“翰墨飘香，体艺绽彩”，从体育到艺术，从生活体验到经典阅读，从葫芦丝、书法、跳绳、壁挂等校本课程到童声合唱团、百人葫芦丝演奏队、拉丁舞表演队……学校艺术教育流光溢彩。

罕台新教育实验小学校歌唱道“晨诵诗赋，午读典章，含英咀华，如品如尝；入暮思省，一天回望……”，校徽上铭刻“相信种子 相信岁月”八字信条，表明了这所按新教育实验理念打造，并由新教育研究中心负责课程设计及教学管理的学校，当数国内最具特色的学校之一。建校期短，书香味长。“晨诵、午读、暮省”是该校儿童的生活方式；“缔造完美教室”、“理想课堂的三重境界”为该校践行的教学理念；站在端点酝酿一种由自己创造的文化为该校的核心追求……

特色在哪里？在学校文化沉积的厚厚土壤里。换言之，特色是该校名优文化的尖端或首席代表。

2003年12月，作者（左）在香港培侨小学，见化好妆的家长义工正准备给学生讲故事

它包容学校教育的各个要素。如学校、家庭、社会（社区）的协调合力，或者其中某一个方面的突进。笔者考察香港教育时，有感于培侨小学创办的家长成功学堂极有特色。学员有护照，必修6次内容递进的训练课，还须进普通话、歌舞、化妆、急救、太极等兴趣班，也要上各种选修课，学业期满经考核得120分和180分以上的，分别颁发给毕业证书或荣誉证书。笔者在培侨小学时，看见有的家长义工在校图书馆整理报刊，有的家长义工化好了妆要去给孩子们讲故事。

它囊括德智体美劳各个方面。如深圳艺术学校建立了以但昭义教授为带头人的钢琴学品牌，培养出荣获肖邦国际音乐大赛金奖的钢琴家李云迪、活跃于世界乐坛并卓有成就的钢琴家陈萨等国际级大师。深圳艺术学校因此也成为钢琴家的摇篮。

天津中学国赫孚校长（右）在蓟县官庄指导学生深入开展社会实践活动

它广纳教育、教学、活动、科研、管理各个环节。天津中学校长国赫孚看准了社会育人大学校，十几年来，他的学校在蓟县建立了首个综合实践活动教育基地，集学军、学农、社会调查、生态考察、科技活动、传统教育等功能为一体，每年暑期组织

高中学生进行4—5天的考察活动；又开辟了“天津中学杨柳青镇社会实践基地”、滨海新区参观考察基地，还在校园内辟出4000平方米的智能生态园，学生们把学习、考察、科研、实验、思悟结合起来，获得国内多项大奖，被中国科协授予“全国青少年科技人才培养项目实验基地”。

如何打造学校的特色呢？

利用优势，量体裁衣，在实践中打造，尤其在教育的主阵地——课堂挖掘特色的亮点。

厦门音乐学校将音乐和学科教学整合在一起，在各个学科教学中渗透音乐教育，形成鲜明的教学特色。语文课讲王维《鹿柴》时，教师为让学生入情入境，引发想象，播放詹姆斯拉斯特与扎姆菲尔合作演绎的《天堂鸟》的录音：一首幽婉的排箫曲悄然奏起，大自然里三两只鸟儿鸣叫，听者犹如置身大森林中，美妙纯净的自然气息扑面而来，“空山不见人，但闻人语响。返景入深林，复照青苔上”的无穷画境似乎就在眼前。如此课堂，将意境美、音韵美和诗情美糅融一体，给学生留下终生美好的印记。

文化是根，校本为源，在科研中打造，聚力于师生教育实验的通透分析。

国内许多学校在把握时代脉搏、教育主旋律之中，认真把脉本校情况，特别对学生群体的过去、现在和未来，进行了反复的剖析与预测，方推出了为本校量身制作的特色文化，如上海闸北八中的“成功教育”，江苏南通师范第二附小的“情境教育”，河南安阳人民大道小学的“主体教育”，山东安丘四中的“自信教育”，河北衡水中学的“尊重教育”，成都七中的“三体教育”，佳木斯一中的“五心教育”，山东邹平市双语学校的“激情教育”，沈阳铁路五小的“愉快教育”，杭州天长小学的“差异教育”，重庆巴蜀小学的“梦想教育”，南京周弘为弱智学校摸索的“赏识教育”……

长期坚持，形成习惯，在提炼中打造，让特色在千锤百炼里熠熠生辉。

做事立人，坚持成特色，习惯变传统。久而久之，思维就有可能从人们习以为常而淡忘乃至遗忘的角度切入，从顺向或逆向的角度突破，如剥笋扒蒜一样让特色一层层显露出来。南京市北京东路小学是一所以“情智教育”为特色的学校。2003年8月，孙双金走马上任该校校长。一踏进北小的大门，就被一种浓烈而独特的文化气息感染了。穿过深深的庭院，登上行政楼楼梯，抬首间，一行原国家教委领导柳斌题写的大字跃入他的眼帘："含爱生情怀，有育人智慧"。他的心陡然一动，"情智情智，这不就是现代教育中的两个最关键的字眼吗？这不就是我二十多年苦苦寻找的教育教学的本质内涵吗？"从那一刻起，"情智教育"这四个字就一直萦绕在孙双金的脑海里，他想：情智教育能不能成为该校新的办学思想呢？

此后，经过无数次的思考、商讨、论证，情智教育成了众人的共识：情智教育就是指教育者运用积极的情感和灵动的智慧作用于受教育者，让受教育者的情感和智慧和谐共生。

2004 年，情智教育正式列入该校的实践日程，并演绎出了情智管理、情智课堂、情智校园、情智活动四大实施策略。从此，情智教育的思想开始渗透到北小的每一个角落[52]。

自然，打造特色还要从对古今教育理论的学思中得到照耀，从东西方名校追求里受到点化，从所在地域文化深土层里吸收营养，情况种种，无须细列。

打造特色尚需走出种种误区。

认为学校小，无力打造。其实，花香不在多，校雅何须大。作为世界型教育改革实验室的帕夫雷什中学也只有"35 名教师、276 个孩子"[53]，却以和谐全面发展的特色，吸引五大洲教育者惊羡的目光。

认为师生少，无法打造。其实，人多可创辉煌，人少也书传奇。凤阳小岗村包产到户的创造影响全国。1981 年建校伊始的洋思中学也只有 10 位教师，100 余名学生，但是，他们创造的"先学后教"的教学特色，几乎修正了古往今来的学习论。

认为建校晚，无力打造。战争中，瞬息间能够创造奇迹。信息时代，极短的瞬间什么都可能发生。河南焦作市许衡中学 2002 年秋建校，仅仅四五年，就从应试困局中突围，将教改"豫剧"唱响全国，成为一所"轻负担高质量"的名校，岂不发人深省吗？

认为任期短，无暇打造。人在工作中，犹如赛场接力中，无所谓跑程短长，只有拼力。校长在任倘有一日，也当为学校的文化传承——打造鲜明特色而劳心费力。须知，这是校长重要的文化使命啊。

当下，奔波在拼争高分轨道的我国大多数基层校长，对打造特色尚未引起关注，更不必说聚精会神。但是，总有聚焦的那一天，只怕到那时，当自己驾驶的特色之舟起锚时，万千只轻舟“已过万重山”了。

四

学校运营的生命大脉——教育质量。

教育质量是运营学校的生命，这是一条铁律。古今中外，概莫能外。茫茫人海，无不认同。

问题是，什么是教育质量？我们要什么样的教育质量？

是只要“一卷定终身”的那种应试质量吗？

是只讲智育，忽视其他，宁肯培养非健全人格的那种质量吗？

是在国际激烈竞争中，要呆头呆脑、缩手缩脚、毫无创造力的那种人才的质量吗？

是要如同流水线式产出的千校一面、万人一样、毫无个性的批量人才的质量吗？

这里的分水岭是：是要“分”的单一指标，还是要“人”的全面成长？是只看考试一时一地斩获胜利的“临门一脚”，还是看为一生一世开幸福之门的“万能钥匙”？

时至今日，一方面是中考、高考的眼睛仍盯着高分选拔，一方面是社会用人的手正开始按能力重新洗牌。

没有成绩，过不了今天；只有成绩，过不了明天。焦作市许衡中学校长张璧宏的冷静思考，这才是对学业成绩、教育质量、办学生态的透辟理解。

教育质量说到底，是人的成长、发展、质量的提升，包含人的健康力、内动力、思维力、审美力、创造力等综合素质的质量。人的成长至高无上。人的不断自我超越，奏响了生命成长的一曲曲凯歌。

2008 年在永威中学和蔡林森校长探讨学校管理之道

质量之于人，有两个层面：表象为学生发展的质量，深层是教师精进的质量。前者像滚滚滔滔的河流，显现面前，让人一目了然；后者则像涓涓聚来的河源，隐于远方，极易被人忽视。

两个层面两手抓，两手都要硬。因为两者连体，相互渗透，如船借水势，水涨船高。

名师出高徒，教师质地造就学生质地；高徒托名师，学生优秀折射教师优秀。

如何抓教育质量？

抓质量讲求有全局眼光、全体眼光、全面眼光。

全局眼光，指抓好教育质量必须抓住的通透的事业广角。

下棋一着不慎，满盘皆输。抓教育质量也如此。校内与校外，前沿与后勤，教师与学生，育人与教书，课上与课下，信息与大脑等。哪一个局部没有抓或没抓好，都可能功亏一篑。

内蒙古自治区杭锦旗亿利东方学校是亿利资源集团投资一个亿捐建的一所集幼儿园、小学、初中和职业高中于一体的现代化寄宿制学校。学校位于鄂尔多斯半靠沙漠半靠沿黄经济带的独贵塔拉镇。校长、副校长是从全国范围选聘的博士研究生陈玉成与知名年轻校长彭鋆奇。校领导敞开多方位、立体化的视界，从理论到实践，全面构建了独树于国内教坛的三主体（教师、学生、家长）教育模式。

面对来自内蒙古东西部十几所学校的百余位带来各自文化元素的教师，进行了教育、教学、个人自我设计的若干专题培训，开展“过五关”、专业成长“十个一”活动，重新整合、形成趋同向上的价值取向，塑造具有教育情怀，充满爱心与智慧的专业教师团队。

面对智力背景偏低，成绩全旗倒数，行为习惯散漫的农牧民子女，扎扎实实地培养其形成“十个一”习惯，训练其提升学力“十个一”要求，定影校园每日的“十大风景”，定型每年感恩、责任等四个主题月，沙漠绿洲、黄河文化等四个主题节的学校文化，一步步促进其身体、心志、德行、智能等方面的均衡发展。

面对大多数为当地农民，文化素质不高，家教水平低下，家校合作意识淡薄的家长，采取低起点、小步走、勤督促，脚踏实地开展“再塑家长十个一工程”、“双十佳家庭评选”，优秀、合格、待合格“三级家长评选”，“每学年评选十佳书香家庭和十佳模范家庭”活动，设立家长节，成立家长办公室，建立家长委员会，发行面向家长的《启明星》杂志和《亿利东方人》月报，提升家长教育子女的素质和施教水平。将教育家长这一项本来不是学校分内的工作，紧紧揽于自己的怀里，努力把学校教育的盲点变成抓教育质量的增长点；将学校文化置于地域文化的大视界去做，将学校小舞台与草原大舞台连通起来做大做强，实在是亿利东方学校领导的高超之处。

全局眼光配之以扎实工作，亿利东方学校正成为沙漠绿洲上一颗熠熠闪光的教育明珠。

全体眼光，指抓质量必须具有“一个也不能少”、“一个也不能落下”的育人广角。

“关心每个学生，促进每个学生主动地、生动活泼地发展……为每个学生提供适合的教育。”（《国家中长期教育改革和发展规划纲要（2010—2020年）》）国家的大脑，民族的思考，一清如水地申明了育人360度的广角眼光。

木桶短板效应告诉人们，水桶盛水多少，不在于长板，而在于短板。不管一只水桶有多高，它盛水的高度取决于其中最低的那块木板。由此观之，一个民族文明的高度，不仅仅取决于高素质国民的引领力度，也取决于低素质国民的文明程度。

因此，在育人事业上，万万不可忽视学品一时落伍者。木桶盛水是由一块块木板拼出的，教育质量是由一个个学生的素质合成的，面向全体是由对一个个学生因材施教才得以落实的，如果丢弃了学品一时落伍者而只抓少数精英，纵使用力再大，智慧再高，也属功业有限，因为在一大片人才低谷上，是耸不起人才高地的，犹如在低于海平面154米的吐鲁番盆地，无法隆起8844.43米的珠穆朗玛峰一样。

有传媒报道，截至20世纪末，中国现有的3亿中小学生中，被老师和家长划入“差生”行列的学生达到5000万人，相当于一个法国、十个瑞士、一百个卢森堡的人口！这个惊人的数字，无论是对数以千万计的家庭，还是对当今中国的教育来说，都是一个不容回避的沉重的话题。如何对待这些“差生”，将不仅决定着他们的家庭的前途和命运，而且对教育的成败和21世纪中国的前途也有着不可忽视的影响[54]。

如果说，多建一所学校，就少修一个监狱，那么，转化一个差生，就植出一株绿树。

江苏省洋思中学的创办者蔡林森深通此理。他写的校歌的歌名即《没有教不好的学生》。

面对不少校长千方百计招收优秀生，甚至不惜用大价钱“买”尖子生的世风，蔡林森却对那些在小学被定性为“后进生”的孩子，包括一些在外省市学校严重违规读不下去的孩子，都热情地张开双臂表示欢迎，用心着力去感化他们，引领他们创造生命奇迹。他和他的团队还套用鲁迅一句名言说："世上本没有后进生，教育的失误多了，慢慢才有了越来越多的后进生。"

他们对后进生，在情感上给予格外关爱，在人格上予以高度尊重，在管理中更多给力，具体施以三条"锦囊妙计"：合理编班，调动竞争的力量；结对帮扶，调动合作的力量；重点关注，调动情感的力量。学校关爱每一个后进生，采取师徒同桌，为学弟确定学习的小老师，还把每一个后进生承包给每位教师，教师对自己承包的后进生全方位关注，定期与他们谈心、交流，了解他们学习生活中的困难，并给予最大的帮助。后进生的进步与教师奖励挂钩。

如此这般，洋思中学取得了教书育人大面积的金色丰收。

全面眼光，指抓质量必须抓住全人化的发展广角。

全人化教育理念由德国教育家第斯多惠首倡，后由日本现代全人教育论专家小原国芳完善。小原国芳所提办学指导方针十二教育信条的第一条即全人教育，他还写出10万字的《全人教育论》，阐述全人教育的意蕴。

全人化教育必然成为未来教育的重要元素。

人类创造的全部文化铸造着人的完美和谐的人格。无论欠缺哪一种文化，人格必定也欠缺哪一种底蕴。

德、智、体、美、劳（技）、群，各育是你中有我、我中有你、彼此联动、不可肢解的整体。

诚如学问求真，道德求善，艺术求美，心体求健，劳技求能，群乐求协，然而，真、善、美、健、能、协共同配合才构得成六瓣的大波斯菊花。无论缺少哪一瓣，都意味着花朵生命的残损。

与台湾后甲中学校长王绪文（右）交谈学校科学管理

抓质量具体落实到每一个人，即构建每一个人成为全人的诸种彼此联系又不能替代的元素。

现在，可以对学校运营之脉做如下小结。

以科学教育理念为前导，时时展开文化特色和"三全"质量的两翼，再处处强化"成也执行，败也执行"的运营执行力，就形成了学

校的核心竞争力。

大有作为是生活中的最高境界。

大有作为来自持续行动。还是恩格斯说得好："一步实际运动比一打纲领更重要。"[55]中国教育最缺的还属实践，即实现目标的实践。中国的优秀校长都是行动在前的尖兵。

跟我干！洋思中学老校长、现在河南永威学校任职的蔡林森信奉"喊破嗓子不如做出样子"的常识，从早到晚，事事干在前头。他干贯始终，干在示范，干出创造。

跟我教！杜郎口中学校长崔其升坚持"医治癌变课堂从我做起"的意念，自上任后让老师听他公开课始，就一直站在讲台，蹲在课堂，评在当场。

跟我读！许衡中学校长张璧宏深信"读书使人的生命更精彩"的命题，做起书香校园的"书痴"，教师读一本他读三本。他读在头里，写在头里，用在头里。

跟我思！东辰国际学校校长祝启程通晓"行成于思毁于随"的道理，学校百事无一不经他的大脑之筛千百次地筛滤，以至条分缕析。他思起毫末，思在关隘，思向拓荒。

翻开祝启程给学生编的《学习目标管理手册》，扉页赫然印着的也是"行动者宣言"——

从本期起我要向全世界宣布：
我要做一个行动的巨人。
我要在行动中去学、去成长；
在行动中去尝试，去完善；
在行动中去奋斗，去赶超；
在行动中去增添勇气，创造奇迹。
我要马上行动，立即行动，快速行动，
直到学业精进，学业成功。
行动！行动！行动！

理想境界在前方，我们永逐在路上。方向对路，持续行动，竭诚努力，必获硕果。如哲人所说："往往有这种情形，有利的情况和主动的恢复，产生于'再坚持一下'的努力之中。"[56]再坚持努力一下，困难的关隘就有可能跨越；再坚持努力一下，转机的阳光就有可能现出；再坚持努力一下，成功的鲜花就有可能开放。

校长怎么做？笔者曾向校长朋友提出如下十条建议：

1. 修炼健康高雅的人格，告别浮躁。
2. 占有教育前沿的理念，告别陈腐。
3. 追求厚德博智的境界，告别浅薄。
4. 把握现代教育技术，告别守旧。
5. 织结八种助学网络，告别闭锁。
6. 写好教育管理札记，告别定式。
7. 上好一门功课，告别外行。
8. 抓住一个课题，告别盲目。
9. 带好一支队伍，告别困惑。
10. 打造一种特色，告别平庸。[57]

注释：

[1] 陶行知. 陶行知教育文集［M］. 成都：四川教育出版社，2005：211.

[2] 黄延复. 梅贻琦与清华大学［M］. 太原：山西教育出版社，1995：序.

[3] 毛泽东. 毛泽东选集：第一卷［G］. 北京：人民出版社，1991：177.

[4] 陶行知. 半周岁的燕子矶国民学校［M］//陶行知全集：第1卷. 成都：四川教育出版社，2005：47.

[5] 柳斌. 一个好校长就是一所好学校［M］//关于素质教育的思考. 南京：江苏教育出版社，1999：371.

[6] 苏霍姆林斯基. 和青年校长的谈话［M］. 赵玮，译. 上海：上海教育出版社，1983：33.

[7] 苏霍姆林斯基. 给教师的建议［M］. 杜殿坤，编译. 北京：教育科学出版社，1984：422.

[8] 景克宁. 生命力量［M］. 北京：人民出版社，2006：序.

[9] 海德格尔. 人，诗意地安居［M］. 郜元宝，译. 桂林：广西师范大学出版社，2000：18.

[10] 冷冉. 冷冉教育文集［M］. 大连：大连出版社，1998：322.

[11] 蒲松龄. 聊斋志异：上卷［M］. 上海：上海古籍出版社，1979：147.

[12] 李炳亭. 杜郎口“旋风”［M］. 济南：山东文艺出版社，2006：41.

[13] 木村久一. 早期教育和天才［M］. 河北大学日本研究所，译. 石家庄：河北人民出版社，1981：88.

[14] 培根. 培根人生随笔［M］. 何新，译. 北京：人民日报出版社，1996：147.

[15] 同上，146.

[16] 杜威. 杜威教育论著选 [G]. 赵祥麟，王承绪，编译. 上海：华东师范大学出版社，1981：98.

[17] 陈寅恪. 金明馆丛稿二编 [M]. 北京：生活·读书·新知三联书店，2001：246.

[18] 雨果. 九三年 [M]. 叶尊，译. 北京：人民文学出版社，1978：228.

[19] 李金初. 校长的思路 学校的出路 [M]. 北京：人民教育出版社，2009：53.

[20] 唐盛昌. 终身的准备与超越 [M]. 北京：高等教育出版社，2004：144.

[21] 吴非. 致青年教师 [M]. 北京：教育科学出版社，2010：167.

[22] 松苏内吉. 合同子 [M]. 林子木，译. 上海：上海译文出版社，1984：432.

[23] 苏霍姆林斯基. 帕夫雷什中学 [M]. 赵玮，王义高，等，译. 北京：教育科学出版社，1983：91.

[24] 东缨. 教育大境界 [M]. 北京：北京大学出版社，2007：144.

[25] 马克思. 青年在选择职业时的考虑 [M] //马克思，恩格斯. 马克思恩格斯全集：第40卷. 北京：人民出版社，1982：6.

[26] 廖文胜. 关于师德的再认识 [J]. 人民教育，2004 (21)：14.

[27] 洛克. 教育漫话 [M]. 傅任敢，译. 北京：教育科学出版社，1999：37－38.

[28] 刘文华. 刘文华教育文集 [G]. 哈尔滨：黑龙江教育出版社，1997：169－185.

[29] 傅东缨. 书写校园传奇——记呼和浩特市实验中学校长屈惠华 [N]. 中国教师报，2010－11－01. 傅东缨. 睿智，书写校园的瑰丽传奇 [J]. 中学校管理，2011 (2).

[30] 撬开活力的闸门 [J]. 中国教育报，2004－06－15.

[31] 苏霍姆林斯基. 苏霍姆林斯基选集：第4卷 [G]. 蔡汀，王义高，祖晶，编译. 北京：教育科学出版社，2001：205.

[32] 钱穆. 文化学大义 [M] //钱宾四先生全集：第37册. 台北：联经出版事业公司，1998：3.

[33] 胡适. 我们对于西洋文明的态度 [J]. 现代评论，1926，4 (83).

[34] 马卡连柯. 教育诗 [M]. 磊然，译. 深圳：海天出版社，1998：626.

[35] 柏拉图. 理想国 [M] //任钟印. 世界教育名著通览. 武汉：湖北教育出版社，1994：59.

[36] 海德格尔. 人，诗意地安居［M］. 郜元宝，译. 桂林：广西师范大学出版社，2000：73.

[37] 同上，71.

[38] 梁晓声. 论教育的诗性［N］. 光明日报，2000-04-13.

[39] 斯宾塞. 教育论著选［G］. 胡毅，王承绪，译. 北京：人民教育出版社，2005：36.

[40] 苏霍姆林斯基. 给教师的建议［M］. 杜殿坤，译. 北京：教育科学出版社，1984：183.

[41] 刘肖. 学校新文化解码［M］. 北京：教育科学出版社，2011：38.

[42] 刘铁芳. 古典传统的回归与教养性教育的重建［M］. 北京：北京师范大学出版社，2010：59.

[43] 梭罗. 种子的信仰［M］. 何广军，译. 北京：中国青年出版社，2005.

[44] 雨果. 悲惨世界：四［M］. 李丹，方于，译. 北京：人民文学出版社，1984：1218.

[45] 布鲁姆. 美国精神的封闭［M］. 战旭英，冯克利，译. 南京：译林出版社，2007：16.

[46] 泰戈尔. 飞鸟集［M］//泰戈尔诗选. 郑振铎，译. 长沙：湖南人民出版社，1983：91.

[47] 杨思卓，余兰. 创新三字诀：找抄超［J］. 新智囊，2007（9）.

[48] 东缨. 播种辉煌［M］. 北京：教育科学出版社，2008：79.

[49] 李岚清. 李岚清教育访谈录［M］. 北京：人民教育出版社，2004：302.

[50] 朱永新. 新教育之梦［M］. 北京：人民教育出版社，2002：155.

[51] 列夫·托尔斯泰. 安娜·卡列尼娜［M］. 草婴，译. 上海：上海译文出版社，1990：1.

[52] 刘然，赖配根. 向思维与情感的高山攀登——江苏省南京市北京东路小学的情智教育扫描［J］. 人民教育，2006（9）：29-35.

[53] 苏霍姆林斯基. 帕夫雷什中学［M］. 赵玮，等，译. 北京：教育科学出版社，1983：48-49.

[54] 杨一仁. 李圣珍：用爱创造奇迹［J］. 内蒙古教育，2007（6）.

[55] 恩格斯. 哥达纲领批判［M］//马克思，恩格斯. 马克思恩格斯选集：第3卷. 北京：人民出版社，1995：296.

[56] 毛泽东. 抗日游击战争的战略问题［M］//毛泽东选集：第二卷. 北京：人民出版社，1991：412.

[57] 东缨. 教育大境界［M］. 北京：北京大学出版社，2007：126.

第五章 再造师道乐土

“逝将去女，适彼乐土，乐土乐土，爰得我所。”（《诗经·硕鼠》）

圣园、讲坛、岗位，是教师美好的乐土。

在这块乐土上，说教师是学生的智力指路灯、心灵按摩师、德行示范者等比喻都很适切。美国著名的教育心理学家吉诺特说：“在经历了若干年的教师工作之后，我得到一个令人惶恐的结论，教学的成功和失败，‘我’是决定性的因素。我个人采用的方法和每天的情绪，是造成学习气氛和情境的主因。”

是的，“对几乎全部学生，尤其是尚未掌握思考和学习方法的学生而言，教师仍是无法取代的。”“在此阶段，教师起着决定性的作用。”[1]

毫无疑问，教书育人的关键在教师——素质教育，关键在教师素质；英才教育，关键在教师英才；教育质量，关键在教师质量。

再造育人良师，才是我们办好教育的支撑点，犹如阿基米德索要撬动地球的支点一样。

第一节　砥砺大爱之真

一

人世间，有一种最圣洁、最芬芳、最静美的花儿，常开常鲜，永不凋谢，日久弥香。这种花吐蕾在教坛，绽放在心窝，存留在岁月，尽染在灵魂。她用真情滋润，用爱心培育，用美德呵护，因此，注定成为花儿中的极品。

她就是教育者的爱之花。

多少年来，在对数以千计教师的采访中，抑或沉迷于教育同仁著作的阅读中，最让笔者赏心悦目的是师爱所催生的花朵，最令笔者感动流泪的也是师爱之花。

这里，笔者随手采摘几朵，与大家同赏共享。

花儿之一：宽容的爱之花。

笔者的朋友王栋生与他的伙伴在对一本学生论文专辑作最后校对时，发现一位学生有一部分内容是抄袭的，如果在平时，他们会抽去这篇文章，同时会对学生进行适当的教育。可是这一次情况不同，因为此时距高考仅有四五十天，而该生本人也看过这份校样了。如果采取行动，有可能强烈刺激这名女生，使她的事暴露在全年级面前，波及她的高考，进而影响她的未来。但是如果按原计划编发这本专辑，他们将承担编辑责任。在这种情况下，他们决定不撤下这篇文章，尽管他们会因此而受到非议，但是一个孩了能够比较顺利地通过人生关口，进入高校学习，能在以后的学习阶段改正缺点，这还是“合算”的[2]。

还是这位王栋生，一次上课时，他发现后面有位学生睡了，小声喊他也没醒，想到他也许实在是累了，怕他着凉，就请同桌帮他盖件衣服。学生醒了，神情内疚，王老师安慰说：“少听几分钟语文课不要紧，万一生了病，损失就大了。”[3]

点评：不同于一般教育原则的特殊处理，看似“出格”，实该肯定。宽容着眼于学生的精神成长，生命发展。这样的宽容是一种坦荡，一种豁达，一种大智慧，一种大境界！孩子必定永远感激你。

花儿之二：博大的爱之花。

2003 年 1 月 5 日午后，笔者偕夫人樊雅文拜访了传奇教师霍懋征。

在她的家里，这位 82 岁的老人兴致勃勃，讲她的教育人生，唠她课改的思路，读她当年学生的作文，细数着教书育人的故事。

“我特别爱孩子，赏识孩子，他们有一丁点的好也抓住，什么样的孩子到我手里都成了好孩子。”继而，她动情地忆起前不久的一件事。她接到一个电话：“娘啊，娘啊，我可找到您了，没有您，就没有我的今天！”电话里传来一个男子的声音。“你贵姓？”“我是何永山啊！”“啊，永山！你还记得我！”

何永山是霍懋征“文革”前留了两次级的学生。当年，小何特野，特淘气，没人敢说没人敢管，大吵大闹，他在教室老师难以上课，外宾来参观把他藏进厕所。新学期将至，没有一个班敢要他，怕一条鱼腥一锅汤。校长决定送他去市工读学校。

“不能送！他学习不行，但他一辈子要做人啊，给我吧！”霍懋征说服了校长收回成命。何永山没进班级前，霍老师和孩子们约法三章：谁都不能轻视他；不提他的过去；不揭他的短。她还组织学生鼓掌欢迎了何永山。

霍懋征坚信，爱的阳光能温暖冰冷的心，爱的行动能变好任何一名学生。

要激励他，必先赏识他。霍老师发现，这个孩子干活很有劲，就让他当班级清扫小组组长。霍老师也是清扫小组组员，天天按何永山的安排进行清扫。霍老师腰有毛病，小何扛来一把长把扫帚：“老师，用这把扫帚您就不用弯腰了。”霍老师很是感动，表扬他又能干，又细心，还叫他当上了给同学分饭的饭长。他干得更起劲了。大家不再讨厌他。

有一天，何永山没有来。霍老师前去看望，见他独自病在床上，父母都去工厂上了班，便立即给他买了饭，请来医生看病，这让何永山热泪盈眶。

那年“六一”儿童节前，霍老师从何永山羡慕少先队鼓号队员的眼神里，读懂了他的心，忙跑去与大队辅导员商量，给当时还不是少先队员的何永山破个例，让他背起大鼓跟随练习。霍老师还给他买了一套白衫蓝裤。儿童节那天，他雄赳赳行进在鼓号队中，纪律性极好，动作也规范卖力。不久，他光荣地加入了少先队……

若干年之后，何永山成了工人，当上了车间主任。与霍老师通电话的春节，他带着全家来到霍老师家，“扑通”跪下了，那里藏有谢不尽的师恩啊。之后，霍老师听说他患了脑血栓，即刻送去一千元表示安慰……

无独有偶，北霍南斯。

斯霞在孩子中间

2003 年 6 月底，93 岁的斯霞老师因肾衰竭住进了南京的医院，从那时起到 2004 年 1 月 12 日去世这段日子里，她在病床上与病魔作最后的斗争。期间，大部分时间里她一直处于神志不清的状态，常常连亲人都难以辨认。但是，每当有学生来探望时，奇迹出现了：斯霞总能睁开双眼，准确地叫上学生的姓名，让学生泪流满面，在场的人也都百感交集。斯霞老师为什么能记起每个学生呢？据知情人说，斯霞老师在任教期间，将她的每一个学生都装在心窝里，印入脑子里，都要一个个谈心，一家家访问，白天黑夜琢磨，久而久之，这些细致入微的劳作给老人留下了永不磨灭的记忆。

点评：浓得化不开的师爱，不是亲情，胜似亲情，那里融入的是老师滴滴心血啊！这心血，丰润着孩子们的脸庞，滋壮着孩子们的体魄，润泽着孩子们的心灵；这心血也将老师的岁月年华，化作每一个学子向上的台阶镌入永恒。

花儿之三：愧悔的爱之花。

名师李镇西讲过一个让他终身愧悔的故事。

那是一个冬天的早晨，他和学生们正在早读。门外一声“报告”，他一看，又是任安妮，便发令：“在外面站一会儿！”他要罚一儆百。面色苍白、体弱多病的任安妮怯怯地看着李老师，双唇动了动，欲说又止。

五分钟后，李老师叫她进来。她到座位想坐下，听到李老师说：“谁让你坐了？到教室后面去，在后面那儿再站一会儿！”任安妮的眼泪一下流了出来，拿着书站在那里，和大家一起读，直到15分钟早读结束。

又上了两节课后，她向李老师请假回家，说头有点昏，并说是老毛病了。李老师毫不在意地准了假。

一连几天，任安妮都没来上课，听说她回家后哭了很久很伤心。李老师也未理会。终于有一天，李老师从她母亲的口中得知，任安妮要休学了，才有些不安：莫不是因为那次罚站？她母亲说不是，确实因病。问什么病？她母亲没说。李老师说了一些安慰的客套话让任母转告给孩子。其实，他的内心里想的是，甩了任安妮这个学业差又爱迟到的“包袱”，班级成绩定会大提升的！

半年以后，任安妮复学，降到下一个年级。在校园里，每每遇到李老师时，总是羞怯而有礼貌地轻声招呼：“李老师好！”

在学期考试刚刚结束最后一科时，和任安妮同住一个院子的小沈同学告诉李老师：“任安妮早晨死了。”李老师无比震惊，前几天还和自己打招呼了呢，怎么……那一刻，他的大脑一片空白。

遗体火化那天，心情沉重的李老师和一群学生赶到殡仪馆。任母迎过来，用哭哑了的嗓音说：“李老师，我的安妮六岁就患上了白血病，医生说她最多能活三年，我一直瞒着她，也没有告诉任何人，她奇迹般地活了八年。谢谢您呀，李老师！安妮在最后几天，还在说她想李老师，想同学们。她复学后一直不喜欢新的班级，多次对我说，妈妈，等我病好了以后，你一定要去请求校长，允许我回到原来的班级啊。我想念原来的同学们，想念李老师！”

听了她的话，李老师心如刀绞。

他与同学们站在任安妮的遗体旁，想到那个冬日早晨的罚站，想到那次她请假时自己的冷漠，想到为她降班暗暗地庆幸，想到她生命的最后日子的苦苦思念，李老师万分悔恨，终于忍不住痛哭起来。

这是他参加工作以来，第一次也是唯一一次因愧对学生而号啕大哭。是夜，他含泪写下近5000字的文章——《你永远14岁——写给任安妮》[4]……

点评：一个真人真事，在名师李镇西笔下，叙写成故事文脉，小说情节：透过一朵病弱小花的谢落，展现中国教育特殊大环境下，师生之间强与弱定位的强烈对比，疏忽与眷恋的巨大反差，作者用一把犀利的人性解剖刀对准自己的灵魂深处，在一步步质疑情感、叩问生命的忏悔中，完成了师爱的真正复活。

花儿之四：忘我的爱之花。

去年，广东省佛山发生了两岁女童小悦悦（化名）被面包车、汽车两次碾压，18 名路人目击无人救援，最后 58 岁拾荒阿婆陈贤妹将孩子救起。时隔 208 天的 2012 年 5 月 8 日 20 时 30 分许，在黑龙江佳木斯胜利路北侧第四中学门前，刚下晚自习的学生，谁也没有想到，一场惨剧即将发生……是时，有三辆接送学生的车在门前停成一排。忽然，只见停在最后面的大客车，不知道为什么猛然启动，猛撞向中间大客车的尾部，又推着大客车向前面冲撞过去。当时有几个同学正走在两辆车中间，眼看着就要被挤住。他们惊恐地尖叫着，吓蒙了。汽车失控，千钧一发，刹那间，19 中学“80 后”青年女教师张丽莉向前一扑，用臀部顶出一名学生，又用手将另一名学生扯到路边，车轮从张丽莉的大腿辗压过去，她的牛仔裤全碎了，腰椎骨盆多处骨折，下肢损毁，骨肉翻卷，鲜血满路，失血性休克。学生得救了，张丽莉双腿高位截肢，生死未卜……

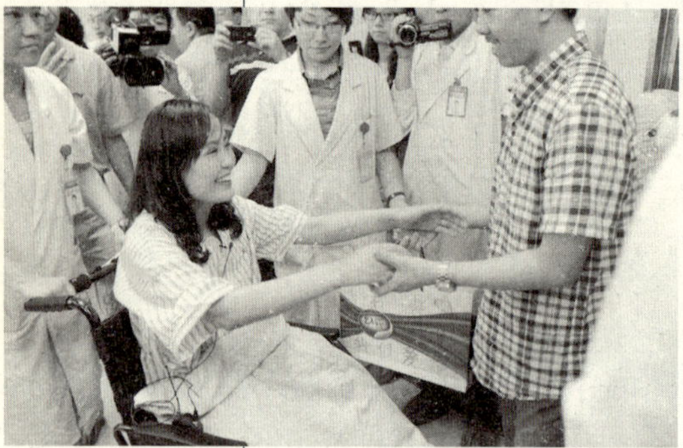

美女教师张丽莉

点评：在历史和现实奇异地交织，时间和空间激烈地震荡之际，当物质繁荣与精神失序、经济崛起与道德沉沦两相悖反的沉重命题，成为人们心中不愿接受却又挥之不去的阴影时，一束无比美丽的人性之光顷刻间迸发了，一轮无比明亮的人道太阳喷薄而出了！这光亮，这太阳，给人们以温暖，以希望，以力量，她那美丽灵魂闪射的冲击波强烈地向外辐射，正悄然校正人们的心理坐标，改善人们的精神格局，提升人们的价值天平。

这是大仁的号角，这是深爱的春雷。

二

“没有爱就没有教育，爱生是教师的天职。”

这是 1992 年 1 月 26 日病中的斯霞老师给笔者回信里对师爱的诠释。这在当时语境，自这位从教 64 度春秋的老教育家的笔端写出，自然不同凡响，熔铸了沉甸甸的思考结晶。

古往今来，有关师之爱的精彩议论与描述，委实太多。而力拔头筹的当数19世纪意大利小说家亚米契斯的儿童文学名著《爱的教育》。这部以一个孩子视角，用日记体写成的小说，将“爱”的真谛演绎得淋漓尽致。

20世纪20年代初，《爱的教育》第一个中译本的译者夏丏尊说，“这书给我以卢梭《爱弥尔》、裴斯泰洛齐《醉人之妻》以上的感动……平日为人为父为师的态度，读了这书好像丑女见了美人，自己难堪起来，不觉惭愧得流泪。”[5]

夏丏尊本人对教育的爱也有精当的主张。他认为当时教育只注重外形制度和方法，而无视对人的培养，好像只注重掘池，而没人注重池的要素——水。他说：“教育上的水是什么？就是情，就是爱。教育没有了情爱，就成了无水的池，任你四方形也罢，圆形也罢，总逃不了一个空虚。”[6]

围绕着“爱”，我们当深入地进行一些必要的思索。

何以说“爱即教育”？

理由很简单：爱是教育的根、教育的源、教育的魂。爱，澎湃生命的热情，照耀人性的阳光，吹拂春风的和暖。在人世间，爱与空气、太阳、饮水一样，不可离开须臾。诚如冰心所言，有了爱就有了一切。其中深邃的内涵，相似于惠特曼的“爱，是一切的动力”[7]。爱的本质是给予，是教育。

师爱是什么？

禅语说：“一花一世界，一叶一菩提。”**师爱是情感，是操守，是品格，是境界，是能力，是智慧，是技艺，是襟怀，是眼光，是打开各式各样学生心锁的一把万能钥匙。**

从逆向思维说，师爱不是恩赐，不是施舍，不是买卖，不求报偿，她好似大海给予白帆蔚蓝的依托，长空献给大地晶亮的雨丝。

她如同从心底里自然而然流淌的清泉，用情感凝结出来的甘甜的雨露，绽放于灵魂深处静美的花朵。

爱到深处，师德的内涵才更美丽而鲜活；情至浓处，师道的外延方愈广袤而深远。

正如一副对联所写的那样：

一支粉笔两袖清风，三尺讲台四季晴雨，加上五脏六腑七嘴八舌九思十想，教必有方，滴滴汗水诚滋桃李满天下；

十卷诗赋九章勾股，八索文思七纬地理，连同六艺五经四书三字两雅一心，诲人不倦，点点心血勤育英才泽神州。

这种爱，虽无亲无故，却有情有义；虽一走一过，却永生永世：织就无私无畏之经，结成实心实意之纬。

师者与爱有何等干系？

教师是人间的爱神，是爱的化身，是发光的教科书，是高品位的文化载体，是精神上的智者。

大爱是教师教育生命的最高境界。爱知识、爱学科、爱学生、爱职业，是充溢在教师心灵里的情感脉络，更是他们教育人生中不懈追求的人生真谛。

大爱超越规定，高过职责，胜于常理，乃大善若水，真魂毕现。

师德和师爱有何种关联？

两者完全融通：有德才有爱，大德有大爱。德是种，爱是苗。德是根，爱是树。当下，有一类教师眼盯着学生的钱包，课上讲授如老和尚念经有口无心，校外补课则似演说家登台有声有色。学生视他们的补讲，等同于商人出售的衣物、文具之类，他们也只是知识零售店的店员，师德流失了，师爱也蒸发了。生活在经济社会，教师离不开市场，但是，教师一旦从思想到行为都走进市场、参与市场、融入市场，教育必然失去精神的丰盈，铜臭气味充斥。

高师的大爱有何特征？

高师大爱无疆，“爱满天下”（陶行知语）。陶先生拥有了大爱情怀，才有了他“为了孩子，甘为骆驼，于人有益，牛马也做”的意念，那种“千教万教，教人求真”的执著，“捧着一颗心来，不带半根草去”的奉献。

高师大爱无痕，像水之润物，烟之扩散，气之弥漫，悄然无声而余音袅袅，平和淡远却挚情浓烈，长久留给孩子心灵的，是德的彩霞，智的火光，美的地平线。心无杂念，走出世俗，予人玫瑰，手有余香。

高师大爱无私，不择对象，如“天无私覆，地无私载，日月无私照”（《礼记·孔子闲居》）。歌德也有《我爱你，与你无关》诗：“我爱你，与你无关……爱的情感只属于我的内心，只要你能幸福……其他的你都不用管。”

由此出发，越是缺失爱的学子，教师越该偏爱；越是不招人爱的孩子，教师越应多爱。教育之爱，没有差异，没有盲区，没有被遗忘的死角。有此基点，施教就有了方位，有了责任，有了动力，有了博爱之心。

要记住：每一个孩子都是教师胸前一枚闪光的奖章，只是有的奖章尚未被擦拭出来罢了。

大爱源于何等境界?

源于人品的与人为善，即以培养出超越自己的学生，让自己的智慧生命得以传承，就像历史在遗产中传承，现实在未来中传承，父母在子女事业中传承一样。著名科学家、曾任上海大学校长的钱伟长每日黎明即起，挑灯伏案，手持高倍放大镜，一字一句批阅学生论文，他那渊博学识与精深思想的乳汁汩汩而淌，悄悄地注入学子的心田。

源于学品的学而不厌，即以发展与完善自我的不断突破，为学生竖起路标。年迈的孔夫子“韦编三绝”，“发愤忘食，乐以忘忧，不知老之将至”（《论语·述而》）。此为司马迁所赞的“高山仰止，景行行止”的先哲风范!

源于教品的诲人不倦，即以“传道、授业、解惑”，赢得学生的最好发展为天职，以艺术性地启动学子的智慧之门为乐事，尽享人世间精神与文化传承的幸福。当代名师魏书生曾长期任两个班班主任、语文教师，几乎每日都接待天南地北数百名来访取经者，每年又回复四面八方上千封咨询信件，应邀到各地上课讲学，飞来飞去，却习以为常，乐此不疲。

师者缺少爱将如何?

列宁说：“没有‘人的感情’，就从来没有也不可能有对于真理的追求。”[8]教师若丧失了爱，他的全部教育行动就没有了生命力。这就意味着内在精神之堤的崩溃，不免要从师道的底线向下滑落，甚至构成对为师职业的逆反与背叛。

没有爱的教育是教育的荒漠，丢失爱的课堂是育人的坟墓，抛弃爱的师生就如同陌生的路人。

著名特级教师任小艾曾向笔者讲述了一个发生在她同事身上的故事。

她的同事班里有一个小男孩，已经13岁了，整天愁眉苦脸，无精打采，沉默寡言，木讷得像个弱智少年。

这个孩子童年时可不是这样，爱说爱笑，爱思爱问，好奇心极强，有个外号叫“为什么”，因为他每堂课总是接二连二地向老师提出问题。开始时，老师还有三分爱心，当众表扬了他好动脑筋，没想到老问老问，老师烦了，原先的三分爱心变得没耐心了。

有一次，老师刚讲完一个问题，他就站了起来：“老师，为什么呢?”老师眉头紧锁，生气地说：“人家谁也不问，你却一个劲儿地问，讨厌不讨厌啊，你简直是个‘小讨厌’!”

这个小孩儿郁闷地坐下了，两只眼睛里的火花倏忽间也熄灭了。

课后，同学们再也不叫他“为什么”了，而开始叫他“小讨厌”，从此，“小讨厌”就成了他的绰号了。

老师的一句话，可以成就学生的一生，也可以毁了学生的一生。这位少年不是一个有力的明证吗？

爱的极致是什么？美国心理学家威谱·詹姆斯有句名言：“人性最深刻的原则就是希望别人对自己加以赏识。”

爱的极致是教师对学子的由衷宽容、欣赏与敬重乃至崇拜。

宽容是真情的呵护、高尚的尊重、深层的理解、热切的等待、冷静的修养，是人际的高格境界。宽容他们的一事之误、一孔之见、一时之跌。

欣赏是高度的信赖、清醒的思索、透辟的预见、富于前瞻的远视，是智者哲思的发现。

欣赏他们鲜活的思维流，敬重他们美丽的心灵湖，崇拜他们旺盛的生命树。

何以如此？师者当具有强烈的生命意识和人性意蕴：对生命极限的追寻和发掘，对生命尊严的敬畏和培植，对生命价值的叩问和探索，自始至终贯串着师者理性思考的路程，因此也自然地牵引出一条底蕴深厚、践行扎实的大爱的轨迹。

师道无痕，师道即人道；学品有形，学品即人品。人道归一个“善”字，“一颗善良的心就是一席永恒的筵席”[9]。人品结一个“真”字，一颗真诚的心则是人间最纯净的清泉。“善”和“真”融于教师身心凝一个“爱”字。“爱”是万物万类最奇美的情感名片。故教师当有古人保护钻木所取火种一样的珍爱之心，保护孩子纯真、欢快的心情。

三

“你爱学生吗？”据一个科研部门对两千多名教师的问卷调查，肯定回答者占答卷教师的90%以上。

“老师爱你吗？”同一部门的问卷交给答卷教师的上万名学生，肯定回答者则只占答卷者的15%。

怪哉，两者的差距可谓大矣！

教育者一方自以为全身心地爱学生了，学生一方则对师爱浑然不觉，毫不买账，更不领情，其根本原因在哪儿呢？是教师的爱施得不够，还是学生对爱受之冷漠？是生对师所施的爱缺乏人性化的共鸣，还是师者之爱产生了不应有的异化和歧义？

爱的分歧的背后，是施爱方与受爱方对爱的理解大相径庭。

原来，爱有真假之分。

就界限而论，真爱体现为一种境界。

真爱，是真心为学生的健康成长思谋。

家讲兴旺，国讲发展，人讲成长。

成长比拥有更重要。健康型成长比损坏性成功更有价值。

以此观之，对学生，不管其休息、睡眠，不顾其近视、脊曲，不理其情结、心态，堂堂猛灌，日日题海，周周“片追”，期期督战，岁岁催命，造成学生身心深度疲惫，人生兴趣殆尽，这真的是对学生的“爱”吗？学生会把此种摧残视作“爱”吗？即使如此运作学生考取了大学，又会给他们的生命罩上怎样驱之不去的阴影，为他们的人生家园播下什么样的毒种？

据载，从1977年到2006年的30年里，全国各省状元全军覆没。中国已经获取世界数、理、化、生奥林匹克竞赛金牌不知多少了，不少学校都把这些金牌作为炫耀的资本，但没有一个学校敢于披露这些金牌选手职场上的表现，因为他们和高考状元，同王安石笔下哀伤的青年方仲永一样，“泯然众人矣”。

诺贝尔物理学奖获得者丁肇中有经验之谈：“孩子在学校考第一不代表什么，至少，我认识的那些科学家们，都不是年年拿第一的好学生。”

“北大清华再争状元就没有希望。”武汉大学老校长刘道玉在2012年暮春召集的“《理想大学》（北京）专题研讨会”上如是说。他主张大学必须返璞归真。要彻底摒弃豪华办学的做派，使大学回归到中世纪的模式，因为那时大学“没有任何我们认为是显而易见的物质存在的属性”。北京大学钱理群教授更是语惊四座：“我们的一些大学，包括北京大学，正在培养一些‘精致的利己主义者’，他们高智商，世俗，老到，善于表演，懂得配合，更善于利用体制达到自己的目的。这种人一旦掌握权力，比一般的贪官污吏危害更大。”[10]

千方百计鼓吹拿第一、争高分，是窒息人才的教坛“蒙汗药”。此药极具诱惑力，让制药者、下药者、喝药者一块舒舒服服跟进，浑然而不觉。

过早开发，过度损耗，超前教育，超强训练，与素质教育相比，同分不同值，育分不育人，像不停被注入了催生激素、高效化肥的作物，给孩子造成的是深度疲软，是厌倦情结，是快乐沦丧，是畸形人生，是收获又苦又涩的“反季果”。这样的孩子也许小赢在启蒙阶段的“起跑线”上，却大输在生命本质悄然流失、人的精气神倏忽泯灭的人生旅程之中。

这种“毁人不倦”的教育哪里是爱？这是导引、推拥我们的孩子跳入人生的陷阱火坑，使他们成了某些教师、校长、学校急功近利捞取荣誉的牺牲品。

这是学子个人的悲哀，更是国家民族的不幸。

不管主观上是出于怎样的动机，培养出这样的人所付出的“爱”与我们所提倡的“大爱”风马牛不相及！把这种爱斥为“毒品”毫不过分！高考成功，人生失败。

《新周刊》曾刊登过一篇相当有影响的文章《有一种毒药叫成功》，直言成功学是现代社会三大毒药之一，更指它以教育之名，行“毒”化社会气氛、“毒”化人心、破坏多元价值观之实。窒息民族的生机和活力，阻碍中华民族崛起的步伐。

原来，爱有大小之别。

就视角而言，大爱展示为一种眼光。

大爱，是为学生的一生的人发展和人幸福奠基。

此为一种深邃的爱、长远的爱，与真爱相伴而生并肩而行。

这不禁让我们想起一个战国时期的故事：赵国大臣触龙说服赵太后，用幼子长安君做人质，以让齐国出兵救赵时说：“父母之爱子，则为之计深远。”骄横固执的赵太后还是接受了触龙的谏说，送幼子做人质以“有功于国”，为日后“自托于赵”《（触龙说赵太后）》。两千二百多年前的太后，尚且懂得爱子的深远，生活在今日的教师，自然更该懂得爱生的长久。

著名教育演说家景克宁教授将上每一堂课、做每一次演讲，都当成心里去传承思想文化，去广施博爱。他感慨地说："面对学生，教师应视每一堂课都是自己的盛大节日，当全力以赴。"[11]

近年来，电视等媒体屡屡报道，有一些教师，多少年坚守讲台，面对简陋，忍受贫穷，甘愿清苦，不曾稍懈。他们追求着那里孩子"一个也不能少"，都走出大山、荒漠，像鹰一样奋飞于祖国的四面八方。正是践行着这种大爱，他们演绎着一个个细小而麻烦的爱的故事：铺石，架梯，引路，放飞……每一个细节都连着大举，每一次小事都藏着大爱。

当代格鲁吉亚著名小学教师、杰出教育家阿莫纳什维利对学生饱含着圣洁的大爱，他说："要全心全意地爱儿童。为了这样地爱儿童，就需要向儿童学习应当如何表示这样的爱。教师应该把每一个学日、每一堂课都看作献给儿童的礼物。教师与儿童的每一次交往都应该使双方感到喜悦和快乐。"[12] 他甚至经常反复研究怎样说"孩子们，你们好！"。他认为"这是一个重要的教育学问题……在这一时刻更重要的是要掌握说这句话的语气和面部表情。"因为"由于语气不同，将改变人们对您的态度"[13]。

广西北流市六麻镇上合小学水表分校的教师黄业珍，紧握从退休父亲手里接过的教鞭，扎根深山28年，坚韧地为山里孩子撑起一片天。2005年，黄业珍的母亲病逝当天，她15岁的独子又溺水身亡，丈夫的精神病复发几至癫狂……面对这一切，她默默地葬下儿子后，第二天又站到讲台前。这是每天由她背着上下学的残疾儿小龙。师生相处胜过母子

原来，爱有会与不会之异。

就方法而析，会爱是一种能力。

此种能力，要求教师时时处处从学生的需求、情趣、特征里寻求爱之切入点，从他们认知、思维、心理的实际确定爱之撞击点，从多种时间、空间方法中筛选爱之智慧点，让学生在不经意之间感悟到爱，理解着爱，接受了爱，用显而易见的顿悟式成长回复了师爱，达成了爱与爱的高效转化。

趁上课间隙，北京四中丁榕老师带上治关节炎的药，去家访没上课的王芳。王芳的姥姥愣住了，王芳上学了呀！有同学约她，像拿了一张什么票！

正徘徊在影院附近，和三个男青年又说又笑走进影院的王芳，在丁榕的视野中出现了。重点中学、优秀班级，公然有人逃学，令她做梦也想不到啊！马上告家长？报学校？坐等"捉拿归案"？不！

在估计的时间内，丁榕二访王家。

“你今天上学了吗?”“上啦。”

“你几点到学校的?”

“按时到的……”

“你再说，几点到的……”在屋里一老一少火药味正浓的关节上，丁榕推门而入，笑迎上去：“姥姥，您别着急呀!早上是我看错了座位……”

“是吗?您走后，我越琢磨越不对，早上那个同学送的票。”

“噢，那是明天下午球赛的票……”

姥姥听后露出笑容：“她爸爸、妈妈都不在北京，我担着责任呢!……看，一大早，丁老师看见你位子空着，以为你病了，给你送来了药，一上午就跑了两趟……”

王芳被这突如其来的戏剧性的解围迷惑了。一贯认真、诚实的丁老师竟为自己编了一套“瞎话”，老师变了?过去没看透?不，不，是挽救自己受伤的心呢……

当丁榕微笑而别，走进门外雨幕时，王芳按捺不住感激之情追来：“丁老师——等等——”她把雨衣披在丁榕身上。这个从不服输、性格倔强的孩子，竟伏在丁老师肩上，伤心地哭了，哭述着迷途的一切……

一段“瞎话”，巧铺台阶；欲擒先纵，曲径通幽，透出高师那种教艺的超俗、灵塑的机智——巧开疏导之渠，智借情境之力，妙展火候之功，造成了师爱的时、空、法的综合效应。

在日本，一个叫小豆豆的一年级女孩，让老师、校长伤透了脑筋。她上课时注意力不集中，总是乐此不疲地“啪啪”开关桌子，站在窗边和燕子说话，惹得全班哄堂大笑；跟路上的宣传艺人打招呼……有一天，小豆豆因淘气被原学校退学，来到巴学园，没想到，却受到小林校长热情的欢迎。

小豆豆不是爱说话么，他将她请了来坐下，面对面让她尽情讲。小林校长全神贯注地瞅着她，连续听小豆豆足足讲了四个小时。期间，校长没打一回哈欠，更不愿打断她的话，只是微微笑着问几句：“后来呢?”或者说：“原来是这样的啊!”没有一点不耐烦，没显出一丝厌倦。

小豆豆不是好奇么，小林校长就想到用废弃的电车改装成上课的教室，尊重小豆豆一个个天马行空般的想法；上课，让学生自选科目，喜欢哪科就钻研哪科；散步，让学生到野外去，和大自然交朋友。

小豆豆不是总爱勇敢地冒险么，那就顺着她的天性好了。她的钱包掉到厕所里，她把粪坑里的东西全捞出来，堆成一座“小山”，小林校长只说：“弄完之后要放回去喔。”小豆豆有一天单臂吊在树上，校长走过来问她在干什么，她说，她看见牛肉也是这样整天被挂着，“我今天想做牛肉”。校长听完，只是轻轻地“哦”了一声就走开了。小豆豆爱钻篱笆，衣服总弄得破破烂烂，校长为了让孩子毫无顾忌地玩耍，就请家长给孩子穿上最破烂的衣服到学校里来……

这个小豆豆，就是日本著名作家黑柳彻子。她在《窗边的小豆豆》一书中自述了童年一段真实的故事。

小林校长走进儿童的内心深处去发现童心奥秘，用尊重与信任撕下“坏孩子”的标签，并给予充分的时空去探索、观察、创造，使“怪味豆”的小豆豆们快乐地走向光明的未来！这样的爱，产生的效力简直不可思议。

“要不失时机地从现在起就引导儿童去从事他们力所能及的引人入胜的事情；在从事这些事情的开始阶段就应该使他们得到初战告捷的快乐，不能使他们遭受出师不利的痛苦。”[14]

在格鲁吉亚一所小学里，阿莫纳什维利有一个通过教师激发，使不爱读书变为爱读书的孩子的成功事例。

瓦赫坦是一个不爱读书的孩子，他母亲经常抱怨“这孩子连书也不见他摸一摸”。

有一天阿莫纳什维利给瓦赫坦讲了一个故事，然后和瓦赫坦说：“我讲的就是这本书里的故事，你听说过吗？”“这本《九兄弟的故事》读起来很有趣，也很有教益。我希望你今天把它读完，明天讲给同学们听。你能讲得很好的。”

“第二天，在课间休息的时候，我与瓦赫坦关着门留在教室里，先由他把他准备讲给同学们听的故事讲给我听，然后我给他纠正，给他示范，应该怎样有表情地讲述。

“在数学课上，我找到适当的机会，悄悄地告诉迈娅、伊利科、达托，希望他们在瓦赫坦讲故事的时候要赞扬他，并告诉他，他们都非常喜欢听这个故事，瓦赫坦富有表情地讲述了故事；我还希望他们能向瓦赫坦表达一个愿望，请求他再多阅读一些故事书，在明天、后天再给他们讲故事。

“一切都按照我的预定计划进行。瓦赫坦给全班同学朗读了故事，并进行了复述，他得到了同学的好评，受到了鼓舞。”

现在他已不是在课堂上给同学们讲故事了，而是在课间休息时、在走廊里，或在课后给同学们讲故事。在他面前突然展现出了一个书的世界。他母亲不再抱怨他了，高兴地说：“这孩子变了！”[15]

让弱势方不知不觉之中得到爱，让受助者不失尊严、不背心理包袱地接受爱，从而化作极大的力量——这种懂爱、会爱、呵护爱、珍惜爱的能力一旦修炼成熟，爱之树就愈发变得根深、干壮、枝繁、叶茂起来。

四

爱是亲切动情的，是细微有境的，是具体可感的，因此，她像一团火暖在人心里，又像一支乐曲鸣响在人的心空。

道德、品位、能力，是爱的文化的全部内涵。

施爱知爱，心领神会，共耘爱园，是爱的传递的线路解码。

在课堂，在圣园，在家庭，在社会，无处不见爱的传递的气息。

课上，女教师下发数学卷子时不无惋惜地说，有一道题因同学们没点小数点，都错了。少顷，一名男孩拿着卷子来到讲桌前：“老师，我点了，您没看清。”教师一看，小数点是新点的，墨迹刚干。但是，她还是立即用红笔改成对号，又在那个小数点周围，重重画个象征疑问的红圈，什么也没有说。而男孩子的额头却立即渗出数个晶亮的汗珠。此后，他的数学成绩一路攀升，如此的“恶作剧”再没发生过。

无疑，老师的爱已刻入孩子心灵的永恒。

山村小学美术教师让孩子们画一幅创造画，画自己最喜欢最心爱的东西。

画毕，孩子们纷纷将自己的作品贴在黑板上，并向全班小伙伴讲述自己的画意。于是，一个个孩子争抢着讲着自己画的各类玩具、各种果品、各样动漫，以至花草树木、禽鸟鱼虫、山河湖海……

唯有一幅画怪怪的，像是手。作画的小男孩腼腆地站在画前，微低着头未作声。

“你画的是——”

“是一只手。”小男孩怯怯地，近乎耳语。

“是谁的手啊？”

“老师，是您的手。”美术教师恍悟了。这小孩家在校门前河对面三里外的小山坳里。每日早晨，由他妈妈送来；下午放学，则由身为班主任的她，再牵着手送他回家。

手啊，心爱的手啊，化作了孩子心中伟大师爱的标识……

初春的学校桃李园。

一位男班主任找一名早恋的女学生谈心，却只字不提男女之事：“你看，这棵桃树，因为春天到了，开始发芽了。多好的春天啊，给万物带来了生机！你看，一棵芽，以后就是一朵桃花，再以后，就是一个个又大又甜的桃子呀！”

“怎么搞的，这里已开了一朵花，哎，开早了啊！现在还没到开花的季节，没到开花的时候开的花，是一种无结果的花啊！”

学生听到这儿，心里似乎被无形的手猛推了一下，接着又听到：“争春，不一定提前表露；旱柳提前发芽，但春天刚到，就开始枯黄，飘落无情的柳絮；竹笋，春日还把头埋在土里，吸收着丰富的水分和营养，后来拔地而起直冲云天……”教师似乎无意识说的话，那女生默默地垂首细听，听出话中有话，弦外有音，品察其味，领悟其义，终于，她默默地点点头，心帆开始转向，老师的语言卷动她的心湖顿起一池波澜……

这是怎样一段含蓄的语言啊！

这是怎样一位有爱的能力的教师啊！

物理课上，全班同学在做课内练习。教师观察到一名女学生的神态不对头，做作业有点偷偷摸摸的，便从另一侧悄悄转到该生旁边，才知她在做别科作业。为不伤她的自尊心，教师并没戳穿她，若无其事地走到讲台前，盯向那位学生，她却仍浑然不觉。

这一次，教师从正面走到她面前，她“唰”地把那作业用书本盖住，脸也红了起来，瞧了教师一眼，忙乱中做起了物理练习。教师还是没一句批评，连课后也没找她谈话。

无言的尊重远远胜过厉声的斥责。此后，该生从哑默的爱抚里汲取了转向的力量……

小学生飞飞是电脑游戏迷，爸爸妈妈管不了他。教师对他却满怀信心，飞飞感觉不到，依旧沉迷其中。一日，飞飞被教师从网吧找回来，去办公室路上，他借故又趁空当跑了，找了一家偏远的网吧，继续“享乐”着痴迷的日子，玩了几天，连他自己都说不清。

忽一日，一个熟悉的声音在柜台上响起：“请问有没有谁看到一个学生，这么高，我们老师找了六天，网吧全找遍了，可还是没找到，求您帮忙！”飞飞听着听着，不由跑了出来。教师看到他，激动极了，说一声“飞飞……”就晕倒了。班长生气地说：“王飞飞，你知不知道，老师这些天吃不下，睡不着，急出了病！”这件事过后，飞飞醒悟了，从网瘾走出来，认真学习，后来考上了大学计算机专业。那天是教师节，教师收到飞飞的一张贺卡，上边是一枝美丽的梅花，写着：“谢谢您，没有放弃我！”

这哪是普通的贺卡，这分明是一颗感恩谢师的爱心啊！

抽烟饮酒，结伙打架，染头文身，从成都少管所出来的小冯，被钟老师执意留在自己班里。

他每天约他在校园散步，主动倾诉自己求学时犯错误的经历，化解小冯冰冷的心；继而，两人又转入书信交流、发短信和网上聊天，钟老师及时送去一次次鼓励赞赏的春风。

当发现他特别想出国，就鼓励他把英语学好；发现他对英语特别酷爱，口语尤好，钟老师就安排他当英语课代表。一个学期以后，小冯在全班英语成绩取得第一（钟老师配合英语教师故意设计的），从而赢得同学们信任的目光。时机成熟，钟老师将他推上了纪律委员的位置，让他在班上有了朋友，不再孤独。

为防止反复，钟老师教他认友交友之道，引导他断绝外围关系，还继续帮助他从行为上校正不良习惯，三个月后他发型变了，行为习惯改了。有一天，他找老师说：“从本周起，我开始在校托管，我害怕老朋友再来干扰我。”钟老师很感动，抓住他托管不能回家的机会，周六约他出去吃饭，既防止他孤独，又增进师生感情。

如今，小冯已到澳大利亚读书。他一次次给钟老师打来的越洋电话，述说感念不尽的情怀……

开学收学费。

小英对李老师说："爸爸在外地打工，家里没钱，要不，我就只能退学了。"

李老师拨通小英父亲的手机，回答也是"没有钱，能不能晚点，不然只好……"李老师说："绝不能让小英失学，我先替您交上，待赚到钱再还我。"原本很拮据的李老师替小英交上一千多元学费。父女俩都十分高兴，小英又能上学了。

然而，小英毕业已很多年了，小英的父亲却始终没有还钱。

李老师想："只要他们一家人生活幸福，值！"为了孩子心中的父亲形象，他也始终没把这事儿告诉小英。

一股爱的暖流，在师生的心灵之间流淌。

中午，突降倾盆大雨。

家住某中学校内的小军老师想到孩子们可能没带伞，便冒雨跑回家抱来一把把伞，这还不够呀，他又让孩子们用自己的电话联系家长送伞。

在一声声"谢谢"里，他与身旁的孩子在教学楼上望见，他九岁的女儿用手抱着头，浑身透湿地从学校向家中飞奔，脚一滑还重重跌了一跤。学生们流泪了，他也很心痛，但他知道自己的孩子是孩子，班里的孩子也是孩子；女儿是一个孩子，而班里却有一大群孩子。一种甜蜜的爱，一时间占据了心窝。

这就是爱，每一位师者每日每时所释放着的爱，所弹奏着的和谐的爱之歌。

英国诗人雪莱曾这样形象地咏叹爱之歌：

你看高山在吻着碧空，
　波浪也相互拥抱；
谁曾见花儿彼此不容，

姊妹把弟兄轻蔑？
阳光紧紧地拥抱大地，
月光在吻着海波……[16]

苏格拉底把“爱”活化为“微笑”，径直发问：“在世界上，除了阳光、空气、水和微笑，我们还需要什么呢？”

俄国哲学家、文学评论家别林斯基对爱的解读少了一点浪漫，却多了一点透析：

任何人的爱，应当是意识清醒、思维聪智的感情，应当是高尚精神的爱。但是这种爱又是什么呢？——即是生活，即是精神，即是光辉……一切由爱来维系，而全部世界就是爱的表现[17]。

若从这一个窗口而视，**爱即教育，爱即师道，爱即精神高境，爱即师生幸福完整的生活。她如清风吹拂，似阳光辐射，在圣园里，在人心里，无所不在，无时不在，交会成温馨而崇高的画卷。**

看啊——

爱是早晨为学子梳理好被狂风吹乱的头发，再在发辫上扎起漂亮的蝴蝶结；

爱是看着孩子脏兮兮的花猫脸，给他递去一块散发着芬芳的手绢儿；

爱是晨点时，那一声常说常新的“同学们好”的饱含温情的短语；

爱是每日检查一双双小手卫生时，或欢喜或怪嗔的表情；

爱是弯下腰与学子直视那一刻流淌出心窝的声息；

爱是任孩子的倾述、争论、辩解，哪怕撒谎，也全神贯注地聆听；

爱是自扮老鹰东奔西扑抓“小鸡”时由衷的投入；

爱是在学生拿着掉落的乳牙惊慌失措的当儿，送上一句柔声的安抚；

爱是课堂参与学子的问题争论时，有意固持误解并极力与对手雄辩的心曲；

爱是用心写在孩子作业本上那段令人怦然心动的评语；

爱是课间趁你玩得专注，偷偷从背后蒙住你的眼睛，听你欢笑着猜测我是谁的迷惑；

爱是面对你的捧腹蹙眉，立即端给你的一杯热水和对症的几片药；

爱是竞赛场上你跑到困难期时，为你“加油，加油”的呐喊打气与擂鼓助威；

爱是老师与你信誓旦旦打赌“成交”时，双方对视中响亮的击掌；

爱是敏锐发现你的委屈，适时对你声声入耳的心灵按摩；

爱是在你揣有几分茫然、困惑时，拨云化雾的指点迷津；

爱是看你即将头一遭登台演讲面容羞怯，送去“大胆！成功！”的鼓与呼；

爱是让学子敢上大会独出心裁地畅抒己见，赠以“放心！有我！”的助之力；

爱是当你顺风顺水、一路急进的途中，神秘地在你耳畔说上一两句该注意的悄悄话；

爱是在你的生日那天，微笑着送上你上次获奖时悄然为你拍下的照片——一个甜美的惊喜；

爱是与学子一块打球、弹琴、唱歌、作画、下棋……激活其兴趣的痛快酣畅；

爱是领学子走出校门，去观察社会，体味人生，拥抱大自然的人生滋味；

爱是对千姿百态的个性之峰细细观照；

爱是对千差万别的心灵之鸟暗暗祈祷；

爱是为了学子的一道难题、一个疑问，夜不能寐的思索，通宵达旦的查阅；

爱是为娴熟地泛舟诲海铸魂树人，长年累月以书为友、以思为伴、以贤为师的苦苦摸索与进步；

爱是攀爬教山、耕耘心灵而结晶出的一篇篇、一部部深烙自己印记的文章著述；

爱是如马卡连柯让曾经抢劫的青年谢苗去取钱一样，对问题学子不揭短，不戳谎，照样无比清纯的信赖目光；

爱是将学子最想读却未得到的书，神不知鬼不觉放进书包的举动；

爱是参与学子对文理科选择时高屋建瓴的点拨，使其志趣的翅膀自主地展翅翔舞；

爱是对家庭暴力、单亲少爱的学子，捧出一腔慈母仁父般圣洁的情愫；

爱是与也是独生女的学子交谈独生女的人格感受，进行心性的对光和反照；

爱是对遭遇青春期浪潮，被席卷得魂不守舍的学子，投之以坚实有力、度过危机的理性缆绳；

爱是与学子一块琢磨哈佛大学“目标威力”调查，并助学子描画长远、清晰而适切的志向坐标；

爱是家访时，当着学子的面，对家长摆出条分缕析的赞赏，及对学子一语中的的箴言；

爱是把管理班级的一份份责任下放给一个个学子肩头的良苦用意；

爱是每天夜晚自己精心书写的博客，对学子们掏出滚烫的心；

爱是送孩子们毕业分手在校门口时，那深情拥抱，那发颤话语，那执手泪眼，那空落落的魂魄；

爱是对别离身旁、远走高飞的学子，静静地思惦，默默地祈祷，一辈子久久的守望……

还有——

爱是对学子是非糊糊涂涂的理智原谅；

爱是对学子做事马马虎虎的从容对待；

爱是对学子成绩起起伏伏的透辟理解；

爱是对学子错误反反复复的高度宽容……

还有——

爱是一次次赞许；

爱是一声声慰藉；

爱是一句句叮咛；

爱是一回回祈盼；

爱是一场场制止；

爱是一番番坚持；

爱是一日日等待；

爱是一年年呵护；

爱是眸子里教书得法的淡淡笑容；

爱是睡梦中育人不力的重重叹息；

爱是偶见学子灵魂受伤自己心头的簌簌泪涌；

爱是常感学子人格突升自己面庞的朵朵霞飞；

爱是让学子珍惜年华，如同世人珍惜一现的昙花；

爱是给学子心灵呵护，像呵护清晨草叶上凝集了一夜的晶亮露珠；

爱是给梦拴一条绳，给心掘一眼井，给脚安一个轮，给眼耸一座峰……

还有——

爱是无声的示范；

爱是有形的暗示；

爱是不倦的教诲；

爱是委婉的劝诫；

爱是智慧的撞击；

爱是个性的舒展；

爱是人格的熏陶；

爱是灵魂的洗礼……

第二节　望尽桃李之蹊

一

爱因斯坦曾说：别人赞扬他思维能力强，有创新精神，他一点也不激动，他作为大科学家对这类话早就听腻了，但如果谁赞扬他小提琴拉得棒，他一定会兴高采烈。

这段话很是耐人寻味。

一位现代物理学奠基人，竟尤其喜欢别人用超常规的视角、独特的眼光、去挖掘他那鲜为人知的特长，引发他心灵深处的兴奋点。

这种独特的挖掘，言人之所未言，见人之所未见，做人之所未做，不是别的，乃是发现。

这种发现之于教师，简直如同爱心之于教师一样，也是须臾不可离开的珍宝。

先让我们切入几个不同的视角，体味一下发现的贵重。

——课堂发现。

陕西省汉中市龙岗学校一节数学课。

教学内容是比和比例。

女教师阳晓岚引导学生研究了比和比例的区别之后，转问又一个问题："比和比例有什么联系呢？"她环顾全班学生，教室里出现了片刻的宁静。

一个思想怪异、成绩平平的叫小龙的男孩急切地举手抢答："比是比例的老祖母！没有比就没有比例。"

"哈哈……"满教室哄堂大笑。阳晓岚的思维一时定格，也一时语塞，这和她预设的教案相差十万八千里，她感觉着自己的火气直往上冒，这不是故意恶作剧，出自己洋相吗？她心里暗暗叫苦。

笑声依然肆虐着，学生们似乎幸灾乐祸地等待老师的裁定。要么暴跳如雷大声呵斥，要么冷嘲热讽恶语中伤，阳晓岚犹豫着……忽而，她发现小龙也觉得自己说的不妥，红着脸不知所措地站在那儿，心想："为什么不给他留一点面子呢？他的话也许有一定的道理呀，只是说得搞笑而已。"

"小龙，你真幽默，你用诙谐的语言阐明了比和比例的关系。"阳晓岚微笑着示意小龙坐下，笑声也戛然而止，学生们怔怔地看着阳老师，好像这句话不是从她的口里发出来的。

就在大家愣神的一瞬间，阳晓岚的脑海里突然出现一点火光——她发现了小龙思维奇美的火花！

"是的，比例是由两个比值相等的比组成的，没有比就无从谈比例，小龙用形象的比喻把二者的关系讲活了，连老师都说不出来，我们为什么不为他的幽默说明喝彩呢？"停了一会儿，教室里响起了一片掌声。阳晓岚如释重负地笑了，笑得那么开心，那么灿烂……[18]

一个细节，极易溜掉；一点火花，稍纵即逝。教师发现的锐眼和学生发现的睿智一样无比珍贵。抓住了就播撒了一粒优良种子，会成长生命精彩的年轮；遗失了就丢弃了一片美丽时空，必定成为人生难以弥补的遗憾。

——志趣发现。

1986年秋，洪宗礼老师（兼副校长）观察班级中的唐卫华同学，各门功课都不强，唯独爱作文好读书。周日里，他像长在市图书馆里，读书、看杂志，尤其喜欢读小说，写小说，常常入了迷。洪宗礼觉察该生的形象思维有专长，善于编织意识流的故事，人物描写得活灵活现，娴熟地运用西方意识流的手法揭示人物内心的矛盾冲撞、个性的叛逆和张扬，有一种引人入胜的魅力。

洪宗礼想，有山峰必有山谷，不能削峰填谷，而应该扬长助峰，于是对他说："你有兴趣写小说，又有这份才华，你语文课免上，课上也可写小说，多多写，往报刊杂志上投稿！”

得到校长支持，为自己拓宽了空间，小唐腰杆硬朗了，底气鼓足了，找回了自我发展的自信，人的精神气质忽然有了质的蜕变，智能有了突发式的释放。全新的象征手法，扑朔迷离的意识流，鲜明的寓意色彩，扇动着八十年代青少年飞翔的翅膀——一篇篇小说写得一发不可收拾，并在一家家杂志连连发表。先是短篇小说《黑骏马》在山西《中学生文学》首次发表，继而《孤火》在江苏《春笋报》发表并获创作奖，《沉默的荒原》获《儿童文学》全国儿童文学奖，《青春的思索》、《失落的少年》（中篇）也在显赫的大刊物上先后发表。他的作品在全国引起轰动，每天都有全国各地的一二十封来信，或约稿，或致意，或与他交谈。他也被戏称为校园里的“小说专业户”。

然而，他的历史、地理学科竟不及格。“这怎么行！没有地理、历史知识，就好比人在河里没了根底，你写小说也上不了档次，终究成不了大器！立于岸上就脚踏实地，若站在高山上就可以瞭望四野！”洪宗礼及时指引他，他也句句都信，到高三下学期，他各科成绩都上来了。

恰好，苏州大学来招推荐的特长生，洪宗礼把他推荐了。大学校长听了非常感兴趣，决定让他免试入学。进了大学，小唐如鱼得水，风顺水顺……这则个例，洪宗礼在华东六省（市）语文教学经验交流会上讲出时，全场掌声雷动，赞语四起。在当时人们思维还处于因长期禁锢而僵死固化的当儿，作为第一个敢吃螃蟹的洪宗礼，率先举起发展和张扬学生个性的旗帜，怎能不给同仁以心灵的震撼和思想的导引呢？

杰斐逊说：“再没有比以相同的态度去对待不相同的人更不平等的了。”[19]而所有教育者的通病恰恰出在这里。

人性之中既有美德又有弱点，心灵深处既有同质又有个性，生命成长的过程是阳光与星光的共舞，高峰与低谷的变换，前进与徘徊的交替，为师者明察秋毫的发现，能变“废”为宝，点石成金，化谷作峰，崛起全体学子的一座高原，让每一个生命振翅高飞！

——现场发现。

1996 年夏天，中国人民大学附中初中部招生现场。

满脸稚气又瘦削的小男孩程丛夫由他父亲领来找到校长刘彭芝，父亲介绍说，他的孩子虽然考试成绩不太理想，却喜欢开卡丁车。当场拿出一摞证书，其中有 12 岁就获得第一届北京卡丁车赛个人冠军的证书。

期间，刘彭芝不时地打量着神态拘谨的程丛夫。

学生们向刘彭芝校长赠送漫画。该校开设 **150** 多门选修课，涉及自然科学、社会科学、综合实践活动、体育与艺术四个领域，仅外语就有英、法、德等 **11** 种，给学生更多的选择机会

她从桌子上拿起一份材料浏览了几秒钟。随后，她轻轻地摘下眼镜，直视程丛夫问道：

"我看过你的自荐材料了，你长大了想做一名卡丁车车手？"

"不，我想当一名 F1 车手。"程丛夫清晰而略带腼腆地回答。

"什么是 F1 车手？"刘校长放下资料疑惑地问。

程丛夫平时不怎么说话，但是谈到赛车却仿佛换了一个人。他回答得十分认真，说到 F1 是方程式赛车运动的顶点，中国至今还没有 F1 车手云云。他父亲也讲起儿子从六岁起就玩"过山车"，后又迷上了卡丁车的故事。

刘校长一直在静静地聆听，不时地点头，她开始欣赏这个外表瘦小的男孩了。当他谈到赛车的时候，眼睛闪闪发亮，语气是那么的坚定，他的内心充满了激情。他的表情和手势感染了刘校长，她觉得这么有个性、有冒险精神的孩子，将来一定会不同凡响，应该帮助他实现自己的梦想，因为他具有难得人才的潜质。

于是刘校长当即决定收下这个孩子，"你不仅仅只有赛车，我敢保证，在这所学校有很多事情值得你去做"。这以后，程丛夫初中毕业前夕，刘彭芝又告诉他："学校保送你上高中。"

在人大附中这片自由放飞的天空，程丛夫一步步飞向自己的梦想：

14 岁，他夺得北京卡丁车锦标赛年度总冠军；

15 岁，他开始参加欧洲卡丁车赛事；

16 岁，他荣获国际 A 级个人最佳车手；

17 岁，他在国际方程式赛车年度总决赛中获亚洲方程式冠军、法国方程式冠军……

2003 年 9 月，他成为世界三大 F1 车队之一的迈凯伦车队的签约车手……[20]

凭借一双慧眼，和一个独到的感悟，在短暂的片刻，透视气质，识别天赋，发现潜能，预测走向，从而拉开一位学子个性成才的帷幕，不能不说具有相马伯乐的功力。而此种超长规地发现、造就奇才的功力，绝不仅仅只是造福于个体生命的迅猛发展，更是助推民族人才长河涌动后浪推前浪的强势。

——心灵发现。

河北冀州某初中有一名女孩儿，很是怪异：思维敏捷，领悟能力强，然学业成绩总是处于波谷。她面容冷漠，常常唉声叹气，上课从不主动答题，作业也从来未完成过。当班主任问她有什么原因时，她垂下头，默默无语。

班主任热切地关怀着她，一次次与她和蔼地谈心。渐渐地，她的心扉打开了。原来她从小就没了妈妈，酗酒火暴的父亲几乎没有父爱，父女间从不交谈。极度缺乏精神供氧，使她心如枯井，性格怯弱。

根子找到了，老师深切同情她，关注她衣食冷暖，忧乐愁苦，不厌其烦地跟她促膝谈心，真心呵护她，诚意感化她，热烈呼唤她，把她当成自己的亲生女儿。她生日那天，老师还特意选购一件她最喜爱的杏黄色裙衫送给她。期中考试前的一天，见她脸色红得异常，老师一摸额头热得烫人，知道她感冒了，又怕耽误考试，便打车带她去医院，拿回了药。她感动得泪流满面。期中考试科科得了高分，有的科还得了满分，她别提多高兴了。从那以后，她几乎把自己的烦恼与快乐都说给老师分享，人也变得知恩，懂事，热情，自信，向上。一个半学期后，她考取冀州最好的高中，开始全新的生活……

“通向儿童心灵的道路，不是一条只需要教育者及时铲除杂草（儿童的缺点）的、平坦而洁净的小道，而是一片肥沃的田地，儿童的各种优秀品德像幼苗一样，将在这块土地上逐渐成长。如果我们能让儿童的各种优点像幼苗分蘖似的迅速分枝，那么，他们身上的缺点就会自然而然地连根除掉。”[21]

教师全部教育技巧的核心秘密，就在于走进每一个孩子的心灵：给脆弱者助壮，给病残者疗伤，给孤独者支撑，给胆怯者加钢，给蓬勃者培优，让他们都欣享在有尊荣有机遇的发展空间里，快乐地攀向人生的极限。

——科研发现。

2008 年 11 月 23 日，李吉林“情境教育”国际论坛在江苏南通举行。原本是一位小学教师的李吉林，是靠着什么走向大众、走向世界的呢？

一言以蔽之：靠的是科研发现。

“文革”的硝烟刚刚散去，教育列车远未走上正轨，李吉林那双眼睛已经发现了教学的偌大问题：“小学语文对孩子们影响太大了，但这些年来，弊端太多了，看出了问题不碰它，我实在是坐不住！”[22] 42 岁的她，从一年级教起，开始研究如何激活学生的智力这道原始性问题。她借得《小学生心理特点》薄薄小书如获至宝，反复阅读，深感理论的可贵。她“觉得自己就如同最常见的丝瓜、扁豆，它们是可以攀缘向上的，但是需要棚架的支撑，没有支撑，只能趴在地上，不可能向上攀去，也就结不出多少果实来”[23]这个支撑就是教育理论啊！

74 岁的李吉林始终坚守在对孩子们研究的教育一线，她说：“看到孩子们健康快乐成长，我永远不会感到疲倦！”

她开始付诸行动，写出第一篇论文《在小学低年级语文教学中怎样发展儿童的智力》，谈及以培养学习兴趣为前提，以引导积累感知材料为基础，以启发积极思维为重点，以训练语言为手段[24]，在教改潮流中，她撑起学术研究的风帆，率先起航了。

当教育同仁眼盯着知识、认知之时，李吉林在智力开发的处女地已收获第一批果实。

当同仁们从她的垦荒里初悟了智力开发的神奇，她又着手对非智力的情感教育的发现与探究。

当教坛一些改革尖兵循其路研究情感教育时，她的目光又发现了语文审美教育的真谛，走向了情境教育，“从中国古代文论的‘情境说理论’和伦理学的‘真善美品格理论’当中汲取营养，是古今中外优秀的、进步的教育理论与李吉林自己的教育实践、教育创新相结合的成果”[25]。诚如朱小蔓所说，李吉林老师“代表当代、当代教育来解决一百年来没有解决好的教育难题”[26]。

用科研的眼光去发现，用科研的思维去求索，就会发现泥沙里的金粒，索得教海中的捷径。同时，你就会站在人生与历史的高山之

上，把教学（育）当学问，从而成就大学问；把职业当事业，从而做出大事业；把使命当生命，从而升华大生命；把育人当做人，从而走向大境界。

二

笔者从几个侧面叙述教育发现的故事，意在说明：真正的教师应该而且必须是教育的发现者。

只是知识的传授者，已远远落伍了。那是古时对师者的底线要求。

还是学习的启发者，也已经不够了。那是中世纪以后中外教育家对教师的主流主张。

当教育史翻到杜威"教育即生活"，"教育就是生长"，"学校中的求知识的目的，不在于知识本身，而在于使学生自己获得知识的方法"的一页，尤其又添加了布鲁纳推出的"学习发现法"，再阅到苏霍姆林斯基力倡"在人的心灵深处，都有一种根深蒂固的需要，这就是希望感到自己是一个发现者、研究者和探索者"[27]的时候，我们业已清晰看见现当代教育家的思维轨迹，一步步逼近进而揭开了"教师是一位发现者"——教师的本质命题。

这个命题怀有幽深的理性底蕴。

我们且择取几段名人名言以管中窥豹。

——"故君子之教喻也，道而弗牵，强而弗抑，开而弗达。"（《礼记·学记》）

——"问题不在于教他各种学问，而在于培养他有爱好学问的兴趣，而且在这种兴趣充分增长起来的时候，教他以研究学问的方法。"[28]

——"要做到：他所知道的东西，不是由于你的告诉而是由于他自己的理解。不要教他这样那样的学问，而要由他自己去发现那些学问。"[29]

——"一个坏的教师奉送真理，一个好的教师则教人发现真理。"[30]

——"所谓学习'使用书中材料的方法'就是提出种种问题，启发学生兴趣，使他们无论在校内的时候或离开学校以后，能够自己在历史、科学、传记、文学中发现种种有价值的材料，不把时间枉费在那些'多而无用'的废纸上。"[31]

——"指导教师必须善于发现学生学习中的难点，帮助学生的方法应能使学生不再始终依赖于教师。”[32]

——“提出一个问题往往比解决一个问题更重要，因为解决问题也许仅仅是一个教学上或实验上的技能而已。而提出新的问题新的可能性，从新的角度去看旧的问题，都需要有创造性的想象力，而且标志着科学的真正进步。”[33]

——“人类总得不断地总结经验，有所发现，有所发明，有所创造，有所前进。”[34]

不难看出，发现是推助世界发展的主轴，更是创造教育奇迹的源泉。

而在教书育人的舞台上，教师则是教育发现毫无异议的主导者。

那么，教师主导着哪些教育发现呢？

——发现课程、教材：对所教的课程进行重新设计，对知识给予架构整合，把原本固定的、毫无感情色彩的书本知识变成生机勃勃的、富有生命力的东西，再多渠道地融入校内外、域内外、国内外的新知识、新文化、新信息、新理念，使之更贴近学生，生发兴趣，富于营养，孕育人格，让课程、教材成为教育的健康心脏。

——发现学生：发现他们的根基，他们的心空，他们的兴趣，他们的潜能，他们的个性……归根结底，一切聚焦于学生。学生的发展是教学的出发点和归宿，学生的快乐是教师施教的一大追求，学生的飞速成长是教育成败的唯一尺度。

——发现自己：查清自己从事教育的立足点，寻找自己搞好教育的突破点，把握自己驾驭教育的支撑点，抢占自己鸟瞰教坛的制高点。通过持续不断的精神整容、智能再塑，让自己一次次完成化蛹为蝶的蜕变，变得越发强大、聪颖、勇敢、深情和坚实。

——发现路径、方法：从教改高效的路径，到师者专业化成长的路径；从学习成功因材施教的路径，到学子个性张扬潜质开发的路径；从诱思法到自学法；从情境法到探究法；从问题法到结构法，从传统法到现代法……让方法的花瓣开放美丽的艺术之花，路径的轨迹连接成自由飞翔的广阔天空。

——发现规律：把水灵灵的教育践行，提炼成有灵魂的教育思想；把干巴巴的教育方法，转化为有魅力的教育能力；把初显模样的教育特色，打造为独树一帜的教育风格；把实实在在的教育智慧，升华为别具一格的教育艺术，以便不断形成智慧化的理论、科学化的思维。

教师的发现主导着学生的发现吗？

当然，有发现型的教师，就有发现型的学生。教师每日每时都有发现不完的问题，学生每时每刻就有源源不断的疑问。

叶澜说过："每个学生以完整的生命个体状态存在于课堂生活中，他们不仅是教学的对象，学习的主体，而且是教育的资源，是课堂生活的共同创造者。"

是的，在课堂教学中，当教师成了敏锐的发现者时，学生也毫不示弱，常常迸发出比教师更为炫目更为奇异的发现火花。

在一所小学里，讲屠格涅夫的《麻雀》时，教师让学生归纳说明什么意思。

一学生说，反映老麻雀对小麻雀那种伟大的母爱精神。

教师给予肯定。

又一学生说：我不同意这是伟大的母爱。

教师：为什么？

那学生：谁知道这只老麻雀是公的还是母的？

全班思维活跃。经一阵讨论，大家一致同意，《麻雀》歌颂老麻雀的亲子之爱。

深圳有个八年级男孩问陆晖老师："人体温是 37 度，但人体最适宜的环境温度却是 22 到 23 度，您知道为什么吗？"

学生的问题陆老师当晚打电话询问生物学导师，导师答不上，她请导师再问问别人，导师问后打回电话说："都不知道。"

原来那学生提问题时就早有结论，他后来告诉陆老师："您知道毕达哥拉斯的黄金分割线吧，我发现，把 $37 \times 0.618 = 22.866$，正在 22 度与 23 度之间，恰在人体温度的黄金分割线上，您看多奇妙！"[35]

原国家教委副主任、全国总督学柳斌对笔者讲起他听课时的亲眼所见——他听一节《愚公移山》课。

当老师总结中心思想，概括了老愚公“主动挖山”艰苦奋斗的精神时，有的学生站起来反对：“他为什么不‘搬家’呢？一家几口背上行李，翻过大山，走不多远，就可以到达村镇或城市。凭一家之力，挖一座大山，比痴人说梦还痴人说梦！”

又有个学生提出己见：“挖山多不科学，干嘛不打通山洞，开一条隧道？那会省多少劲儿？”

“你说的掏山洞也不对，不利于自然生态，破坏环境，最好的办法是自家移民……”

“有道理！有道理！”……

这一节课似乎有点乱，没按教师归纳的道理去说，却智仁互见，敞开了学生思维的门户，张开了他们想象的翅膀。

还问，**发现从哪里来的？**

一个字，从“察”中来，从观察、考察、体察、明察、洞察、微察中来，犹如气象站察天，水文站察水一样，“察”为为师者的职业天性，善察是优秀师者的高贵品质。

何谓“察”？古人解释得极专业。贾谊说：“纤微皆审谓之察。”（《道术》）“察，复审也。”（《说文》）

察什么？屈原察自然，“览察草木”（《楚辞·离骚》）。吕不韦察事因，“察其所以然”（《吕氏春秋·本味》）；也察人，“故察己则可以知人，察今则可以知古。古今一也，人与我同耳”（《吕氏春秋·察今》）。司马迁察颜，“微察公子，公子颜色愈和”（《史记·魏公子列传》）。

作为育人之师的教师，当然要围绕人的成长和变化，察人，察事，察境，察道，察法，在教育生涯里，常察常新乐此不疲，做到明察秋毫，察清事理，察纳雅言，察察为明。

“教育是一个远比生物学和物理学更复杂的研究领域。”[36]教师自然要堪比科学家那样聚精会神，每日每时的教育生涯都处于细察之中，察课堂“潮”起“潮”落，察课间“燕”飞“燕”去，察心帆是撑是垂，察智光是明是暗，察十年树木的长势，察百年树人的收成。

察在教育的践行里，有教育践行才有察，察于师者就是行。

察有三个层次：

一是观察，打开智慧的天窗，看到现象，此为行的初始；

二是体察，深入智慧的腹地，体味本质，此为行的生发；

三是洞察，对准智慧的密码，发现规律，此为行的最高境界。

电视剧《渴望》里插曲《每一次》唱得好："每一个发现都出乎意料，每一个足迹都令人骄傲，每一次微笑都是新感觉，每一次流泪也都是头一遭。"这就是新的观察，新的发现啊。

师之察，靠什么？

一靠眼，靠眼睛观察。

教师的慧眼，大有识本质于须臾，辨个性于一瞬的功夫，显示出既有显微镜的精细，可以透视人心；又有望远镜的宏阔，可以遥看未来。此慧眼不是凭天赋，而是长期教育生涯练就的，细微处见真谛，多察里看提升。

人有了观察，如禾苗扎进了土地，接上了潮土，就有了实实在在的感觉，说话不是捕风捉影，思想也不会是空中楼阁。

二靠心，靠心灵体察。

参照所观察到的情状，用心去体悟、比较、联想、推导、鉴别、抉择，发现新的，改革旧的，扶植弱的，激励强的，推助差的，唤醒昧的，让心灵永远交织于广纳而深察之中，由此及彼，由表及里，由近及远，越发变得敏锐、灵秀而聪慧。

人有了体察，就有了对事物从浅至深的理解，好比品尝瓜果，不仅能说其皮，还能说其瓤，说其味，人也就有了自己，甩去了随帮伴影，随声附和。

三靠智，靠智慧洞察。

调动经验的、伦理的、传媒的、书籍的、网络的、交谈的等多种手段为我所用，洞穿教与学、学与问、听与讲、思与做、表与里、外与内等诸种矛盾，综合明察其中的解法、启迪、效应、理论、规律，将一个一个的观察发现，最终化作一点一滴的真知灼见。

人有了洞察，眼睛就如火眼金睛般的明晰，伴之以符合生命个性的发现，就可以告别人云亦云的罗网，远离行滞于言的低谷，敢对风起潮涌的事变说"不"！

对眼花缭乱的蒙有几分神秘色彩的"课程改革"新概念，魏书生洞若观火，不无幽默地说："在一些人眼里，这一次课程改革俨然是'前无古人，后无来者，美国引进，丹麦空降，芬兰进口’”，其实，“所谓的新概念，就是把明白事说糊涂了，把简单的事说复杂了。”“过去我们叫‘自学’，现在革命了，叫‘自主’；过去咱一直叫‘互助’，现在革命了，人家叫‘合作’……过去一直叫‘教学大纲’，现在叫‘课程标准’。有人说，不要小看这四个字的变化，这体现了时代进步，和先进国家接轨。可回过头一看才发现，国民政府时期就一直叫课程标准”[37]。

笔者曾以学生课上表情——那一本无字的却互不雷同的书，破译学子心灵语言的若干差异：

眼里迸发欢乐的闪光——“答案在这儿！思路找到了！”（茅塞顿开）

前望授课教师，手指课本，连连点头——“对，讲到点子上了！”（顿悟其妙）

左手托腮，右手握笔，像一幅剪影——“解这道题究竟从哪儿入手呢？”（迷云漫布）

听他人对答，自己下意识吐舌搔首——“唉，我怎么没想到？叫我答就砸了！”（相形见绌）

望师焦灼，几次晃动身子——“老师，我有个疑问！”或“老师，我有个新证法！”（心波忽起）

飞眼左右，低语暗议——“老师这样讲，错了！”（先见破绽）

“哗哗”翻书查字典，眼光急急扫描——“这样讲（读），这样答，对吗？”（急寻帮助）

无目的地面向棚顶或室之一隅，目光呆滞——……（心猿意马）

默默地向前翻读，时而瞅一眼正讲课者——“请原谅，您讲的我都预习了！”（笨鸟先飞）

打开书戳起遮脸，——“老师，我们唠的嗑儿有趣极了！”（暗度陈仓）

再观察你一提出问题，眼前无字的书蕴含的种种及其潜台词：

含笑举手，眸眼炯炯者——“不成问题！”（胸有成竹）

频频举手，目光祈求者——“快叫我答！”（急不可耐）

笑得娴静，不求发言者——“这题早会！”（隔岸观火）

佯装走神，智求召唤者——“我犯纪律，看您叫不叫！”（以假乱真）

手举又止，三心二意者——“答？没把握！”（举棋不定）

双唇翕动，温诵答案者——“演习一遍，求个把握！”（有备无患）

急问左右，速速补漏者——“不行，还欠火！”（临阵磨枪）

搔首翻眼，随帮举手者——“最好别点我！”（仓促上阵）

愁云满面，眼光飘忽者——“怎么答？从哪儿想？”（一筹莫展）

垂头托腮，无视提问者——“不会，躲起来看！”（装聋作哑）

师者永远有一双透视般的眼睛。

三

法国著名天文学家弗拉马利翁1879年诗云：

你以为一切都已经发现了吗？
那真是绝顶的荒谬。
这无异把有限的天边，
当作了世界的尽头。

当下，既然许许多多教育的思想、理论、法则、规律，尚未被我们发现，而西方教育家却接二连三地提出富有影响性的新发现——从“学科结构运动”论、发现学习法到多元智能理论，从学习金字塔理论，到思维导图策略……我们中国教坛为什么绝少有发现呢？

是我们的教育践行居于人后，还是我们的教育研究浮于表层？是我们疏于改革、懒于发现，还是如罗丹所说“缺少发现美的眼睛”？

去年，笔者读一本名为《事件·场景·交往——中学生社会生活研究》的书时很受启发，作者为河南师大李醒东教授。

此书从一些平素不被人关注的视角出发，以极其真实、细腻的笔触，描绘了当代中学生丰富多样而又奇妙的交往生活，中间不乏冷静而深刻的剖析，透过一个个逼真的细节，作者将读者领进花季少年的心灵深处，观照其阳光与乌云的叠印，雷与电的撞击，情与理的交融，从中完成了对中学生人格走向的独到把握和教育哲学的创新思维。

华中师范大学教科院杜时忠教授如是评价该书：

本书的作者是用自己的眼睛观察，用自己的心灵体会，用自己的头脑思考的博士论文。

作者的卓越之处在于把平时习惯的，甚至忽略的学生社会生活分析得趣味盎然、生动无比。不仅如此，更让我们从中找到了真正的教育规律[38]。

中学生社会生活研究，就笔者目力所见，国内尚无人涉足。第一线教师以之为司空见惯，何须研究？大学与教科所的科研人员则视之为“小菜一碟”，不屑于研究。然而，这确属亟待研究的一个领域，是解读学校教育现状和学生发展的重要维度。

笔者研读此书时生出一串疑问：李醒东何以涉足这角空白荒地？他何以能撷取如此众多的观察发现？当国内博士论文大多炮制得瘦瘪枯干佶屈聱牙时，李君的言述何以这般畅达精美？

思来想去，结论是：他走进了花季中学生多姿多彩的心灵。

为研究问题计，笔者也效仿李君调研之法，走进他的心灵。

对他的访谈，从他选题的感受谈起，因让笔者首先感动的，是他当初的研究勇气。

不是吗，能持续两年“打”入中学生群体，体验其日常生活，观察那些看似平淡的细节和琐事。虽然他也曾经从青春年少走过，然而时过境迁，记忆已随时间渐行渐远，从这群孩子身上还能找到他当年的影子吗？

他告诉笔者，他对进入学生的日常生活是有“理论准备”的，相信凭借自己的努力予以解释，总可以找到突破口；作为老师、朋友、外来人、研究者，孩子们也都会有兴趣了解你的，总能找一些容易接近和聊起来的话题，“打入学生内部”不会是多难的事情。

果真容易“打入”的吗？中学生愿意对你交心吗？你怎样获取那些发生在“民间”的故事——关于“四大美女”、

"四大帅哥"，关于"早恋高压线"的花季男女，关于"男人帮"的能量，关于班级边缘者的人际困境，关于生与师之间时而擦得出火星的对抗……

听罢笔者的一连串问题，李醒东略加思索，就讲述起他的调研方法：一节节跟踪听课，一次次随着活动，一批批数据、资料的择取，一日日、一月月参与生活，其间对一个个人、一件件事做好记录，以及那些不经意的私下交谈和交往细节，那是自然流淌的真实生活本身啊。

他又说，有时候需要主动创设一些交往情境，他最早联系起那些被规制化的生活冷落的学生，试探性地请他们进饭店吃顿饭，来茶楼喝壶茶，这些很容易上手，学生们渐渐觉得你是他们的贴心人、大朋友，由叫"李博士"、"李老师"，到直呼"李醒东"了。

他顺口拈来几个有趣故事后归纳：在学生中间，要做的事情就是观察。观察其实是在求证、猜想、琢磨，将看到的一个个片段连缀起来，寻找能够解释通的线索，再到他们那里进行求证；不断往复交谈，你就自然得到了或者说换取了故事。只要你愿意倾听，学生们从来不乏各种各样的故事。

那么，你得到大量一手材料以后，接下去做什么呢？笔者顺势而问。

李醒东告诉笔者还有两道更重要的"工序"。

第一道是如何将这些片段组合成可资研究的现象。

2011 年采访河南师范大学教授李醒东

"生活"是个巨大、复杂而又具体、琐碎的概念。它的巨大与复杂，是因为它无论是从形态上，还是从意涵的范围和内容，都异常多样和丰富。"生活"的具体，实际就流淌在教师与学生之间、教室与办公室路途之中，发生在与每个见到的人的交谈中，甚至只是感知到他们的存在。那些实际所经历的生活只是导向故事和解释的碎片。生活就在学生那里连续地发生着，而李醒东所要寻找的能够进入解释范围的故事。解释范围就是他原先所设定的理论框架。

然而，这些理论框架，却不足以用来解释每天见闻的孩子们的生活细节。他们有着自己的生活步调，有着自己对于故事的发现方法和解释方式。要印证自己的理论判断或者得到那些所谓的解答，就需要遵照着学生自己的眼光、思路来看待属于他们的世界。

生活在学生中间的两年多里，李醒东花心思最多的就是如何组合这些片段、细节，把它们变成自己所理解的故事。“生活”，在他的表述中实际上是经过抽象、剪接、演绎、推想、糅合、筛选等工作之后得到的“事实”。

紧接着的第二道是理论建构中的苦思冥想。

李醒东是怀着理论想象或者说理论框架进入学生中间的。研究结果是要写出教育哲学，或者至少像是教育学理论。解释自然就成为整个研究的终极追求。但是又怎么去解释这些没有代表性、在其他地方都没有记载、别的材料中都无从见到过的事情呢？这才是很多人看重的理论上的难题。

哦，是这样！他书中提出的“个人主义是理解学生社会生活的基本立场”、“交往伦理是学生社会生活合理性建构的基本维度”等创新的理性论断，原来是这样产生的呀！

笔者茅塞顿开之余，却感觉意犹未尽，转念一想，何不请他谈谈对孩子们、教师们的真切感受呢？

他又不假思索地娓娓道来。

看阿莫纳什维利名著《孩子们，你们生活得怎样?》，我扪心自问，我们的孩子们生活得好吗？他们的成长真的有什么问题吗？得出的答案是，孩子们和他们的生活没有什么问题，挺好的。

如果说有问题，更多时候可能来自学校或者教师那里。在那些日子的观察中，学校和教师们都在忙着一件事，一件在我看来连教师们自己也不明就里的事情，那就是急着将政治化、成人化的思想观念、价值原则硬塞给孩子们。在学生不能理解也毫无实际需要的情形下，学校和教师们辛辛苦苦作出的这些努力，形式上叫做“德育工作”，很多时候连“揠苗助长”都算不上。（真是一针见血！——笔者“拍案”叫绝）

孩子们觉得幸福吗？很多时候，“幸福”是一种挺理想化和纯粹化的体验状态。孩子们似乎并没有这么多明显和纯粹的体验，很多时候是一些平淡无奇的楼道里的走动、打闹、追逐、嬉戏，或许课上一个鬼脸、一个怪异的动作，或者将老师的言行举止研讨一阵，再装扮成老师的样子恶搞一番。他们疯传八卦故事，乐于制造也乐于打听，在共享与调侃中涂鸦自己的生活。（捕捉幸福趣味——笔者感同身受）

孩子们都生活在不同圈子里。各自选择与自己接近的、能够说笑的，或者可以一起发牢骚、调侃和玩耍的伙伴。有圈子就有“领袖”和“群众”，也就会有不同圈子间的隔膜。学生中间的领导者是自然而然产生的。那些来自老师们的、看似过度的关注和控制，学生总是用一些方法化解掉。日常化评比和检查已经渗透并牢固生长在学校和班级生活中间。他们面对制度性的各项规定、检查，以及评比等，不愿意被规制，也不情愿按照条条框框来生活，在挣扎着也在执行着，这些规则渐成了生活常态。（交往的人际发现——笔者不曾想到）

中学生的成长是一个突变的过程。孩子们从青涩、稚嫩、简单却从不纯粹的心理状态转变到高高的个子、洋溢的青春气息，身体上散发出来的那些类似外激素的东西，你简直就能嗅到它们，这就是生长。孩子们个个不简单。他们都有属于自己的故事，有自己心仪的意中人，以及对于交往的敏感，外界对于自己态度的细心揣摩；都有自己的心思，自己的生活苦恼，心思和苦恼都生长在各自的心灵深处。在老师们眼里平淡甚至烦琐和厌倦的生活场景，对孩子们的成长而言，却是不可或缺的生活世界。（成长的形神发现——笔者心领神会）

孩子们有自己的群体和朋友圈子，有了问题会自己想着法子解决，有了不足会有同学们帮助指出来，尽管这在很多时候并非真的出于帮助，也没有足够的尊重与真诚。孩子们身上的毛病，不少是问题家庭的折射。在这个群体里是否有朋友，能否被大家所认可，是否能够担任职务，以及做什么干部，孩子们心中自有一杆秤。（理事的自主发现——笔者暗自喝彩）

接着，李醒东话题一转，说起生活在自己世界里的教师。

我所在学校的教师们挺累的，也够烦心的。周一到周五，一进校门就忙。从课堂到办公室，从作业批改到“修理”问题学生，从活动设计、组织实施到评估验收，从评优选先到收听学生打来的小报告……没完没了的工作安排和完善细节的要求，课堂上层出不穷的小动作，课间楼道里的嬉戏追逐、嘈杂吵闹，作业中五花八门的错误，还有无处不在的从学生那里投射过来的眼光，学生模样各异的脸上变化不定的表情，都在时时钝化你的神经，如果你愿意去发现并尽力解决问题，精力和热情会很快耗尽。久而久之，教师们对于这些似乎无穷无尽的“教育场景”开始迟钝，“事件”开始模糊地隐退到无见无闻，以致觉得似乎这些原本就是如此。

孩子们成长有毛病吗？有，很多。怎么办？管，必须管，一出现就要管，哪怕有些简单粗暴。如此的几个几十个乃至成百上千个回合，都须仔细斟酌。有时候，教师们的心境是如此纠结，发生在学生那边的事儿，听之任之，让它自行化解。

这样会不会出问题，是不是在躲避责任，或者说教师的职业伦理滑坡或者就是职业倦怠？事实上没那么严重。当然，也没那么简单。教师和学生生活在各自的世界，他们的相遇、组合，相互砥砺，也可能冲突乃至暗斗，并不是首先因为各自角色，恰恰是因为有了一个称之为“学校”的地方。教师和学生的身份与角色都是由学校各种制度、规范所标示、界定了的。那些制度、各项学习任务、活动安排，才是真正的主体。师生交织在一起的生活，是在学校制度构筑起来的界面上进行的。孩子们在这些框架与各自发展之间逐渐地成熟，也学会了绕走，躲避，或者被这个框架所抛弃。

尽管教师们竭力工作，也在琢磨着孩子们的心思，但毕竟没有生活在他们中间，并不是总能时时想起甚至不再愿意体会孩子们的成长。学生内心世界的丰富，并不都是来自学校生活的内容和教师们尽心竭力的关注和爱护，有些时候，孩子们倒觉得这些关注也罢，爱护也好，有一些过度，甚至感到“爱的压力”。这从他们的举动和眼神表露无遗。

观察教师们容颜、情态、行动，看得出教育生活的焦虑。引发焦虑的多半是学生的考勤记录、课堂表现、作业情况、考试成绩、课间纪律、评比结果。碰到生性顽劣的学生，你甚至会从他们的表情、神态中读出那种无奈、无助、无力和挫败感。然而，平日里很少能够听到班主任谈论某位问题学生。除非你向他着意打听。他起初是不怎么情愿谈起的，夹杂着不少感叹，抑或是埋怨、抱怨，抑或是给听者以希望的表态，抑或是自我暗示式的宽慰。学生，在老师眼里，永远熟悉而又陌生，心思简单清透而又难以捉摸，往来密切却总有些疏离与隔阂，孩子们总让老师牵肝扯肺，孩子们一天天一年年的成长就发生在身边，让教师感到些许无奈和倦怠，中间掺杂着欣慰和喜悦。

教师们苦着呢。为了教书育人，撰写论文，做课题，解困惑，体现本学科重要，争得同事认同，体现自身价值，证明自己判断，显露卓越才华……种种心思都在教师生活中打转，也都在学生那里实验着……

李醒东的精深观察、独特发现、哲理思维，化作了畅达的倾诉，犹如山涧奔淌的清澈溪流，不时卷起雪亮的浪花，挟着思辨的冲击力，向着笔者席卷而来。

访谈从午后到黄昏，又从晚上到子夜。围绕一本书，更准确地说围绕中学生社会生活交往这一原始课题，思维在叙述里展延，理论在事例中呈现，发现在细节处凸显，笔者没有一丝困倦与烦躁，好像随之进入通道复杂的趣味迷宫，当从入口历经艰深探索走到出口时，感到一种柳暗花明的朗亮。

笔者从中看清了一条路。

这就是李醒东全身心投入，如织女绣花般百倍精心的调研方法，与中外大教育家的教育研究路径遥相呼应——

夸美纽斯在大学毕业后立即进学校任教，这位于世纪间流亡的捷克文化巨子以教书为乐事，在从事教学中研究教学，发现教学，写出大量教学教育名著。

英国的洛克、法国的卢梭、德国的第斯多惠等人，年轻时都有过担任家庭教师的经历，亲自教养孩子，细心观察孩子，留下了丰富的感性材料，为日后各自的教育研究打下坚实的基础。

瑞士启蒙教育家裴斯泰洛齐给自己儿子雅克做着细致的观察和试验的记录，在孩子5—8岁中施以“直观原则ABC”教学计划，开办孤儿院，边悉心教学边精心照顾孤儿的饮食起居，多方面的实践和体验，让他写成了《林哈德和葛笃德》等教育小说和回忆式著作——《天鹅之歌》。

美国的杜威创办了一所包括幼儿园在内的实验学校，以他的哲学思想为根据，构成了他的以儿童为中心、教育即生活、学校即社会以及“做中学”的理论体系。实验学校成为杜威教育思想的摇篮。

苏霍姆林斯基更是醉心于与孩子们在一起，无论在帕夫雷什中学美丽的校园，还是走进大自然，他都是以超凡精细的慧眼，敏锐地观察着一个个孩子全面和谐发展的设计与造就，三十余年如一日地对学生做“跟踪观察”笔记，求索着育人的科学规律。

中国现代儿童心理与家庭教育的拓荒者陈鹤琴，最早系统地研究中国儿童身心发展规律，从长子一鸣出生之日起，“就对其进行了长达808天的连续观察和实验，就幼儿的动作、好奇、模仿、游戏、言语、记忆、想象、知识、能力、思维等方面的发展过程进行了详细的文字记录，并配以相应的摄影实录，积累了大量的第一手材料”[39]。这以后，又创办了南京鼓楼幼稚园，遂根据教学、研究、观察、实验中所积累的材料，写成《儿童心理之研究》，推出了“活教育”思想……

李醒东对中学生社会生活的研究，不是步其后尘，循其路径，面对孩子，走进活生生的心灵，从而有所察、所录、所思吗？

笔者之所以较细致地叙说此例，就是看中了透过其案例的背后，对中国教育科研警钟式的启示。

当下，我们有许多教育研究者，跑上头寻找课题（有的由上头主抓，基层参与，很像吹笛子，上面按眼，下面吹气），到会上听典型发言，跑下去走马观花，然后，“躲进小楼成一统”，面对一堆堆死的材料，一行行枯燥的文字，硬做着技巧性的思想拼凑、板块剪贴、文字整容工作，入水以捞月，缘木而求鱼，完全忘记了陆游教子“汝果欲学诗，功夫在诗外”（《示子遹》）必须涉猎广博领域之箴言。如此昏昏研究，岂能使人昭昭？

四

黑格尔称：“自由即规律之认识。”

恩格斯如是诠释黑格尔的这一命题说：“黑格尔第一个正确地叙述了自由和必然之间的关系。在他看来，自由是对必然的认识，‘必然只是在它没有被了解的时候才是盲目的’。自由不在于幻想中摆脱自然规律而独立，而在于认识这些规律，从而有计划地使自然规律为一定目的服务。”[40]

当代的教育呢，当现代社会的元素越来越深入地进入教育的肌体，并成为其主要的诉求；当教育者逐渐摆脱盲动的羁绊，将教书育人置于理性阳光的照耀时，诸种教育规律或原理的发现、打磨与共识会产生空前的加速度，成为从教、为学和生命成长的指南性技术和行动里程碑式的科学规律。

规律是什么？是智慧化的理论，是思维里的科学。科学里有捷径，理论中见真知。

在笔者眼里，教育之于人的成长，最为重大、最具影响的核心原理有哪些呢？

一是生命自主原理。

所谓生命自主，指活生生的生命个体，在追求自身最大价值的过程中，所表现出来的自愿、自主、自觉、自动的生命能力。

这种生命自主能力，与生俱来、与长俱进，是人类进化的动因，是生命发展的基轴，是人生幸福的源泉。

从婴儿啼哭到儿童喜好，从少年兴趣到青年个性，这种生命自主的能力随个体成长越发顽强。而自主能力之树越旺盛，所结的果实就越硕大。

牛顿在剑桥大学读书时不是最好的学生，1665—1666 年严重的鼠疫侵袭了伦敦，剑桥离伦敦不远，唯恐波及，学校停课两年，牛顿于 1665 年 6 月离校返回家乡小镇。

因在剑桥受到数学和自然科学的深度熏陶，对探索自然现象产生的浓厚兴趣，家乡恬静的环境、个人自主求索又使得他的思想展翅飞翔，这段短暂时光成了牛顿科学生涯中的黄金岁月，他思潮奔腾，才华迸发，思考前人之未思，踏入前人之未进。他见苹果落地而悟出地球引力的学说，就是此时发生的轶事。他的三大成就：微积分、万有引力、光学分析的思想，也都是此时孕育成形的。此时，牛顿已着手描绘一生大多数科学创造的蓝图。两年后回校，他便提出“万有引力定律”。

关于自主求索，有一个真实故事让山西省新绛中学宁致义校长体悟颇深。李秀源与范姗姗是同班同学。秋季运动会上，李秀源跳高摔断了腿，两个月里只能在家自学。班主任让范姗姗把课堂笔记带给李秀源，并帮助他学习，范姗姗担当起了这个责任。期末考试，李秀源在全年级排名第十三，范姗姗排名第一。李秀源病好了到学校上课，不需要范姗姗再教他了，但是从此后，李秀源再也考不到十三名以前，范姗姗也再没有拿过第一名。这个现象让人体会到了陶行知“为教而学”学习方法的宏力，也让宁致义深深反思教师“讲授”的正作用不是很大，搞得不好副作用倒是不小。

由此可见，自主学习与探究对一个人的成长与成功，显得何其重要。

当社会一步步进入民主化进程，人的自主化的需求与能力也伴之以同步发展。

当今学生对于生命自主的渴望和呼唤，比以往任何时候更急切。

全国名师、上海建平中学原校长冯恩洪在一次听课中，发现了学生写在黑板上的一首小诗《老师，您听我说》，可以窥见如此的脉动——

老师，您听我说，
作业不要太多太多，
活泼的年轻人怎能系上过重的秤砣？
老师，您听我说，
实验让我们自己做，
从不试航的小船怎能渡过巨浪洪波？
老师，您听我说，
放开您的双手吧，
到秋天，您的园地里是一片硕果！[41]

上海建平中学学生自主学习

学生们发自肺腑的话语，我们了解多少？不了解或了解甚少，学生怎么可能把老师当作朋友，怎么可能喜欢你？

为此，冯恩洪提出：课内，要让学生如沐春风，而不是如坐针毡；课外，师生可以尽情地谈天说地。

事实上，儿少和青春时节，生命如同雨后的笋，呈现出遒劲疯长的超拔势态——这是人生之旅其他生命段根本无法相比的，该生命段如得以适切引导、悉心点化，给予搭建舞台、提供时空，多元潜能完全可以在倏忽之间迸发无限的能量，成就出不可思议的教育传奇。你看啊，他们不仅仅异想天开、智光四射，也不仅仅心灵手巧、巧夺天工，其创造思维、创造才干尤其令人感叹唏嘘。思教师之不曾思，做教师之不曾做，阳光、自信、担当、专研、努力，是多么值得我们为之自豪的一代！

北京十一学校的学生堪称如此有作为的一代。他们办起学生出版社，自己征集、编辑、出版同龄人的优秀作品《纵横》、《味道》、《瞰十一》……有图书，有杂志，有画册，琳琅满目，异彩纷呈。该校学生还参与了校本教材的开发，将自己对刚刚学过的教材的意见、建议与主张，对该学科教材的原创想法与见地，融入由自己主编、师生合作的教材，如《基础物理学讲义》、《快乐的启蒙化学》、《物理 Ap 先修教材》、《雏凤清声》等之中。他们在校园里开公司，办学生影院，组织学生大使团接待世界各地的来访者……[42]

透过北京十一学校这扇明亮的窗口，能洞察什么呢？当下满目阳光、满心睿智的学生，比起他们的届届学兄、学姐以至长辈，更有显而易见的想象力和爆发力，他们似乎无坚不摧，无所不能，只要给信任，给舞台，给力。

中外教育家对学生生命自主的思想多有阐述。

陶行知早就提出对孩子实施“六大解放”：“一、解放学生的头脑，使他们能想；二、解放学生的双手，使他们能干；三、解放学生的眼睛，使他们能看；四、解放学生的嘴巴，使他们能问；五、解放学生的空间，使他们能够到大自然大社会里取得更丰富的学问；六、解放学生的时间，不把他们的功课表填满，不逼迫他们赶考，不和家长联合起来在功课上夹攻，要让他们有些空闲的时间消化所学，并且学一点他们自己渴望要学的学问，干一点他们自己高兴干的事情”[43]。1938 年，陶行知在武汉大学作演讲时，从皮包里抓出一只公鸡，又从口袋里掏出一把米放桌上。他用左手按住鸡头逼它吃，鸡只叫不吃；再掰开鸡嘴硬塞米，鸡挣扎着仍不吃。当他松开手，桌上的鸡就吃米了。陶行知以此形象说明，要解放学生，要他们自主学习，同公鸡吃米一样。

阿莫纳什维利的整个教育践行，同样追求学生学习自主：“我所致力的目标，是要找到这样一种教学方法：不是把知识‘填入’儿童的脑袋，而是让他们自己设法向我‘夺取’知识，经过与我的智力‘搏斗’去掌握知识，通过孜孜不倦的探索去获得知识。”[44]“新的教育精神使个人成为他自己文化进步的主人和创造者。”[45]当代老教育家段力佩在

1981年更是一语中的："教育的侧重点摆在'育'字上，教学的侧重点摆在'学'字上。"[46]

叶澜则从生命角度提出："要改变现有课堂教学中常见的见书不见人，人围着书转的局面，必须研究影响课堂教学、师生状态的众多因素，研究课堂教学中师生活动的全部丰富性，研究如何开发课堂教学的生命潜力。"[47]

对于学生生命自主——这个似乎老生常谈又常谈常新的问题，为师者谁都回避不得，它是贯串教育观、教学观、教师观、学生观的一条主线。

在这条主线上，最浅显又最实在的思想是什么呢?

——路，靠自己走，脑，靠自己动，人生的书，字字行行全靠自己用手脚、用心灵去写；

——学子是人，不是玩偶；是鲜活的生命体，不是僵死的机器人。其内心丰富多彩得难以揣摩，其潜能博大恢弘得不可估计，其个性强势发展得无法限量；

——学生是教学的主体，是学习的主体，其主动性与生俱来，被动性随压而至，无论是自学、讨论、交流、探究，只有当其学习的主动性发挥到淋漓尽致的时候，教师的智慧与努力方能收到种瓜得瓜，种豆得豆的丰硕之果；

——如果教师像导游，只顾举着小旗在前头喊，学生像个游客乖乖跟在身后走，不能停下来按自己的需要去观赏，用自己的头脑去思考。这种走马观花的保姆式教育，不是对教育原理的无知，就是对教育行为的背叛；

——学生永远都是主角，而教师则是学生动态成长中因势利导的导引者。学生只有占据舞台中心且迸发出生命的潜能，自我主动发展的强烈责任感才会激荡得汹涌澎湃，标新立异的创新想象力才会激发得火花四射，花季成长的超速冲击波才会震撼得心潮起伏，这时，只有这时，教师的激情和睿智才能飞翔起来，教师的才华与境界也才能冲至峰顶，这样的教师才堪称伟大的教师。

——教学是什么?教学乃是激活学生的生命主体意识，激醒学生心灵沉睡的巨人（思维），激发学生渴望表现的竞争天性，把课堂的时空还给学生，让课堂的诸多环节都成为学生喜欢的游戏式活动，成为学生自己用头脑思考、用情感体验、用心灵感悟的沉淀，化作抹不去的人格底色而受用终身。

——每一个生命都具有鲜活而生动的创造元素，无时无刻不存在灵性闪射、潜能迸发的契机。关键还不是别人如何对待你帮助你，而是你自己如何看重你释放你自己。

——求知是人的本性，自学求知能力是人生第一能力，也是人生第一生产力。拥有自学求知能力，就拥有开启人生的钥匙。难怪，联合国教科文组织将自学当作一条教育原则："新的教育精神使个人成为他自己文化进步的主人和创造者。自学，尤其是在帮助下的自学，在任何教育体系中，都具有无可替代的价值。"[48]

可惜，中国教育，带着镣铐跳舞；中国学生，勒住喉咙唱歌。

学生的束缚太多，限制太多，"婆婆"太多，告诫太多，久而久之，脚懒了，手笨了，脑僵了，心枯了，魂丢了，人木了。

教师呢，课上一遍遍重复正确的废话、老掉牙的故事，越俎代庖的表演。须知，真理念叨一万遍也成了人听人厌的垃圾。将简单的说得复杂，将复杂的说得糊涂，直说到学生完全厌学为止，是庸师的画像。

庸师叙述，常师讲解，良师示范，高师启发。教师搭台，学生唱戏。教师讲得精彩，哪如学生学得精彩？"道而弗牵，强而弗抑，开而弗达"古今名师谁不知晓："山欲高，尽出之则不高，烟霞锁其腰则高矣。水欲远，尽出之则不远，掩映断其脉则远矣。"（郭熙《林泉高致·山水训》）

明明知道去失学生自主，就意味着窒息了人才成长，为什么多数校长、教师偏偏非要坚持灌输式教育教学不放？

这里，有教育理念陈腐，有教师习惯因循，更有教育机制板滞。

在一切为了应试的总目标下，许多人觉得，行之有效的捷径和立竿见影的高招，就是教师主宰课堂。此种靠大施"速效添加剂"，而不依靠苗儿自行生长的"片追术"，坑了学生眼前，更害了学生长远。

小苗的生长，果儿的成熟，最终还是凭自身的发育来完成的。

生命的发展，人格的提升，是不能靠外力实现超常规穿越的。

"天雨虽宽不润无根之草；佛法虽广不度无缘之人。"连白马寺后殿门上这副对联也在说：佛要度人是"外因"，尚需“内因”起作用，本人若不接受也属枉然。如被洪水困在树上的人，别人开来船救你，你拒绝上船的话如何能够得救？

自然而然的熟，是瓜熟蒂落的真熟。真熟的果儿，因时顺势，尽吸了天地精华，蓄足了自身质地，自外至内显现出艺术的美感。拼命给力的熟，是麒麟露马脚的催熟。催熟的果儿，离经叛道，违常规而反季，逆通理以助长，由表到里暴露出先天不足的缺憾。

一年四季若没了播种的春、耕耘的夏，能有收获的秋吗？一个没了童年家园的孩子，只催他青春的迅长、成人的定型，他哪里会有健全茁壮的身心？

虎妈，是催熟；奥赛，是催熟；制造神童，是催熟；应试教育，是催熟；拼考试状元，也是催熟。自古至今没见几个凭催熟而结出硕大甜美的果儿的，留下的倒是一个个揪心扼腕“伤仲永”式哀婉的故事。德国教育家卡尔·威特说，那些“天才的失败来自父母的极度催逼”[49]。

从广角观之，当下教育又何尝没有来自教师、校长的催逼呢？

马克思和恩格斯非常欣赏 1789 年法国大革命期间出版的《巴黎革命》报上的警句：“伟人们之所以看起来伟大，只是因为我们自己跪着。站起来吧！”

仿照这个警句，笔者想说：敬爱的老师们，为了我们的孩子走向伟大，让我们自己默默做铺路石吧！亲爱的孩子们，快站起来吧，绝不跪着学习！

二是全人和谐原理。

所谓全人和谐，指品格、情感、意志、智慧、健康等全面发展，尽可能成为完美的人，以实现教育的“大智慧”。

这包含人的人格成长、个性发展、社会贡献、生命登顶所必备的主要精华资质，实为人之立足、立身、立命的终极财富。

著名教育家林砺儒说：“一个完整的人格，必定包含动物的、人类的、公民的、职业的四种资格。”[50]孙中山也曾题词：“养天地正气，法古今完人。”完人是办教育的诉求。“把一个人在体力、智力、情绪、伦理各方面的因素综合起来，使他成为一个完善的人，这就是对教育基本目的的一个广义的界定。”[51]

为什么追求全人和谐化？

这好比组成和谐的人体，少了任何一部分都不是完整的健全的人，只能算一个畸形的人。

天地合一，天人合一。属于精神范畴的人格也是一样，只有全面发展，才有可能协调发展，也才更有可能实现可持续性的优化发展。

那种片面追求升学率的搞法，忽视德育，抛弃体育，漠视美育，仅抓智育（又只抓高考科目丢弃非高考科目），这种"剥笋教育"与促进人的全面发展的教育宗旨背道而驰，其结果是使教育异化，肢解了人的全面发展。

为什么不倡导单项独进、单育独进？

正如夸美纽斯所言"自然决不产生无用的事物"一样，人体每一样器官，人类所创造出来每一种精神财富，没有一种是无用的。凡有某一方面的缺陷，对一个人的事业发展必定带来这样那样的影响，总得或靠他人帮助，或靠自己补学才能有所突破，舍此路径，岂有他法？

各项教育相互连接，知识系统触类旁通，天人原本一体，智慧也无界限。

全人化须有高德、睿智、健体、审美、敬劳、强技、乐群等资质。

这些资质相互浸透、相互促进，和谐发展着；你中有我，我中有你，牵一发而动全身。

这些资质作用于人，各有其用，各显神通，却又并非表现为势均力敌的平起平坐、平分秋色，往往有的（些）资质鹤立鸡群，带动其他。

访谈绵阳市南山中学的"全国三大校园小作家"之一的王黎冰。该生文理兼优，德才均佳，创作作品百万言，有多篇文章获全国大奖

在通常情状下，每一项资质都不可缺，欠缺的人就成了"畸形"。

因此，钱学森主张艺术与科学联姻，提倡"大成智慧学"，即集大成，得智慧。1991年他曾说："44年来，（夫人）蒋英给我介绍了音乐艺术，这些艺术里所包含的诗情画意和对人生的深刻的理解，使我丰富了对世界的认识，学会了艺术的广阔思维方法。或者说，正因为我受到这些艺术方面的熏陶，所以我才能够避免死心眼，避免机械唯物论，想问题能够更宽一点、活一点。"

是啊，人文艺术解决做人的方向、情感问题，目标是做一个好人；科学思维则是解决做事的方法、智慧问题，目标是做一个能人。两者合起来，才能做一个聪明的好人。

未来需求的是技能化、智能化、多能化的人。我们提倡学生全面发展，学有特色，其动因就是适应未来的需求。

从全人和谐原理出发——

全体教育者的眼睛，就该紧紧盯着学子健康、活泼、自主、和谐、幸福地成长、成才之路，审视他们是否拥有各自灿烂的精神星空与美妙的学习天地。

所有的学校和施教单位，都须将学子的身心健康与教育精进作为永不竣工的“一号工程”，夙兴夜寐，为之操劳，不懈奔波。

示范性高中要把全面开发健全人格的成功率，作为示范的旗帜，而不能只将升学率、获奖率当成展示的名片。

从幼儿园到大学，一条学生的生长、发育线，应该是人的健美、人的智慧、人的丰盈“三位一体”的升腾线。

每一名学子都追求着播种美梦、诗化年华、储蓄幸福、收藏灵秀的快乐而完整的生活……

三是高质成人原理。

论人以质，论质以德。

所谓高质成人，指育人以育德为基，成人以高德为本，高质的德行贯串为人的始终，是一个人从平凡升华为崇高的支柱。

人有高德，如水至清。高德于人，如宝藏心。有德方为人，成人方助才。

古人对此早有定论：“太上有立德，其次有立功，其次有立言，虽久不废，此之为不朽。”（《左传·襄公二十四年》）

本书的第六节已经写道：德育是动力源泉，是成长根基，是营养素，解决人的动力、目标、补给问题。

笔者经多年考察发现，**育德有三大内涵，或曰三大内质，即良好的道德品质、优秀的心理素质、高贵的精神气质。**

三质之于人，是一种怎样的关系呢？

良好的道德品质为前提条件，完美地调理人与自然万事万物、人与社会众多生命、人与自己内心世界和谐相容的共生共处。

优秀的心理素质为重要基础，完好地调控人做成事业的良好的心理情态。

高贵的精神气质为强大保证，以理想、信念、价值观为根基，完善地调动人的道德品质、心理素质的强大支撑。

此三质如能综合作用，自然会育出有民主人格论、科学方法论，并有中华灵魂、世界眼光、现代智慧的当代中国人。

这“三质”乃人的安身立命的三块基石，育德永恒不移的三大考量，也应当作德育的三大核心理念。

育德即育人，育人即育国。

然而，现状却让人失望。

我们虽然对德育年复一年、月复一月、日复一日地强调，几乎到了令人生厌的程度；有关研究育德的文章、书籍，已多到汗牛充栋的地步，特别在夏斐之母害子、徐力弑母、刘海洋伤熊、大中学生杀师等多起恶性事件爆出之后。

伴随物质繁荣与精神失序，生活水平上升与道德水准下降，经济高速发展与人性急遽滞后，外部世界精彩与心灵王国苍白，教育似乎吃错了哪服药，先是一步步继而倏忽间深陷于急功近利的万丈泥潭。德育宛如患了痼疾，难题大了，我们又太无所作为了。

德育本是办学育人最紧要的内容，是真抓还是假抓，关系着学生的心灵成长，拷问着教育者的良知。

然而，在应试教育惊涛骇浪的冲击面前，又有多少学校实打实凿地去抓德育？有不少校长无非是穿靴戴帽式的做做样子，或者大哄大嗡一阵子，像在鸡翅膀上插入几片孔雀的羽毛。

症结在哪里？

边缘化导致育德退避三舍，政治化则是让育德缘木求鱼，空洞化是让育德“请君入瓮”。

究竟怎么办？

让育德在“三质”——道德品质、心理素质、精神气质上定位，绝不追风而变；

让育德在“三贴”——贴近生活、贴近心灵、贴近人生上定格，绝不好高骛远；

让育德在“三自”——自己体验、自己感悟，自己内化上定弦，绝不越俎代庖。

如此这般，在社会大群体性的活动中，于自我践行循环往复的体味里，我们引导学生一点一滴修养，一次一场磨炼，一月一岁熔铸，让他们对自己、人生、社会、历史、人类进行深层次的叩问，渐渐形成人生的价值观。其过程不得走偏，不可虚空，更不能“刮风”。

四是个性成才原理。

论才以能，论能以智。

所谓个性成才，是说最好的教育要从每个学子的自身实际出发，努力挖掘其潜在的智能，让个性引领他走向成才之路，冲击人生可能达至的极限。

这一原理在我国也只是见诸纸面上写写，嘴巴上说说，对其要义绝大多数人不甚了了。

个性是什么？是人自内至外的独一无二的特质，是“作为个人发展根源的‘机灵点’”[52]，是人的生命中无比峭拔奇峻的高峰，是人格的最大的一张名片，是激发创造力的内心火山。

个性可以行风行雨。十张证书不如一种丰富而奇绝的个性。个性所包含的，无论是更多侧重于知识、技能等层面的特长，还是更多侧重于文化、精神等层面的特色，都是鹤立鸡群的卓越，吸人眼球的奇观，都是与人生步履相应和的生命节拍。

课间的内蒙古西乌旗蒙古族第一小学校园

几年前报载，一位只读过小学的中国老太，来到美国移民局要求办绿卡，因女儿在美工作。然而，当签字官看完她的基本情况，头摇得像拨浪鼓。周围要办证的中国人也都感到好笑。老太太不紧不慢地说：“我有绝活。”签字官问：“什么绝活?”老太太答：“剪纸。”签字官让她当场剪。老太太取出剪子、红纸，刷刷走剪，簌簌纸落，只三两分钟，剪出十二生肖栩栩如生，让人看得眼花缭乱。签字官立马办卡，在场的中国人个个露出钦羡的眼光。

在社会大海上，一个人无论哪方面独领风骚，靠的都是他的长板，而不是他的短板。

人的个性是待开发的富矿，是个人伟大的财富。于漪回顾教育之旅深情地说：她千方百计走进学生的心灵，“目的是给他们个性中智慧的花朵提供发展的条件”[53]。

每个人皆有待开发的个性吗?

当然。世间的人皆是千差万别中的独一无二。不像最脆弱的一环决定一条锁链的强度，最短一块木板决定一只木桶的容量，而最具优势的个性，则决定一个人的发展高度。

因此，育人的师长是农艺师而不是机械师，让每个人都得到最好、最快也最满意的教育。笔者主张办教育就是办差异，育人就是达成各自差异的完满，既解决彼此间偌大的差异，又创造高精端的差异，形成万紫千红的差异，因此，成才的因材施教，培植特色，让世间每一个人都有特殊的安身立命之本。

那么从这个意义上说，个性成才原理亦是差异发展原理。

卢梭从儿童自身出发，让其在自由的时空里尽情陶冶兴趣，选择发展方位，并将它当作教育的第一基本原理："真正自由的人只想他能够得到的东西，只做他喜欢做的事情，这就是我的第一基本原理，只要把这个原理应用于儿童，就可源源得出各种教育原理。"[54]可见这在人的成长中具有何等举足轻重的作用。杜威说得更开门见山："教育的任务在于发现各人的特长，并且训练他尽量发展他的特长，因为这种发展最能和谐地满足社会的需要。"[55]

黑龙江铁力市第四小学举行千人象棋比赛。该校女孩王馨雨荣获2011年全国青年象棋锦标赛冠军

教育应该也必须帮助每一个孩子找寻与内在发展契合的生命富矿，或曰唤醒沉睡心灵深处的巨人，从中打造个性的支点：开拓发现兴趣，发展兴趣，完成从兴趣—好奇—入迷—执著—个性的成才之路（其实，世界上一切事物都是差异地存在着，海德格尔说："差异通过让世界在物中臻于圆满而寂静。"没有学校教育就没有人才，仅有学校教育就只有庸才。学生拥有自由的教育空间才能成就有个性的高才。传统教育是专找毛病的纠错教育，对学生截长补短、削峰填谷；现代教育则是发现亮点的扬长教育，助学生以长带短、峰高谷起。前者压抑学生的个性发展，后者催动学生的特长突进。

不顾各自的禀赋、兴趣、特长，都去攀登分数的"珠峰"，既愚蠢又残酷。美国教育实验家沃什伯恩尖锐指出："把能力非常不同的儿童铸成同一模式的强制教学，不仅没有效果，而且是有害的，甚至是残酷的。"当下中国教育，仍然没走出鲁迅当年框定的“现在的所谓教育……其实都不过是制造许多适应环境的机器的方法罢了”[56]。

改革开放初期，南方某省的教委主任带领教育代表团到国外去。他们带两个做工考究的大奖杯，要赠给所访学校男女生学习最好者。没曾想问老师：“谁是最好的学生?”时，教师们面面相觑，谁都无解。他们说，所有的学生都一样可爱，所有的学生都一样优秀，只不过他们表现在不同的方面而已。如有的学生是语言高手，有的是写作高手，有的是画画天才，也有的是运动健将……据说，两个大奖杯因未找到得主而又被完璧归赵。

人若没有个性会怎么样?

像没有个性的经济缺少竞争力、没有个性的城市难有发展优势一样，没有个性的人，就失去了自身彰显的资本与魅力，在愈演愈烈的竞争大潮里，不是被淹没，就是被冲至浅滩，从而陷入尴尬境地。

没有个性的人通常表现对人冷漠，对事冷淡，没有好奇心。

长子松巍曾经问笔者好奇心对孩子的作用。笔者回答：**童年不好奇，少年无兴趣，青年没特长，中年必平庸。这就是说，好奇是种子，兴趣是胚芽，特长是花果。**童少时节的好奇心如被及时发现与挖掘，很有可能成就一生的事业，带有偏执性的专注一经持续发展，其事业也许达得到令人惊愕的巅峰。从这个意义上说，常言“三岁看大，七岁看老”不是没有一定根据的。

什么因素最影响青少年个性形成?

是教师的个性。苏联教育家乌申斯基说：“固然，许多事有赖于学校一般规章，但是最重要的东西永远取决于跟学生面对面的教师个性：教师的个性对年轻心灵的影响所形成的那种教育力量，是无论靠教科书、靠道德说教、靠奖惩制度都无法取代的。”“只有个性方能影响个性的发展和定型，只有性格才能养成性格。”

如何形成学生的个性?

教育发现，师者扶持，自我醒悟，合力培植。

教育发现需要慧眼，这就是教师明亮的眼睛。在教育、教学活动中，教师要用一双慧眼，不仅发现每一个学生突出的显质，还要关照出每一个学生时而闪现的若明若暗的潜能，并且将这有如电光石火稍纵即逝的潜能及其征兆捕捉住，加以扩展、放大，加以思考、认识。

在大众传媒和学术界，广为流传当年钱钟书、吴晗、闻一多、臧克家考大学，数学都是0分到20分，却被清华、北大破格录取的典型。这实在是教育发现的慧眼。此种教育慧眼识别人才的例证更是不胜枚举。经徐志摩力荐，中国公学校长胡适破格聘用只读过小学的沈从文为讲师，主讲大学一年级的“新文学研究”和“小说习作”。胡适没有看错沈从文，沈从文也没有辜负胡适的尝试，在大学教学中作出了许多突破，深受学生好评，培养了许多人才。

大数学家熊庆来从一篇代数方程解法的奇光异彩的文章，认识了初中毕业后完全自学的青年华罗庚，并安排他来清华大学数学系，边当文书边学习，华罗庚终成了大数学家。后来，主持中国科学院数学研究所的华罗庚也是从一篇奇光异彩的数论文章里发觉了陈景润，调他到自己麾下当实习研究员。这就是“熊庆来慧眼认罗庚，华罗庚睿目识景润”的佳话。

师者扶持需要爱心，这就是要求校长、教师真心给力，给时间，给空间，给鼓励，给助力，给点拨，给排“雷”，给弹性化的适宜教育……

江苏省泰州中学有一名叫李捷的学生聪颖过人，门门功课优秀，课还没有上，他就能完成作业，而且正确率很高。任课的副校长洪宗礼惊喜地发现其极高的天赋，立即对这名特殊学生采取了特殊政策：上课可以不听课，自己看书；课后可以不完成语文作业，自己探究。在洪老师循循诱导之下，李捷的智慧迸发性地得以开掘，在高中阶段就学完了大学的一部分教材，那年高考，一举摘得江苏省理科第一名的桂冠，愉快地走进中国科技大学的校门。

自我醒悟需要对自身“超自然的神奇基因”的确信，对自己的特殊天赋潜能——基因密码的持续发现和开发，以及对个人应承担的特殊的天赋使命的坚守。正如阿莫纳什维利所说：“个性孕育于自我斗争，孕育于自我认识和自我觉悟的过程，因而教育和教学的目标应该指引儿童走上这一自我形成的道路，并帮助儿童在这一相当困难的搏斗中获取胜利。”[57]

合力培植需要师长、家长齐心合力。

时下，许许多多的家长拿自己孩子的短板去比别人家孩子的长板，为数不少的教师拿自己学生的弱势去比其他教师所教学生的优势，比来比去，总不免迸发出一种“恨铁不成钢”的强烈意念，恨不得能让自己孩子（学生）立马就变，立地成佛。其实，铁就是铁，钢就是钢，铁成钢岂是“恨”得出来的？是需要有一个在熔炉里超高温的历练过程啊。只靠“恨”铁能成钢吗？育人从来就是一种慢工细活啊。

如何看待偏才、怪才？

偏才、怪才，古已有之，于今为烈，尤其在比以往更提倡个性成才的当下。

有高峰必有低谷。削峰填谷不可取。

我们这个大国，需要多型多种多样的人才：方略型的、战术型的，全局型的、单项型的，科技型的、人文型的，奇智型的、高能型的……我们就应该广开才门，不拘一格，唯才是举，多多益善。偏才、怪才，亦是人才，犹如铁拐李也是神仙一样，必须给以展示的时空。

笔者在此还需澄清常人在教育后代时的一种误解：他们渴望被教育者个个成为国之精英、民族栋梁。

精英者，精选出来绝对睿智的超人也。一个国家的民众何以都成此等超人？若果真那样，万万千千的工人、农民、服务者的劳动大军又从哪里来？我们民族的人才结构岂不成了倒金字塔，还能正常挺立并运行吗？

栋梁者，支撑大厦之梁柱也。每座大厦，梁柱只是极其重要的一部分，但是大厦绝不是光靠梁柱造就的，还需要有水泥、沙石、砖瓦、钢筋、木料等，若都成栋梁了，大厦岂能浑然一体巍峨崛起？

事实上，个人的天赋不同，能力不同，特色不同，作用也不尽相同，能做梁的做梁，能当柱的当柱，能为砖的为砖，能成瓦的成瓦，就像青山上有高耸的乔木，也有低矮的灌木丛和绿莹莹的小草一样。教者呢，该用敏锐的目光随时发现每一个学生智力才能的不同端倪及其发展潜质的胚芽，为他们提供各自生长的环境：是泥土，导它烧成砖瓦，是铁矿，使它炼出好钢，是金子，让它闪耀奇光！

五是合力助长原理。

所谓合力助长，是指一个人的成长（或者说对人的教养）是由诸元素组合而成的力场来实现的。每一种元素都是不可或缺的涌向力场的原动力。

组合不是混合。杂乱无章的混合是混乱。合理有序的组合是奇美。看啊，有序组合的砖石是建筑，绝妙组合的文字是诗文，严密组合的思想是理论，合力组合的教育是科学。

教师的工作是个人劳动，集体成果：个人劳动如一颗星闪光，集体成果如群星闪烁，共同给学生以照耀。

学校无小事，事事都育人。校园无闲人，人人都育人。无论一线教师，也无论后勤员工，都为育人竭力，都像一眼泉水，一同给学生以润泽。

家庭乃至大社会也是一样，都给教育大场以光，以热，以力。

无锡市蠡园中学在校体育馆召开新学期第一次全校家长会。该中学开展富有创意的校家合力教育成果显赫

物理学家陈佳洱立志科学，就得益于身为儿童文学家的父亲陈伯吹给力。老年陈佳洱深情回忆父亲两次陪他看电影的往事：一次放映《发明大王爱迪生》，父亲当即放下手中写作带他去看。还一次下大雨，父亲打伞把他从寄宿制的位育中学接出来，领他去观看《居里夫人传》。放映完，陈伯吹语重心长地说：“居里夫人的祖国波兰，因为科学技术落后而遭受侵略，中国也一样。你要像居里夫人学习，耐得寂寞，献身科学，做一个对社会有贡献的人。”父亲言传身教，使少年的他就迷上了小发明。他和同学一起制作收音机，组建“创造社”……

每个学生生活、生长在校园和社会空间里，其发展靠的是矩阵因素：家庭为育人作坊，家庭之爱为精神供养；学校为育人田园，学校之园师道护养；社会为育人大场，社会之场多源滋养，此外，网络为育人特辅室，网络之屏广角牧养。哪一个环节出现了脱落，都影响果儿的长势与成熟。

只有学校教育仍是有限教育。有限教育不足以育出身心健康的受教育者。

教育只有借力、聚力、整合力，在作用与反作用、合力与分力、正面与负面、灿烂与阴晦之中，此消彼长，彼进此退，形成一个矩形的影响场，诚如恩格斯对创造历史诸因素的合力说所言：“这样就有无数互相交错的力量，有无数个力的平行四边形，而由此就产生出一个总的结果。”[58]

不知哪朵云，会落一场雨。不知哪股风，引来一阵凉。不知哪束光，照出一条路。

第三节　攀越高师之境

一

笔者：您一边教书育人，一边又写了那么多著作（于漪结集出版有《于漪文集》、《于漪教育文丛》等三部11册专著），您肯定有一条别出心裁的捷径，而这条捷径一定是你所走的成功之路吧？

于漪：有的青年教师问我，自己为什么写不出来东西？我对那位青年教师谈："你写不出来，是因为实践没做出来；实践没做出来，是因为你没思考出来。"

我就是学而知，知而行，行而思，思而写，日积月累，就有了这么多著述。我从来不是为写文章而写文章的。比如《人民教育》约我写的《思念》（见《人民教育》2003年6期）就是写我对一名女孩潜移默化的教育，从发现到开发她的潜力使其成长、成人、成才的一段往事。若没有教育实践，怎么能写出来？有了实践没有深刻的思考，因为你实践不可能百分之百做得对，哪些对，哪些不对，你没有思考，又怎能写出来？当然，你学了，做了，想了，却不去写，也是不行的。这一切又靠一点一滴积累，你今天把种子撒下来，明天就成了参天大树，不可能。树的年轮一年一个圈呀！从教育的一个问题、一种倾向、一个角度地切入研究，不愁找不到办法，要说捷径，其实没有，几十年我就这么走过来的……[59]

笔者在于漪家里深入访谈

上面的文字，是笔者在于漪老师家里访谈的一段记录，时间是2003年4月2日上午。

这段记录中，于漪为我们描述了她几十载所走过的一条路，一条一点一滴、日积月累的自我完善之路，一条用爱心贯串，学习、践行、思考、写作四位一体联袂推进之路，一条从普通教师达到名师大师的攀越之路。

50 载春秋教育心血，400 万言教育专著，铺就而成的这条黄金路，极有普遍的借鉴价值。

尽管全天下的教师都在独辟蹊径，全天下教科研者也都在为提升教师水平冥思苦索，然而，规律总是悄然隐藏在那里，不同人的探索不过是异曲同工，殊途同归，哪里还有什么更为便捷的路呢？苏霍姆林斯基带领的帕夫雷什中学老师是这样，创造了《第 56 号教室的奇迹》的雷夫·艾斯奎斯也是这样。

二

如果将攀越高师之路再提炼得精粹一点，可归结为三个字，即学、做、思。

学、做、思可谓教师人格建构终身发展的“三字经”。

三者各具内涵，相互渗透，彼此支撑，缺一不可。

表面看去，“三字经”并非高论，也无玄语，然字字珠玑，内含金玉。真经往往是赤裸裸的。透骨的总括里蕴藏精髓的提炼，浅显的表述中让人感知入木三分的深刻。

学为学习，即吸纳、内化、更新自己现有的知识、经验、理论、思维。

学习给人察路的望远镜，让人高瞻远瞩。

人类的广袤知识犹如绵延不尽的莽莽森林。每一学科如其中一个树种，每一节内容如某一树种的一株树，每一概念、知识的洞察与掌握，都是在见树木更见到森林，见森林才见到树木的情状下实现的。

你想成为名师、高师、大师吗？那就赶紧投身学习吧。培根说，阅读使人充实。钱穆说得尤专业：“大师者，仍是通方之学，超乎各部专门之上而会通其全部之大义者是也。”[60]著名历史学家朱维铮说得则直白：“大师就是博古通今，学贯中西，德才学识兼备……”[61]欲达如此目标，不靠孜孜矻矻的广博治学，只算做黄粱梦。

教学必须拥有一个“广阔的智力背景”。教师学习得越博大精深，越像立于高山之巅俯视学科大林，林之情状、树种、连接、走向、路径、入出口尽收眼底，使教学游刃有余地进入自由王国：导入八面来风，精讲左右逢源，点拨点石成金，启发顿开茅塞，联想漫江碧透，达至清代画家布颜图所说“汇万象于胸怀，传千奇于毫翰，尺幅之内瞻万里之遥，丈缣之中写千寻之峻”（《画学心法问答》）的境界。

知识亏空又不靠学习去弥补的教师，自然只见孤木，无法综观大林，以致孤木也难看清，于是，只能或不懂装懂，心存侥幸地“忽悠”学生；或以此题与教材无关来“拒绝”学生；或装腔作势东拉西扯地“敷衍”学生，如此等等，岂不可怜！

1727 年 3 月 30 日深夜，84 岁的牛顿弥留之际，对身边的秘书、友人时断时续地说：“我不知道，在别人看来，我是什么样的人；但在我自己看来，我不过就像是一个在海滨玩耍的小孩，为不时发现比寻常更为光滑的一块卵石或比寻常更为美丽的一片贝壳而沾沾自喜，而对于展现在我面前的浩瀚的真理的海洋，却全然没有发现。”[62]科学巨匠尚且如此谦逊，作为凡人的我们又该如何呢？

勤学、苦学、乐学、善学、博学，应该成为每一名教师的职业习惯和内在需求，并由此升华为教育信仰，呈现为无法放弃的精神生活方式。

学习如清风，吹涌知识的一潭静水，现出一片涟漪。

学习如酵母，可以在采长纳贤中将自己做大做强。

学习如滚雪球，越滚越大，不滚就化；亦如汩汩山泉，一脉一脉，汇成智慧的长河。

这里面没有一鸣惊人的飞升，也不见一蹴而就的跨越，有的只是一步一程深深的足迹。耀眼的闪烁出自昏暗里的守望，突然的迸发来自长久的沉潜。

学习主要路径是：读书，学贤（学名师），上网。

只说上网吧。鼠标点处，四面八方的信息扑面而来，古往今来的视界近在眼前，利用新时代的网络便利，足可以为知识大林开启一些方便进出的路口；当然它也是双刃剑，掺杂着铺天盖地的谎言与防不胜防的陷阱，我们当练就筛选、辨识的火眼金睛。

借上网生灵气，用学贤筑底气，靠读书出大气。

作为践行，即将学得的、悟到的、内化的有用东西，创造性地运作于行动里。

践行给人以舞台，让人脚踏实地，不断地做大自己，做强自己。

践行就是俯身躬行，脚踏实地地做，披荆斩棘地做，埋头拼搏地做。“敢问路在何方？路在脚下。”路从脚下延伸。

这好比纤夫背拉纤绳，由不得一丝一毫的松套和断条。要把每堂课、每次活动、每个教改项目及其中的每个环节、每个细微处都抠得那么细，那么实，那么精。

践行又是试验，又是发现，还是创造。把践行过程的每一个环节视为开拓型的实验去做，当成原创性科研来搞，用心力拼出全部智慧，给践行熔铸创造力，让践行在实干中变，又在变化中实干，循环反复不断提升，一次比一次更美妙。

于漪对笔者说：“我教课没模式。教两个班，一个班这么教，经过反思到那个班又那么教。每堂课都是师生互动的‘公开课’，随便让人听。我上的公开课，有两千多节课。一位年轻女教师，随堂跟踪听了我三千多节课，我问她最深刻感受是啥？她说是从来不曾重复自己，即使是同一篇课文教第二、第三遍，也绝对不重复，课课有新意。”[63]

要永远记住，**自古至今，教海泛舟从来没有一位“救世主”或一盏“苦海明灯”，也从来没有一部包治百病的“教育圣经”(1998年曾炒作为神书的《学习的革命》，至今不亦“灰飞烟灭”泯然于书海了吗)，科学的教育理论只不过是思维引信、精神向导，真要奔向自己心目中的理想教育王国，还要靠自己“量身定做”的践行。**正如列宁那段名言：“如果要开一张包治百病的丹方，或者拟定一个适用于一切情况的一般准则……那是很荒谬的，为了能够分析各种不同情况，应该有自己的头脑。”[64]

光有梦想，不付践行，脚下永远没有根，眼前永远没有路，心中永远没有底。因此，践行对于人，是第一位的也是永恒的事情。

当然，麻木的践行，盲动的践行，为践行而践行的践行，陷入周而复始原地打转的怪圈的践行，会使教育生命不见火光，只冒烟雾。

践行的最大价值是不断创新。

创新是提升践行质地的有力杠杆。

没有一位名师，不是凭借着艰辛的探索与创造，成年累月开拓自己践行之路的。

思为思考。即勤于动脑，潜心研究。

思考，作为心灵深处的知觉活动，是教师极为可贵的品格。教师应该是卓越的思想者，始终要有一颗研究心。

思考给行进以导航图，让人睿智出众。

康德在《论教育学》一书中说："对于一个学者来说，思考是一种养料，如果没有这种养料的话，当他醒着且独自一人时，就不能生活；思考是由学习（读书）和构思（反思和发现）所构成的。"苏格拉底说得一针见血："一个未经省察的生活是不值得一过的生活。"[65]"懂得还不等于已知，理解还不等于知识。为了取得牢固的知识，还必须进行思考。"[66]

当代创造教育的大家刘道玉认为，创造力是智力的最高表现[67]。思考力是创造力的根本源泉。思考力源泉一旦枯竭，创造力的溪水岂不断流？

是的，**智的核心是思。能思者能为，善思者善为。智者一日胜过庸人十天，思者一年长于常人十载。人若失去了思，即与动物或植物人没什么区分。不思者与不会思者无形中做了别人的影子，过着浑浑噩噩的日子。**

"几个世纪以来以至于今，人们也许做的太多，思的太少了。"海德格尔批评时人缺少思考的同时，指明了"思最恒久之物是道路"，而"道路和称量，阶梯和言说，发现于独步"[68]。所有这些思索，好像专意为今日我们的教师预先敲起的警钟。

然而，当下不少教师，大脑近乎一潭静水，思考呈现出赤贫态势；眼前云雾缭绕，思想的风帆似乎已经落下。从思维深处迸发出来的鲜活的、灵动的、富有创意的火花，几成吉光片羽。

最需要思考的职业，最需要思考的人群，最需要思考的时候，反倒捆缚起思考的翅膀，反倒出现思考的空缺，因此所造成的对教师成长的贻误，对教育事业的失误，实在难以考量。

这一半来自僵化的机制、陈腐的理念，呆滞的方法，三分来自教育科研的苍白无力，二分则归于我们自身的惯性懒惰。

你想攀越高师之路吗？那你在把握"学、做、思"三字经时，尤其要在我们最欠缺的"思"字上下苦功夫！让思考贯串全部教育过程，让研究成为我们工作的通常状态。

那么，抓手在哪里？

一是从案例研究入手。

谁的案例？自己的或别人的。案例是教育教学问题解决的源头，可以在研究自己、分享别人成长的经验中，积累大量的反思素材；案例研究为教师成长搭建了坚实的阶梯，大大提高自我成长的针对性和实效性；案例研究还可以避免单纯从理论到理论的研究通常容易产生的脱离实际的偏颇。

案例俯拾即是，各个层面的教师都能随时随地找得到切入点。案例的表述可以采取叙述教育故事法。每一位教师都有自身经历中生动感人弥足珍贵的独特故事，若娓娓道出，细细咀嚼，深深体味，慢慢思悟，好似牛之反刍，蛹之化蝶，必会大大提高并升华自己。

二是从教育教学的问题突破。

问题就是课题。教育科研其实很朴素、很平常，就像农民琢磨如何使土地年年高产一样。学生学的问题，教师教的问题，家长管的问题，学校育的问题，社会抓的问题，成串成链，顺藤摸瓜，就会人人有课题，天天有课题。人人能研究，事事可研究。

苏格拉底说："问题是接生婆，它能帮助新思想的诞生。"问题攻关了，突破了，道路开拓了，指明了，思考的高地也就占领了。

三是从自身及学子们的成长透析。

教育的终极目的是为了人的成长。思考成长，研究成长，是萦绕教师心中永恒的主题。

记录剖析自己教育成长中的现象、感受、思考，经验与教训，把它看成一条波光粼粼的生命之河，让每一滴水珠都奔涌向前。

还要记录学子生命成长历程的每一次发现、每一回醒悟、每一番跨越，将这一串"珍珠"串联起来，结成一条条美丽的项链。苏霍姆林斯基先后对3700名学生做观察记录，研究每一个生命的发展、演化和嬗变。他能指名道姓地说出178名"最难教育的"学生九曲八折的成长之旅。

透析之中，找出自己与其他教师成长的差距，找出学生成长中的快慢差距，找出设想与现实的发展差距。

成长是一种快乐，更是一种美丽。快乐美丽的成长离不开思考。让教师掌握思考，教师掌握研究。让思考、研究提升为事业乐趣，定格为思维程序，铺出为告别职业倦怠的智慧之路。正如苏霍姆林斯基所说：“如果你想要让教师的劳动能够给教师带来乐趣，使天天上课不至于变成一种单调乏味的义务，那你就应当引导每一位教师走上从事研究这条幸福的道路上来。”[69]

三

教师思维的触角深入教坛的方方面面，为教育教学自宏至微的事变把脉；教师思考的问题从身边经历的地平线现形，囊括学生发展的头头脚脚，从毛细血管到神经中枢，需要欣然面对。

这些教育问题，从校内到社会，从学生到家长，从机制到政策，成堆成串，铺天盖地，俯拾皆是，让每一个从教者没法回避，无处躲闪，都须深度的调研，冷静的思索，自知至行尽可能给予科学的解答，否则教书育人之路几乎难以行走，更何况名师之路。笔者将与同人议论过的大量问题筛选出如下数个，并试着作解。

1. 师生之间当是何种关系？

教师在助长学生、成就自己的教育生涯里，与学生进行的是同向联动，获得的是共赢硕果，这就注定了彼此间的合作、和谐、和美的情怀，伴随而来的，应该有全新关系。

服务与被服务的关系。

教师之心，生为至重。重在一切为学生，引领、指导、哺育、推助学生成长、成才、成功。学生自然乐于配合教师，走上成长的高速路。此为二者关系的支撑点。

亦师亦友的关系。

传承文明为师，平等尊重为友。是导师，导学导向，事事垂范，当须钦敬；是朋友，情感相依，心心相印，也该坦诚。此为二者关系的平衡点。

相长共进的关系。

教师竖起标杆，成为学生的一部活教材。教师也努力求学于学生的生命活力与创造激情。选定教师职业即选定了学生身份，亦做学生的学生。教学相长，人生共进，心灵融通，人格发展，此为二者关系的增长点。

除此以外，那种出售知识的买卖关系，那种束手束脚的牧养关系，那种颐指气使式的猫鼠关系，那种专查病灶的医患关系，那种死看严打的“警匪”关系，都与全新的师生关系南辕北辙。

2. 师与生为什么读不进去书?

国家教育三大战略目标之一是“基本形成学习型社会”，并将完成的时间表定于2020年。这可能吗?

难，极难，难于上青天。

今日的国民学习如何? 原本导引国民学习的教师们读书吗? 教师教诲下的学生除了苦攻应试的书，还肯读其他涵养人生、智慧人生、升华人生的书籍吗?

日本城市一个个图书馆里，每天晚上读者盈门，座无虚席，那种求知向上的钻研劲儿令人叹为观止。难怪有的外国人感慨：这是一个何等可敬又可怕的民族啊!

以色列自1948年宣布独立建国，目前竟有10人获诺贝尔奖，这不能不让拥有五千年文明史的我们汗颜。如此奇迹何以发生呢? 有人统计，自1901年至2001年，诺贝尔奖设立以来的100年间，获奖的人数达680人，而占世界人口总数0.2%的犹太人却有138人获得该奖，占总获奖人数的20.29%，是其他民族获奖人数的100多倍。什么原因呢? 一个最重要的原因，是犹太人酷爱学习，平均每人每年读书64本。

书籍是思想、文化的结晶。书籍是连接人类过去、现在和未来的桥梁。书籍使我们看到整个过去时代的精髓，看到当今时代一切民族的文明，看到人们对未来时代的美好憧憬和无限期待。读书的过程，实际上是每个人的心灵同古今中外一切伟大心灵沟通、交流、凝聚、融合的过程。苏轼《和董传留别》诗云：“腹有诗书气自华。”培根曾剖析：“读史使人明智，读诗使人聪慧，演算使人精密，哲学使人深刻，道德使人高尚，逻辑修辞使人善辩。总之，‘知识能塑造人的性格’。”[70] 当代学人朱永新如是说：“一个人的精神成长史就是他的阅读史。”中国素质教育的提出者柳斌也反复说：生命因阅读而充实，而富有，而成熟，而精彩。

读书原本是读书人安身立命之根本甚至是生命状态之符号。今日我国师生读书遭此窘况，自然是急功近利在兴妖作怪。为何出现举国全局性的急功近利？只因一张考卷选拔人才使然。高分是求职的敲门砖、入场券。读书是做人的营养素、动力源。为应试，教师全身心于应试的学科中如醉如梦，学生全身心于应试的题练中如痴如迷，头痛医头脚痛医脚。应试在此，诸书退位。让营养素、动力源靠边站吧！

此种倒行逆施必须休矣。高瞻远瞩的明智者已经上路：朱永新带领“新教育”军团以十余载“早诵、午读、暮省”的行动，给窒息之室开门窗，于瀚海之中植绿洲，在天南地北建造起一所所书香校园；涌现了一批像河南省许衡中学张璧宏校长、成都市高新区实验小学陈光前校长那样的书痴者，认准了读书引导精彩人生这条道，将学校图书馆办成学校的文化灯塔，领全校师生靠读书唤醒每一颗昂进的灵魂，砥砺每一个鲜丽的人生。江西省《教师博览》编辑到许衡中学采访时，见开车接他的人，手捧一部书看得专心，唠起历史人文、教书育人，说得头头是道，便以为对方是干部或教师，惊愕的是，他竟为许衡中学的司机张利东。后来，他还在河南省学校新文化建设大会上做了《安安全全行万里路 高高兴兴读千卷书》的演讲，许衡中学的阅读风气略见一斑。

为了过上高质量的生活，活出高品位的生涯，生成高境界的生命，请冲出罗网，摒弃近利，像山东省昌乐二中那样，将阅读定为课程予以确保，义无反顾地踏上书香路吧。

3. 怎样激活学习兴趣？

厌学，几乎成为当下学生的通病，吞噬着学生勃发的活力和思维的灵性。据程念祖对北京市四所中学调查：中学生由于学不好某些课程而引起烦恼，初中生占 58.8%，高中生占 72.4%；由于觉得听课枯燥无味而引起烦恼，初中生占 42.5%，高中生占 47.3%；由于讨厌为了考试而死记硬背，但又不得不这样去做而引起烦恼，初中生占 60.7%，高中生占 59.3%[71]。

究其原因，就是应试的学业负担压得学生喘不过气，而且日复一日、月复一月、年复一年地背书，做题，答卷，精神、身体业已几近极限。抬头望去，唐代韩愈的治学名联“书山有路勤为径，学海无涯苦作舟”高挂墙上，仍为今日学生的座右铭。耳畔频传家长、师长劝学励志的敦促之声，一阵紧似一阵。每天所承学业，如牛负重；遥望就业前程，不寒而栗。

这里有选人机制、考试方法、国民共识等方面的综合因素，但就教师说，该如何给力？

教师爱心，学生温馨；

教师诱思，学生深思；

教师搭台，学生唱戏；

教师巧导，学生智进；

教师魅力教学，学生张力学习；

教师摆正角色，学生做足本色。

孔子将学习者划分为“知之者不如好之者；好之者不如乐之者”三个递进的层次，最高层次则是“乐之者”，即以学知识为乐趣的人。

乐趣（兴趣）孕育挚爱，挚爱通达专注，专注生发奇迹。

为师者永远记住：极致兴趣+忘我投入=出色特长。

教学的真谛是教会学习，教会学习的核心是教会思维，教会思维的前提是启动思维、放飞思维，启动和放飞思维的途径则赖于教师的种种给力。

4. 脑开发可以这样吗？

——开发学子的智慧大脑，已成当下教育的难点课题，家长与教师的热门话题。该从哪里入手？自从赵本山的小品《卖车》亮相春节联欢晚会，弄出道“1+1在什么情况下不等于2”之后，脑筋急转弯便像一股旋风似的在社会、在学校流行开来。

去年全国“两会”闲暇时，全国政协委员孙慧玲给教育界的委员们出了一道幼儿园孩子考小学的试题：1、3、5、7、9；2、4、6、8是按照奇数、偶数分类的，1378、59、246是按什么分类的？结果身为教授、副教授等的委员们各个眉头紧锁，无人破的。最后她公布了让人哭笑不得的答案：是按照拼音的声调来分的。与其说教授、副教授被难住了，不如说他们被忽悠了，因为这实则是思维混搭的脑筋急转弯题目。如此题目用在《开心辞典》等娱乐节目上最合适，用于孩子们猜谜益智活动中也无可厚非。但若出现在考智能的试题中，怕只会造成孩子们思维的混乱。因这些过于偏颇题目远远超出了孩子们应有的智力触角。

若问，脑筋急转弯题果真是开发智力的好路径吗？否！这只能算作玩小聪明，弄小智术，耍小把戏，属小儿科，它以打诨逗乐的戏要来掩盖浅层次文化的粗俗与浮躁，永远无法代表大脑主流智慧的有效开发。我们万万不可误入此陷阱。学子的脑开发，还要以知识为基点，以观察为前导，以想象为翅膀，以创造思维为中轴，走出一条多角度、深层次、立体化的智慧之路。

与此大有关系的，偏难题又都要唯“标准答案”是从，不可越雷池一步。对“标准答案”的敬畏和服从，则使孩子们思路受限、思维遇堵，大脑僵化。请看一道小学试题：“一个春天的夜晚，一个久别家乡的人，望着皎洁的月光不禁思念起了故乡，于是吟起了一首诗。请问这首诗是什么？”若学生答：“举头望明月，低头思故乡。”结果只能被老师判个“×”，因为标准答案为“春风又绿江南岸，明月何时照我还”。此类“神题”极易挫败孩子的信心，造成认知的迷茫和对学习的厌烦。

与前些年试题注重“死知识”相比，如今的试题鲜活多样，别具一格。但同时却又陷入了应试教育的泥潭，表现为题山试海依旧，在家长们“不让孩子输在起跑线上”的思维助推下，试题越发刁钻，孩子们越发不断成为“答题机器”。

“孩子是脚，教育是鞋”。试题和练习题都是辅助孩子学习的工具，应该符合心智成长的规律，符合孩子的认知习惯，而不是消解孩子的学习兴趣，降低孩子思维的活力、创造力。就此而言，一些出题者更应“脑筋急转弯”才是。

5. 死知识与活思维当如何运营？

这是一座分水岭：传统教育的陈腐在于教授知识、内容，现代教育的精髓在于教会思维、方法。知识是死的，可以靠死记硬背获取；思维是活的，必须用慧心灵性圆融。

在死知识与活思维之间，当如何运营？

不可否定，要学生牢记一些必备的知识，如同熟记自家和密切联系人的电话号码一样十分必要，使其成为种植思维、生长思维、收获思维的肥沃土层；但是，师者的着眼点、聚焦点、落脚点，应该而且必须自始至终置于关乎学生未来发展状态的原动力——思维能力的开发上，娴熟地助力于学生练好思维的“体操”，催动其大脑的灵性律动，引导其思维的触角越来越快捷、精准、锐利地到达预想的境地，最终让学生成为智慧的人。

世间的知识林林总总，浩浩渺渺，而且每日每时仍然如泉涌水喷，潮涨浪翻，无论怎么聪明的人，也无论怎么学谁都是学不过来，掌握不了的，而若把握了思维方法，则抓住了学习、工作、生活的钥匙。

学者袁振国讲述过一个令人深省的故事：有一位教化学的名师，他教的学生高考化学平均成绩 94 分。一年后，这些学生放了假纷纷来看望这位老师。老师突发奇想，拿头年高考的化学试题再测试一次，结果平均成绩只有 16.3 分。从卷面看，知识和运算几乎遗忘殆尽，所得的分数主要是与化学思维方法有关的内容[72]。可见，思维方法像开掘在心田上的潜流，它不会蒸发干涸，永远滋润生命之树的青枝绿叶。

因此，受没受过教育的人的一个最本质区别，就是思维的方法论，即人生智慧术。师者当把精力和时间放在对学生的“活”的能力——思维方法的培养上，着重培养学生探究、迁移、反思、联想、创造的能力，这才是让学子受用终身的可持续发展的源泉性能力。

1979 年全国高考理科状元应自强在北京八中读高中时，物理特级教师陈延沛对他说：“我的课你可以不学了。”但应自强还是聚精会神地学。他说：“虽然老师讲课的内容大部分我早已掌握了，但老师分析问题、解决问题的逻辑思维方法，我还没学到手。我听课的目的是把自己的思维方法跟老师的思维方法做比较，找出差距，培养自己的思维能力。”

这些科学的逻辑思维方法有哪些呢？主要有分析法、综合法、比较法、归纳法、演绎法、抽象法、概括法、分类法、系统化法、具体化法；形式逻辑中的同一律、矛盾律、排中律；辩证逻辑中的对立统一规律、质量互变规律、否定之否定规律……上述思维方法若娴熟把握且自如运用，自会心明眼亮，左右逢源，智光四射，受益一生。

思维本身就应该是立体的，有颜色的，有筋骨血肉的，有形神路径的。

6. 如何对待学生握有手机和学生上网？

20 世纪 90 年代，手机、网络广泛进入社会，迅速改变人们的生活方式，自然点燃了推崇时尚的青少年的莫大兴趣。有的学生开始在课堂上用手机传递信息，到网吧打游戏过网瘾，一些学校便将其视作洪水猛兽，出台厉规重典，千方百计封杀堵塞。

然而，如鲧之治洪，愈堵愈滥；似抽刀断水，越断越流。

好章程是讲清利害，疏之以导；议出短长，内化于心。时代飞速发展，载体日新月异，科技令人叹止，一个现代人哪有拒绝之理？又哪会拒绝得了？

况且，信息时代，电子主宰，新东西层出不穷，我们当乘其风，借其翼，避其短，自助自展，振翅高翔。我等若纠缠其不放，就会像当年纠缠青少年该不该穿牛仔裤、跳迪斯科、听流行歌曲一样幼稚可笑。

7. 作为独生子女的教师怎样对待独生子女的学生？

马卡连柯肯定地认为："教育独生子或独生女要比教育几个孩子困难得多。"因为"独生子女很快成为家庭的中心……很容易习惯自己的特殊地位，变成家中真正的暴君"[73]。

现在是，年轻的教师大半也是独生子女。该群落的心理相对脆弱，唯我独尊，情思冷漠，人际疏离的特点，也显现于教坛。据报载，有一位独子身份的男班主任被学生气得啼哭着跑回办公室，路上泣数道："从小到大，还没人招惹过我呢，窝囊死了……"

师生同为独生子女，也是中国当今的一大特色。

且不去理论当下计划生育政策的得失，若从彼此相同的家庭环境与人际关系说来，师生好像互为镜子，我心照出你心，我情映出你情，我短察出你短，从这点看，独生的教师还是独生的学子的参照系。

教师索性与学生一起补短，一起前行：爬磨砺的坡，铸性格的铁，修合成的塔，倾人性的爱，尽可能让聚光镜照在别人的身上，而自己则在不被人注意处承载着教育的重量……如此这般，当你的心如一滴水融入社会大潮了，学生的浪花也装进你的心海里了。

8. 单亲的孩子当如何教育？

随着传统观念的废弃，人性的回归与主体性的解放，家庭、社会结构呈现多元化，离婚率持续走高，单亲的孩子在学校已不属于"少数民族"，师长们的心里也应将此类孩子视为正常现象。

单亲的孩子缺少完整的爱，自然也就缺少了情感的沟通。一般表现为自闭、自卑、孤独、忧虑、低沉，情绪浮躁，性格扭曲，甚至心理变态。

心病还需心药治。

要引导单亲孩子理解父母的行为，尽管父母离异，但他们对子女的爱永远不会变。教师要做好沟通，搭就孩子与父母之间的桥梁，完成亲情的“对接”。

更多地用浓重的师爱、清纯的友爱（同学间的）来填充与弥补父爱和母爱的流失，让孩子找回五彩的心空，快乐的年华。

还要给单亲孩子的成长以更多自信的力量。古人云：数子十过，不如赞子一功。时常用轻轻的几句表扬换回他们心灵的喜悦吧。他们一旦披上生活的光彩，就找回了生命的力量。

9. 如何看待后进生？

有书披露，截至20世纪末，中国现有的3亿中小学生中，被老师和家长划入“差生”行列的学生达到5000万人。相当于一个法国、十个瑞士、一百个卢森堡的人口！这个惊人的数字，无论是对数以千万计的家庭，还是对当今中国的教育来说，都是一个不容回避的沉重问题。如何对待这些“差生”，将不仅决定着他们的家庭的前途和命运，而且对教育的成败和21世纪中国的前途也有着不可忽视的作用[74]。

通常所说的学业后进生，是反复遭遇失败打击后的产儿。

从多元智能理论看，人本无先后之别，只有差异之分。此种差异因生来天赋和后来态度而变得越来越大。师者当满腔热情地对待一个个有差异的生命，视之为潜质无穷的奇珍异宝，倾洒爱的阳光雨露；努力扬其所长，避其所短，以长带短，以强扶弱；再用开一把锁配一把钥匙的办法，打开心灵死结，对症解决症结，如此这般，定能迎来花开果熟的人生时节。

10. 对学生超常发展做些什么？

中央电视台讨论超常教育，针对辽宁年仅10岁的张炘炀，他以505分的成绩被天津工程师范学院数理与信息科学系正式录取，成为全国年龄最小的大学生；针对海南11岁女孩张小敏，其父亲每日起大早贪大黑训练她长跑几十公里，志在将来奥运会为国夺金……讨论的双方智仁互见，褒贬不一，唇刀舌剑，难于趋同。

其实，天才儿童，超常规发展，古今亦然，古有甘罗12岁拜相，今有张炘炀10岁上大学，这毫不奇怪，超常儿童总占儿童的百分之一二，对这种超常儿童施以超常教育早已牵动各国格外热切的目光：日本称之为英才教育，欧美称之为天才教育，新加坡则称之为精英教育（该国专设精英教育的管理机构狠抓精英资源开发，创造了令全世界惊讶的发展奇迹），而我国却只有极少数试验学校羞羞答答地称之为“优才教育”，好在《国家中长期教育改革和发展规划纲要（2010—2020年）》破天荒提出了“育英才”为核心任务之一。对英才儿童不值得大惊小怪，我们施以灿烂的阳光、充沛的雨露、给力的氛围，何愁英才不能脱颖而出、源源而涌？

特长发展，培养奇才，理亦如此。钢琴王子郎朗的横空出世，斯诺克神童丁俊晖的鹤立鸡群，一大批国球巨星的脱颖而出，再清晰不过地勾画出早期开发特色而骤成大器的生命轨迹。

从这些朗亮的生命轨迹上，我们看得见什么呢？能得出怎样人生成才的结论呢？上文提到了“极致兴趣+疯狂投入=出色特长”这一个公式，人的专门突进就是这样造就的。当然，我们绝不鼓励偏科，但也绝不埋没偏才。特长是人之生命能量迸发的山峰，偏才很可能就闪耀人之潜质奇美的光点。

偌大中国，有极少数学童或在其老师、或在其家长的引导下，早期进入特长开发的大场，进行生命智能的个例发掘实验，于己于国于家有什么不妥？硬性堵塞哪如因势利导？坐而论道哪如乐观其成？即或有的个例因种种缘故失败了，其借鉴意义对民族教育及人才培育亦弥足珍贵，至少告诉后来的人们：此路生歧，切当留意！清代龚自珍就已诗云：“不拘一格降人才”，我们为什么就不能“不吝破格选奇才？”

类似的实验还有不少，如办国学实验校（班）及办现代私塾，由主流教育发展拓路，零零星星搞些实验，家长认可，学生情愿，皆为树人而另辟蹊径，又有何不可？几十年来，国人吃的“一刀切”的苦果还少吗？放眼看，连外国人都可以在我国按他们的主张、规矩、模式办学，为什么对我们自家人反倒作茧自缚？

11. 教师可否与家长同育学子？

1987年12月21日，青海省大武镇9岁小学生夏斐被母亲吴玉霞毒打 3 个小时，直至活活打死。因为期末考试学校引进外地试卷，以往各科成绩都在 95 分以上的小夏斐语文得了 79 分（列全班第五）、数学 82 分（列全班第二），因怕母亲再打他，就谎称都在 90 分以上。当夏斐被母亲拉到学校，班主任杨桂梅将考分据实相告，而后母子一回家，尽管夏斐哭跪着认错，一场连小说家都不忍心构思的人间毒打惨剧还是发生了。据悉，夏斐死后，杨桂梅哭得肝肠欲断；两周后，吴玉霞自杀身亡，留下遗言："光用分数来要求孩子是简单愚蠢的……"

望子成龙心切几乎人人难免，但怎能将一次小小的失误视作天塌地陷，大难临头！放眼看去，人生风风雨雨，行路坎坎坷坷，生命朝朝暮暮，若站在生命史的高山上俯视，一次小考的不如意算得了什么呢？他们压根不知道，对子女不符合实际的期望值越高，就注定了他们和孩子失败得越惨。

呵护学子心亦师师皆有，在夏斐事件中，老师为什么不在学子可能又被毒打（以前曾因分数而多次遭打）之前，随机应变地编出美丽的善意的谎言，做一把学子的保护伞呢？假如真的编出了如此机智的善意谎言岂不让学子感恩终身？

因创造 56 号教室奇迹而感动了整个美国的小学教师雷夫·艾斯奎斯坚定地认为：教师"随时为孩子们挺起可靠的肩膀"，"我们不需要对孩子们长篇大论地谈我们多么负责任，而是要让他们自己把信任放在我们的肩上"[75]。如果夏斐是雷夫的学生，这幕悲剧哪里会发生啊！

诚然，这是一起极其罕见的个别事件，然而，任何一起事件发生的来龙去脉，留给社会留给世人的思索空间却是如此的宽宏与深邃，远远超越事件的本身。透过夏斐事件，我们至少由感知到定格：我们的家教、师教的瓶颈问题太大太多。

中国的家庭教育在广袤的乡村几乎是一片荒漠。只知生而不知育，只知养而不会教，只会男子单打（混合双打）而不会心智调理，只想望子成龙而不能导子成龙，这类家长如山间野草比比皆是，没有取得合格证就匆匆上岗，而且终身从不补习且永不下岗，因此亟待对其进行如何育子的启蒙教育：擦亮他们的眼，涵养他们的心，敞开他们的怀，导向他们的路。

由谁来教导如此众多不合格的家长呢？由政府？由社团？由学校？由教师？让教师为纽带，成为教育家长的教师？

而我们的教师呢？具有如此的能力吗？怀有如此的智慧吗？持有如此大爱的通行证吗？

毋庸讳言，我们老师一要怀揣大爱之情，推心置腹地将学子护在眼里，爱在心里，想在脑里，看成自己的孩子；二要修炼大智之术，智慧地思，智慧地做，智慧地面对突如其来的事端，育好学子何成什么问题？启蒙家长又何成什么问题？教师的心与家长的心也会在“为了我们的孩子”这一共同目标下彼此畅快交通，教师的教育智能必会伴随教育过程迸发出美丽的火花。

12. 如此“时尚议论”对吗？

近几年，教坛中对师者的“时尚议论”暗自流行，不像学生中的灰色童谣，说笑间发泄一番情绪便灰飞烟灭，而是正式见诸讲坛或文字，不能不引起关注，切莫演化成“三人成虎”的谬传。看来，有些教育流行语还真的经过思想的筛滤予以理性的甄别。

比如，“要给学生一碗水，教师要有一桶水就不对了，教师得是长流水”云云。这是十足的偷换概念，又故作潮人的高深状睿智相。一碗水与一桶水，是水量少与多的对比，而一碗水与长流水，则是水之静与水之动的状态对比，已经从数量上的多与少比较转移到状态上的静与动比较了。概念一变，岂可相比？如说学生是小溪，教师得是大河还差不多。

若从超越的眼光审视，几十度春秋，主因起于教育目标的迷失，教坛上喋喋不休关于一碗水还是一桶水乃至长流水的论争，在云计算时代，在智者视界里，这无非是在知识多与寡的浅水区“打磨磨”，吵嘴架，远离了洞若观火般的教育穿透，无法切中育人的肯綮——用思维培植思维，以方法引发方法，靠智慧激活智慧，借人格熏陶人格；只有思维、方法、智慧、人格，才应该是教育永恒聚焦的真谛。

如此硬充时尚，玩弄文字游戏的还真的不少。说“教师是园丁，学生是花朵”也错了，据说错在忽视了学生的自我成长与发展，无视学生的主体地位。须知，园丁、花朵只是形象的比喻，表示教师像育花人，培育如花一样的学子，这从大写意上哪有什么错？名人、伟人亦有定论，如别林斯基说：“教育者是园丁。”[76]邓小平也有言：“人民教师是培养革命后代的园丁。”[77]况且，已流传多少代被人认可了。

由此延伸，连教师常说的学生中有双差生（原指品德、学业较差生）也错了，理由是只有先进与后进生之别。优与劣、好与差，原本在特定时空里的客观存在，这个基本事实都无视了，一切相对论了，那还有什么标准与教育可言？那么，弑母的徐丽还算不算差生？轮奸同班女孩、打死老师、杀埋同学的学生还算不算差生？类似的，男女生“早恋”也禁说，而说是“交往过密”，过密到一些女孩一次次流产。此种对学生问题视而不见，报喜不报忧，无限度的隔靴搔痒似的轻描淡写，实在是葬送学校德育，危及学生成长的一大祸根。

切记，事物过度被时尚，是对质的戕害。

日前，《还有多少需要甄别的流行教育观》① 一文引起笔者关注，文中谈及在复旦大学庆祝建校 107 周年的第 46 届科学报告会暨学术文化周开幕式上，复旦大学校长杨玉良点评三位年轻教师的发言时直言，自己反对寓教于乐的说法。他说，寓教于乐只适用于某些特殊的教学，而他的观点是，学习是一定要付出苦功的。是寓教于乐还是寓教于苦，笔者不想为诸位同人做结论，只想说面对教育这门科学，当把握住科学的罗盘。

13. 如何看待形形色色的教育口号？

“再穷不能穷教育，再苦不能苦孩子”，“一切为了孩子”，“某某某最优教学法”，“做最佳的教师”，“办最好的教育”等五花八门的“某某教育”模式，近些年在教坛上下，校园内外，极言充斥，华而不实的口号畅行。

教育是庄重的事业，决策需要的是冷静分析、科学判断和正确的知与行。

假大空的口号，痴人说梦的教育标签，是自我发酵的膨胀，是教育的浅薄与浮躁。宛如飞翔着的美丽皂泡，给人的视觉一阵空欢喜之后，便是一头雾水的狐疑和无边无际的失落。这样编织空话的人，不是不负责任的误导，就是自我陶醉的欺骗。

追根刨底，这些口号与极言是戏耍教育规律，挑战教育本真。

十年树木，百年树人。播种智慧，耕耘灵魂，是一日日、一月月、一年年扎扎实实的事情。教育不比战争，转瞬

① 《中国青年报》2012 年 5 月 24 日第 2 版。

之间决定胜负；也异于政治，特定时期推出特定号令以凝心聚众，而教坛呢，极而言之的断言忤逆常理，随风即生的口号会搞乱运行。

十七载运动，十年浩劫，一次次错失良机，教育再经不起哗众取宠的折腾了。

我们呢，只有脚踏实地完成学、做、思等教育的精细活儿。不可挖空心思造口号，不去人云亦云说口号，不必听风是雨信口号，不被那些如列宁当年所批判的“听起来好像是堂吉诃德精神，或者是一种嘲笑”[78]的口号扰乱我们，使我们被其蒙住双眼，缠住双腿，沦为其奴隶。

14. 如何实现过程与结果的统一？

让过程顺畅，结果满意，常常是人们的夙愿。然而，让夙愿失望的情形甚多。

本来教学设计得丝丝入扣，而学生一讨论起来却海阔天空，结果其他教学环节只能或减或丢，教学流程像断了线的风筝，一堂公开课心想事未成。

原以为与学生一场谈话准能解开疙瘩，促其觉醒，然而，尽管掰饽饽说馅地讲道理，还是竹篮打水。

学生学情似乎摸清了，自己点拨也算到位了，就是干启不发，课堂成了徐庶进曹营的“闷锅饭”……

症结究竟出在哪里？

症结大半出在过程：或底数不准，或设计不细，或路径不对，或诱导不当，或思考不精，过程卡了壳，结果焉能佳？

毛泽东对优化过程有一段名言：“指挥员的正确的部署来源于正确的决心，正确的决心来源于正确的判断，正确的判断来源于周到的和必要的侦察和对于各种侦察材料的联贯起来的思索。”[79]青年毛泽东最推崇的曾国藩，曾对抢抓过程出语精粹无比，“莫问收获，但问耕耘”。英国生物学家赫胥黎把过程喻为梯级，说“梯级不是为休息而设，它只是供人一足踏上使另一足更高而已”。

如此看来，没有过程就没有结果，投资过程即投资结果，优化过程方有优化结果，完整过程才有完美结果。过程是结果的直通车。

症结的一小半则出在结果：对结果过于偏重导致急功近利，期望过高流于眼高手低，而不思结果则注定无花无果，如同伯恩斯坦 1899 年在《社会主义的前提和社会民主党的任务》里所言“运动就是一切，最终目的是微不足道的”那样。

15. 继续教育实效性差在哪里？

继续教育实效性差，属于秃头上的虱子——明摆着的问题。原因很复杂。

形式单一陈旧，全是大讲座，硬灌，又鲜有新货，让人听而生厌。

内容“高大全洋（洋指国外教育）”，与教师需求对不上火，有教师说：“我们想学开小手扶（拖拉机），结果讲的是如何驾驶航天飞机。”

主办方安排马马虎虎，组织松松垮垮，少动员，缺考核，无反思，不小结，来也自由，去也自由，学习几流于走过场。

讲课者水准平平常常，备课又对对付付，结果是：讲课者与听课者半斤对八两，讲得索然，听得无味。

教师靠继续教育培训之所以无法提高，更重要的是缺失动因，属于被动的被教育。须知，“一个人可以把马牵到水边，但二十个人也没法强迫它饮水”[80]。只要自觉、主动地接受学校的文化课程，一门心思想提升自己，哪有做不到的道理？

因此，若要有实效，首先得激活受教育者的学习动力。真有了动力，就会潜心、定力、忘我，告别“黄钟冷寂，瓦釜雷鸣”的浮躁，达至如魏书生所说的那种境界：“潜心育人，校校可成净土：忘我科研，时时能在天堂。”

若要有实效，尤须加强针对性。从域情、校情、学科情、个人情的需求出发，教育思想、职业德行、教育科学、学科专业、课程内容、教法学法、文化底蕴等，或长或短、或重或轻地开展提升学习，环环相扣，步步连接，切中肯綮，不走悬空。

若要有实效，也重方法可行性。高端引领的讲座与教坛一线的指导相结合，理论建构的研讨与践行体验的交流相结合，典型示范的剖析与个人科研的求索相结合，打出一套组合拳。

若要有实效，还要将实效落实到每一个人，人人有切合自己的计划，个个做完善自己的设计，有了每一个人的提升，继续教育才能最终落到实处。

16. 教师如何形成自己的教学个性？

时下，教学改革的先头尖兵已从岸畔的浅水滩涉入深水区。

教学，正开始走出往日教师单向灌输的盲动迷宫，成为教师、学生、教材三者之间的科学互动。

学科，正逐渐超越昔时“原理加训练”的应试窠臼，成为智能、方法、价值观三要素的全面建构。

课堂，也正初步告别传统讲堂的独角戏格局，成为以发现问题、解决问题为中心，以激扬生命为特征，教师引导学生与世界、与他人、与网络、与心灵的多元对话。

优秀教师正将自己的教学活动置身于祛魅的科学化世界里，将自己的践行创新与理性反思，对准教学的艺术化和个性化的攀登取向，持续地表达新时期新教育的教学诉求。

教学个性是教师教学过程中相对稳定的特征，是教师的教育科学与艺术在教学中特殊而集中的体现，也是教师的理念、能力、气质、技艺、智慧圆熟而高端的反射。教学个性是对教学标准化的否定。

教师若没有教学（教育）的个性家园，就不能建构自我的理性空间和实践田园，也很难在教坛上找到安身立命的快乐之所，也就难于恢复和丰盈个体教学的生命活力与生命气象，终日身陷职业倦怠的泥潭也不可避免。

苏霍姆林斯基说：“即使是最好的、最精密的教学法，也只有在教师加入了自己的个性，对一般的东西添加了自己的、经过深思熟虑的东西之后，它才可能是有效的。”

教学个性是教师成熟的标志，是其智慧、心理、道德升入独特层面的昭示。

当教师的崇高使命感与对教材的深刻理解相契合，有机地糅入自己的人格元素，并在学生心中弹奏起优美的乐曲时，教学个性的灯塔就在课堂里高高矗起。

人格元素主要有哪些呢?

个性化的语言、体态、神采是形成教学个性的载体。或简洁或幽默或激情的语言，或形象或趣味或富于张力的体态（动作、手势、眼神），二者配合，必收到“无声胜有声”的良效。

个性化的思维、教法、风格、模式是形成教学个性的依据。这就须不断地深化思维，优化教法，锤炼风格，完善模式，追求“觉今是而昨非”的持续突进。

个性化的心性、气质、特长是形成教学个性的源泉。套用雨果的“科学是我们，艺术是我”的思想，可以这样命题：教学是我们，个性是我。说到底，人的语言思维也好，方法模式也罢，都来自该人的心理和智慧。修炼心性和气质，磨砺优势和特长，自会收到“曲径通幽处”的个性之美，做到人云亦云不云，老生常谈不谈，循规蹈矩不矩。

此外，教师创新的教育理念和科学的教育主张，扎实精深的专业素养和厚实广博的文化底蕴对教学个性成因的意义，自不必多说了。

那么，如何建构起教学个性呢？

一是抓住践行这个根基，在突破一个个实在的关隘中站稳脚跟，无时无刻不从虚幻“理念”、浮躁“模式”的泡沫里解放出来；

二是抓住学识这个产床，在眼观六路、耳听八方、博学多识之中，打造一颗多思而睿智的大脑，从随帮唱影的盲目中解放出来；

三是抓住创新这个灵魂，做一个勇于改造自我并创新自我、保持自我特长的人，占领实践前沿的起跑点，从庸庸碌碌无所作为中解放出来；

四是抓住自我能力和智慧这个支点，开拓自己的根据地，建立自己的试验田，从周而复始的因袭传统中解放出来；

五是抓住教育科研这个云梯，把百川汇海的吸纳和为我所用的内化结合起来，在发展自我、打磨风格、创造品牌上下苦功夫，占领教书育人的制高点，从厚古薄今、慕人薄己中解放出来。

应该警觉，国内有一些学校，刻意追求全校整齐划一的教学模式，似乎着意推出那么一种“规模效应”，但是，这很有可能窒息七彩纷呈的教学个性之花。须知，教师、学生、学科、教材、课型、环节都不尽相同，怎么会有某一种模式“放之四海而皆准”？请重温马克思批驳普鲁士的书报检查令那一段激扬文字：“你们并不要求玫瑰花和紫罗兰散发出同样的芳香，但你们为什么却要求世界上最丰富的东西——精神只能有一种存在形式呢？”[81]

17. 青年教师该如何行动？

祝贺你，泛舟诲海的新手，初登杏坛的稚师，明日圣园的名家！你珍爱你选择的职业吗？你想做最好的自己吗？你要走一条径情直遂的路径吗？那么，作为一名老教育人，笔者想用平生的心智积累悄声地对你如是说——

你步入圣园从教，拉开了教育人生的序幕，成为青春鲜活的节点。

这仿佛山间九曲八折的溪流，突然间奔入大海；像从飞奔着的学子战车跳下来，告别了昨日“两眼一睁，忙到熄灯”的竞争，一切似乎都松弛下来，平静下来，舒缓下来。

你的眼前，是一个全新的世界。人生转型了，目标转轨了，困扰转变了，生活独立了，价值展现了，发展提速了，人生之旅创业乐章开启了。此时，你最需要的是下面三个词组：点燃梦想、再塑自我、预约未来。

点燃梦想。有梦才有远方，才有激情——这是愿景、火光；有目标方能设计，方能提速——这是坐标。有梦想有目标的行船是航行，无梦想无目标的行船是漂泊。

梦想是什么？当然是一位大写的教师、名师、教坛哲人大家。这一目标设计高吗？当然高。人生目标就该高而切实；实施的过程中不可轻易改变初衷；大目标伴以一步步小计划，即仰望星空，脚踏实地。笔者考察数以百计的名师，没有一人不是一上路就怀揣梦想，目视远方，始终不渝，坚定前行，目标从不迷茫，梦想从不休克。

再塑自我。教师的职业群体是专业性极强的群体，是品位性极高的群体，是前瞻性极远的群体，是对名利淡泊性极强的群体。这个群体的人，必须是思想者、学习者、博爱者、创造者、有个性者。

思想者：民族期待为师者成为一台显微镜和望远镜，有洞若观火的明辨、入木三分的深刻和自微至宏的睿智。

学习者：社会要求为师者是手不释卷的学人，带领学子乃至社会各群体在人文与科学两大领域里忘我翱翔。

博爱者：家长渴望为师者像一轮太阳或一场雨露，用爱之光无私地照亮每一个学子的灵魂，用甘霖般的雨露悄悄地滋润每一块干涸的心田。

创造者：学生企盼为师者以近乎完美的践行，尽可能创造出每一节无法复制的课，创造出每一次独一无二的活动，并与学子联袂，创造出每一个无可替代的精彩人生。

个性者：教者自身寻求为师者个性的高峰——有教师的个性才有学生的个性，有勃发的个性力才有喷涌而出的创造力；而无鲜明个性者，只配领学子与平庸为伍，和俗套结伴。

精神整容、德智再塑的工程，是伴随教师职业终生的自我修炼工程。而初登教坛的年轻教师只是走上了这一工程的起点。

预约未来。活在当下，长在未来。今天若不生活在未来，明天必然生活在过去。

昨天和今天是交相融汇的，现在和未来是连接互动的。如果我们的目光包含未来的某些元素，即用未来的眼光审视现在，约束自己，制定标准，那就等于活在现在，却是面向前方，面向未来；做的属于现在，实则属于未来，属于永恒！

以往修炼的教养、学养、习养，都是为了未来的发展：酿得人文清纯的雨露，为了滋润灵魂之树的静美；练出理性炫目的光辉，旨在映射精神之境的深远。

如何预约未来？

一是要时时看清教育。社会的潮起潮落，波峰浪谷，今日的新异是明天的正统；今日的宝贝可能是明天的弃儿。教育发展变化之大令人错愕。多元价值观任我们选择高雅，多方挑战亟须睿智地面对。竞争，不相信眼泪；岗位，让弱者靠边；睿智，书写教书育人的传奇。跟上！跟上！跟上！莫从奔驰的教改列车上摔下来。

二是要不断调整自己。面对教改大潮，让自己的脉搏与之脉动合拍，以实现一次次的软着陆。这就要求尽可能找准自己那个点，对准自己事业的罗盘，把自己的触角磨得锋利无比，将自己的智慧才华燃到沸腾；一回回认清自己坐标点，一番番把握自己支撑点，一次次寻找自己突破点，一步步占领自己制高点。天生我辈必有才，天生我材必有用。我是千差万别中的独一无二，我是万紫千红里的奇葩一枝，我是别人不可取代的唯一。

预约未来靠实力、眼界、灵气、智慧。有实力就有魅力，有眼界就有境界，有灵气就有大气，有智慧就有机会。

马克思不是说过“最先朝气蓬勃地投入新生活的人，他们的命运是令人羡慕的”吗[82]？未来是你预约你自己，实力是你创造你自己，机遇也是你抓住你自己。

阳光，揣在你自己的心里；未来，攥在你自己的手里……

18. 如何走出心灵的迷茫？

毋庸置疑，当下有许多教师劳劳心更苦，身累情尤累。

苦累在哪里呢？在对教育现状的困惑里，对自身价值的怀疑里，对社会堕落的不平里，对个人前景的迷茫里。

在他们的眼里，腐败正鲸吞蚕食整个社会的细胞，浮躁正弥漫各行各业的机体。以身相许的事业与精神滑坡的社会所形成的巨大反差，正一步步撕毁他们神圣的梦，透支他们炽热的情怀。

不能不看到，此种迷茫的酵母效应正在急剧显现出来。

亲爱的朋友啊，切不可怒气伤肝，被身患疾病的社会、愤愤不平的心态、杞人忧天的叹息，活活地将自己吞噬掉。因过于愤怒将丧失理性，过于焦灼将搅乱秩序，过于注重周遭的阴影将忽视内心晴朗的舒展，过于审视外界的变态将无视对教育规律的观照。

泰戈尔不无惋惜地告诉世人：“如果你因失去了太阳而流泪，那么你也将失去群星了。”[83]

报载，一名正发明创新的员工，因感觉老板做事太差便义愤辞职回家，他自己也就毁了。

这件事启示我们，何时何地首要之点，不能看别人没有啥，要看自己没有啥；不能看周围怎么差，要看自己怎么做。

顾城的《一代人》诗云：“黑夜给了我黑色的眼睛，我却用它寻找光明。”

《菜根谭》诫云：“会心不在远，得趣不在多。”当眼光聚焦了自身，在心田播种美好，在瞳仁培育温馨，在脚下敲响快乐，就必然在生命之旅收获一束火光，哪管自己只有一只小小的萤火虫的微光呢。

19. 淡定坚守需要怎样凝思？

社会犹如大海，潮起潮落。社会又像染缸，朱赤墨黑。职业注定了精神富有而生活淡泊的师者，应该像整个社会人群中的定海神针一样，规范精神的潮汐，沉淀染缸的墨污，导引世风的境界，做到“宠辱不惊，看庭前花开花落；去留无意，望天上云卷云舒”（陈继儒《小窗幽记》）。

教师也是人，也有七情六欲，也居于大社会的海缸里，也要享受现代生活的七彩阳光，若看见别人暴富心不动，听说外界奇景眼不乱，不攀高枝，不比时髦，种好心田，守住教坛，苦在其外，乐在其中，做得如此从容而淡定容易吗？

当然不易！然而，职业的定位、工作的特点要求教师必须这样做，犹如古人子罕拒玉、今者粟裕辞帅一样守护心灵的高洁。

当你选择了教育战线，就像一位战士进入了战壕，舍我其谁，再不该左顾右盼，这山望着那山高。须知，弃离战壕几等逃兵。

当你走上了讲坛，就应该站稳、立直、走正，心为育人跳动，血为教书奔流，与真理结伴，同智慧牵手，和神圣并行，你的命运、你的魂魄已经与祖国之兴、民族之盛须臾不可剖分了。

当你行走路上坎坷处处有，当你登攀途中高处不胜寒，该在冷静思考、精心运筹之中，毫不犹疑地扑向前方那曙光初染的地平线，你的愿景、宏图、事业就在你不懈的追求里。

比尔·盖茨有言："每天早上醒来，一想到所从事的工作和所开发的技术将会给人类生活带来的巨大影响和变化，我就会无比兴奋和激动。"这才是对工作情有独钟者的内心自白。

是的，**人与事业就是如此地互依共赢：当人圣化了事业的意义，事业也圣化了人的价值；当人守望了事业的崇高，事业也呵护了人内心的宁静；当人做强了事业的功能，事业也壮大了人的才干。**

20. 怎样开辟自己的发展空间？

时下，中小学教师职业显然缺乏对优秀人才的吸引力，不少中小学教师的进取心呈现枯萎的情势。就总体心态而言，总觉得自己只是个教书的，不像大学教授、科学院研究员才是大知识分子，即使成为佼佼者，也无非多上几节观摩课评为优秀博得赞赏，撰写几篇教育教学经验或论文获得科研奖项，更有教研水平的也只能编写一两册学科教辅读物而已，这就撞到发展的"天花板"了。

这里有个问题：如何看待教师职业？你是鄙薄传统偏见的"教书匠"、"孩子王"，还是神圣成"培育人才"、"塑造未来"的设计师？你若刻骨铭心地想，"少年强则中国强"，教师强则少年强，你的每日每时都在擦拭着学子一扇扇心魂的门窗，点燃着他们一簇簇聪灵的火光，都在为民族的崛起、社会的文明加油给力，你的每思每想、一言一行都连接着人类升展的螺旋，铺垫起历史前行的路轨，你就会终日鼓起激情的风帆，兴高采烈地乘风破浪，辛苦而心不苦，身累而情不累。把职业当作事业做，定然能成就大事业。

这里也有个态度：怎样去完成你的承担？是做得平平常常还是竭尽全力？是只用手做，还是用手又用心做？若是选择后者，你就会以科研的眼光去观照教书育人的每一细微处，用一颗科研的心去琢磨其中的艺术，破译其中的奥秘，找出一把开锁的钥匙，从而完成一个个不寻常的突破，品味、享受师者常态生活的甘美。把工作当作学问做，终能做成大学问。

这里还有个运作：是马虎应对还是巧工细做？成就大事，必做于细；细事做精，必做于巧。尤其面对每一个鲜活而动态的生命，你要助其心之高境镌刻不朽，你要使其思维展翅翱翔，这就要你心细如发，手巧似绣，在实干融入巧干之中展现你卓然不群的身手——一个灵魂工程师的超凡智能。把人生当艺术品做，可以做出大生命。

每个人的生命都像一只杯。它盛着梦的憧憬，心的祝福，岁月的等待；更盛着青春的歌，生命的画，精神的嘶鸣……这正如1998年6月30日在法国举行的第16届世界杯上，由歌手瑞奇·马汀演唱的主题歌《生命之杯》的歌词：

生命是纯粹的热情
应该盛满了爱
并藉以为生
心灵必须战斗才能得胜……

当我们让自己的教育生命置于理想与现实携手、科研与践行结伴的黄金之路上，中小学教师的思维空间、行动空间、发展空间就会展现得无可限量，完全可以泛舟诲海，书写大事业、大学问、大生命的美丽传奇……

四

韩愈说：行成于思。

思考给脑以清醒剂与透视镜，给行以导向图与牵引力；让人从已知见未知，从端倪看走向，从现象察本质，从眼前测未来。人在思考中，展现一个虚实混杂、有无交织的不规则的世界。这里，虚的牵引实的，无的托出有的，否定里发展该肯定的，批判中创造应树立的，一刻不停地完成新陈代谢的持续转化。

思考一下我们的教学，也会惊喜地发现，改革前沿已初见五大走势。

一是由道向术，寻找教学的突破口，为改革提速。

“道可道，非常道。”那也总得对“道”有个说法吧。

道为本，是理念、规律、法则，即理论；术为表，是技巧、手段、策略、模式，即方法。由道向术的转化是将理念的教育生产力转化为现实的教育生产力。

师生相近看理念，理念相近看方法。

方法的重要性不言而喻。达尔文说：“一切知识中最有价值的是关于方法的知识。”毛泽东曾将方法贴切地喻为过河的桥和船[84]。天津教育学会刘长兴综观该市的教改现状对笔者说：“现在差就差在教学方法层面，效果低，效益差，在规定时间里，一般教师完不成教学任务。”无论天津还是全国，科学地解决教法的瓶颈迫在眉睫。

教学方法归终要解决什么问题呢？早在20世纪60年代初，叶圣陶就推出了十字教育哲学思想纲领：**“教是为了达到不需要教。”**[85]这是教法的网之纲。提纲挈领，要解决学生乐学、会学、学会三个问题。教学有法，法无定法，哪里的方法有效，哪里的质量高效。

最有效的方法在哪里？在东西方教育教学的交融里，或者说在现代理念的指导下，将传统有效的东西吸收进来。南京市溧水县东庐中学的讲学稿就是从孔夫子那里借鉴而来的。

山西省新绛中学的创新课堂。山西省教育厅副厅长张卓玉（远处坐者）与学生一起上展示课

山西省运城市新绛中学自2008年起，创造了一种以学案为引领的“问题解决式”课堂创新教学模式。半天上课半天自习：每天有早读课，上午五节展示课，下午和晚上各三节自主课，每节40分钟，总学时不超8小时，开齐开足规定的课程。每个学习小组课桌上都有两台电脑。每台都配有无线网卡，课上成了各小组之间交流碰撞的“组组通”；课下学生亦可随时上网查资料，与最前沿的知识“对表”。自主课上，学生在学案引领下读书、思考、查资料、同组间交流，写一个学习报告，不会的问题写到师生互动卡上交给老

师。展示课上，学生个人或小组上台讲解，把自己的思路、观点、方法以多种方式展示出来。学生课后没作业，只有课前的学习报告。

学生真成主人了；学习欣享快乐了；思维展开翅膀飞出牢笼了；生命伴着欢歌活力四射了。

无疑，我国新时期高中教育的深水区改革，在这里开始了潮头冲浪，深潜探秘，大刀阔斧的演练。其示范性的醒世作用，必将成为激人警悟的晨钟暮鼓。

二是由知向智，扭住教学的核心目标，回归教育的本质。

英国 A. N. 怀特海在《教育的目的》揭示过一个可怕的教育颓势："理想的逐渐消失可悲地证明了人类的努力遭受了挫折。在古代的学园中，哲学家们渴望传授智慧，而在今天的大学里，我们卑微的目的却是教授各种科目。从古人向往追求神圣的智慧，降低到现代人获得各个科目的书本知识，这标志着在漫长的时间里教育的失败。"[86]

漫长的中国教育，其发展走势又何尝不是如此？孔子教学生做人智慧、做事智慧、生活智慧、学习智慧、政治智慧，到后来呢，教育变味了，变为教子曰诗云、学科书本、应试知识，一步步远离了智慧。

在一定时空里，知识积累为成果定势，能力显示为行为动势，智慧呈现为发展强势。

能力，栖居在知识之花上，酿造于智慧之蜜里。

知识如矿藏，能力如采炼，智慧如技艺。

智慧涵盖着什么？依次有博识洽闻的强记，触类旁通的联想，灵动聪颖的了悟，纵横正反的思维，立异标新的创造。此五大方面之于智慧，分别为：强记为智慧的田园；联想为智慧的嫁接；了悟为智慧的解密；思维为智慧的耕耘；创造为智慧的飞翔。（独特的魅力来自创造的张力）

学习的真谛在提升智慧。智慧的核心在开拓思维。思维的发展在学思同步。

在角色上，教师万万不可将自己视作居高临下的超人，手挥牧羊鞭的牧羊人，训练演员的编导，如此教学，学习者可能成长为呆头呆脑的"木偶"，至多也不过是缺魂少魄的"痴者"。

在理念上，教师要把每一名学生都看成空前绝后的生命个体，都有独一无二的特异个性，都能绽放出奇鲜而芳菲的生命之花。

在路径上，作为组织者和引导者，教师要和学生一起学习一道探索，建构一个将时空还给学生的理想课堂，一个以问题为中心让学生思维自由驰骋的天地，激活思维，开拓想象，学用结合，创造教学。

优秀教师随时随地迸发智慧的火花。以启发为例，请看这些火花：

一年一班的孩子们叽叽喳喳的像一群嬉闹的小鸟，老师说话他们也静不下来，于是老师如是启发说："宝贝们，看看谁最先在老师的眼睛里找到自己！""小鸟"们顿时停止了喧闹。

下午上课时，有个别同学躺睡在桌面上。老师没有一一点他们的名，把他们斥责得鼻青脸肿，而是微笑着朗声说道："起来，不愿做奴隶的人们！"睡觉者被惊奋起来了。

一位女教师对一名与她顶撞的女孩说："你很有个性，我真希望有你这样一个棱角分明的女儿。"那位女孩尖利的语声骤然变得温柔了。

为了提高学习的速度，一位老师这样号召说："同学们，老师现在制作了 38 个号牌，按完成作业的先后速度发放，我们一起测试一下，谁将是'拖拉机'（号）的主人?"

一位老师上高三习作讲评课：关于爱情的诗歌。他故意没讲什么，而是意味深长地对学生说："你们也别向往了，两个月后，你们也该写这种诗了。"男女同学哈哈大笑，笑声引发了年轻人对未来生活的无限向往，笑容让这些学生显得格外精神抖擞……

如同企业自劳动密集型向资本和技术密集型的蜕变，教师也要实现由劳动密集型向技术密集型乃至智慧密集型的升级。

三是由拙向巧，精化教学的过程环节，收到事半功倍的奇效。

洛克说："我们教导儿童的主要技巧是把儿童应做的事也都变成一种游戏似的。"[87]这就要求"巧"字贯串一节节课：巧导，巧教，巧学，巧思，巧练。

当下，我们的教学鲜有技巧，又少有人注意，实则成了影响效果的痼疾。

南京下关区教师进修学校王文瑾告诉笔者，经大量调查发现：教师平均每一节课显性、隐性的浪费时间至少 6 分钟。笔者估算，一天浪费一节课，一周浪费一天，一学年浪费一个半月，那是何等惊人的浪费啊！浪费集中表现为学生注意力流失。

巧是什么？大事做细，细而有趣，趣在魅力；细事做精，精而灵动，动在活力；精事做巧，巧而出奇，奇在智力。巧得异乎寻常，事半功倍，这是少花费大产出、低投入高效率的科学。教学直奔高效，直通捷径，直展妙招，能走弓弦，绝不走弓背；能执小刀，绝不用大刀。

巧的底蕴是智，运行于活，达成在练，效果出奇。上海向明中学王大任老师为初一学生讲第一堂教学课，他用一道鸡兔同笼的问题来撩拨学生学数学的兴趣。题是这样的：有头45个，足116只，问鸡兔各有多少？六年级的学生没学解方程，这就靠智算了。王老师给学生三分钟，但时间到了却没人回答。王老师巧妙启发，全班学生不到半分钟都解开了。他启发得很有趣，他突然下令："全体兔子立正，提起前面两足！"他问："现在足是多少？""90只！""少了多少只？""26只！""少的哪里去了？""兔提起来了！""兔子多少只？""13只！""那么鸡呢？""32只！"

适当地利用现代教育技术，升华手工劳动，也不失为由拙到巧的途径。

四是由身向心，达成情感、心理的内化，获取丰富的精神感悟与体验。

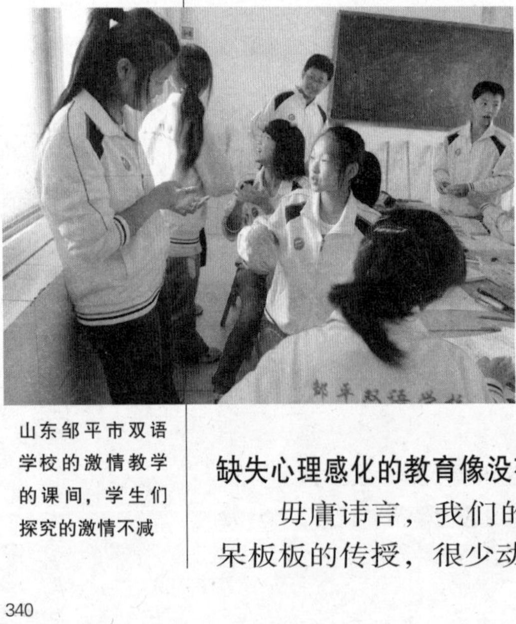

山东邹平市双语学校的激情教学的课间，学生们探究的激情不减

即由外向内，从面向里，自风采向内心世界，使接受教育文明转到内在的情感、心理、精神起变化。

心理学家皮亚杰认为，任何外部（刺激）影响都是通过"内化"和"顺应"这两种机能而被接受到主体认知结构中来的。这告诉人们，健全的人格的形成需要情感体验的内化过程。

是的，**情感如血，没有情感的教育像患了贫血症一样苍白无力。心理似巢，缺失心理感化的教育像没有精神家园一样无根所依。**

毋庸讳言，我们的教育教学活动，多是干巴巴的说教，呆板板的传授，很少动用情感体验的催化剂和心理感受的内化场，免不了教育教学的少慢差费。教者本身不动情，学生怎能动情？教者自己没被感动，学生又焉能被感动？

在情感、心灵的内化上，名校名师已经走到了前头。教育燃烧了情感，教学激动着心灵。

一走进无锡市蠡园中学的校门，迎面的主楼自高至低垂下两幅偌大的条幅，一边写：建设积极情态；一边写：追求高效学习。该校分班也按每个学生的情志划分。这里，教师和学生，家长和孩子，教师和家长，都是亲如一家，情意浓浓，直接实现了传奇性的提升。

山东省邹平县双语学校，几年来开展激情教育，打造激情课堂，教学由激情导入、自主学习、激情互动、魅力精讲、拓展应用五环节构成，教师以情激情，以爱唤爱，首先自己内心充满感动，又炽烈地传导着学生，产生了强烈的感应效果。

五是由浅向深，进入文化、精神上的浸润，旨在人格的提升。

这样的课堂在学生的心灵深处、生命远方点燃起一簇美丽的火光，令其神往催其追寻。

1950 年，陈景润在福州市英华中学读高中时，数学老师沈元讲起数论中的一道难题：1742 年德国一位中学教师哥德巴赫发现：每一个大偶数都可以写成两个素数的和。然而他发现的问题他却不能证明。沈元老师说起的疑难，牵动起陈景润一生的苦斗，直到摘取了“哥德巴赫猜想”这颗数学皇冠上的明珠[88]。

如今，有一批德艺双馨的教师，超越了知识传授，渗透一种更高层次的文化自觉，体现为治学影响，心灵关照，艺术滋补，审美感动，激情创造，风范濡染，诗性栖居，精神给养……课上，他们的实践从知识、学识的层面，深入文化、精神的层面，从以往教学的单薄、贫瘠转向今日的厚重、多元的开拓，有效地铺起了对学生由外形塑造到内在成长的道路。

教学教育改革的深化，已经开始将社会、生活与智力开发、人格形成初步地连通起来，与此同时，践行在前沿的教师，正在自觉地完成从教书匠的“经师”到引路者的“人师”的跨越，而他们的学生，也正从书本知识的学习者，通过社会生活实践之桥，走向精神气质昂扬的创造者。

不难看出，杜威的“教育即生活”、“学校即社会”的教育思想乳汁正悄然为我们重新吸纳。怀特海关于“生活与所有智力或情感认知能力的某种基本特点之间存在着关系，如果你不能展现这种关系，你就无法将生活融入任何普通教育的计划中”[89]的论语（他认为“这是一句难理解的话”），也被教育前沿探索所诠释。

笔者在《教育大境界》里提出的理想课堂的“三力”论（问题吸引力造就的磁力、思维展扩力引发的张力、智慧创造力饱含的活力）“三场”说（激励教学的学习场、享受学习的创造场、彩排生活的演练场），就是对上述改革前沿五大走势的说明。

五

让我们将教育思考的眼光聚焦于高效课堂上来。

世界教育改革的目光盯向两大问题。

2009年，作者在郑州42中学和倾心课改的贾惠芬校长（左）一同听课

一个是教师的专业化发展，即教师的智能重塑与心志整容。它包括事业内动力、理念引导力、文化塑造力、践行推动力、能动创造力的发展。

没有名师，难有名生；没有高师，难有高徒。名师展示一个巨大的发展空间，让学生在其间闪展腾挪，左右奔突；高师创设一个更为神奇莫测的修炼世界，任学生在其中奔跃飞腾，冲击极限。

另一个则是课堂的高效教学，即解决课堂的“少慢差费”以实现育人主渠道的理想化。这成了当下学校打造品牌，造就名师，实施素质教育，发展生存能力，提升核心竞争力的焦点。

两者相辅相成，互为表里，水涨船高。

为把高效教学问题梳理得条理清晰，设若干标题。

一、厘清几个概念

1. 教学是什么？

教学是教师、学生、教材三者之间关系的良性互动。理想教学是在教师引领与问题牵动下，师生的思维唤醒，激情迸发，心路畅通，天性舒展，思想碰撞，灵感互动，智慧彰显，自信膨胀，表达淋漓，一言以蔽之，是生命高歌欢唱——鲜活的生命活力与生命气象泉涌般凸显。

教学的通常途径是对话。德国教育家克林伯格说，“教学原本就是形形色色的对话”，“对话是优秀教学的一种本质性的标识”。对话式教育是对传统灌输型教育模式的颠覆。

2. 教学本真是什么？

教学本真是师生良性互动中认识问题、发现问题、解决问题，从中破解自然、社会和生命的密码。

著名教育家、科学家茅以升上课时，先点名让学生用5—10分钟提问题。提得好的给80分；提不出问题的，给不及格。他认为，没有问题恰恰是最大的问题。他要求学生认真听别人提问题，没问题的人必须回答有问题的人所提的问题，然后打分，天天如此。久而久之，每个人都积极找问题，自觉深入问题里，学习变被动为主动了。著名教育家陶行知高度赞扬此种教法：“‘学生考先生’的方法，推陈出新，创我国教学之先例。”

发现、认识和解决问题的妙方，是科学地打开思维之门。

3. 学习是什么？

学习是以发现、解决问题为中心，与周围群体（老师、同学、他人）、自然世界、字（音）像网络和自己心灵多维思考的多元对话。

有效乃至高效的学习（教学）形态囊括着自学、交流、聆听（听讲）、演练、体悟五大元素。

学习的终极目标，是发展以精神气质和思维品质为核心的人的整体素质，造就强大睿智的大脑。

课上，作者和香港坚乐中学中七文科班学生讨论唐诗的意象

4. 课堂是什么？

这个充满了几分神秘、几分神奇、几分神圣的地方，充满了无限的生机和无穷的魅力。

课堂是以发现问题和解决问题为宗旨，以训练和发展思维为主轴，思维强化训练与大脑快速开发的平台，也是智慧增长与生命生长和谐共进学养的沃土。

课堂是教师创造着的生命。教师用人生的全部储备激活每一节教学，以和美的音符演奏着自己教育生命的华彩乐章。

课堂是学生发展着的舞台。在课堂上，学生是有活力的灵动的生命体。学生以全身心的投入创造性地发展自己。一节节的课，铺就学生成长、成功、成才的一级级台阶，构成了他们探索、感悟、升华的人生之旅。

5. 高效课堂是什么？

就像农民向土地要最大收成，学校、教师、学生无不聚精会神地创造着课堂的高效。

高效课堂是最科学发挥教师的引领作用，最有效激活学生的注意力和智力潜质，最完美实施三维目标教学的课堂，是问题磁力、思维张力、智慧活力高度融合的课堂。

因此，一言以蔽之：高效课堂的核心是达成思维和智能发展的高效。

6. 提高教学质量的瓶颈问题是什么？

其瓶颈问题，是点燃师生教与学的积极性、科学性的火光，尤其是唤醒能促进学生自主学习与主体发展的内动力。

二、高效课堂的内涵

高效有三个维度：效果、效率、效益。先追求高效果，再追求高效率，最后追求高效益。

所谓高效果，指师生在课堂的教与学的过程感受是充实的，教学目标与预期效果的达成度是令人满意的。

这样的课堂，在一场场收获里，教师欣慰，学生愉快。

学习的天敌在于依赖；教学的悲剧在于包办。

而为数相当多的教师，惯用从头到尾唱独角戏的方式包了课堂。这种“破裤子缠腿”、“拉磨”似的教学运作，延续着“水过地皮湿”的低效果，毫无质的突破，只有量的重复，课上讲不明白还有课后续讲，正所谓“堤内损失堤外补”，变着法儿增加“负担”，挤占学生有限的时空。

达到高效果的最重要路径是变教为导，变学为思，做好导思这篇大文章。导思的能力是教师的最大智慧。

导与思包括什么？

导——要求、引导、点拨、组织、揭疵、质疑、纠正、归结、示范……

思——回顾、思索、比较、借鉴、分析、联想、想象、了悟、

创造……

孙维刚的数学课堂，学生被激发得摽着学，争着讲，比着练，你聪明，我更聪明。聪明传染着聪明，一道题竟做出十几种解法。魏书生的自学式的语文课，把心理学、教育学、科学学习方法引进教学，创造性地把一学期的教材不到两个月就讲完了，把大量时间留给学生，让学生开辟适合自己个性的自学之渠浇灌与肥沃自己。

所谓高效率，指师生投入与产出比事半功倍，以一当十，教与学双边活动均达至“高质量低消耗”的理想境界，收到过程和结果双优化的上佳预想。

这样的课堂，在一场场大丰收里，教师欢欣，学生喜悦。

课上学习效率高，课下负担必然轻，学生也就有了全面发展个性成才的时空。“把学习任务最大限度地在必修课的课堂内完成”，实现必修课改革这一目标，就必须提高课堂上时间的利用率。

达到高效率的最重要办法是范例教学、结构开发，教师追求举一反三、触类旁通的圆融和学生知识点内在联系的网络结构。

早在20世纪50年代之初，西德教育家瓦根舍因创立的“范例教学”理论，进而推出范例教学法，即选用基本性、基础性、范例性的典型范例达到对事物一般属性的认识和理解。如地理教学对“乌克兰的防汛林带”个例的透彻探讨，让学生了解一系列类似景观的本质特征，如美国中西部的草原景观等，认识人在特殊气候和地理条件下干预自然所造成的结果以及如何弥补这种结果。这样，范例就成了窗口，从中看得到更广阔的场景。

作者深入小组探究效果（近年来作者听课5000余节）

范例教学法反对庞杂臃肿的课程内容和死记硬背的注入式教学，认为这在科技飞速发展、知识量剧增面前，要想什么都教（学），无异于从事一项毫无希望获胜的竞赛。只能学习最基本的、有可能一辈子都记住的“有教养性”东西，才能使知识如滚雪球般地扩展，获得打开知识大门的钥匙。

苏联教育科学院院士、教育家巴班斯基说：“列宁指出，必须学习‘有助于自觉地选择耗费力量最少而能够提供最大的持久的结果的斗争手段、方式和方法。’最优化思想就是来源于列宁的这个有名的指示。”[90]这一思想为范例的教与学提供了理论支撑。

题海茫茫，例证源源，有限课堂，何以遴选？

按照鲁迅“砭锢弊常取类型”的主意，该选那些极具基础性、典型性、代表性的范例（类型题或变式题）。孙维刚引导学生做范例题，“弄通情境，题不求多，但求精彩。做到一题多解，多解归一，多题归一，有所发现”。吃透一道题比做几十道题更有意义。洪宗礼讲了《海燕》的象征写法，到学《白杨礼赞》时，同样采用的象征写法就不再讲了，而让学生自悟。

结构开发是在教学中将知识结构化、系统化、序化。

即将一个个范例的教与学，放在知识总的网络结构里进行，让每一个范例成为每一个网眼的连线，从范例入手，织结出一个既具有层次网络结构，又体现认知规律的“知识库”，学生就能握知识在掌心，像渔人执网纲于手中。

孙维刚卓越的结构教学就是极典范的诠释：在新、旧知识的比较与联系中把握真谛（“八方联系，浑然一体”）；在鸟瞰知识全局的系统中进行教学，即对每个数学概念、定理、公式等知识点的学习，都是在见独木更见森林、见森林才见独木的状况下进行的；在选出最精彩、最典型、最能启发学生思维的范例题，并在一题多解、多解归一、多题归一之中归纳共性，分离个性，抽象出科学有效的解题规律。

所谓高效益，是指师生在课堂教学目标之外的智力素质（思维方式、智能水平）、人格品位（心性、德行、习惯等）等隐性收获，而这种隐性收获作为沉淀物，将在漫漫人生中时时处处发挥着酵母作用。

它超越一题一课一时的成功，不追求快速成功的效果，效果效率都不全是人生价值的最高标准，超越成功的，是一个人内在的富有、生命投入事业的情趣、自己心灵及自己与他人心灵的高度和谐……

有一名学生，刚刚学了古希腊数学家欧几里得发现的94个几何命题的第一个命题，就感到茫然，便一本正经地向欧几里得发问：“我学习几何，究竟能得到什么好处呢？”欧几里得沉思片刻，唤来仆人格鲁米阿，吩咐说：“给他3个钱币，让他走吧，这是他想要得到的东西。”该学生要的是立竿见影的效果，而不是日久天长的效益。

教师的教学效益怎样衡量？爱因斯坦转引劳厄的话回答说："当一个学生毕业离开学校时，如果把老师教他的知识都忘光了（当然这是不可能的），这时他所剩下的，才是学校、教师在他身上教学的真正成果。"[91] 此种成果实为人生素质的"沉淀物"，如怎样学习，怎样思维，怎样提出问题，发现问题，做学问，面对困难、挑战与挫折，利用信息，寻求帮助……

达到高效益的最重要渠道是情智开发，思维升华，储备受用终身的大成智慧。

这种高效益与人的培养目标完全一致。山东省潍坊市北海学校语文教师韩兴娥大胆采用"课内海量阅读"教学法，三周教会拼音，一年级识字 2000 个；除了一年级上下册教材分别用两个月和一个月学完，其他每册教材只用两三周学完，此外的大量时间：低年段学儿歌、韵语小故事、各种版本教材、古代蒙学读本；中年段学文选、古诗词、成语、小说、传记；高年段学中华与世界五千年、论语、道德经……韩兴娥如此改革，不计一科一课对学生的收效，而着眼于学生修身成长、文化浸润的长效，该实验还引发了"语文课能否从教材中突围"的全国大讨论。

教师的一个观点、一种理念、一道问题、一种方法、一句座右铭，可能以学术的深度、哲理的沉潜、启蒙的导航，蕴藏着某种展延力、酵母力、辐射力，深深镌刻在学生的心里，如同酿得人文情怀清纯的雨露，滋润生命之树的静美；练出理性智慧炫目的光辉，映射精神之境的永恒。

韩兴娥开拓小语改革海量阅读的新天地

我们要靠科学、靠集体智慧、靠个人钻研，使教学都达到"高质量、低消耗"教学优化的核心所在。评价一个教师教学本领的大小，也要看这"六个字"。唯有如此，教师才有可能从简单、重复、低效的苦行僧似的劳动，转化为精深、科学、带有创造性、高效愉快的劳动。

三、高效课堂的标准

一节课讲得怎么样？起码要看一看以下四个要件：教学目标达到多少？用多少时间达到的？用什么路径、方法达到的？是否每一个学生都达到了？

再好的教学也会有瑕疵，说课堂十全十美属于颂歌。高效永远是相对的，没有最高只有更高。

有没有衡量的标准呢？笔者曾提出以下五个标准：

（1）全身心投入（乐学）；

（2）全息化思维（会学）；

（3）全方位互动（会教）；

（4）全层面提升（善教）；

（5）全维度达标（高效）。[92]

全身心投入，指教师激情澎湃，学生聚精会神，教与学活动进入了一个强磁场似的高度集中状态。

全息化思维，指师生全方位、多角度、立体化的思维，旨在提升其联想能力、思辨能力、质疑能力、批判能力。全息，《现代汉语词典》解释为反映物体在空间存在时的整个情况的全部信息。

全方位互动，指课堂上同桌之间、前后桌之间、同组同学之间、全班同学之间、师与生之间的交流与碰撞，形成纵横交错无数条网状的“磁力线”，形成学与教的无限精彩。

全层面提升，指全班同学（含教师）在攀登智能山峰所处的不同位置点，都能有所攀升，让居高的更高，显特的尤特，中间的突进，拉后的跨越。这体现差异教学完满逼近因材施教的效果。

说到底，办教育就是办差异教育，搞教学也是搞差异教育，补救短板是差异教育（教学），弘扬长项更是差异教育（教学）。

根据自己学情的选课制、走班制，不失为分层面提升的一个重要突破口和加速器。其理性根基无疑来自孔子的“因材施教”，也参考了维果茨基的最近发展区理论和霍华德·加德纳的多元智能理论，而对教育对象采取差异教育，大致上的同起点，齐步走，共频率，利于教学提速。此种举措学生犹如吃自助餐，具有自主性、适切性、超越性等特点。

迄今为止，实现差异教育（教学）的良策是分层教学、分组学习、分人提升，“为每个学生提供适合的教育”。因人而异，量身定做，让教育（教学）成为每一个学子最向往的精神家园。

全维度达标，指在智能、方法、情感、人格等诸方面都进入较理想的境地。

如此高效课堂的过程，必然贯穿着五大反馈：

（1）有讲（学）必练（有讲有练是真把戏，只讲不练是假把戏，只练不讲是傻把戏）；

（2）有问必答（先是“兵教兵”，答不准的再“官教兵”答。官指教师。对难答的也要设法回答）；

（3）有发必收（凡发下去的测试卷，必收上来由教师或学生评阅，迅速反馈）；

（4）有考必评（评是梳理，评是校正，评是深化，评是助推）；

（5）有错必纠（纠错是实现跨越，达到预定发展区的踏板）。

本溪高中将学生答错的题，下发重答。山东省邹平双语学校每课都发小卷：看谁答得快？立马反馈。上海于漪每节课下课前5分钟都留给学生提问答疑。

四、高效课堂三种境界

学生未来发展的高度，将取决于学习所打基础的深度。而所打基础的深度，则取决于教学的每一节课所达到的境界程度。

长久以来，笔者思考课堂教学有三种境界。

第一种境界：学境，即聚焦一个“学”字。

此为入门层。其意象犹如“半亩方塘一鉴开，天光云影共徘徊”（朱熹《观书有感》）。

学境为身入，靠记——记忆，记里即学，在学中认知知识，实现有效教学。学生在教师引领下，通过预习、自学、训练，达到对知识的感受，解决知识点维度。

没有学习就没有认识。

“学境”里的学习，多属平面的、单一的、直觉的；以感知、记忆为主要途径。在知、情、意、行的同步学习行为里，从无知到有知，从认知空白到初具经验，迈出通向智慧的第一步。

第二种境界：悟境，即聚焦一个“悟”字。

此为深化层。其意象仿佛“身无彩凤双飞翼，心有灵犀一点通”（李商隐《无题》）。

悟境为心入，靠思——思考，思里生悟，在悟中把握问题，实现高效教学。学生通过小组探究、切磋、反思，把握知识，并在实际演练和运用中，达到知识熠熠生辉的复活，即达到对学问的彻悟，解决理解力维度。

没有感悟就没有智慧。

“悟境”里的学习，则变为综合的、立体的、多维的；运用了归纳、演绎、联想、迁移、比较、重组、整合等多种途径，出现了多元并用的精彩。

第三种境界：化境，即聚焦一个“化”字。

此为升华层。其意象近似“天机云锦用在我，剪裁妙处非刀尺”（陆游《九月一日夜读诗稿有感走笔作歌》）。

化境为神入，靠融——圆融，融里有化，在化中超越自我，实现魅力教学。学生通过教师画龙点睛、自己学做中创造，而使灵光迸发（学生成了自己的老师），人走近知识，超越学习，人升华了；知识走近人，穿透生命，知识有灵气了，在纵横交错娴熟的拓展应用中，达到知识与生命的强烈共鸣，人知一体的超越，解决人知合一维度。

没有内化就没有跨越。

“化境”里的学习，业已达至出神入化的高境。多维交叉，立体深入，灵感迸发，智慧闪光，旧知与新识连体，个树和大林融通，理性同意象交织，思维循规律一路，想象共创造迭出，呈现出人知和乐圆融的奇观。

此三种境界，自低向高，依次而进。而一般性教师的课堂，多停留在第一境界，达至第二境界的课堂不是很多，而达至第三境界的课堂尤其寥若晨星。在第三境界里，可以随时融通第一、第二境界的“学”、“悟”元素，而在第一或第二境界，却很难闪现出第三境界的“化”的元素。

各学科知识所具有的非常美和高度严谨、合理而达到的令人神怡的内在和谐，只有到达教学的第三种境界，师生方能通透感悟。

我们通常说，知识是死的。这对吗？不全对！

从活的生活、生命中提炼出来的知识，原本是有生命的，就像夜空中美丽的星辰。

然而，一进入“满堂灌”的大脑容器里，鲜活的有温度的知识顷刻间成了僵死的冰块；或者说，知识成了一堆毫无生气、毫无价值的僵化符号。

教与学在第一种境界时，知识之于学生，还只是一种表层的概念。到了第二种境界时，知识在思维里开始复活、内化，便有了生气。

教与学一旦进入第三种境界，教师把知识的生命赋予学生时，同时把自己的情感和灵魂也赋予了学生，并对学生的心灵守护、导航，学生在知识面前的地位和知识本身的价值随即都产生了质的变化：唤醒似乎沉睡了的知识，听得到知识的呼吸和脉动，可以与知识对话交谈，达到人与知识的和谐互动。于是，课堂流淌起智慧生命的律动。

于漪亲自描述的1977年10月19日，她和学生们在上海电视台直播的公开课《海燕》，完全是内心诗情画意的真实流露。笔者认为，如此用身和心创造出来的课，才堪称达至了课堂教学罕见少有的第三种境界：

学生端坐在临时布置的教室里，我拿着备课夹候在教室外，等导演的指令。灯陡然亮了，满屋通明，“开始！”我的心紧缩了一下，立刻镇定下来从容地走进教室。朗读，剖析，讨论，辅之以简明扼要的板书，学生十分投入，我也得心应手，进入忘我境地。“一会儿翅膀碰着波浪，一会儿箭一般地直冲向乌云……” “看吧，它飞舞着，像个精灵，——高傲的、黑色的暴风雨的精灵，——它在大笑，它又在号叫……它笑那些乌云，它因为快乐而号叫！”师生一起把无声的文字变成有声的语言，展现一幅幅暴风雨来临前怒吼的大海上海燕搏击的惊心动魄的图像，齐读到“这个敏感的小精灵，——它从雷声的震怒里，早就听出了困乏，它深信，乌云遮不住太阳，——是的，遮不住的！”群情振奋，语调高昂，自信、豪迈、快乐，洋溢其间，这似乎已不是高尔基笔下的诗句，而是师生发自肺腑的心声。课在朗读全文中结束，有学生风趣地说：“我们刚从海边归来。”导演翘起大拇指对学生说：“太好了！”

我兴冲冲地返家，那种冲出暴风雨精神上获得解放的喜悦似乎渗透到每个细胞，恨不得逢人便诉说。门是我爱人开的，……（他）笑盈盈地说：“……你哪里是上课？你是用生命在歌唱。”这倒是一语中的。三尺讲台无限爱，我爱学生，爱未来，爱蕴含着灿烂中华文化的语文。教课不是当旁观的评论员，只有用

孙维刚的魅力教学

第五章 再造师道乐土

生命编织的，从心底里流出来的歌，才动听，才感人，才会如清澈明净的泉水叮叮咚咚流入学生的心田[93]。

这时，知识流露的情，一次次涌入心灵的大海，汇出情感的潮；知识包含的理，一番番冲刷大脑的沟壑，扎下理性的根；知识提炼的法，一回回沉淀为智库的珍奇，给予灵性的力——知识走近了人，知识就有了灵魂；知识和人融到一块，知识才有了力量。知识可能忘，但那情、那理、那法，却在生命里沉淀了。人走近知识，融入了知识，活化了知识，物化为书本上无法学到的人生智慧，人就超越了知识，深入生命的层面，人也因与真理相伴而臻于化境。

这时，只有到这时，人才成了活化的知识（智慧）；知识也才成了有灵魂的人（力量）。

五、高效课堂的四个误区

爱因斯坦说："当方向错误时，前进就意味着倒退。"

误区之一，认为多多使用媒体的课堂就是高效课堂。

洋思中学刘金玉对笔者说，他一次在佛山大礼堂讲课，居然没有黑板。而主办方比他还惊讶，有了多媒体及电子白板，还用黑板吗？毫无疑问，信息化的席卷，慕课的突现，给予教育的重大机遇和课堂的深刻变革如同山呼海啸，无限地扩展了时空，改变了模式，为教学提了速。但是，电子手段与传统模式理应两条腿并行，而万不可过度信息化，多媒体课堂不等于知识内容或呈现样式"多多益善"的课堂。多媒体应用不分主次的多、喧宾夺主的多，拓展无限的多，则成了玩弄形式，造成臃肿，是对《道德经》所言"少则得，多则惑"的背离。科技手段如若主宰、霸占了课堂，势必造成对教学本真的异化，对人的主体精神（含想象力、思考力、创造力）的摧残。此种教育不是让人挺立，而是教人匍匐。课堂高不高效，关键看是否极大发掘了思维力这一教学核心，而不在于采取何种花样翻新的形式。有一些学校很少用多媒体，不也较好地实现了课堂高效吗？

误区之二，认为学生自由就是高效课堂。

扬州一节公开课，教师讲《蜘蛛》。学生问起一道怪题：为什么有12只爪而不是6只爪？结果闹闹哄哄辩论了好一会儿，却论不出子丑寅卯。高效课堂就是使学生眼睛亮起来，面颊红起来，身子站起来，头发竖起来，声音吼起来？非也！

任何行为都有度，过犹不及，逾度则反。**超市般的喧闹是课堂不折不扣的浮躁。动能达观，静可生慧，动与静的和美协奏方能弹拨思维悠扬的琴弦。而思维的深层律动才能托起内心智慧的飞翔。有人把“高效课堂”定义为“知识的超市、生命的狂欢”。若从打破教师“一言堂”和放飞学生的视角看，其动机似乎无可厚非，然而，该定义原本为课堂表层的偏颇现象，并不是教学的本质特征，其结果导向浅陋、低俗，会流于不可避免的轻浮。**

还有人认为动起来的课堂就是高效课堂。一位教师讲《观潮》，一节课上，录音机里不停地响着海浪的声音，令人烦躁不已……好的课堂一定动静结合，宁静致远。

“教育不应当是专制、压抑、武断、粗暴的控制，同时教育也不应当是迎合、屈就、放任于时下泛滥的表浅的快乐。”[94]

是的，教师的主导不意味主宰，助力不意味代力，点化不意味奴化，同时，学生的主动也不等同盲动，自主也不等同自由，放手也不等同放任。放任未必创新，热闹未必深邃；引领未必陈腐，平实未必平淡。教师的引领角色什么时候也不可放弃。一旦完全放任于学生，必然出现教学精神的萎缩与学习智力的流失，以致教育时空的失衡、无序。

两千三百多年前，柏拉图就曾将相似情景记于笔端：“教师害怕学生，迎合学生，学生反而漠视教师和保育员。普遍地年轻人充老资格，分庭抗礼，侃侃而谈，而老一辈的则顺着年轻人，说说笑笑，态度谦和，像青年人一样行事，担心被他们认为可恨可怕。”[95]古希腊先哲所描述的，与今日一些无教育主见、缺从教信心的教师何其相似。

误区之二，认为教与学天衣无缝，其流程犹如飞流直下的课堂就是高效课堂。

2003年4月，与夫人樊雅文一起家访著名教育家吕型伟（中）

吕型伟老先生对笔者讲起他听的一节小学示范课。该课几乎无懈可击。问题出在一道难题上。许多小孩答不出，后有一小女孩答对了。女教师正领全班统一答案时，一男孩几次举手要讲，被女教师几次按下，后来小孩竟跑到讲台前，把手举到老师鼻子底下，老师火了，用手

"啪"一下，打到他手背上……

其实，**生活并不是通途坦道，教学也绝没有行云流水。课堂因问题而急速升值，因差错而迸发精彩，因思辨而出现跨越，因突破而彰显智慧。**

误区之四，认为有教师讲授的课就不是高效课堂。

教师讲与不讲，讲多讲少，并不完全是衡量高效课堂的标尺。用固定时间为师与生的教与学机械地画线，即给原本生成性课堂人为地设置栅栏，不仅是不实际的，更是愚蠢的。庄子有言："凫胫虽短续之则忧，鹤胫虽长断之则悲。"（《庄子·外篇·骈拇》）他主张道法自然，反对主观干预、个性限制，让心灵自由飞翔。这个比喻所包含的道理，对于追求生态课堂，同样是适用的。**教师随机点拨地讲，能引出柳暗花明；教师适时答疑地讲，能使绝路逢生；教师偶尔深情地讲，往往直逼灵魂；教师少许示范地讲，常常记忆犹新。**万不可让一种倾向掩盖一种倾向，走到极点再来纠偏。

有时，学生期待教师知识储量与演讲风采的展示。立起来的是奇妙风景，给他们荡气回肠的享受；立不起来的是贵重垃圾，让他们心烦意乱地受苦。

北京五中特级教师吴昌顺讲授《记念刘和珍君》。伴随录音机里肃穆而悲愤的陈培勋第二交响乐《清明祭》，他开始范读，不，是有声有色有情有境地背诵全文。且悲且愤的诵读宛若一条声与情的长河，由潺潺流来而至滔滔滚滚，原本静止的铅字，被复活成活动的历史、悲壮的场景、先驱不灭的身影……一双双眸子盯着，耳朵侧着，一颗颗激跳的心已入情入境，卷动起爱的洪涛、恨的怒潮，共鸣着鲁迅大爱大憎的心灵长歌。若十年以后，留美博士研究生时东陆写了一篇短文，回忆吴老师的这堂课："他像是呐喊，又像是在倾吐自己的心声。那声音久久地留在我的耳际，使我至今不忘……"[96]

六、高效课堂的文化坐标（课堂文化场）

文化坐标是高效课堂内在深度的标志。其涵盖：

一是价值导向。教什么？学什么？练什么？用什么方法？寻找什么规律？都需考量对学子发展有无较大价值，寻找近期效果与远期效益的高度契合。

二是心灵观照。一言一行、一问一答、一举一动、一式一法，都情系对学子充分理解、尊重、关爱和包容，达到对学子的心灵敬重于心、关爱有形、催动得法。

三是思维聚焦。再先进的计算工具也不能完全替代人脑，再形象的课件也不能包办人的思想，各学科领域都有其核心思想，即该学科的灵魂，指导该学科教学全过程的总原则，导引学生形成概念性的结构。教学当在学科的思想和方法上狠下功夫，达到激活思想、化归思想、建模思想、优化思想，体悟学科内在之美，让学子通过学科的窗口，使思维的广度、深度、速度、独特度、创新度等持续飞升。

四是文化给养。人类创造了丰富精彩的文化，每一学科也凭借其文化，隐含着记录生活的独特方式。让学子通过学科文化——润泽生命力的渊博知识、饱含创造力的丰富智慧、提升推助力的方法艺术——这个孵化器的功能，使知识智慧增值、学习方法增值、思维能力增值、兴趣特长增值、幸福感增值……催化人的成长和发展。

五是生命点燃。课堂第一层面为教学知识，第二层面为启迪智慧，第三层面则是点燃生命，即立于教育的高境，寓教学教育以智慧、人格和情操，给生命源源不绝地注入动力源、培养基和营养素，引导学子重视生命价值，促进生命健康而完满地成长、发展。

如此文化场的课堂，必然呈现出民主、开放、探究、个性、生本的鲜活而高质的格局。

七、高效课堂的几个关键

关键之一：要有高素质的教师。

人永远是最关键和核心的因素。高素质的教师是创造高效课堂的关键。美国著名教育心理学家吉诺特博士无限感慨地表露了心机："在经历了若干年的教师工作之后，我得到一个令人惶恐的结论：教学的成功和失败，'我'是决定性的因素。我个人采用的方法和每天的情绪，是造成学习气氛和情境的主因。身为老师，我具有极大的力量，能够让孩子们活得愉快或悲惨，我可以是制造痛苦的工具，也可能是启发灵感的媒介。我能让人丢脸，也能叫人开心，能伤人，也可以救人。无论在任何情况下，一场危机之恶化或解除，儿童之是否受到感化，全部决定在我。"

高素质的教师除了师爱贯串教育、教学过程之外，夫复何求？

这是鸟瞰知识大林，通晓问题瓶颈，把握学科网络的教师。

行路就怕道不熟，教学就怕本（教材）不清。高素质教师能从整体的视界把握学科发展脉动，从概括的高度通览知识系统走向，做到教学知识知行结合，八方联系，浑然一体，高屋建瓴，势如破竹，深入本质，切中要害。

孙维刚去一校听课，见一名初一同学问数学老师：“课本说整数和分数总称‘有理数’，我不明白，这两种数有什么道理呢？”多好的问题，多强烈的求知欲啊！孙维刚正想着，却听那位老师不耐烦地回答：“这是教学上的规定，没有为什么！”因教师自己不懂其理，又无视学生思维的火花，只能如此霸道了事。通晓问题瓶颈的孙维刚一清如水：有理数是日本人翻译的失误，《兰登辞典》还有另一种解释：“可以精确地表示为两个整数之比的数。”分数是，整数也是，如 3 是3∶1，正确的称谓应作可比数。世上本不存在“没有为什么”的事物，而教坛上多少个“没有为什么”的武断回答，无情地使莘莘学子的思路封堵，思维断线。孙维刚为该教例深深惋惜[97]。他的学生个个敏而好学，爱思爱问，全班一个上午竟学习并掌握了三角函数 118 个公式。

和四川省泸县二中外国语实验学校青年教师韦光彬深谈架构式教学

这里，笔者想推出一个探索于教改前沿的群体。

四川泸县二中外国语学校教师深信“教书如盖楼，封顶再装修”的道理，摒弃了传统“筑墙式”一步一个脚印的教学程序，采取先搭框架，再砌砖，后粉饰，实施骨架—专题—拓展“三段式”教学模式。该教法最先由青年数学教师韦光彬研发，数学组教师热烈呼应，校领导组织人力深入研究，继而在全校推广“成片开发，整体推进的架构式教学”，使该校课堂教学出现了容量大、进度快、拓展宽、效果好的特点。实践证明，只有架构化了的教学，知识方触类旁通，举一反三，能力才转化生发，点石成金。

其做法：集中全体教师之力，对教材按单元大胆整合，每个单元编撰为骨架教学（学习）、专题教学（学习）和拓展教学（学习）三阶段的校本教材，每阶段教材用多少课时依单元实际而定。

骨架阶段教材如盖楼做出大框架，重在知识点发生、发展的探究；专题阶段教材如砌砖上瓦，重在思想和方法的发现；拓展阶段教材如装修使用，重在知识娴熟应用中转化为解决问题的能力。三个阶段，条分缕析，既各有侧重，又相互联系，旨在让知识的主干坚挺，架构结实，再提纲挈领地带动分支，纵横捭阖地开拓展延。

显然，这不仅仅囿于教法、环节上做文章，而是在教材上动大手术，即在教海深水区里弄潮。师生的目光盯住知识的纵横联系，规律把握，揭示本质，驾驭方法，厘清思路，以点带面，以面构体，先见森林，后见树木，以树木反观森林，用框架牵动细节，从广度钻向深度，自眼前推向远方，由他动走向自动，努力发掘各学科的哲学内涵，深入地开发学生的智慧。

这是科学地驾驭着教学目的、目标、方法、模式的教师。

教学目的属于总体的、概括的，是宏观的、长远的、方向性的诉求，如同浩浩荡荡的一条河流；教学目标则属于具体的、微观的、近期的，是可以操作、观察、测量的行为要求，如同一个河段、一弯河水、一勺水。教学目标囿于教学目的之中，是教学的出发点和落脚点。

教学目标的定位，要在课标、学情、考纲及参考书要求的交会点上。

教师想教什么（主观愿望），学生需学什么（客观需求），课堂上能达成什么（教学目标），学生最需要达成什么（重点聚焦），也都在上述交会点处落实。

方法与模式，则是达成目标而运作的具体措施和途径。不同的模式如一朵朵色形各异的鲜花，而与之匹配的方法，则是一片片芳丽的花瓣。

这里，要紧的有三点。

目标是否适切，做到不繁不简，不多不少，不高不低。

举措是否准确，做到方法艺术，模式合理，过程规律。

教学是否有效，做到效果显著，效率甚高，效益深远。

特别要突破的难点是：在课时紧张的情况下，如何能利用好课堂有限的时空，搞好情境、问题、练习的设计，坚持以活动、自主、探究的方式提高效率，突破时间的障碍，此为全国性的一道待解的大难题。

这是艺术地教会学生学会学习方法的教师。

教学属于双边活动，就像走路要迈两条腿一样，一方面，需要教师的理念、方法、知识、过程设计等导向准备；另一方面，也需要学生经过引导或训练，在课堂中实现高效的自学、思维、交流、操作等智能准备。因此，不能忽略对学生的课堂学习方法、交流习惯、小组合作的训练。

学无定法，贵有妙法，方法不对，努力白费。很多学校的教学中，恰恰缺乏对学生学法的关注与指导。

关注哪些学法呢?

关注学习的一般方法和核心方法。

一般方法包括记忆方法、观察方法、自学方法、听课方法、交流方法、解题方法等。

例如记忆法。埃德加·戴尔 1946 年提出了学习成效金字塔理论：学习某知识两周后，阅读能够记住学习内容的 10%；聆听能够记住学习内容的 20%；看图能够记住 30%；看影像，看展览，看演示，现场观摩能够记住 50%；参与讨论，发言能够记住 70%；作报告，给别人讲，亲身体验，动手做能够记住 90%。此法启示我们，学习一定将眼、耳、口、手、身综合调动起来，才有更佳效果。

英国的“记忆力之父”东尼·博赞发明的思维导图大大提高了记忆力。教师可以引导学生用此种图示对一课、一单元、一月甚至一学期的内容进行归纳：把凌乱的知识巧妙梳理，按照学生自己的方式逻辑生成、整理建构，思维导图成了加工记忆知识的过程。“解题思维”则是以图的形式，画出分析思路和解题的思维步骤。笔者曾在中国台湾著名女作家琼瑶的母校——四川泸县一中惊喜地发现：在校长何淑清、主任梁家元的倡导推动下，思维导图业已成为该校学子表达发射性思维的图形工具，他们不少人娴熟地将此种图文并重的思维技巧运用于各学科，有效唤醒大脑的潜能，敲开神速学习的门扉。

20 世纪 80 年代初期，苏联教育家沙塔洛夫创造了“纲要信号法”，即把知识高度浓缩、提炼，概括成易记的关键性词汇、符号，简化成特殊信号输入学生大脑里，每当此信号出现，学生就会迅速联想起所学的知识，“思路像穿过迂回曲折的迷宫一样与教师同声叙述下去”，几经反复后，这些信号及所概括的知识，便长久而牢固地镌刻在记忆中。因这种信号简明又有趣，故能激发学生浓厚的学习兴趣。

方法成行为，行为成习惯，习惯成自然，自然成素质。

关键之二：要有有准备的学生。

课堂永远是学生的天地，学生是教学的主体，学习的主人。教学的侧重点在“学”字上。

机遇只垂青有准备的人，只有教师的准备，只是像人只准备了一只手、一条腿、一只眼睛，算不上完整准备。

上海市模范校长郑杰调研证明：提高学生的学习成绩，学校办学条件仅占7%，教师也只占15%，而学生却占到78%。

学生需要四人准备。

一是目标精神准备。

发展靠动力起航。焦作市许衡中学让每一名学生背诵《目标的威力》，并付诸践行。该文记载了哈佛大学对30年前一群智力、学历、环境等条件差不多的年轻人进行的一项目标追踪调查：

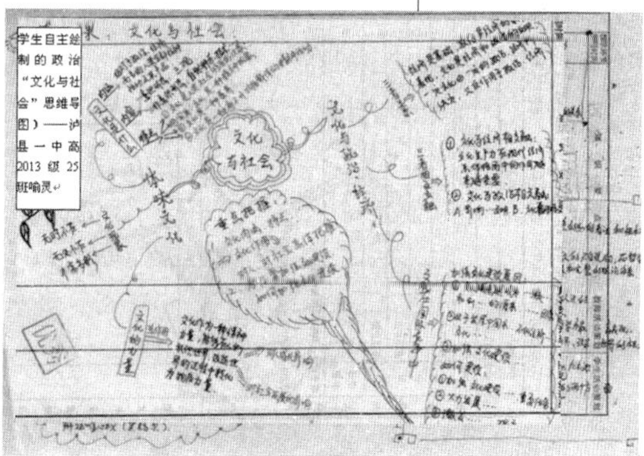

四川省泸县一中学生的思维导图例证之一

3%的人，目标清晰且长远，成为了顶尖的成功人士；

10%的人，有目标但短期，大都生活在社会的中上层；

60%的人，目标模糊，生活在社会的中下层；

27%的人，没有目标，几乎都生活在社会的最底层。

古语云：志不定天下无可成之事。目标即志向，有志向就有动力，志向大动力就足。

二是心态信念准备。

心态决定姿态，姿态决定状态，状态决定势态。

创造了所带的一个55人的高中班，10人进入剑桥、牛津、耶鲁等世界名校，37人考进清华、北大，25人次夺冠于全国各类竞赛项目的中国人民大学附中名师王金战，发现了一个最大的秘密：“优秀从心态开始。”“学业的最大问题是心态，心态的关键是自信。”[98]

由此突进，王金战寻找激发学生持久学习动力的因素，研究出七种招法：鼓起学生自尊的风帆；洒向学生自强的阳光；给予学生持续奋斗的激情；将学生改变贫困的心火燃得更旺；使学生感恩的情怀更加深切；引导学生把困境挫折当成“磨刀石”；让学生享受自主学习的快乐……[99]

多法并用，选取啥法？视生而定。奇效凸显。

三是知识铺垫准备。

先预习，后上课；先思考，后回答；先探究，后结论；先复习，后作业。完成作业后，要回顾、梳理、反思，掩卷反思后的所悟所得才堪称为真正的内化发现。

四是学法思维准备。

王金战向来访者讲述自信教育

多少到山东省杜郎口中学参观学习者，信誓旦旦而来，惊喜连连而观，兴致勃勃而返，演绎了一场看时激动—归来行动—后是不动的三部曲，发出了“人家的教法、学法与我们‘水土不服’”的慨叹，或者流于邯郸学步、东施效颦的无奈。

究竟是什么原因呢？除去教育理念之外，很重要的原因是，我们没有看到他们在假期里，曾各用 1 周多的时间，培训教师和学生如何指导（搞好）自学、展示、反馈等三大板块，这些课前准备，宛如沉入海水中那 3/5 的冰山低层，不潜入水下是无法看到的。

笔者访问无锡市蠡园中学得知，他们也在假期对教师进行了为期 4 天的“六助”（备助、自助、求助、互助、补助、续助）教学法的专题培训，对学生的培训时间更长。

关键之三：要有精当的教学设计。

教学设计以教育理论为中轴，以适切方法为主线，对教与学的目标、内容、策略、媒体、板书、评价等要素和环节进行计划和安排。

没有设计的教学是盲人摸象似的盲目教学。

每一名教师都应该将教学设计趋于合理化、智慧化、个性化。

精当的教学设计方案是科学而艺术的导教导学图。

不管你看到、听到了多少关于教学设计的理论与实例，若想做好这项复杂的设计，无非有三大抓手式的动词离不开。

一是透析：透析课标，透析教材，透析学情，透析教情，透析生情。

二是精设：精设目标，精设情境，精设问题，精设环节，精设学法，精设创意。

三是反思：反思流程，反思学况，反思效果，反思差距，反思特色。

天津中学要求教师进行教学设计时，切记小课题研究的十个问题（提出不做小课题研究的教师不是合格教师）：

（1）构建课堂教与学的基本模式；

（2）精心创设教学情境；

（3）合理确定教学目标；

（4）引导学生阅读教材；

（5）精心设计课堂问题；

（6）组织有效课堂交流；

（7）提炼学科思想；

（8）帮助学生建立认知结构；

（9）帮助学生掌握学习方法；

（10）实现当堂反馈矫正。

湖北著名特级教师、中青年语文教师课堂教学艺术研究的领军人物余映潮

该校还形成了探究自主学习课堂教学模式的引入、自学、交流、展示、反馈、总结六部曲，有力地推助了教学设计。

湖北著名特级教师、中青年语文教师课堂教学艺术研究的领军人物余映潮创建了“板块式、主问题、诗意手法”阅读教学艺术体系，总结出“思路明晰单纯，提问精粹实在，品读细腻深入，学生活动充分，课堂积累丰富”的教学设计30字诀。精彩教学受到普遍欢迎。

八、高效课堂的重要载体

近十年前，笔者一直主张高效课堂的“三力”和谐理论，即“问题牵动磁力”、“思维引发张力”、“智慧饱含活力”，和优化教学的“三场”理论，即创设开发智慧激励教学的学习场、优化大脑享受学习的创造场、开阔手眼彩排生活的演练场，以实现教、学、做的最高境界[100]。

课堂鼓荡着磁力，磁力是问题吸引力。

理想课堂成了一个强大的磁场。在教师努力创设学习情境并提供有效教育资源的背景下，全部教学活动被发现问题、思辨问题、探究问题磁石般紧紧吸引着，师与生、生与生之间动态地连接着无数条多边的立体的“磁力线”，师生犹如被磁化了一般，课堂显现出学生求知若渴、主动学习、争先思考、互相策应的最激动人心的风景。

鼓荡磁力最有效的方法是建构问题群、问题束、问题链。这种不是零打碎敲而是成串成片成编组的系统问题，足以启动思维的时空以形成整体网络。课堂就是让学生带着问题急不可待地走进教室，又揣着新问题眉头紧锁地离开课堂。

课堂充满着张力，张力是思维展扩力。

像静态的水拥有凸起的表面一样，鼓荡张力的课堂成了高度乃至无限扩张的思维大场。在教师创造性的点化和科学的导引中，学生对问题想象力、创造力的思考相互引动彼此撞击彼此交融，涌动出无数的思维泉、思维流、思维河，于是，产生了超越课本、超越课堂甚至超越教师、超越时空的神奇的思维现象。这就是思维的奇迹。

这样富于张力的课，无论外延和内涵，都拥有着大容量、深含量、高质量，而与单薄、肤浅、平庸的课有天壤之别。形成张力最有效的方法是千方百计地策划、组织、应变好学生的思维。

思维激活智力，滋养精神，觉醒心灵，是把知识转化为能力内化为智慧的产婆。思维力的发展是学生智力发展的核心和极其重要的标志。学会思考是学生一生中最有价值的本钱。

课堂饱含着活力，活力是生命的创造力。

走进理想课堂，透过活泼的氛围，活跃的思维，活生生的教学环节，无处不见活鲜的生命的律动，在交融，在成长；无时不见活灵的智慧在闪现，在流动，在焕发异彩。

如果说，知识是已知的，是定型的，是死的（没被应用前），那么，智慧则是未知的，是动态的，是活的。教师的责任就是将死的知识变成活的财富，转化为师生的能力和智慧。正是这样，在教学流程里，活鲜的生命借助知识的原料，通过加工再造的思维，撞击产生出一串串生命智慧的火花和智慧的喷泉。在这迷人的美妙里，大脑睿智了，个体成长了，师生俱进了。

自问题的磁力—思维的张力—智慧的活力，形成生命开发神奇的金三角。而创造力结晶而成的智慧，则是对问题的回应，对思维的升华，是高深绝妙教学境界的归宿和极致。

这里，笔者明晰地发现了理想课堂亦即高效课堂一幅理性思维导

向图：由牵动心神的问题链（磁力）、破解问题链的思维流（张力）、统领思维流的智慧网（活力）、编织智慧网的方法线（魅力）、承运方法线的时间轴（整个过程给力）通透连贯而构成。这一理性思维导向图即是高效课堂的重要载体。

几乎与此同时，南京溧水县东庐中学发明的讲学稿业已问世。

从应试教育怪圈中苦苦挣扎出来的校长陈康金带领教师们，在该校“以人为本，教学合一”教改理念指引下，经过一系列的摸索、试验、改进、完善，创造出集教案、学案、笔记、作业、测试和复习资料于一体的师生共用的教学文本，是“教学合一”的载体。因其适切地开发出高效教学的潜在优势，便如同春风化雨，迅速洒向国内教坛，如郑州市全市下文件校校推广。

讲学稿（有的地方起新名为学案、导学稿）这一教与学的践行路线图，成了落实高效课堂的主要载体。它以有趣（趣味性）、有序（逻辑性）、有效（针对性）托起高效课堂的教与学的丰硕时空。

理想课堂的理性思维导向图和讲（导）学稿的教学践行路线图，是高效课堂的两大重要载体。

陈康金和青年教师说讲（导）学稿

九、高效课堂的几个重要关系

教学知识容量与学生参与度的关系，即如何缩小课堂智能容量大与学生参与度高的矛盾。

课堂知识容量大且学生参与度又高的课寥若晨星。在时间面前，知识和技能的训练与过程和方法的训练，往往产生矛盾，几乎成为教师“难于上青天”的难题。

如何解决？

其“枝策”（下策）是“咬住”时间，合理地支配课堂学、议、练、讲、思的时间。

其“干策”（中策）是“打磨”方法，科学地构创教法，力争每一步做得恰到好处。

其“根策”（上策）是整合教材，从学情出发，精心选编出一套简明、便利的教本。

什么是整合？整即梳理，合即合并，整合即对教材动大手术，搅动教育改革深海区的一场巨变。孙维刚、马芯兰、韩兴娥等名师是如此，山东省昌乐二中、绵阳市东辰国际学校、泸县二中外国语学校、沈阳市立人学校等名校也是如此。

日前，笔者考察了沈阳市辽中县立人学校———一所中考超出县平均成绩273分、71%的学子升入省重点高中，靠课改起家、发家、兴家的学校。白发银鬓、精神矍铄的董事长李志信说："我就相信课改，相信'教材整合'这服神丹妙药。"几年里，全校教师花费极大心血，打破学科、年段、顺序的跨界，编撰出一套变知识点的分散为系统、重复为简化的适切教本，实现了课程生本化、师本化的二度创造。

辽宁沈阳市立人学校在董事长李志信带领下，科研立校，改革先行，创造了以"目标·探究·交流·验收"为主要流程的"124"教学模式，成为中国教师报确定的全国高效课堂九大范式之一。图为李志信（后左一）、笔者（后左二）与全校中层骨干教师研讨深水区的作业要领

教材只是教学的蓝本，但不是照着教与学的脚本。只有整合、选编、圆融了的知识和智慧才堪为上佳教本。该校的数学老师说，教材中七年级有三角形认识，八年级有三角形全等，九年级有三角形相似，整合成完整独立的体系讲，省时又省力！校长李洪江告诉笔者："现在全校做到了：以整合教材的学科系统知识导图为突破口，以教师设计的'导案'为引领，到学生学习的路线图——'学案'为呼应，恰好完成了一个高效教学的循环整体。"立人学校的课改之路，会催发教育同仁许多神奇的构想。

展示课高效与常态课高效的关系，即常态课如何向展示课看齐。

展示课大多高效，而常态课的教学密度、过程合理性、学生参与度，大多不够理想。如果教者在准备常态课上多多动一些脑筋，备课时除了关注知识，探究传递知识的过程；关注能力，解决生成能力的瓶颈；更要关注学生，聚焦学生学习的积极性和科学性，激活其兴趣以防注意力的流失，巧设疑题来兴起教程的波澜。为此，多多与同仁商量请教，取长补短，开阔思路，常态课的效果会从根本上得以改善。

课堂氛围与学生的学习状态的关系，即学习注意力专注来自兴趣还是压力。

近日笔者观看美国九年级的历史、数学与语文三节课教学实录的视频，首先感受到那里学生的精神状态轻松而专注。与之相比，我们课堂上学生比较紧张，有些状态轻松的又不很专注。原因是我们的学生课堂压力大。这种压力来自高难度和高密度的知识，也来自长期以来老师主宰课堂所造成的心理压抑。这种受压抑的精神状态，极不利于唤醒学生兴趣，也不利于形成学生的思维能力。钱理群说："做任何事，刻苦的结语常常是两个字：及格；兴趣的结语常常也是两个字：出色。"[101]应该成为我们的箴言。

教师角色与学生角色的关系，即如何解决师与生互动共赢的问题。

美国的课堂，没有讲台，没有超过40人的班额，没有超量和大难度的知识目标，没有对学生直接的批评；有全程的学生活动，有老师不停的巡视提醒时间和注意事项，有学生的训练和表达，有老师丰富的肢体语言和形象的表达方式，有对基础知识的总结，有老师提供给学生学习用品，有不断的师生对话和交流。我们自然该吸纳其科学精髓，然而我们在课本较深、任务较重的情况下，更需要教学智慧，更需要巧妙的课堂设计准备，借鉴与融会贯通。

学生参与教学科研。以创造"271高效课堂"闻名遐迩的山东省昌乐二中，班班成立了高效学习科研小组，每周定期召开由任课教师参加的学科研究会，开展科研攻关，难题攻关。学生成了教学科研的生力军

此外，讲授与多媒体使用的关系，动与静的关系，知与能的关系，讲与练的关系，课上与课下的关系等，也需要在一次比一次深层次的探索中合理地解决。

每一种关系都像一道关隘，只有突破过去，才会柳暗花明。

当然，高效课堂还须关注一些细节，例如学习小组的建设；自主、合作和探究学习的自主程度、合作效度、探究深度的有效掌控；教学中的信息量、思维量、训练量的适度把握；及时的多方面的反馈……

教育人生贯串着实实在在教书育人的生活。生活的每一幕都不会有彩排，而是现场直播。因此，每个人都要为每一幕到来的精彩"演出"事先做好周到的准备。

求索宜在远，高处未必寒。教师就是这样，通过学、做、

思，发展自己，攀越着高师之境。快速攀越靠研究，优化攀越靠特色，长远攀越靠素质。在攀越中，不断地补了元气，添了灵气，长了志气，增了锐气，去了傲气，成了大气。

教师该做哪些准备？苏霍姆林斯基曾给教师100条建议。笔者在香港讲述“名师素质结构”专题时，对那里的教师同仁提出他们十分认可的十条建议：

（1）修炼健康高雅的人格，远离浮躁；

（2）追求厚德博智的境界，远离浅薄；

（3）写好教育教学札记，远离冲动；

（4）读透数部教育名著，远离短视；

（5）教好一门课，成为能手；

（6）任好一个班，成为高手；

（7）辅导好一个兴趣小组和一门选修课，成为强手；

（8）打通科教隔阂，走上快速；

（9）张扬教育个性，走上精彩；

（10）不断超越自我，走上高峰。[102]

注释：

［1］联合国教科文组织. 教育——财富蕴藏其中［M］. 北京：教育科学出版社，1996：138－139.

［2］吴非. 不跪着教书［M］. 上海：华东师范大学出版社，2011：115.

［3］同上，102.

［4］李镇西. 做最好的老师［M］桂林：漓江出版社，2006：91－93.

［5］［6］亚米契斯. 爱的教育［M］. 夏丏尊，译. 上海：上海开明书店，1924：2.

［7］惠特曼. 神秘的号手［M］//草叶集：下. 楚图南，李野光，译. 北京：人民文学出版社，1987：868.

［8］列宁. 列宁全集：第20卷［M］. 北京：人民出版社，1958：255.

［9］夸美纽斯. 大教学论［M］. 傅任敢，译. 北京：教育科学出版社，1999：43.

［10］钱理群. 北大正培养利己主义者［N］. 中国青年报，2012－05－04（2）.

［11］景克宁. 生命力量［M］. 北京：人民出版社，2006：16.

[12] 阿莫纳什维利．孩子们，你们好！［M］．朱佩荣，译．北京：教育科学出版社，2002：332.

[13] 阿莫纳什维利．孩子们，你们生活得怎么样？［M］．朱佩荣，译．北京：教育科学出版社，2002：360.

[14] 阿莫纳什维利．孩子们，你们好！［M］．朱佩荣，译．北京：教育科学出版社，2002：312.

[15] 阿莫纳什维利．孩子们，你们生活得怎么样？［M］．朱佩荣，译．北京：教育科学出版社，2002：28.

[16] 雪莱．爱的哲学［M］//雪莱抒情诗选．查良铮，译．北京：人民文学出版社，1984：78.

[17] 别林斯基．新年的礼物［M］//张焕庭．西方资产阶级教育论著选．北京：人民教育出版社，1979：399.

[18] 杨建平，汪建业．掬一方生命的阳光［M］．北京：教育科学出版社，2009：76.

[19] 国际21世纪教育委员会．教育——财富蕴藏其中［M］．北京：教育科学出版社，1996：191.

[20] 刘彭芝．人生为一件大事来［M］．北京：高等教育出版社，2004：359－361.

[21] 苏霍姆林斯基．要相信孩子［M］．汪彭庚，译．北京：教育科学出版社，2009.

[22] 李吉林．情境教育的诗篇［M］．北京：高等教育出版社，2004：7.

[23] 同上，10.

[24] 同上，10－12.

[25] 柳斌．回应世界教育改革的中国声音［N］．中国教师报，2008－12－03.

[26] 冯卫东．向李吉林老师学研究［J］．人民教育，2008（13－14）.

[27] 苏霍姆林斯基．给教师的建议［M］．杜殿坤，译．北京：教育科学出版社，1984：59.

[28] 卢梭．爱弥尔［M］．李平沤，译．北京：商务印书馆，1991：223.

[29] 同上，217.

[30] 第斯多惠．德国教师教育指南［M］//张焕庭．西方资产阶级教育论著选．北京：人民教育出版社，1964：357.

[31] 杜威．明日之学校［M］．朱经农，潘梓年，译．北京：商务印书馆，1933：221.

[32] 布鲁姆．教育评价［M］．邱渊，等，译．上海：华东师范大学

出版社，1987：80.

[33] 简孙. 爱因斯坦的人生方程 [M]. 北京：东方出版社，2008.

[34] 毛泽东. 人的正确思想从哪里来的 [M] //毛泽东文集：第八卷. 北京：人民出版社，1999：325.

[35] 王宏甲. 中国新教育风暴 [M]. 北京：北京出版社，2004：189－190.

[36] 江芳，王国英. 教育研究方法 [M]. 北京：人民教育出版社，1983：13.

[37] 白宏太. 与魏书生同行 [J]. 人民教育，2008（5）.

[38] 李醒东. 事件·场景·交往——中学生社会生活研究 [M]. 广州：暨南大学出版社，2009：封底.

[39] 黄书光. 陈鹤琴与现代中国教育 [M]. 上海：上海教育出版社，1998：50.

[40] 恩格斯. 反杜林论 [M] //马克思，恩格斯. 马克思恩格斯全集：第二十卷. 北京：人民出版社，1971：125.

[41] 杨一仁. 探索中国明天教育之路的冯恩洪 [M] //仰望灿烂星空. 呼和浩特：内蒙古人民出版社，2011：282－283.

[42] 李希贵. 学生第一 [M]. 北京：教育科学出版社，2011：11－30.

[43] 陶行知. 陶行知教育文选 [M]. 成都：四川教育出版社，2005：720、755.

[44] 阿莫纳什维利. 学校没有分数行吗？[M]. 朱佩荣，译. 北京：教育科学出版社，1986：6.

[45] 联合国教科文组织国际教育发展委员会. 学会生存——教育世界的今天和明天 [M]. 上海：上海译文出版社，1979：274.

[46] 段力佩. 段力佩教育文集 [G]. 上海：上海教育出版社，1989：6.

[47] 叶澜. 让课堂焕发出生命活力 [J]. 教育研究，1997（9）.

[48] 联合国教科文组织教育丛书. 学会生存——教育世界的今天和明天 [M]. 北京：教育科学出版社，1996：251.

[49] 卡尔·威特. 卡尔·威特的教育 [M]. 景青，译. 武汉：长江文艺出版社，2009：15.

[50] 林砺儒. 附属师范学校之使命及其与师范本部之联络 [J]. 教育丛刊，1930，1（1）.

[51] 联合国教科文组织教育丛书. 学会生存——教育世界的今天和明天 [M]. 北京：教育科学出版社，1996：195.

[52] 苏霍姆林斯基. 帕夫雷什中学 [M]. 赵玮，等，译. 北京：教育科学出版社，1983：3.

[53] 于漪. 教海泛舟，学做人师 [J]. 人民教育，2010（17）.

［54］卢梭. 爱弥尔［M］. 李平沤，译. 北京：商务印书馆，2001：96.

［55］杜威. 杜威教育论著选［M］. 赵祥麟，王承绪，译. 上海：华东师范大学出版社，1981：215.

［56］鲁迅. 两地书·四［M］//鲁迅全集：第11卷. 北京：人民文学出版社，1991：19－20.

［57］阿莫纳什维利. 孩子们，你们好！［M］. 朱佩荣，译. 北京：教育科学出版社，2002：264.

［58］马克思，恩格斯. 马克思恩格斯选集：第4卷［M］. 北京：人民出版社，1972：478.

［59］傅东缨. 站在语文教改的前沿——于漪老师访谈录［J］. 中小学教学研究，2003（6）.

［60］钱穆. 文化与教育［M］. 北京：生活·读书·新知三联书店，2009：63－64.

［61］低调的大师朱维铮［N］. 晶报，2012－03－11.

［62］王梓坤. 科学发现纵横谈［M］. 上海：上海人民出版社，1978：26.

［63］傅东缨. 站在语文教改的前沿——于漪老师访谈录［J］. 中小学教学研究，2003（6）.

［64］列宁. 共产主义运动中的“左派”幼稚病［M］. 北京：人民出版社，1971：48.

［65］柏拉图. 苏格拉底的申辩［M］. 吴飞，译. 北京：华夏出版社，2007：131.

［66］苏霍姆林斯基. 给教师的建议［M］. 杜殿坤，译. 北京：教育科学出版社，1984：33.

［67］刘道玉. 创造教育概论［M］. 武汉：武汉大学出版社，2009：15.

［68］海德格尔. 人，诗意地安居［M］. 郜元宝，译. 桂林：广西师范大学出版社，2000：18、38.

［69］苏霍姆林斯基. 给教师的建议［M］. 杜殿坤，译. 北京：教育科学出版社，1984：507.

［70］培根. 培根人生随笔［M］. 张和声，译. 北京：人民日报出版社，1996：178.

［71］龚正行. 为了学生的健康成长［M］. 北京：北京出版社，2011：4.

［72］袁振国. 教育新理念［M］. 北京：教育科学出版社，2002：41.

［73］马卡连柯. 家庭和儿童教育［M］. 丽娃，译. 上海：上海人民

出版社，2005：22－23.

［74］杨一仁．李圣珍：用爱创造奇迹［J］．内蒙古教育，2007(6).

［75］雷夫·艾斯奎斯．第56号教室的奇迹［M］．卞娜娜，译．北京：中国城市出版社，2009：8.

［76］别林斯基．新年的礼物［M］//任钟印．西方资产阶级教育论著选．北京：人民教育出版社，2009：8.

［77］邓小平．邓小平文选：第二卷［M］．北京：人民出版社，1994：95.

［78］列宁．论口号［M］//列宁全集：第三十二卷．北京：人民出版社，1985：8.

［79］毛泽东．中国革命战争的战略问题［M］//毛泽东选集：第一卷．北京：人民出版社，1991：179.

［80］司各特．中洛辛郡的心脏［M］．章益，译．北京：人民文学出版社，1981：315.

［81］马克思．评普鲁士最近的书报检查令［M］//马克思，恩格斯．马克思恩格斯全集：第一卷．北京：人民出版社，1995：111.

［82］马克思．评普鲁士最近的书报检查令［M］//马克思，恩格斯．马克思恩格斯全集：第一卷．北京：人民出版社，1995：111.

［83］泰戈尔．泰戈尔诗选［M］．郑振铎，译．长沙：湖南人民出版社，1981：66.

［84］毛泽东．关心群众生活，注意工作方法［M］//毛泽东选集．北京：人民出版社，1968：125.

［85］任苏民．教育与人生——叶圣陶教育论著选读［M］．上海：上海教育出版社，2008：97.

［86］怀特海．教育的目的［M］．徐汝舟，译．北京：生活·读书·新知三联书店，2002：52.

［87］洛克．教育漫话［M］．傅任敢，译．北京：教育科学出版社，1999：36.

［88］徐迟．徐迟散文选集［M］．上海：上海文艺出版社，1979：369.

［89］怀特海．教育的目的［M］．徐汝舟，译．北京：生活·读书·新知三联书店，2002：12.

［90］巴班斯基．教育教学过程最优化——方法论原理［M］．吴文侃，译．北京：人民教育出版社，1986：前言.

［91］孙维刚．孙维刚谈全班55%怎样考上北大考上清华［M］．北京：北方妇女儿童出版社，1999：3.

［92］东缨．教育大境界［M］．北京：北京大学出版社，2007：179.

[93] 于漪. 岁月如歌 [M]. 上海：上海教育出版社，2007：88－89.

[94] 刘铁芳. 古典传统的回归与教养性教育的重建 [M]. 北京：北京师范大学出版社，2010：89.

[95] 柏拉图. 理想国 [M]. 郭斌和，张竹明，译. 北京：商务印书馆，1986：340－341.

[96] 吴昌顺. 愿有英俊出于中国 [M]. 北京：奥林匹克出版社，1998：5.

[97] 孙维刚. 孙维刚谈全班55%怎样考上北大考上清华 [M]. 北京：北方妇女儿童出版社，1999：33－35.

[98] 王金战，隋永双. 英才是怎样造就的 [M]. 重庆：重庆出版社 2006：9－10.

[99] 同上，81－91.

[100] 东缨. 理想课堂教学境界探幽 [J]. 中国教育学刊，2003 (10)：30－34. 东缨. 理想课堂：磁力、张力、活力的和谐 [J]. 辽宁教育，2003 (8－9).

[101] 吴非. 致青年教师 [M]. 北京：教育科学出版社，2010：143.

[102] 东缨. 教育大境界 [M]. 北京：北京大学出版社，2007：124.

第六章

通向既济之路

既济卦是《周易》六十四卦中最完美的一卦，其卦阴阳协调，水火相容，刚柔相济，一切达至完美的境地。

国以才立，政以才治，业以才兴。

肩负着育人、富民、兴国、济世等几大使命的中国教育，正走向既济之路。

举全国、全民、全族之力，重绘教育版图，精制上佳政策，择选至高举措，打造理想的育人场，成为中国教育崛起的保障性依托。

日标在前，路径在胸，方法在握，中国的理想教育就在明天。

美国文明之父爱默生说：向着特定目标前进的人全世界都会为之让路。

我们有充分理由预言：有着博大精深文化、海纳百川襟怀、见贤思齐心态的中华民族，一定会兼容并蓄，创造出重塑民族魂魄的华夏新教育。

第一节 破浪蔚蓝诲海

一

教育，乃是诲人的大海，国家最大财富的人才之海，一个民族最高智慧的育储之海。教育之海，宽广幽深，波涛汹涌，风谲云诡，奥妙无穷。

世界各国同在蔚蓝色的诲海里破浪竞争，每一个国家都在组织自己的国民——从统帅部成员到平民百姓，汇入教育角逐的节拍中，旨在完成提升、崛起、智化、完善国民素质的巨大工程。

这是全局的而不是零碎的、长期的而不是暂时的、有序曲而无休止符的永恒性工程。

永恒性在于其永不停歇的事业，更在于其永不磨损的价值。它功德在国，福禄于民，做好了仰不愧天，俯不怍人；做糟了千夫所指，万口唾弃。

人的发展，社会的进步，民族的优化，将人们的眼睛和心灵越擦越明。“教育乃是社会生活延续的工具”[1]，“人类历史越来越成为教育与灾难之间的赛跑”（威尔斯《历史大纲》）。

因为惠及每一个人，牵动每一个家，连接每一块土地，照耀每一寸光阴，无论一人、一家、一地、一国，每个人的命运都与教育这特大工程休戚与共、息息相关，尤其在当下教育改革需要再次闯关的关键时刻，我们的教育前沿阵地，我们的教育专家和学者，在精心策划和精深思考中，渐渐形成了趋向性的共识。

重视教育看投入——你果真重视教育吗？嘴上说一说再没人喜听，形式做一做无人愿看，光在教师节热一热也没人相信，越是大做表面文章越是会失去公信力。“教育投资是能产生长远效益和回报的经济投资和政治投资，是一种社会学性投资。”[2]甘肃省天祝县东坪乡51岁老汉陈邦顺，自己办了6个卖血证，四年里卖血所得6.35万元，供给儿子读完了大学。据记者采访，平均算下来，供出一个大学生要24万元左右，贵族式教育花费40万元左右①，24万元需一个农民家庭8—10年的血汗钱啊！

---

① 资料来源于http://www.studentboss.com/html/news/2011-06-13/77023.htm。

个人各家如此，那各级政府乃至国家呢，不该以“二战”后的日本政府和以色列政府为榜样，将教育绝对置于超前发展的首位，实实在在尊师重教，实实惠惠斥资兴教吗？

管理教育循规律——你真想管理好教育吗？你就不能天马行空，我行我素，你就不能不乖乖遵循人才成长规律、教育教学运行规律、办学内在规律等轨迹而行。规律似乎看不见，摸不着，却不容置疑，不可撼动。它是一种不以任何强权和政治意愿而运行的客观法则，如雁飞长空，鱼游碧水，日月之经天，江河之流地。如忤逆规律，任何长官意志，任何行政命令，任何臆断决定，都会被发展的现实一次次强力“盖帽”，终究为规律的江河席卷而去。一时胜负在于力（权力），千秋胜负在于理（规律）。以此观之，内行办学，教授治校，教育家管教育，岂能不成为一条千古不变的铁律？

发展教育靠科学——你真心发展教育吗？那就只有走科学之路。“欠发达国家，其实就是欠教育的国家。”（《法国教育实用百科全书》）新中国成立几十年来，我们对教育的重要性认识达至科学了吗？显然还没有。在思想上，我们不是长期奉行着“一公交，二财贸，腾出手来抓文教”，将教育视为消费性的事业了吗？哪里将其置于兴国之基、立国之本的制高点上倚重了呢？在践行上，“轻视教育、轻视知识、轻视人才的错误思想仍然存在”（《中共中央关于教育体制改革的决议》）的事实不是依然如故俯拾即是吗？在知行结合上，我们常常左一个计划，右一个工程，前一个行动，后一个纲要，一次次的震撼，一番番的感动，接下来的又是一回回的失落，我们究竟落实了多少？时隔一年半载，我们不是连上头发表了什么决定的主题词都记不清了吗？忽视无异于轻视，拖延几等于埋葬。看见依稀黎明，不等于拥抱了朝霞。盛夏饮得清泉，还须动手掘出深井。

与其絮絮叨叨忧怨，无休无止论道，不如踏踏实实计议，有声有色践行。

柏拉图在他的《理想国》里，几乎涉猎了教育领域中所有的重大问题。我们在本书这一节里要探讨的是，在营造大教育环境方面，在国家和政府层面我们最该做些什么，方使得中国教育之舟“潮平两岸阔，风正一帆悬”。

二

叔本华从无数次对真理的透视中，洞见了其本相：“真理是完全裸露的东西。其表达越简浅，其影响便越深沉。”[3]

当下中国教育的症结在哪里？它的总根源究竟是什么？如何才能进入真理性的洞察呢？

执著于当下教育的弱点泛泛而谈，开些头痛医头的速效药方，仍易陷入“只缘身在此山中”的错觉。倘若以世界教育为窗口，以历史的高山为基点，我们就有可能拥有居高临下的视界，领略豁然开朗的内涵。

总根源仍是对现代教育文明理解的偌大偏差。

何为现代教育文明？它承载着历史赋予当代的文化使命，塑造着国家民族生存与发展的精神魂魄。它包括：深刻理解教育对人的发展、对社会进步、对民族兴衰的伟大价值，完成从行政型政府向服务型政府的转轨；用最适切发展、受益终身的教育内容，用最富于优化人性、开掘人智的有效路径，直逼国民的情智开发人格修炼，让每一个人乃至整个民族的心灵深处，无时无刻不激荡着教化与现代文明的暮鼓晨钟。

我们应当跳出传统教育的思维局限，远望全球教育潮流，梳理广大的教育视界。现代教育文明的发展与超越，我们从以下景象中可以静观、可以思考——

为什么瓦特发明蒸汽机以后，西方的机械动力学问得到日新月异的发展？为什么爱因斯坦发明相对论以后，西方物理、核能等工业能够另换新天？为什么比尔·盖茨开创了微软帝国以后，西方的文明搭载在崭新的电子平台之上，并且形成了大开大合、不断超越的知识经济社会动力？

西方发达国家的文明社会版本不断更新，其原因在于更深刻、更人文的知识文明基础，这就是其教育生存发展的环境。有一则故事，让笔者感触到西方发达国家知识教育那气势磅礴的生命力。2009 年，为了参加中国上海的世博会，德国的研究部门（并非德国政府）立刻能调集六十多家大学院系、科研部门、艺术团体等共同参与一项研究——用人声音的微弱力量，推动一个重达数吨的铁球摇摆。这项横跨数个领域的课题，极富想象力，看似无用，其成果却能够在多个领域内产生作用；竟然能够调集到看似毫不相干的各个领域的精英，他们在数个月之内共同协作，亲密无间，圆满地解决了这个课题，知识重新整合的能力无比惊人，并形成了生机勃勃、日益活跃的知识经济社会机体。

西方世界的文明进展，在于文化、科学与教育频频成为社会进步的主线；社会亦洞开对文化、教育、科技的胸怀，能够接纳来自这些领域的成果，呈现出成熟、理性、柔性，且富于进取精神的现代教育文明。

那么，我国得到如此多的启迪，全民呼唤着社会的改变，为什么在现代教育文明领域至今没有决定性的飞跃?

让人如鲠在喉的是，我国教育一直声称要赶超英美，但如今仍没有任何能够胜出的迹象。我国实际上一直在学习西方发达国家的教育模式，但当这些国家的教育体制飞跃式进展时，我们仍在缓慢地邯郸学步。

西方国家在完成工业化与后工业化之后，教育现代化已经完成，学校教育、职业教育、继续教育等已浑然一体，全社会完整进入知识经济社会。学校、企业、科研机构、图书馆等机构，能够组织起来为每一位社会成员服务；科学家、技术人员、艺术家、博物馆能够迅速整合力量，为一个小学生的一个课题、一个创作思想服务。

如果说夸父逐日是一场壮丽的悲剧，那么正在工业化的中国，则在奋力地追赶西方的过程中，发现自己在追逐九个太阳！笔者忧虑地看到，西方越来越灵活的教育体制，能够为一个好奇的心灵提供越来越庞大的帮助，让心灵得到多层面的成长。而且，这些变化的速度越来越快。

我们的学生更像这个社会定制的一枚螺丝，西方社会的学生则是这个知识社会的主人。

我们在教育本位上看教育时，西方社会在以教育为核心改造着整个社会。

我们的差距不仅仅在教育实体，更是在社会对教育的态度，社会与教育水乳交融的衔接。

我们希望“学校+政府”这套体制改变，西方教育则在多种体制的催生下越来越灵活。

我们认定改造中国教育的核心在于应试教育，而发达国家则正在最近几十年中形成一个真正的学习型社会。

从人类文明发展的整体层面上鸟瞰，我们在教育文明上，整整落后西方发达社会一个时代。尽管奋力追赶，却发现西方在不断改变着它的地平线，我们被落得越来越远。

三

教育矛盾丛生，纷繁复杂，国家该首先突破哪些牵一发而动全身的瓶颈，方能竖起教育跨越性发展的里程碑？

笔者常常感觉：云遮雾锁往往发生在眼前。当历史之舰在时间之海航行，终于将眼前变为历史时，历史天空的云雾便悄然散去，赤裸裸地露出了昨日的真相，让人们长舒一口气，发出“哦，原来如此”的感叹。

事实上，中国的教育之舰航行到如今，通过对国内多种教育订单的“签订”与“验货”，也通过参与国际激烈教育竞争的追赶与比较，平时不清楚的“盲区”渐渐地浮出水面，许多没有暴露出来的教育问题则逐一裸露。

我们该首先聚焦哪一些大课题的解决呢？

——纾解教育怪链。

自改革开放起，杏坛解冻，春暖花开，思想勃发，光景一新。然而，或因理念的悖反，或因心态的冲撞，或因利益的驱动，或因家庭、学校、社会等多种矛盾盘根错节的紊乱，一条迥然有别于自然界和谐生物链的教育怪链出现了。它横锁着教育路径，阻碍了教育人的脚步。

这是教育改革中绕不开躲不过的问题链，也是教育现代化征途中必须跨越的关口。面对这条怪链——

先是教育人作难了，迷路了。

继而学生家长没招了，似乎疯狂了。

再者全社会卷动了，难以平静下来了。

若问这条犹如明箭暗索一般射抛过来的怪链究竟是什么呢？

一为负担。过重的负担，像潮一样涌过来，像山一样压下来，压得我们的孩子面庞没有阳光，心灵密裹黑云，未学先厌，兴味索然，灵气殆失，后劲疲软。

减负！减负！减负！我们一直不曾住嘴地喊着，减着。据有人统计，从共和国诞生，到跨入新千年元旦，教育部一再发出关于“减负”的《紧急通知》，这是新中国成立后下发的第49号“减负”令[4]。然而，此种减负一向雷声大雨点稀，雷鸣雨不至，雨过地不潮，上面的决断到了下面已成强弩之末，下面的对策对上面的政策早就未雨绸缪，一攻一守，化于无形。这也算是中国教育特色吧。

是教师不想减？教师想得要命。

是学生不愿减？学生愿得发狂。

是家长不要减？家长要得焦心。

那负担久减不下为哪般？无须细思量，都怕考分落下来，都怕把学校办砸，招不进学生前来读书。一条条暗索一度度牵绊了迈向柳暗花明的脚步，编织了一个近乎无解的宿命。

二为择校，其风似铺天盖地，多向推进，其形如水银泻地，无孔不入。乡村学生择城里学校，一般学校学生择重点学校（如今更名示范学校），西部学生择东部学校，择校即择受教育条件，最佳受教育条件即教师。于是，择校潮与择师潮合二为一，激荡教坛。

四川绵阳东辰国际学校，每年招收1000名初一学生。每年5月2日，前来报考的小学毕业生，来自二十几个省市竟多达10000多名，陪考的家长又是10000多人，致使学校偌大的操场人山人海，万头攒动。手机完全失灵，任你喊破嗓子，也呼不出去接不进来，因这小小空间再无法承载超密度的通话，致使网络拥堵，信号全无了。在长春市，陪笔者考察的原长春市教委老主任指着“文革”前曾辉煌一时的高中学校，不无惋惜地说：“你看，建起了几所漂亮新高中，这老学校再没人愿意来，只能废了。”

当初，有关部门还有“公办不择校，择校选民办”一说作为“护卫堤”，但在执行中，这道堤坝很快就被择校的大潮冲决，不管多么难进，无论得交多少钱，哪怕漫天要价，求者也不打怵，只要能入学。后是以电脑排位为“防火墙”，能防住大部分“火”，但仍有一部分“暗火”，通过各种明渠暗道悄然而入，让你防不胜防。

择校的更深用意在于择师。于是，或以豪宅许诺、或以高薪诱惑，一场到异地他校抢掠名师的战斗因而打响。笔者曾为北国一所高中竟拥有十几位特级教师而惊愕，一了解才知道，其中绝大多数是从本省及外省耗费巨资“请”来的，原学校不给档案，现建！原单位不开党员组织关系，重入！在吉林市，一位颇有本事的老校长，专能将他校的“中流砥柱”般的教师一一挖来，社会上送他一个尊号：“×大铁锹”。

择校择师的背后又牵出一个瓶颈问题——教育资源严重不均。

三为失衡，像压轴板一头高高翘起，一头低低垂落，中国教育多元化失衡的曲线从来没有像现在这样坠入深深的谷底。教育的超度失衡所导致的，是地域之间、族群之间、国民之间的巨大待遇差异和深

刻情态危机。

笔者几十年在全国调查研究，发现各地办教育差异犹如鸿沟。东部大都市有那么一所中学，其校门所耗的数百万资金竟可以在西部建造一所学校。一所乡村学校的全部家当，甚至抵不上一所城市学校的那个塑胶操场。城市孩子家家有电脑，偏远的农村中小学生有的竟从没摸过电脑……

均衡失衡问题不只是教育不平等问题，更蕴藏着城乡差别、体脑差别、工农差别、地域差别等多元差别。差别就是矛盾，过大差别就是尖锐矛盾，尖锐矛盾就是严重危机。

应特别注意的是，教育均衡发展自20世纪后期就说起，年年讲，月月讲，天天讲，结果怎么样呢？

一是失衡多元化。过去主要是城乡失衡，农村人口在收入、政府投入、消费、就业、医疗、教育等诸方面都与城市居民存在着巨大差别。以教育为例，城镇高中、中专、大专、本科、研究生学历人口的比例分别是乡村的3.4倍、6.1倍、13.3倍、43.8倍、68.1倍；更重要的是在九年义务教育阶段，农村学生辍学、流失现象也比较严重（引自瑞士资讯外援记者寿含章的文章）。现在，又彰显在体脑劳动者的失衡，穷富两类人的失衡，东西地域的失衡，工农与干部的失衡等，多元的失衡导致多种矛盾的错综交织，让教育实在不能承受社会种种压力之重。

笔者举一实例，从多个方面诠释了教育失衡。

2009年10月15日，周六。甘肃岷县维新九年制学校校长包瑞忽接电话，说六年级女孩王兹菊紧急求救：家人强迫她结婚，盼学校快救她。包瑞心急如焚，立马向乡、县汇报，乡里派妇联主任配合，县教体局指示制止。

包瑞、妇联主任、副校长及几名教师乘车奔到马莲滩村时，“倒插门”女婿进家门的喜炮爆豆般响起。为稳妥计，等到宴席散去，包瑞他们才进王家，分别向主持家事的89岁高龄老奶奶、患肺气肿的父亲、痴呆的母亲、24岁倒插门的女婿做工作，动之以情、晓之以理，不厌其烦地讲人生，说育人，唠父母之爱，谈法律及道德……

包瑞当场还向贫穷的王家捐款，并承诺担负孩子求学的全部费用。动员工作打动了在场人，不少乡亲潸然泪下。王兹菊的父亲一下子跪倒在炕前，口中连呼“校长万岁”。只是老奶奶不点头，将孙女锁进里屋。拯救过程曲折而复杂。

暮色时分，众人终于说动了老奶奶，遂将盘起新娘头的王兹菊重又梳洗。瞬间，王兹菊扑通跪下泣不成声：“校长，我一定不辜负您和老师们……”村书记掏出兜里仅有的25元钱，塞到她手中。女孩跟随校长、老师离家归校。

然而，在西部边远农村，幼女被逼嫁是寻常事。老师们一片赤诚，并未换得王兹菊安宁的读书生活。寒假里，身处法律末梢处的王兹菊，还是被女婿裹挟远走高飞，一年后像候鸟归来时已是怀抱幼儿的少年母亲……

二是差异裂变化。地域教育，城乡教育，校际教育，无论教育思想、管理理念、办学条件，还是师资水准、教学能力、教育质量，差异由小而大，变化自微至宏，其呈现的格局与走势是：优势教育强者益强，薄弱教育弱者更弱，“马太效应”运行于教育的方方面面。

三是竞争白热化。极不平衡的局面引发一场心理的战争和践行的竞争。八仙过海，各显神通。你打你的理念牌，我下我的功夫棋，你利用你的优势，我发挥我的特点，都可以千里走单骑，独辟一条蹊径，达到一枝独秀。然而，这其中也会藏垢纳污，有许多忤逆规律的现象值得警惕。

上面三者，冷眼乍看，好像三条平行线，虽有些纠葛却不大好梳理；但若细观静想，此三者你中有我，我中有你，互为因果，彼此相依：祸根在不均，表象在择校，延伸在增负，共同交织于愈演愈烈的竞争大网里，三者内在联系十分紧密，连接起来，成为一条教育怪链：

教育失衡（优弱不均）—择校择师—增负竞争—超度失衡……

这一条怪链贯串教坛。只因应试教育下的资源不均，越择校校际间差别越大，越减负负担越增，越竞争争夺越偏（偏重知识），于是，名正言顺压指标，大张旗鼓办补习班，反教育倒大摇大摆地登堂入室，守规律却缩手缩脚成了“离经叛道”。

各级政府当稳掌舵把，将实现均衡办学这一积重难返的难题及早解决。

先是把问题看透。有教育的薄弱区（地方），就有国家发展的停滞区。中华民族的复兴，核心是文化教育的复兴。只要还有被文化教育遗忘的角落在，一个民族的全面复兴就是一句伟大的空话。

再是下极大的决心、气力、投入，坚决彻底地抓好教育均衡发展。为办出各民族、各地域满意的教育，必须采取非常的大举措，给教育薄弱地以实实在在的支持：大幅度提升条件，大气力调派、培训师资，大福利于那里的学生，也须有诸如升学等政策的支持，力争较快地提高质量。同时，痛下决心，果断减负，奖罚分明，立竿见影。

还要论证一些举措是否得当。比如我国农村学校的布局，因学龄人口锐减，作适当调整势在必行。然而，有关部门不甚了解底情，又缺乏论证，就急令收缩办学网点。上头吹口气，下面一阵风。往日民众认同、法律认可的“就近上学”原则和政策①也一风吹了。村级小学、乡级中学消失殆尽。盲目集中，过度调整，用农民红血白汗钱刚刚建好的漂亮楼舍顿时空空如也。广袤的乡村没有了学校，流失了文化，断了文脉，缺了学人，文明的灯灭了，百姓的心凉了，重负剧增，家庭破损，辍学走高，乡学荒芜。城乡路上多了一道牵肠挂肚的风景：一辆辆校车接送学生，或晨去夕归，或假日来往。这对巩固“普九”，对乡村的文化建设，对家庭亲情教育，不意味着光鲜而华贵的转身，却暗藏着空心以凋零的危机。

—— 正视质量虚壳。

各级各类学校教育质量的下滑已经成了不争的现状。它让人联想到大灾之年虚瘪的果壳。

端倪由高校始现。自20世纪末，高校的校门突然大敞始，一派粗放低俗的教育大跃进式的扩张景观随即展开：“大学，大家都来学”的洪波涌起，泥沙俱下，扩庙造神工程泡沫般迅疾膨胀，大学的合并、改名、升格、攀比风起云涌，突击造假上硕士点、博士点甚嚣尘上，评教授、享受国务院津贴教授、博士生导师、大师遂成风潮。过去十年磨一剑，今朝一年磨十剑；从这里炮制的“贫血”的论文，不乏荒唐腐败的元素；从这里走出的毕业生，又有多少人因丢魂缺智少能而流落于社会一隅无着无落……

丘成桐教授论道中国基础教育

基础教育的质量如何？荣获菲尔兹数学大奖的丘成桐教授不无忧虑地

① 《中华人民共和国义务教育法》第十二条规定：“适龄儿童、少年免试入学。地方各级人民政府应当保障适龄儿童、少年在户籍所在地学校就近入学。”

认为，说中国基础教育比西方好是个伪问题，说中国学生基础知识比美国学生扎实其实是自我麻醉。“我不认为中国学生的基础知识学得有多好！”“现在最糟糕的情况莫过于学生不爱看书！这是一个很大的问题。”[5]丘教授挑战了一直令中国教育自豪的中小学领域，揭开了中国教育的最后一块遮羞布。面对笔者访问，著名教育家刘道玉也点穴基础教育说：“说中国基础教育是好的，这个命题很值得怀疑。”

这就好比树长歪了，绝不会自根部直直溜溜地长到中途，突然歪着长向一边，成了歪脖子树。

中国教育当然不是幼小阶段为天堂，中高阶段成地狱。原本一脉相承的教育，哪里有那么泾渭分明的优劣阶段之分呢。

我们常常埋怨如今大学生、研究生缺失创造力，将板子只打在高等教育的屁股上，这实在有失公允。我们自幼儿园起，就引导孩子循规蹈矩，死记硬背，远离创新，只备应试，把优秀的学生训练成了考试机器，大部分学生的创造力被扼杀殆尽，等到长大成人，再要求他们自主创新，责备他们头脑僵化，岂不晚了三村吗？

中国教育到了这样一个历史性节点：从数量的扩张嬗变为质量的提升，即从外延的做大转向内涵的做强，旨在迅速地解救教育质量日见空壳的灾难性危机。十年、二十年、几十年，我们都须聚精会神、精雕细刻地答好提高质量这张试卷。

解救质量空壳千头万绪，当死死地守住两大支点不放，这就像牵住了牛鼻子。

支点之一：以人为本。

以人为本是高度重视人的价值，尊重人的尊严和权利，关怀人的现实生活，追求人的心灵解放与生命发展的思想行为。在中国由专制型传统社会向民主型现代社会转轨之时，以人为本带着对人的主体地位与独立精神的确认和放飞，竖起了一面人文精神的思想旗帜。在这面旗帜招引下，我们将再造一代国民崭新的精神气质，更会重塑中国教育幽深的思维诉求。

以人为本的要点是什么？柳斌概括为四个方面。

“第一，要以人的生命存在为本；第二，要以人的人格尊严为本；第三，要以人的个性和谐发展为本；第四，要以绝大多数人的长远的根本的利益为本。”[6]

毋庸讳言，我国尚未经历民主化洗礼，文化教育转型远未完成，人民长久匍匐在权威的思想下只能仰视，而作为人的敢思、善思、敢为、善为的主体性、独立性，都被一次次疾风暴雨似的政治斗争消磨殆尽，在无止无休的批判与自我批判中，人们的心中铁烙般地“烙”有原罪感与赎罪感的行行文字。

“教育的目的在于充分发展人的个性并加强对人权和节能自由的尊重。”（《世界人权宣言第 26 条》）我们的教坛，长期与此相悖，想方设法地培养着听话、服从、刻苦、缺乏想象力与创造力的学生，导致他们不断在自我清理自我否定的苦旅上，远离异想天开、自信魂魄、豪情壮志而默默行走，难以攀上人生无限风光的峰巅。在僵化与蒙昧的阴影下，教育就没有了民主的根，科学的魂，想产生钱学森所瞩望的大师级“杰出人才”，自然举步维艰双眼茫茫。

“以人为本”——“千呼万唤始出来”的精神奇宝，我们须牢牢把握它，让它从根子上为教育思想拨乱反正，这样就抓住了教育的解放、人的解放、民族的解放，其无法估量的战略价值，到明天更会清晰。

支点之二：素质教育。

素质教育的“核心是解决好培养什么人、怎样培养人的重大问题”[①]。《国家中长期教育改革和发展规划纲要（2010—2020 年）》将素质教育归结为“面向全体”、“促进全面”、“社会责任感”、“创新精神”、“实践能力”五个方面，这集中了二十余年认知与践行素质教育的精髓思考和不错考量。

然而，素质教育的理性定格，却远远没有像想象中那样践行到位。民族精神历史性的急切呼唤，却未能得到师生和民众的有效回应。

不是吗？一边是明令要求，一边是顶着不做，或只说不做；对素质教育的意义谁都没有提出异议，然而，却较少有人在这条轨道上无忧无虑地奋然前行。

究其原因，在于素质教育的五大考量在当下试卷上无法考查，在今日录取中也无法测试。

因此，在国家重点大学难考、理想职业难找的大环境里，任你将素质教育说得红花带绿叶，对应试教育批得鼻青脸肿，如果考试、录取不与素质教育的诉求连通，素质教育的优胜者不能被优先录取——不让人实实在在收获实施素质教育的近期、远期成果，想扎扎实实推进素质教育，酣畅淋

① 《国家中长期教育改革和发展规划纲要（2010—2020 年）》。

漓地弹奏贯串中国教育的主题曲，真的很难。

必须对着这一瓶颈问题展开大突破，不仅从思维理念上，更要在践行机制上。

——实行对学生的综合素质水平评价。一些地方在探索着做，并将其结果报送有关单位。但笔者了解了几个省的数所学校，回答说，评得很烦琐，用途几等零。此想法不错，尚待探索。

——在试卷上大做考智慧、察能力、测践行的文章，近年来尽管渐渐在做，然而，导向的进度远未如人意，实须及早到位。

——对学有专长、卓有个性的学生高看一眼，予以关照，实行特例特办。

——研求每一年举行多次考试、考核而录取新生的若干有效路径与方法。

——在提高质量为核心的内涵发展中，将“育英才”作为重要的成果导向……

卓越个性出奇才，绝顶英才出大师。而大师和奇才是民族、社会的导师与名片，蕴有汲取不尽的精神养料以滋补民族的灵魂。有人曾问拥有印度等海外殖民地的英国首相丘吉尔：“你认为印度和莎士比亚哪一个更重要？”丘吉尔斩钉截铁地答道：“我宁愿丢掉五十个印度，也不愿失去一个莎士比亚！”

时下，教育改革已步入深水区和攻坚期，我们应广纳教育人的高超智慧，展开宽广视野，周密设计方案，勇于责任担当，像《人民日报》所说：“宁要微词，不要危机；宁要‘不完美’的改革，不要不改革的危机。”① 总而言之，逢山开路，遇水搭桥，尽一切可能，让素质教育的列车运行提速，不能在新世纪教育时空里走偏误点。

——弥补制度罅隙。

制度是一张网。理想的教育制度网要求做到瞻前顾后，百密而无一疏；此唱彼和，孤鹜落霞齐飞。质地松软的石墨与密度极大的金刚石皆由同一种元素构成，在高压（5500 大气压）高温（2000℃）之下，石墨便成了金刚石。万物的发展常常就是这样：“只少了一点儿，就有无穷的不同。”[7] 况且，

① 《人民日报》2012 年 2 月 23 日评论员文章。

我们的教育制度有多处空项、缺项，宛如一面残缺的网。

如教育经费的预算制，这一在西方教育发达国家早已不是问题的问题在我国至今尚未进入各级政府的精打细算之内。在无论哪级政府管辖的教育里，对办多少所学校，需要多少教师，人员工资、福利费多少，按学生规模须建多少教室、宿舍、图书馆（室）及其他设施，按标准需要多少建筑费、维修费、公务费、现代化设备费和教育科研费，并无实际规划，自然也无量体裁衣的预算。于是，我们各级政府下拨教育经费采用了基数制，比如原来年拨 100 万元为基数，翌年拨 101 万元即是增长。此种基数制，实属原始粗放，拍拍脑门，远离科学。

近几年，笔者陪同原国家教委副主任、国家总督学柳斌到一些省市调研教育。这位最早提出“基础教育应当办成素质教育”命题的教坛领导无疑是一位富有远见卓识的教育智者。我见他每每细致查问当地政府拨发教育经费情况，结果每每又都让他眉头紧锁。他对笔者说：“现在不搞预算制，如有一天，国家教育经费达到 GDP 的 4%，各级政府会以为经费多而作他用，教育需要钱又拿不到钱。”

这是一个前瞻性忧虑。

柳斌的忧思在于，一些地方政府会把本来有限的教育经费截留下来，甚至把学生交的费用也统统收缴，挪作他用，成为涂抹“政绩工程”、“形象工程”的“胭脂”。

对此，该当头棒喝。政府应是服务型的，而教育服务是最重要的服务。

现在，建立科学的合理的充满生机的现代教育制度的时候到了。

这里急切需要建立的制度很多，如各级政府教育工作的评价标准，学校评价标准，教师评价标准，切实发展民办教育的政策与举措等，将一张残缺不全、漏洞多出的教育制度之网修补完整。

四

当下，国人心态浮泛，情绪躁动，驱使教育功利大潮涌动，一时间很难让人冲浪于其外。

营造好育人的大场绝非易事，政府和社会须有实实在在革旧鼎新的嬗变，认认真真走出急功近利的几大困扰。

走出浮躁，立于全球教育的广角视野与理论思维之上。

走出浮躁靠什么？靠大视野和理性思维。“一个民族想要站在科学的最高峰，就一刻也不能没有理论思维。”[8]

教育复兴，只能靠思想大解放揭幕，以精神大解放导航，用理论大解放贯串。

理论是什么？似桥墩矗立的钢筋，似人立身的骨骼。

有思路才有道路，有理念才有信念，有眼界才有境界。

然而，我们的教育管理者和办学者真正对教育理论感兴趣的不多，按部就班的居多，漠视甚至不自觉地感染了教育浮躁症——虚假数字，泡沫大学，气吹文凭，不实“普九”；制造神童，天价家教，“打造”高分，炮制模式；创收教育，戏说经典，幼读卡通，少读玄幻；拒绝读书，热衷网聊，速成高师，包装名校……所有这些，如酵母菌反应，癌细胞扩散，人们似乎习以为常，见怪不怪，表明世风、民风已到了何等危浅的地步，与20世纪50年代大跃进时说假话吹牛皮如出一辙，再不动刮骨疗毒的大手术已不足以突围出浮躁的陷阱。

走出眼前，立于未来教育的美好愿景与超前思维之上。

德国悲观主义哲学家叔本华有一句名言：“人，不类一般动物只生存在‘现在’，人类有理性，靠着它，由检讨过去而瞻望未来。”[9]

澳大利亚未来学会主席彼得·伊利亚德说得更深：“今天你如果不生活在未来，那么，明天你将生活在过去。”

这里有一个问题：教育虽是百年大计，政府首长却是任期制。只有每一届施政者都目光高远，中国教育才有救。

有梦才有标，有虚才有实，有远景才有近取。

“我们的任务不是预测人类的未来而是参与创造这个未来。”[10]而政府当千方百计调动好教育者这支参与创造未来的先遣军，为未来准备思想，设计蓝图，培训生命，陶冶精神，生发智慧。

怎么做？立足现在，走出眼前，迈向未来。

“昨天和今天是交相融汇的，现在和未来是连接互动的。如果我们的目光包含未来的某些元素，即用未来的眼光审视现在，约束自己，制定标准，那就等于活在现在，却是面向前方，面向未来；做的属于现在，实则属于未来，属于永恒！”[11]

走一步，看三步。只有超前思维方能做眼前教育，奔未来远景。未来不是梦，它意味着以大脑和网络多媒体开发为代表的信息技术急速大突破，正改变着人们的生存方式和学习方式，如此深刻变革正将教育带入更高层次的国际化、网络化、虚拟化、智能化、个性化的境地。

走出形式，立于实实在在地解决教育实际问题的基点之上。

这里的形式是什么？指的是专做表面文章的形式，即是空架子，是花样子，是外秀而内虚的做面子。

毋庸置疑，教育与其他工作一样，过于注重外部形式，如建一所学校，连大门设计都极为讲究豪华和特色；再如开会，开拉大旗的无用会，装模作样的现场会、空洞无物的交流会、并无理论可言的教育理论研讨会，没有内容的形式只是无生命的空壳。

有实才有效，有诚才有信，有内容才有形式。

当前的教育问题如涛似浪，要紧的是在解决问题中破浪。在不唯上不唯书里为实。

要千万警惕改革创新中的一条逆旅：人们五花八门地打破窠臼，异想天开地独辟蹊径，甚至把改革演绎得风生水起，却常常为走出常规而离经叛道，虚图形式而丢掉内容，“花拳绣腿”的形式完全离了谱，最终还是回归常识，返璞归真，才能春暖花开。

走出误区，立于人的健康、全面、优化的发展之上。

误区像迷魂阵，往往把人弄得蒙头转向，以致于青红不分皂白难辨。

从知到行、从道到术、从决策到践行的教育误区，几乎无时无刻不遍布于教育的方方面面，谁都不能不面对。

如今，当事者处理教育问题，大多采用鲧治水的堵塞办法。结果，治丝益棼，病没治好还并发更重的病。如用群众运动方式做教育，不顾实际与可能硬性地一刀切；讲求教育者的爱，就只倡导教师激励与赏识，丢失所有的惩戒教育；讲发挥学生的主体性，教师的导引性很少被人提及；讲注意安全，就取消了极利于学生成长的野游、夏令营等亲近大自然的一切活动，不懂得桑塔亚那“一个只在学校中受教育的孩子是一个未受过教育的孩子”的箴言；讲快乐体育，课上竟再不允许做跳箱、鞍马等稍稍有点难度的动作……这与社会上流行的保稳定就反对上访、讲团结就不要批评异曲同工。

有全才见偏，有清才见浊，有科学才有发展。

要用科学发展观作旗帜，将每一个国民都引上当代科学教育的地平线上。

走出茫然，立于创造教育这个核心突破点之上，科学而正确地回答“钱学森之问”。

“没有一所大学能够按照培养科学技术发明创新的模式去办学，没有自己独特的东西，老是冒不出杰出人才。”此为2005年7月29日钱学森对探望他的温家宝总理忧心忡忡掏出的心里话，一语道破中国教育的隐痛，是大科学家的警世箴言，是大智慧者的良知良觉。

2006年10月20日，温家宝在中南海召开有六位教育家参加的座谈会，传达钱老高见。会议对中国大学培养不出大师感慨噫吁，却不曾解读与研究落实钱老关于“培养科学技术发明创新的模式”的核心题旨。“钱学森之问”真的发酵成了一道留给中国教育的“哥德巴赫猜想”。

1991年10月16日，国家授予钱学森“杰出贡献科学家”荣誉称号和一级英雄模范奖章

世事茫然，社会茫然，人心茫然。怕就怕蜗居茫然，只会长叹，无疑无问，永无答案。

有疑才有革，有破才有立，有创造才有跨越。

改革是对既定秩序的创造性改进，创新是对因循守旧的智慧型颠覆。

“知我者，谓我心忧；不知我者，谓我何求？”（《诗经·黍离》）此句古诗用到年且八旬以身许教的著名教育家刘道玉身上甚为适切。他32岁当上大学副教务长，39岁任武大党委副书记，43岁当上教育部高教司司长，48岁任武大校长，率先实施了若干重大改革而独领风骚，54岁被无端免职后，投身创造教育实验，从事深度教育研究，棒喝当下教育，忧虑未来人才，耿耿之心，可鉴日月。

作为当代中国最早最系统研究创造教育的第一人，在多年研究的基础上，刘道玉逐步构想出了大学实施创造教育的一种模式，他“把它称作‘SSR创造教育模式’（简称‘SSR模式’）。第一个S是英文词组‘Study Independently’的缩写，它被翻译为自学或独立的学习，是由学习者自己完成学习的一种方式。

听刘道玉（右）忧说中国教育（左为河南许衡中学校长张璧宏）

第二个S是英文单词Seminar的缩写，是指大学生在指导下进行课堂讨论的一种形式，有时也指讨论式课程。R是Research 的缩写，它的意思是研究、探索。它是由字冠 re 和词根 search 组成的，因此也可以把它译为再寻找、再探索。”[12]

这一创造教育模式即是迄今为止培养杰出人才的理想模式，只可惜尚无哪所大学响应实践这一模式。但我们不妨说，刘道玉早在十多年以前就回答了“钱学森之问”①。

第二节 筹谋教育版图

一

2010 年夏天，笔者曾用一周时间在内蒙古西乌珠穆沁旗（简称西乌旗）考察教育。

该旗位于锡林郭勒大草原东部。这里，拥有内蒙古草原上最绚丽的民族风情。“摔跤健将的摇篮”、“蒙古长调之乡”、“民族服饰之都”、“游牧文化之源”，这些悠远而深邃的游牧民族文化，标识出蒙古高原上一个游牧文化的中心区域。

曾几何时，西乌旗曾是内蒙古教育落后的典型地区。这里地广人稀，2.3 万平方公里的草原，仅有 7.38 万人，蒙古族占全部人口的 68%，牧区人口占 55.4%，西乌旗的 32 所中小学大多散落在广袤的草原深处，学生学习生活在简陋而破旧的平房教室与宿舍里，寒冬里靠生火取暖，食堂里几乎没有蔬菜，教学只能用黑板和粉笔。一些有眼光的牧民被迫把孩子送到城里读书，旗所在地的干部则将孩子送到赤峰、锡林浩特市或呼和浩特市就读。一些教学水平高的教师也远走高飞离开了草原学校。

自 2002 年起，旗领导认准了教育兴旗之路，用八年时间，投资 3.7 个亿，捏指成拳，打造学园、花园、乐园、圣园、家园化的现代教育核心园区，在全盟第一个建成教育城域网。2009 年被教育部授予“全国推进义务教育均衡发展先进地区”；2010 年成为全自治区首个实现“双高普九”的牧区旗县；日前又被国务院评为“全国双基工作先进地区”。与此同时，西乌旗的师资培训循序深化：通过通识培训、专题培训、“回访式”培训，请来全国各地专家名师 151 人次，培训 5394

---

① 详见刘道玉《关于大学创造教育模式的构建》，发表于《教育发展研究》2000 年第 12 期。

人次，每位教师培训达 7 次以上，引领教师队伍的教育理念、践行能力、综合素质步入快车道的三重提升境界。

西乌旗位处偏远西部，地域在草原深处，目光囿于旗内，难免陷于站不高、看不远、走不快的窘境。伴随教育园区、教师队伍工程的拓展，他们从三个方面扩展着自己的“教育版图”：加大“走出去”培训力度，派出多批校长、教师到京津沪等地名校和英、俄等国学习，更有“请进来”的大手笔——寻找发达地区的教育平台；和名校结成“手拉手”的学习网络；开展“专家进草原”活动，邀请专家、导师到西乌旗深入交流指导，引得高师的甘露滋养西乌旗的教育土壤。于是，这里视野大敞，心胸顿开，能量迅积，内涵升华。

2012 年 7 月 30 日，西乌旗第三届专家进草原指导教育开幕式（旗教育局局长恩和吉日嘎拉在致欢迎词，背后为来自全国各地的专家）

如今，该旗教师再不囿于西乌的咏叹调，而是唱起嘹亮的“万马奔腾”草原曲。西乌旗教育，已超越了素质教育的范畴，在探索民族教育特色中，形成富有西乌旗特色的草原教育。作为西乌旗灵魂的文化，也通过各种现代教育载体，让千年的深厚草原文化款款朝我们走来，流向悠远而明丽的未来。纵览西乌旗的文化大坐标，遥远的草原文化与现代教育的交相辉映，正使这座城市成为内蒙古草原上一颗璀璨的文化教育名珠。这里曾流行《草原到北京》，而在今日草原西乌人的教育版图上，已不仅仅与北京，而是以与全国各地优势教育连接，乃至将触角伸向世界吸纳优质教育营养，来通力打造现代化的草原新教育[13]。

一花一世界，一叶一菩提。一片贫穷草原，可以筹谋、创造一个全新的教育版图，一个地区呢？一个省市呢？一个大中华呢？

笔者从草原归来，常常对着这个问号陷入久久的凝思。

二

版图，通常指一个主权国管辖的国家全部疆域。它给人的直觉多是静止的界限、固定的资源，并无张力的时空版块。

与此不同，笔者所说的教育版图，却是纵览古今、横视中外的教育视界，它蕴藏有无穷魅力，显现着蓬勃生命力，是彰显着巨大影响力和伸缩弹性的教育资源的别称。教育版图有实有虚，虚实结合；有外（外延）有内（内涵），内外贯通。当教育的理念变了，教育体制改了，教育格局调了，教育方式换了，教育版图也就随之而变，可能由僵死而至鲜活，由陈腐而至崭新，由羸弱而至强壮，由枯燥无味而至诗意张力，一个人是如此，一所学校是如此，一个地区乃至一个国家也是如此。

不难看出，笔者所说的教育版图，不是一个开明政府垂直管理＋教育官僚系统协调运作就能解决的问题，而是在于教育人和各级政府清醒地肩负教育使命，睿智地把握前沿教育思想，娴熟地运营教育智慧，从而完成对教育时空的刷新，对教育坐标的重新确认，对教育资源的优化整合，对教育边界的厘清和拓展，最终实现对教育版图的重塑与再造。

重塑或再造如是的教育版图，需要我们具有何等禀赋与准备呢？

——需要有北宋大儒张载（1020—1078）的气魄。

这位旷代大儒有四句箴言，仿佛是来自远方的天籁之音，穿越古今漫漫时空，至今仍悠扬深沉地飘荡于天地之间：

为天地立心，为生民立命，为往圣继绝学，为万世开太平。

台湾著名学者蔡仁厚教授解释说：“这四句话最能表出儒者的襟怀，也最能开显儒者的器识与宏愿，因而也可说是人类教育最高的向往。”①

这四句话言简意赅，大气深远，笔者作如下诠释：

天地本无心，经人的理会指点而成化；

为百姓护持生命并使其精神有所寄托；

善续先秦儒家的学脉，承继华夏萎缩堕落的文化生命；

为千年万载开拓太平盛世。

倘若有如此气魄，何愁不能重塑教育版图？

——需要有裴斯泰洛齐（1746—1827）式的灵魂。

在西方教育史上，瑞士教育家和教育改革家裴斯泰洛齐第一次明确提出教育心理化的思想和要素教育思想，从而改变了教育的本质、人类文明的方式和人类心灵的本质，而他更为突出的是，以儿童之父的慈爱，全方位施以无微不至的

---

① 出自于蔡仁厚《为张子“四言”进一解》，转自2010年3月23日的新浪博客。

情感教育，博爱教育，成了师爱大写的符号，赢得学子无比爱戴和信赖，和世界各国教育人的广泛尊重。博爱也成了他教育人生的灵魂。

给人星光者，自己必心怀明月。孩子心中爱意的点点星光，来自教师灵魂深处爱的明月。

若有裴斯泰洛齐式博爱的灵魂，我们的教育大计焉能不成？

——需要有世界各民族教育大竞争的紧迫感。

2012 年 1 月 8 日，在耶路撒冷，以色列总理内塔尼亚胡于内阁会后召开记者会。当日，以色列内阁通过法案，从下个学年起，向 3 至 4 岁的以色列儿童提供免费教育。

以色列法律规定，3 至 15 岁为义务教育阶段。目前，5 至 18 岁的青少年享有免费教育权利。自 20 世纪 70 年代起，以色列教育经费一直占国内生产总值的 8% 左右，此比例名列世界第一。如今又在这一基础上，推出了又一个重视教育，向教育大倾斜的举措。

这不是简单的信号，而是世界民族竞争赛场的又一次抢跑，也给中国教育发出了严肃的拷问。

——需要有百家争鸣般智慧教育比拼大格局。

在我国历史上，春秋战国是思想、文化、教育最为辉煌灿烂、群星闪烁的时代，出现了诸子百家彼此诘难，相互争鸣的学术局面。各家各派的著作涌现，各种观点纷然并存，各种针锋相对的辩论时有发生，这就形成了至今令人艳羡的学术繁荣景象。中国伟大的思想家大多出现于这个时代，构成了中华文明的精华和基础。

当下教育改革，重塑教育版图，亟须思想解放，学术自由，精神嘶鸣，教育创新，文化智慧大比拼、大展示，从中走出一条中国教育的超越之路。

——需要有教育引领经济、引领社会前行的雄心。

牛津大学里，牛顿的头上掉落一苹果，结果牵动他改变人类物理、天文、地理、数学几百年；仍在那棵苹果树下，霍金重新诠注宇宙，于是人类又向霍金的心灵迈进。杰出人物领航历史，教育科学随之推进，为人类进步奠基。

中国的学术大家、教育精英应该而且必须承担起领军中国教育，进而引领经济、引领社会前行的重任。责任在担承里愈知珍重。我们一点一滴地戮力，为大师级人物星汉灿烂的盛况，为中国教育列车提速做一块块铺路石。

——需要有教育大开放的胸怀。

这里要举美国教育制度的例子。美国教育不受户籍限制，采取学分制，自由度高，教学自由而互动，小组讨论为常态；且教育全球化，机制灵活，用各种合作形式办学，设置分校，课程公开，接受各个国家的留学生，包容世界各地的文化……

活而灵，僵而愚；开而通，塞而闭；简而化，繁而碎。这里说得活灵、开通、简化，都源于开放的胸怀。中国教育只有摒弃闭塞，冲破心网，敞开襟怀，接纳八方，才能拓展新局面。

海涅有言："思想走在行动之前，就像闪电走在雷鸣之前一样。"[14]

今天，人们该如何定位教育？该如何切入来重塑教育版图？这首先需要高超的思维，而中国现今人的思维，应该来自两千年前百家争鸣等教育盛世，也来自世界各国教育前沿的丰硕成果。

三

自然，大国不比小旗（县），要复杂得多，难做得多。

我们须盯住教育现状的问题，解决问题才是教育提升的起点。毛泽东形象地比喻说："比如一桶水，不是从地上去提高，难道是从空中去提高吗？"[15]

我们教育的症结在哪里呢？

前不久，在武汉大学老校长刘道玉召集的"《理想大学》专题研讨会"上，刘道玉等专家就开门见山地提出，中国的高等教育正在或已经陷入五重危机。

第一重危机，人类面临着有史以来最严重生存危机的挑战，而各国的大学对此基本上是束手无策或者熟视无睹，既不能从理论上又不能从实践上提出任何化解这些危机的根本性的对策。

第二重危机，面临信息技术高度发展，终身学习和"非学校化社会"已经或隐或现地展现出来。大学究竟是什么？教师的作用是什么？大学生又将怎样学习？这些都有待人们去探讨，用比尔·盖茨的话说"也许将来大学会变革得面目全非"，当下的高校还没有拿出对策。

第三重危机，功利主义的专业化教育，导致学生素质严重下降，学术视野短浅，尤其在国内高校，不仅出现不了大师，甚至还难于承担从事综合性大科学的研究之任。

第四重危机，学风浮躁，急功近利，金钱主义盛行，虽然技术成果日新月异，但重大基础性研究却少有根本性的突破。

第五重危机，在追求“一流大学”的“一片喧哗”声驱使下，追求豪华成风，大楼宾馆林立，教育成本剧增，债台高筑，纳税人不堪重负①。

此五重危机岂止只适于高等教育，中小学教育何尝不应闻之警醒？

面临史无前例的最严重生存危机的挑战，中小学尤其浑浑噩噩；面对信息技术对教育、学习的蜕变，中小学并无超前准备；功利主义的幽灵几乎徘徊在基础教育每一个角落；应试教育扭曲着亿万少年儿童的心；追求豪华在城市中小学亦屡见不鲜。

多少志士仁人，心忧中国教育；多少教育界巨擘精英，开出治教药方。听听这些泣血杜鹃般的呼吁，这些历史良知的声音，快些，再快些，筹谋出我们教育大发展新崭崭的版图吧。

别林斯基说：“人类的每一伟大事件都是在它那时代完成的，不早，也不迟。每一个伟大的人都完成他那时代的事业，解决他当时的问题，通过他的行动来表现他生长和发展的那个时代的精神。”[16]

“人事有代谢，往来成古今。”如果，在我们手中将教育的事情做好了，让国人露出笑容了，让我们的孩子兴高采烈了，我们就为时代缝制了一件合体的衣裳。这是无悔无憾的幸福。“我们的幸福将属于千百万人，我们的事业将默默地，但是永恒发挥作用地存在下去，而面对我们的骨灰，高尚的人们将洒下热泪。”[17]

筹谋新教育版图，我们该做的事情很多很多，先捡最要紧的几件例数。

四

第一件：加速改革与实验。

“科学是实验科学，是理性方法对于感性材料的运用。归纳、分析、比较、观察、实验是理性方法的主要内容。”[18]

改革常态化，实验规范化，理应成为教育持续发展的推

① 详见《中国青年报》2012年5月3日的报道。

进器。

改革最大的忌讳是搞花样。有专家统计，自改革开放以来，教育界提出的诸如“情感”、“磨砺”、“尊重”之类的“某某教育”竟多达658种之多![19]

每一种乍听起来，光鲜得很，一细问及，能说出独特的子午卯酉的，实属凤毛麟角。这哪是改革？原来像孩童在吹泡泡。五花八门的教育理论满天飞，折射中国教育的十足病态与内力疲软。

作者在鄂尔多斯市东胜区万佳小学与朱小曼交谈教育科研

实验最大的浪费是“玩”实验。什么是“玩”实验？即自上而下，紧锣密鼓，闹哄哄组织一大群人，煞有介事地搞什么实验课题，却常常流于开题红红火火、过程冷冷清清、结题热热闹闹的“三部曲”。大张旗鼓，虎头蛇尾，真戏假唱，闹剧一场，亵渎了实验，戏耍了科研。

改革的目的是为教育发展提速，实验的宗旨是为发展提速领路。

为此，不可急功，只能远利，需要改革实验者孜孜矻矻地竭尽全力才能完成。

位于四川省乐山市南岷江东岸凌云寺侧，濒大渡河、青衣江、岷江三江汇流处的乐山大佛（高71米的弥勒佛坐像），由海通和尚开凿于唐代开元元年（713年）。他死后其徒弟领工匠继续修造，中经南西川两任节度使章仇兼琼、韦皋捐赠俸金，三代工匠努力，前后历时约九十年，成于贞元十九年（803年）。

与完成一件浩大工程一样，作为细工慢活效果滞后的教育，改革是很艰难的，实验是很复杂的，它不是将过去积存一律推倒重来，而是要下大气力进行反复的对比、选择、优化，合理地加以扬弃，一点急躁不得。我们以往的教改，干了许多“只争朝夕”的蠢事傻事错事，末了又只好退回原点从头再来。

“教育是一个复杂的系统工程，只作个别的单项的实验，显然不足以揭示其全部的客观规律，一定要有综合的整体的研究。”[20]刘佛年早在1980年就前瞻性地指明了教育整体改革研究的方向。

一切改革必须经过实验！不能凭哪个伟人的片言只语或一个什么批示就推而广之，因这是对人的发展的实验，错了一时就误人一生，错了一代就误国一程。

自古至今，教育科学实验就像摧不折的帆樯，在教育改革的长河中乘风破浪。

这里既有彼此思辨、群力运作乃至兵团式攻关，更有个人苦心体察、深细反思、精密梳理的独自作战。我们需要协力作战的正规军，更需要各自为战的散兵。

让我们将视线投向那些成功者的改革实验吧。

在杜威实验学校里，孩子们动手、动脑。上烹调课，他们亲手调制中得出食谱。学习石器时代时，孩子们寻来最适于制造石箭等武器的石头；讨论铁器时代时，孩子们用泥土造一个大熔炉并投进钢铅熔制成器件……

杜威“教育即生活”等主要教育思想就是在实验中产生的。教育是儿童现在生活的过程，而不是将来生活的预备。最好的教育是“从生活中学习，从经验中学习”。“学校即社会”，即学校是社会生活的一种形式，一种把社会生活简化了的雏形状态。最好的学校是把校内外的学习连成一体的。“从做中学”，“在做事里面求学问”比“专靠听来的学问好得多”。

苏霍姆林斯基精心建构了33年的帕夫雷什中学，被视为世界知名的“教育实验室”。在这里，他留下了被誉为学校教育的百科全书、活的教育学的同时，也完成了从一名普通教师到蜚声世界的教育家的生命开发史……

他最精彩的要数个性全面和谐发展的教育思想。

我们今日素质教育的许多困惑，在他几十年前的书里、实践中，早就交出了深刻而完美的答卷。

他把孩子们带到蓝天下、田野间、森林里、河流边、荒岛上，通过童话、幻想、游戏和情感影响，引导他们去观察，去探险，去发现，去想象，去思维，去表达，去成长出健全而独特的个性……

在《给教师的建议》、《帕夫雷什中学》等不朽杰作里，他倡导的愉快教育、成功教育、和谐教育、实践教育、尊重教育、主体教育、磨砺教育等许许多多鲜活的理念及其一串串精彩的故事，至今还像日光下缀满夜露的青枝绿叶那样生机盎然。

20世纪七八十年代，苏联教育革新家沙塔洛夫、雷先科娃等实验在苏联各地学校的一批“志同道合者”，经25度春秋无数艰难曲折的探索实验后，从教育改革的一线课堂推出了合作教育。“整个合作的教育学的宗旨是：使儿童深信，他将获得成功，教育儿童学习，绝不容许让儿童落伍，也不容许使儿童意识到自己的落伍。”[21]合作的教育学是“由实际工作的教师们本人所创立的教育学，而不是由任何一级教育机关以教学法指示信的形式下达的教育学”，“这是真正从内部改革的和发展民主个性的教育学”[22]。合作教育深深扎根于教育前沿的沃土，因此，迅速引发世界课堂一场悄悄的革命：由传统的教师灌输变为学生有效的合作学习，由无个性的学习机器似的青少年变为对国家与民族的命运承担个人责任的人……

在我国，真正的教育家也在从事教育真正的改革与实验。

陶行知（1891—1946），一位从美国哥伦比亚大学留学回国本可做大学教授的人，“竟然脱去西装革履，投身乡村要和农民打成一堆，创办起晓庄乡村师范学校，志在以乡村小学为中心，推进广大社会的改造”。接着，又于1939年7月，“在合川县澄江镇草街子办起育才学校，收容战乱中流离失所少年儿童百余人”[23]。在教育改革与实验里，他总结出了“生活即教育”、“社会即学校”、“教学做合一”等无比可贵的教育真经。陶行知的教育实验之路，代表着中国教育学者独立的、创造性的教育实验之路。其生活教育的思想和实践，对当时乃至现今中国的基础教育实验产生了冲击波式的持续影响。

从事乡村建设教育实验的梁漱溟（1893—1988）

伴随着陶行知立足本土基础教育创造的同时，梁漱溟等人也开始了对传统文化发掘式的教育实验。

1931年3月，梁漱溟等来到山东省邹平县，开始了一场脚踏实地的实验。之前，他曾在广东倡导“乡治”，在河南尝试“村治”，到山东则改称为“乡村建设”。

在邹平，他亲自着手很多工作。一切从他建立山东乡村建设研究院起理出了头绪：由他任乡村建设研究部主任，招录大学毕业生或大专毕业生四五十人，学习他著的《中国民族自救之最后觉悟》和《乡村建设理论》，毕业后分配到实验县担任科长和辅导员等职务；组建乡村服务训练部，负责训练到乡村服务的人才，招录对象是初中毕业生或同等学力者，学习课程有乡村建设理论、农业知识、农村自卫、精神陶炼、武术等科目。学员每期招三百人，结业后各回原县担任乡村建设的骨干工作；经山东省政府同意，成立乡村建设实验区。

在实验区里，梁漱溟指导户籍员登记全县人员户籍，对文化人与坏人另立专卡；办起了卫生院，聘请济南齐鲁大学医学院毕业生当大夫；成立了一个乡村建设师范学校；具体帮助农民改良棉种和推广优良麦种、畜禽良种；倡导并建立不少发展生产的合作社……[24]梁漱溟旨在“创造新文化，救活旧农村”。后来他回忆说：“中国前途如何，怎样统一？我潜心研究中国几千年之文化史、经济史、社会史，对当前的社会结构和状况也进行过调查摸索，提出了乡村建设的理论。‘伦理本位，职业分途’八个字，融伦理、经济、文化、教育、科技、政治、治安于一体，以乡村为基地，从普及民众教育入手，先搞实验，一个县，一个省，逐步扩大，而避免武力，结束内战。”[25]如此理性探索、全身心践行的实验，尤其在当时的政治、文化背景下，更不可不谓先驱者的旗帜。

晏阳初（1890—1990）被誉为“世界平民教育运动之父”。20世纪20年代，他最早点燃平民教育与乡村改造运动的火炬，以一双锐眼发现了中国农村“愚”、“穷”、“弱”、“私”四大顽疾，并开出了药方——通过学校、家庭、社会三大教育方式和四大教育内容，即以文艺教育救愚，以生计教育救穷，以卫生教育救弱，以公民教育救私。

1943年5月，晏阳初（右）与爱因斯坦（左）等被膺选为“现代世界最具革命性贡献十大伟人”时，与主持人沙普列博士（中）合影

尤其自1926年起，他感召一批知识分子离开北京，亲自于河北定县开展的十年乡村教育改造实验堪为创举。“走出象牙塔，跨进泥巴墙”，“穿粗布大褂，住农民漏雨的房子”，成为一名乡村的“科学布道人”，形成令人瞩目的“博士下乡”同农民为伍的亮丽风景。

他们举办各种文艺活动，以救农民之“愚”，培养其“智识力”；进行农业科学研究，创办实验农场，改良猪种、鸡种，对农民进行“生计训练”，开办生计巡回训练学校，训练比较热心、能干的中青年农民“志愿者”作“示范农户”，带领其他农户使用新技术，还组织农民自助社、合作社、合作社联合会，开展信用、购买、生产、运输方面的经济活动，以治农民之“贫”，培养其“生产力”；实施卫生教育，普及卫生知识，培养卫生习惯，还创建农村三级医药卫生制度，村设保健员，联村设保健所，县设保健院，以救农民之“弱”，培养其“强健力”（20 世纪 70 年代遍及中国农村的“赤脚医生”及其培养计划，也承袭了晏阳初在定县的实验内容）；对农民进行公民教育，以救农民之“私”，养成他们的公共意识与合作精神。

定县成了中国的“社会实验室”。

在定县实验中，晏阳初逐渐形成乡村建设的整体思路。这些思路，事实上为新中国农村的改革描画了雏形。

1943 年，晏阳初被“哥白尼逝世 400 年全美纪念委员会”评选为“现代世界最具革命性贡献十大伟人”之一。是他，这样一位具有国际视野国际践行的中国教育家，第一个把在中国人群、中国本土创建的平民教育理论与乡村教育制度传播到泰国、菲律宾、印度、加纳、哥伦比亚、危地马拉等国家，使之在国外落地生根。

与中外教育先哲的改革实验相比，当代中国的教育家、教育研究者有谁真正抛弃“坐而论道”，愿意长期离开优裕的城市生活，不为名不为利，默默无闻地身许教育基层，去做教育实验呢？我们究竟做了些什么呢？为什么我们创造不出教育的亮点和辉煌呢？这除去政治背景大因素以外，与我们自己的心浮气躁、急功近利、眼高手低——只想一年磨十剑、毕其功于一役、“打一枪换一个地方”、换一届（人）一套打法，不是有更大的干系吗？

若要改革有效，实验成功，就得举国上下学先哲之榜样，取先哲之办法，静下心来，稳住神来，认准目标，水滴石穿，一届未尽，下届再干，齐心戮力，攻下难关，不达目的，决不罢休。

第二件：加紧科研与论证。

如果说教育是一项复杂的系统工程，其系统的每一结构、工程的每一细节、运行的每一步骤，都须在科研之光照耀下，一切都合理适度，恰到好处，衔接有序，和谐自如。

从确立方针到筹划发展；从打磨思想到运行机制；从驾驭全盘到关注局部；从主渠道投入到八方开花；从改革学制到更新课程；从精化内容到优化教法；从锤炼队伍到育好人才……

这一切，都须教育科研实验加以证而明之。

再经过充分论证后方可推而广之。

又在上规模推广中持续地修而正之，丰而富之。否则，欲快必慢，想高则低。

首先，选准牵一发而动全身的科研课题。

笔者曾考察，在我国高校里搞科研课题，有相当一些是由某一位教授、博导牵头，顺手拉来几名高徒，自成一统，书斋运作，奇思神侃，小打小闹，犹如一个精神产品的私人小作坊，躲进象牙塔里研究一些不甚着边际的理论。如此靠臆断与剪裁拼凑制造的学术泡沫似的论文当然只有充数的作用。这是教科研吗？这是作秀，这是学术难以承受之“轻”。而中小学校的科研课题，则往往上级（省、市、县）策划，下头挑选；或者直接由上头主抓，基层参与。这是教科研吗？这是做戏。君不见，此等脱离地气的教科研难结硕果，易开一朵朵谎花。

进山问路，遇水寻桥。发展中国教育当首先扭住那些重点课题。

从顶层设计计，有哪一些核心科研课题亟须重点突破呢？

其一在国家发展战略层面：

（1）各民族教育特色发展研究，多元文化彼此借鉴与融通的研究；

（2）教育与区域同步发展与繁荣的研究；

（3）立足于人类文明发展史高度，比较、融通东西方教育，快速发展中华教育的研究；

（4）在严重的生存、学习、教育的危机面前，中国教育抉择的研究；

其二在教育体制优化层面：

（5）管理体制的优化研究，教育家办教育研究；

（6）教育资源合理配置以促进教育均衡化发展研究；

（7）促进公、民办教育共同发展，以建构更科学发展机制的研究；

其三在教育教学质量层面：

（8）教师专业化成长研究；改革教师教育体系研究；

（9）优化学习活动研究，以学定教的课程研究与教学设计研究；

（10）在教育现代化的进程中，吸纳古代优秀教育传统，借鉴国外先进教育知与行的研究；

其四在人才成长造就层面：

（11）人的整体性发展规律的研究；

（12）给学生自由空间、自主发展的研究；

（13）深化英才教育以及英才与创业的研究；

（14）培养大师级杰出人才的生态环境研究；

其五在终身教育建构层面：

（15）全社会大育人场的建构研究；

（16）终身学习体制的建构研究；

（17）中国学习型社会的可行性建造研究；

（18）未来教育的诸多前瞻性理性及践行的问题研究……

其次，大力提升教育科研者的科研水准。

达尔文说："作为一个科学家，我的成功，不管它有多大，是取决于种种复杂的思想品质和条件的。其中最为重要的是：热爱科学；在长期思考任何问题方面，有无限的耐心；在观察和收集事实资料方面，勤奋努力；还有相当好的创造发明本领和合理的想法。"[26]

提炼一下，一曰热爱，二曰耐心，三曰努力，四曰本领。这些科研水准，不仅是极其重要的，而且是极为必要的。

再次，抓紧科研的方法与论证。

中国教师军团人人是实践者，人人亦应是研究者，努力在自己的教育教学中，提升科研的含金量。

教师不一定参与哪一级大兵团型作战的大课题，而要投身校自为战、人自为战的微型小课题。

这种以自己为对象的自我研究，以行为为引领的行动研究，以亲历为载体的问题研究，以本校为实验室的实验研究，虽不见填补空白的大手笔，却迈出了日积月累走上完美必不可少的跬步。要知道，这种草根研究，更接近教育科研的实际，更能触摸到教育的肌体，更能擦出生命的火花。因为教育科研和教育过程的本质一样，不是面对书本，按原理、定义、公式行事，而是研究心和心的交流，生命对生命的关照，智慧与智慧的润泽。

至于一些重点大课题的突破，国家教育行政机关确应大力支持国家教科院或省市教科院所完成。组织精干有力的队伍，真正扎到教育底层，宁可花费长时间、大气力、高投入，也要将若干重大课题拿下来，为教育的跨越式发展攻关铺路。

第三件：加快政策观照。

如今中国教育行政指挥一靠发文件，二靠开大会，常常沦为画饼。当文件要求、会议精神穿透层层帷幄而至毛细血管般的学校时，早已成了不能入鲁缟的“强弩之末”。“强弩之末，不能入鲁缟；冲风之衰，不能起毛羽。”（《汉书·韩安国传》）

突破大一统、一盘棋、“一二一，齐步走”的思维模式——个性发展的天敌，把教育做细、做实、做精、做特；承认差异，缩小差异；发展特色。

在均衡发展与特色发展的旗帜下，当有计划地建立京津沪等大都市教育、东南沿海教育、大西部教育、少数民族教育、农村教育等若干教育发展实验区（各实验区又分为若干实验校），从实际出发，发展各自的特色教育，政府像支持办经济特区一样支持教育实验区的实验，给予实验自主、政策观照、财力保证，确保在各自的基础上迅速飞升。

2001 年在拉萨市采访市教体委主任孔宪贵，调研民族教育的发展

近年来，伴随鄂尔多斯经济崛起，草原上升起一座教育城。以城区东胜区为例，政府发展教育的眼光超前，投入超前，政策观照，局面骤变。“十 五”期间，区政府投入（含筹措）60 亿元，使 30 所中小学校一跃达至自治区一类校标准，又大幅提高教师待遇，送大批教师到国内外学习考察，让教师成了令人羡慕的职业。在有利发展的平台上，教师们将发展的眼光紧盯教育内核，探索教育规律，办促进经济腾飞、人民满意的教育，教育质量日新月异。仅五年多的时间，东胜区教育飞翔起来了，从教育薄弱地区一跃成为国家首批“义务教育均衡发展先进旗县”[27]。一个地区能如此，

一个省市也能如此，全国同样也办得到。

上头给予政策空间，给予改革平台，给予信赖支持，就给改革注入了大动力。

1992 年，邓小平南方谈话使徘徊在十字路口的综合改革出现了转机。思想敏锐的教育界也有一股思变的潜流悄然涌动。面对长期计划经济下的教育经费的捉襟见肘以及教育模式的千人一面，北京十一学校校长李金初——一位基础教育改革睿智的探路者在全国率先提出公办学校“五自主”，即自主筹集日常办学经费，自主招生，自主用人，自主工资分配，自主教育教学实验改革。这属于办学体制的重大改革，不仅困难重重，而且险象环生。只因得到了北京市、海淀区，以及教育部领导的大力支持，方使十一学校走上了超常规发展之路，成长为前无古人国有民办制的品牌名校。李金初校长因创造了“十一学校现象”而在办学体制改革的平台上独占鳌头[28]。

对一些重大科研实验项目，如改革高考、中考的指挥棒，将重点放在考查解决问题的智能与不拘一格录取特色结合上来，要让能力高的一定考得好，特色强的一定被赏识，作为建设好教育实验区的强大支撑，这也需要给予有条件的政策观照。

第四件：组织攻坚队伍。

我们的教育军团，起脊梁作用的中坚力量少，有思想有良谋的精英层尤少。这对完成当代教育的使命极为不利。

中国教育最缺两种人：一种是钱学森那样提出“大成智慧学”[29]的大思想家、运筹家、策略家，这是仰望星空的人——这种人以其超越时空的目光和睿智，能够提出高深的问题和宏大的设想，牵引着社会持续向前；一种是袁隆平那样孜孜矻矻、勤勤恳恳的践行家，这是脚踏实地的人——这种人能够把宏观的设想和亟待解决的问题付诸点点滴滴的行动中，并一步步取得进展，最终完成重大突破。

中国崛起最需要这两种人；创造中国教育也最需要这两种人。

仰望星空作为脚踏实地的对立面，含有极大的憧憬向往的成分，人只有架上这台想象力的望远镜，方可鸟瞰大千世界的万事万物；而脚踏实地作为仰望星空的对称方，又极具实实在在的践行内涵，人只有踏出行动这双脚，才能走出梦的云山雾谷，奔向霞光万道的远方，

乃至飞向美丽的星空。

在知与行、星空与实地之间无限广阔的奋进舞台上，钱学森与袁隆平成了当代中国知识分子的两大代表符号。作为中华引以为豪的骄子，他们饱含古往今来仁人志士所传承的圣洁的忧乐情怀，拥有渊深学识与高强造诣，尤其极具当下博弈者的国际视野和竞创意识，在生命与事业的同步疾进中，以巨大光和热奉献给予艰难竭蹶之中亟待崛起的祖国与民族。

无可否认，在教育行政机构，在教育科研院所，在学校一线教坛，甚至在个人的奋斗中，已经有一支支攻坚小队伍向我们走来。

——叶澜的新基础教育实验研究团队。

“新基础教育”实验于1994年启动，从最早创始校的上海外高桥实验小学到如今指导上海、江苏、山东100多所小学、初中的综合改革，叶澜与她的精干团队调研行走了20年。只为该实验，她于1997年坚辞了华东师范大学副校长的职务，从此风雨无阻，坚持每周都到中小学听课、评课；实验推广之后，虽年过花甲，却仍旧风尘仆仆地奔波在全国各地，将一所所学校和一位位教师当作研究的对象，实验的“工厂”。

她那犀利的思想和目光，直面人的生命质量的提升，找到了传统课堂缺失生命活力的致命缺陷，并以蓄势已久的激情、创意和思想“井喷”，开始了一场幽深的理论掘进：自惊醒杏坛的《让课堂焕发生命活力》，至第一个中国本土化的教育学派——以“民族—世界”为横坐标系，以“生命—时代”为纵坐标系的“生命·实践教育学派”本土化教育理论——新基础教育的创立。

著名教育家叶澜在常州二实验小学关注孩子们的成长

叶澜团队，是以大学教师为主导，与中小学校长、教师和地方教育行政人员密切合作的团队，其聘请兼职研究员达二三百人之众。自1999年起，其研究的核心内容已清晰地囊括了学校、课堂、班级三个维度，实验基地也渐而拓展到学校或区域的联合体。该团队在学校整体转型、成事与成人融合、学生在课堂和班级的生活中成长等领域，所获取的理论与践行的重要建树，成为其学派的鲜明特点。

她所建构的恢宏而细腻、深邃而透辟的新基础教育体系的大厦，以其巨大的思想内涵，强劲的学理支撑，知与行的有效连通，为中国基础教育的改革和发展的航船，竖起鲜亮的航标，导引广大教师看清颠覆传统教学模式之路，让精神生命和主动发展成为教书育人的核心目标，正让学校充满生机，教师饱含智慧，教学迸发精彩，学生焕发活力，致力于孕育完整而美丽的生命。

——朱永新的新教育实验团队。

是时，作为苏州市的副市长，朱永新心中藏有一个美丽的教育之梦。这个教育之梦，又如影随形般地伴随着他那有声有色的教育人生。

2002 年 9 月，朱永新的教育团队上路行动了。

2011 年 9 月，与朱永新（右）在新教育年会上

他们从江苏省昆山市玉峰学校出发，前驱探路，现场昭示，论坛激发，网络在线，文论点燃，信息策应，一路风风雨雨之中激情践行，理想感召，以非凡的感染、激发力，从涓涓小溪到滚滚大河，自一捧火苗至八方烈焰，其六大行动（营造书香校园、师生共写随笔、聆听窗外声音、培养卓越口才、构筑理想课堂、创建数码社区）、六大学理（发展论、行动论、潜力论、个性论、崇高论、和谐论）[30]及“过一种幸福完整的教育生活”的价值追求，在应试主导下的中国教坛掀起偌大的冲击波，带万千教师走出“迷茫”，在感动、感奋里投身其中；引十百所中小学洞见了霞光，迸发起活力；更唱响了百万学子繁花锦绣的生命之歌，使其精神之树蓬勃见长。日趋成熟的新教育实验引起国人的热情关注，教育家陶西平 2004 年就曾预言：“新教育实验会像一条鲶鱼，把中国教育这缸水搅起来！”[31]

果然，从“风乍起，吹皱一池春水”到“一千里色中秋月，十万军声半夜潮”，有声有色的新教育实验，其速似电，其势如虹。

新教育新在正本清源，返璞归真，以雷电般的催进行动，让教育之神守护人的发展，追逐理想与超越。

朱永新的新教育实验团队，成了中国当下极具影响力的一支教改尖兵。

朱永新的新教育实验，为理想虚脱的中国教育正圆着一个美妙的梦。

——郭思乐的生本教育实验团队。

生本教育是国内外许多教育家、改革者所倡导的教育思想，但力举“生本”之旗帜，系统阐释其内涵，锲而不舍开展其实验并产生相当影响者，当数郭思乐及其团队。

自1999年以来，郭思乐“生本教育”实验学校如滚雪球一样，从最初的15所，逐渐北上江苏、山东、河北、北京、辽宁等28个省市，发展到目前包括香港、澳门等数以百计的中小学、职业学校、幼儿园，实验实现了由“师本教育”向“生本教育”的转变，促进了实验区的师生、学校和教育的快速发展。

生本教育是“以学生为主人的，为学生好学而设计的教育”。那种“教师素质高，学生素质自然也会高”的水涨船高观点，并不被郭思乐看好，他提出“学生才是教学的最大资源，教学过程要以尊重学生的内部自然规律为教学前提”。

生本教育在教书育人的主渠道——各科教学中率先突破，进而在课堂扎下了根，这种教育思想和教学方式所催动的生命开发的革命，正将课堂演变成一片肥沃的思想沃土和丰收的智慧田园。

郭思乐在生本教育课程研讨会发言

——林格的教育内涵改革实验团队。

由当代中国具有一定影响力的年轻教育专家林格掌门的团队，囊括26位教育思想家、教育实践家，分7个专家组，历经八度春秋殚精竭虑的求索，踏遍万水千山，足迹遍及近1000个县，1200所中小学，完成了以养成教育为主轴的教育内涵改革理论与实践体系的创建。

满腹改革新锐气，一身务实鲜活风。

青年教育思想家林格

该团队铸魂教育于基层，为全国200余所学校提炼办学思想并构建了学校文化；顶层设计于区域，协助各地创建6个强势实验区、两个示范区；长期守望在课堂，做出有生命力高效课堂的示范校30所；潜心苦索在德育，指导各实验校成就人格化习惯培养的校本课程体系；聚焦教师专业成长，以科研化模式促其发展，喜获学科教育专家称号、重点培养教师分别达至60人、500人；致力家庭文化服务，由专家组组建的“读书会”润泽家长，创建若干有情感温度、有文化积淀的书香家庭……

作为系统工程，教育的内涵发展不能完全依赖某种课堂模式的培育或者炒作一种教育现象，而需要生成地、系统地、科学地、内在地提供智囊性支持。身为中国教育内涵改革整体解决方案倡导者和执行者的林格团队，面面观照，纵目在全方位的教育大视界；一一突破，着手于精细化的科研小课题，恰好出色地充当了如是历史角色。

——边疆的生命教育实验研究团队。

在我国生命教育研究与实践的专家序列中，身为生命教练、全国生命教育工作委员会秘书长的边疆当是领军人物。睿智、精思、儒雅、豁达，极善运营、指挥，且积淀相当厚实的教育底蕴，组合成他的统带气质。

自2003年起，边疆将视野锁定在生命教育原野，竖起致力于全方位普及与深索生命教育的人生路标。

他组建起博士研发团队，将美国“体验式”生命教育课程予以本土化改造，又融入教育学、心理学、社会学的最新发现，研发出“生命致慧”系列体验式课程；带领团队奔走五湖四海，进入学生心灵，操作《青少年生命教育实验研究》课题；访谈名师，探究其生命成长路径，为编辑《教育家成长丛书》做好调研；选取15个省、100个市、500个县区建立基地，通过地方课程、学科渗透、专题教育、课外活动等途径抓实生命教育实验；开展全国性生命教育“致慧工程”大型公益项目和“生命教育万里行”活动；联合举办了“全国生命教育论坛”，推动两岸三地的交流合作；在长春、哈尔滨等地，主办或协助主办多场形式多样的生命教育体验式活动，并在昆明召开全国生命教育大会，推广云南省“三生教育”即“生命教育、生存教育和生活教育”的经验；创立《生命教育》双周刊，每期公益定投5000所学校、600多个教育局和教科研单位；边疆个人还出版了颇

边疆（前排左四）和他的蓬勃团队

具影响力的《生命教练》，成为我国第一部生命教育体验式训练的专著……

脚踏实地，全神贯注，高屋建瓴，势如破竹。

在生机盎然的生命田野上，边疆和他的团队正挥汗如雨地播种着无限春光。

——韩永久的现代教育实验团队。

韩永久，原内蒙古教育厅厅长，一位德才俱佳、众口皆碑的教育专家。自 2003 年以来，在他的麾下，集聚了退下来的一批自治区教育精英，情系教育，志存高远，将自身的余热化作了一团喷放的火焰，映照教坛。

教改是人改，教育现代化首先是人的现代化。韩永久和他的团队为了早日实现草原教育现代化，几乎走遍了内蒙古全境，上与市盟领导共商治教大计，下和学校师生同筹改革妙方。他们深入巴彦淖尔河套，扎进鄂尔多斯高原，躬行锡林郭勒腹地，蹲点科尔沁草原，协助市旗（区）教育局及实验学校深入调研，制定规划，起草方案，健全机制，设计档案，聘请名家，内引外连，跟踪指导，组织活动，催进提升……因工作，常常忘了节假日，甚至不顾年迈多病的身体。

丰富经验像一眼深井，给人以润泽。不断学习如井下新泉，使水尤清冽。经验与学习为韩永久们插上飞翔的翅膀。

老而不弃（教育），退而不休，戮力同心，共为圆梦；其志金贵，其思深邃，其气豪迈，其行圣洁；人属高格，业属未来，师道长存，教泽留香。

2008 年在西乌旗开展教师培训（右三为原内蒙古教育厅厅长、现代教育学会会长韩永久）

还有一些团队，这里不能一一细数。

每一支团队，家家自展秘宝，人人各怀绝技，身藏灵蛇之珠，手握和氏之璧；为了中国教育，八仙过海，四方来风，星闪斗烁，相映生辉，云蒸霞蔚，气象万千！

除团队外，还有不少“个体户”的志士仁人，亦为中国教育呕心沥血。笔者所结识的徐州市 33 中学青年教师张玉乐就是其中一位。

玉乐生于寒门，少时聪颖好思，读大学时为突出困境，业余办起家教班，一人辅导数学、英语、物理、化学。其间，他接触各类型孩子、家长，积累大量学与教的原始资料，为日后科研埋下了种子。

1995 年，玉乐大学毕业分到中学，顿觉自己像大网的一个节点，被无形捆绑着。为潜心研究科学地教和学，他毅然与单位办理外出务工手续（因干部身份不给办，他转为工人身份），将自己逼到悬崖边上的独自研究之路。没有了工资，每年还要交给单位两千元的养老保险，这等于选择了贫穷、艰难和压力。购置电脑、打印机、书刊，学习、研究，起早贪黑，没有了节假日，为了生存和发展，他常常四处借钱，甚至借贷还债。

他没有动摇，在大量调研、实验、反思中，智慧泉涌，思想喷发，独到的思维完形理论体系终于问世，并在各地一些学校实验成功。他的《教育改革与发展论坛——教育大趋势篇》、《数字化思维学习法——成为优秀学生的秘诀》、《飞跃——家长如何引导孩子学会学习》、《思维完形教育》等著作也相继出版，好评鹊起。经济贫寒反激精神的富有，地位低微孕育不凡的超越。于艰难竭蹶之中，张玉乐像一只坚强奋飞的海燕……

偌大中国，上述几支前沿的团队与尖兵，只是开路先锋而已，与中国教坛的旺盛需求相比，却又实在太少太少。

第五件：启动创造教育。

创造教育，是培养最具竞争力人才的优势教育，是叩开未来社会之门的入场券教育。

创造教育在关注学生一般素质的同时，尤其聚焦学生的科学精神、创新意识和创造能力，而创造能力堪为学生诸素质中的核心素质。因此，创造教育更富于时代特征，是素质教育的重要形式。

爱因斯坦十分看重创造能力，他说："有创造才能的人对人的教育作用，归根结底总是远远超过政治领袖。"[32]

早在七十多年前，中国创造教育开拓者陶行知，就大声疾呼"创造的教育"[33]，后在他创办的育才学校设立"育才创造奖金"，并发表著名的《创造宣言》[34]。然而，在那种境遇那种年月，他是不可能圆梦的。他的呼吁，他的初行，只能留下一段志士未竟的思索，一道常人不敢面对的艰辛的疑题。

而被称作"武大蔡元培"的教育家刘道玉，则承上启下，集30年研究心血，先后出版5部近150万字创造教育专著，成了当代中国最系统研究创造教育的第一人，《光明日报》、《南方周末》等多家报刊发表盛赞的书评。文如其人，他的作品，他的演说，无处不睁着质疑的眼睛，突出批判的触角，彰显创新的锋芒，流露创造教育家的神韵。他第一个构建了创造教育的学科体系，提出了创造力的五要素的主张[35]；第一个设计了实施创造教育的模式[36]；第一个提出了创造是建设一流大学之魂的观点，撰写出《创造：一流大学之魂》一书；第一个在中学开设选修课“创造思维方法”，出版全国第一部《创造思维方法训练教科书》……

不难看出，国家崛起，民族复兴，人才辈出，精英灿烂，须臾离不开创造教育。

在国内，在当今，推进创造教育当全力以赴，全神贯注，全盘设计，全面运作。

各级各类学校的培养目标，应自觉完成由“继承型”、“知识型”的人才向“智能型”、“创造型”的人才的转变；

大力倡导创造教育思想，并有机渗透于全部教育、教学、实践活动，奉为指导性的思想；

探索中小学开展创造教育的实践模式；

编撰小学、初中、高中创造教育课教材；

培养一支能实施创造教育的师资队伍，一批创造教育的学科带头人；

践行陶行知“做学教合一”的思想，广泛深入持久地开展科技小实验、小制作、小发明、小设计、小论文“五小”活动；

建构与运营创造教育的科学激励机制、评价机制和奖励机制；

开出创造教育特色学生与选拔优秀人才立交桥的直通车……

第六件：兴建中国教育的巴比伦塔。

我们正做的教育，好比兴建教育的巴比伦塔，通向教育的天堂。我们不能回避教育竞争，也无法逃避教育压力。按照当今时代与社会所需求人才的材质与标准，打造出肩负振兴中华使命的浩浩荡荡的人才大军。

贬是褒，纠是正，忧患是清醒，自信是力量。

若要达成这个伟大的任务，中国教育当挖掘或借用以下几大元素。

一是挖掘绝对优秀又连绵不绝的教育传统中的先进的教育思想与实践。

这不是凝固的化石符号，而是流动着的河；不是厚厚的废墟，而是尚未认真开采的富矿。经典铭刻历史的表情和心魂，定格成代代传承的永恒。它像一面镜子，给后代明鉴，给未来启迪，让经典和时代的新生活、新元素、新思维融合中，演绎出新的经典。

中国教育缺乏对几千年传统教育精华的理性梳理与践行承继，故不能从传统教育的“老茧”中抽出现代的新丝。

比如被当下一些教育理论家吹得神乎其神的对话教学，据说是从西方舶来的新型教学模式，足以代表当今教学改革的最高水准，是对话的时代精神在教育领域的回应。实际情况是什么样呢？对话不是西方教育的专利，早在两千五百多年前，孔子的教育活动就充满了对话。

> 子贡问曰：“有一言而可以终身行之者乎?”子曰：“其恕乎！己所不欲，勿施于人。”（《论语·卫灵公》）

如此的对话教学，《论语》里俯拾即是，还是不自我标榜为新型模式为好。

再如探究合作教学，中国古代书院即是。《论语》中的“君子和而不同，小人同而不和”为例，说明古代书院教育的优势，那时候大抵尽是属小班教育，学生和老师之间可以互动，而且可以请不同见解的人来讲课，增强了学生的思辨能力。

二是梳理自“五四”以来，我们在东西方的融合中所做的多方面努力及成果。

其中，民国时期出现的融通西方的教育成果，如北京大学、清华大学、南开大学和西南联大，以及一批中小学的办学经验，蕴藏许多珍贵的经验，画出了办教育的理想蓝本，足以给我们以深刻的启迪。

三是立足于改革开放大环境，催动教育文明的民族大觉醒。

改革浪潮方兴未艾，综合国力遒劲上扬，各行各业千帆竞发，高端层面致力于科教兴国，国人对教育望穿秋水，教育界也推出些崭新章法。然而，对教育文明的民族大觉醒，实在存在偌大的差距。固然，“信心像太阳一样，充满光明和希望”（温家宝），除了信心以外，还应有清醒，若失去清醒，也就不会有真正的光明与希望。

多少年不足的教育史告诉未来，多少事教训的启示录擦亮眼睛，投资教育就是投资未来，投资民族复兴、国家崛起，我们别无选择。现实总是严峻的，抉择总是紧迫的。

四是大胆地引入西方教育文明为我所用。

西方教育文明并不全是资本主义的，也并不为资本主义所专有，而是人类社会发展的近现代教育文明的果实，应为全人类社会所共有共用。

教育的巴比伦塔建在今古结合的地基上，建在中西融合的流域里：前者即选旧时精华而用，后者即择西方优良而取。

中华古代经典尚存民族情感的温度，并无情感认同障碍，西方教育文明因其异质而艰深，更需我们大胆吸纳和兼容。

筹谋教育版图，亦是以创造出最符合当下人们需求的新教育为出发点，在民族复兴的维度中，构造我们心中的教育“理想国”，我们当用应答时代命题，塑造教育未来的恢宏气度，去完成这一属于我们的历史使命。

第三节　世界教育的万古江河

一

长江源自巴颜喀喇山下的涓涓细流，先流向西南的深谷，袭夺金沙江，在冲破大巴山的拦阻后，浩荡奔放，始成大器，最后裂岸崩石，倾泻入海，形成汪洋之势。

当代著名历史学家、人文学家许倬云充满感情地比喻，中华文明宛如这滔滔江水，从独特的源头出发，拾得各个时代的支流，最终奔流到蔚蓝浩渺的大洋。人类文化教育的发展史就像大江大河汇流，是一个逐渐融合的过程。在彼此相通的海洋中，长江、黄河的水滴，将与别处的水滴混合。那时，中国的江水河水、印度河、恒河、尼罗河、波斯湾、红海、地中海、密西西比河、亚马孙河、刚果河……各处的水滴将在本来就分不开的大洋中，难分彼此！鸟瞰地球，所有的文化就像小河流，终究汇合进世界大洋[37]。

江河万古，一切文化不舍昼夜地发展，不汇入世界主流的文化终将枯竭。

万古江河，世界文化发展的大潮不只属于中国，也属于全人类。

“史前时代，每一个地区，甚至每一个村落，都会有自己相当独特的文化特征。逐渐接触以后，许多地区性的文化终究融合为几个主要的大文化。”[38]到了20世纪，全球化历程已证明世界是无法分割的，唯有合成一个文化共同体。“我们已经看到实际上非走一条人类共同的文化途径不可了。”[39]

苍茫世间不仅仅有长江，还有浩瀚无边的巴比伦河、尼罗河、印度河、多瑙河、约旦河……以及这些河畔创造的伟大文明。

德国哲学家卡尔·雅斯贝尔斯（1883—1969），终生凝视着流过人类文化的万古江流，并且以“轴心时代”来划分人类的文明。

在第一次“轴心”突破之前，世界各地的人类都曾有过一个史前时代，人仅仅是浑浑噩噩地为活而活，既无历史意识，亦无超越尘世的人生意义的追问；人之异于禽兽，只是在于掌握了使用火的能力。因而雅斯贝尔斯称史前时代为“普罗米修斯时代”。

在公元前6世纪前后，中国的孔子、印度的佛陀、波斯的琐罗亚士底、犹太的以赛亚以及希腊的毕达哥拉斯诸贤几乎同时现身。他称这个时代为历史上的轴心时代。

在那些“逝者如斯”的河畔，人类经历了“轴心时代”的突破之后进入了灿烂的文明，并由此分化衍生出后世的各种文明形态。之所以冠之以“轴心”二字，是因为这“第一次突破”是人类历史的重要转机。几大文明的诞生，基本上奠定了人类文化的基本面貌与世界历史的方向[40]。

早在卡尔·雅斯贝尔斯学说出现的6年前，中国学者闻一多（1899—1946）便用诗意的语句描绘了这个轴心时代：人类在进化的途程中蹒跚了多少万年，忽然这对近世文明影响最大最深的四个古老民族——中国、印度、以色列、希腊——都在差不多同时猛抬头，迈开了大步。约当纪元前一千年左右，在这四个国度里，人们都歌唱起来，并将他们的歌记录在文字里，留传到后代。在中国，三百篇里最古部分——《周颂》和《大雅》，印度的《黎俱吠陀》，《旧约》

里最早的《希伯来诗篇》，希腊的《伊利亚特》和《奥德赛》——都约略同时产生（闻一多《文学的历史动向》）。五千年来，古老的中国文明已经进行了三次惊天动地的突破。按照“轴心时代”的理论，每个文化发展的过程归纳为三个阶段，它们分别是：“突破”、“转换”和“僵化”，中国的五千年史尽在这三个大突破与随后的大僵化中[41]。

中华文明的第一次突破是在商周之际。

西周取代商而成为天下共主以后，周人也许出于强化其统治合法性的目的，经常自我反省，以周这样一个小邦何以能克服大邑商的问题。最后的答案是：周取代商是“天”的裁决，商人由于其道德的滑落而失去了“天命”的眷顾，而周人则因其道德优势继承了这一“天命”。“天命”观念确立了周朝八百年的制度和道德基础，并且也为孔子时代的中国“轴心文明”的出现奠定了基石。而周代的“大学”与《易经》的出现，则为中华教育分实了基础。

中华文明的第二次突破发生在春秋战国时期。

当时礼坏乐崩、宗法制度崩溃，旧有的体制无法满足现实需要。孔子为当时的人找到了新定点，以儒家文化诞生为代表的这一突破，其主旨在于将人道普遍化了，使本来仅行之于贵族的礼乐观念传播于社会大众之中。而诸子百家开辟了中华文化教育两千年来的基本内容，而这场“百家争鸣”的内容也成为中华文明的经史子集中的核心部分，孔子式的私人教育与周代流传下来的“大学”，成为中国教育率先在世界领先的教育系统。

中华文明的第三次突破集中出现在南北朝时期。

此时，秦汉两代建立的整齐划一的旧体制崩溃了，佛教的影响填入空白，导致了旧儒家思想的变化。这第三次的突破过程很长，初始于东汉末而最终完成于唐朝。这一次的突破与前两次所不同的是，它既是中华文化内部“僵化”和“转变”的结果，也是外来文化冲击的产物。但是，以佛教为主的外来文化并未征服中国传统思想文化，而是被整合进中华文化体系之中，进而形成了新的中国文化，其思想结晶就是被后世称为新儒学的宋代理学[42]。此次中华文化成功地融合了外来的佛教，体现出中华文化的开阔与幽深。

在人类文明的递进中，我们的教育是什么角色？

中国教育的创始人孔子没有明说，却在增删西周以来的各类思想，将其传给自己的七十二贤人，惠及了儒家、墨家、法家等学派。

法国思想家涂尔干（1858—1917）一语道破天机："教育本身不过是对成熟的思想文化的一种选编。"[43]

教育在本质上是对于人类所创造的思想文化的自觉传承活动，这个传承不是全盘的，而是选择的，是在对各种思想文化进行一番审视、选择和编纂之后，才纳入"以文化人"的教育体系中的。而这里所谓"成熟"的思想文化，是指系统的知识、思想观念、价值信仰和思维方式等构成的文化体系。

从历史大观上来看，既然中国教育是对中国文化的选编，中国教育的生命亦系于中国文化生命之上。

孔子以降，中国历史上这样的"选编"从未间断。孔子在春秋时期编撰《诗》、《书》、《礼》、《乐》、《易》、《春秋》六经，应该是第一次自觉的"选编"。董仲舒在汉代"罢黜百家，独尊儒术"，是第二次"选编"。此后，唐代的古文运动、宋代的理学运动和明清的"中学为体，西学为用"运动，也是三次重要的"选编"。这三次"选编"的共同使命都是努力将当时的中国文化从被破坏和削弱的境地挽救出来[44]。

中国文化的突破与僵化，直接影响了中国教育的命运。中国文化的突破，亦影响到中国教育；中国教育的创造，则影响下一代中国的文化。

本书各节立足中国，旁及域外，涉及教育的方方面面，大自规律通衢，小至方法幽径；宏从中外时空，微到心灵世界；粗览世纪一瞥，细观一瞬精描。

笔者希望能与诸位读者一起，登临人类历史的巅峰之上，看清文化教育的来龙去脉，窥见中国教育的前世今生，知悉中国教育人在浩浩教育史上的使命，通过几代甚至更多代人的共同努力，最终使中国教育在世界文化激流中诗意地栖身。

二

中国历史上第四次也是最近一次转变和突破始于鸦片战争，至今尚在进行之中。其能否及何时完成突破现在也难以估计。

19 世纪末 20 世纪初，中国正处于第三期文化变化的盛衰曲线的谷底阶段，却需要应付排山倒海似的西方文化冲击，于是因为应付乏力而手忙脚乱，一方面出现完全缺乏自信的西化论；另一方面又因为情感的反弹作用，国人表现了强烈的民族主义。国人近数十年来，在检讨自己文化传统时，也因民族主义的情绪作用，而难以作出理性的分析[45]。

中国社会的高速变化，几乎让传统文化无法立足，更让教育漏洞百出。五四时期"打倒孔家店"的老英雄吴虞，宣布推翻一切"三纲五常"，却在日记里面反对他女儿的自由恋爱。中国拆除了传统教育的合理性，却始终在崭新的方式中茫然失措①。

20世纪以来，无论是"国粹派"或"西化派"都或暗或明地以西方为模式而铸造中国的现代认同。

在社会达尔文主义的笼罩之下，中国知识界接受了两个观念：一是所有社会都依循一定的进化阶段而发展，如神权、君权与民权；二是西方兴旺发达比中国超前至少一个阶段，而且代表了社会发展的完美的方式（因为完美，故能超前）。受这两个观念的支配，为中国寻求现代认同的人自然便义无反顾地"师法西方"了。

新中国成立后，"达尔文主义"仍在中国教育思想的深处，中国教育在苏联版本"进化论"的歧途上越走越远。从社会主义改造运动到三反五反运动，一直到"文化大革命"，"选编"的主导思想是"大革文化命"，不仅我们自己的文化传统被抛弃，世界的优秀文化遗产也与我们渐行渐远[46]。

当今，中国许多的教育工作者仍是"达尔文主义"的拥趸。他们在思想上还没超过一个多世纪前人们对先进教育思想的认识，简单地认为西方的今天便是中国教育的明天，中国只要照搬西方教育思想，扫除一切传统的阻碍即可。此种意念，单纯而天真。

几年前，西方文化教育的重镇——美国的斯坦福大学的教授会以三十九票对四票取消了该校唯一的《西方文化》的共同课程，而代之以《文化、观念与价值》的新课。在这门新课程中，欧洲的经典虽仍占有一个很高的比重，但其他非西方的作品——包括非洲、亚洲、美洲原住民以及妇女的述作——也构成重要的部分。

---

① 详见中华硕博网2008年4月28日的陈奎德《儒家谱系·自由主义——与新儒家杜维明先生对话》。

用法国思想家涂尔干的视角来观察，斯坦福大学的争论在于：在世界教育的发展中，西方文化必须从原来的独霸位置上撤退下来。世界上每一个民族所创造的文化都有其独特的价值，因此也都同样应该受到尊重。

就在中国文化失去自信时，来自西方的达尔文的“适者生存”的思想深深地影响了中国。胡适之的名字就体现了当时思潮的倾向。当年，胡洪骍（胡适原名）读《天演论》，看到“物竞天择，适者生存”，便改“适之”作字，“胡适”为名。在新的文化背景下，如胡适再生，感受到世界文化教育的主流在改变时，他或许应当改名为“胡多元”。

当代中国人，要完成这项伟大的使命，有一个无法回避的前提：我们必须从自己的历史中继承丰富的传统文化遗产。这是我们赖以生存的家底，得以立足的支柱，与世界对话的资本。“我们必须肯定我们自己背上有东西，由我们在背它，我们才可以将中国文化背进世界文化中去。如果我们背上已经空空如也，只剩西欧传统，则我们没有资格背负中国文化了。”[47]

三

不管我们承认不承认，开始崛起的中国，正站在另一次文化突破的边缘上，同时充满重重危机与诸多疑问。

莎士比亚的《哈姆雷特》中有句经典的名言：“生存或者死亡。”今天，我们的文化教育面临着这个尖端的问题，这个陈旧、封闭甚至可以称为落后的文化教育系统正面临着现代社会的全面挑战。

在历史的长河之中，曾经许多灿烂辉煌的古老文明在面临崭新时代的挑战，这些文化体系假如不是完全被取代了，也至少都面临严重的问题。用科学是可证验的属性来核对过去几个大文明的根本性质，这些根本性质都有过不了关的困难[48]。

那我们中华文明的教育呢？

从根本上看，民族复兴的根基在于中华文化能否走出近代以来的危机和混乱，顺利迈上重生之路。近年来十分关注“中国崛起”这个话题的英国诺丁汉大学中国研究所教授郑永年一针见血地指出，中国也许的确正在“崛起”，但现实地说，中国的“崛起”到目前为止只是一种单向的经济上的“崛起”。这种经济崛起并没有带来文化上的崛起，不但没有造就一种新的文化，相反，传统文化正在加速地消失，被商业文化、速食文化所取代。“在一定程度上说，中国已经变成了一个没有文化传统的文明了。”

中国目前单向的崛起不仅较之目前世界各强国有很大的不同，而且较之中国本身的传统也存在着很大的距离。因此，我们没有任何理由为眼前的一些好看的经济数据沾沾自喜。“可以明确地说，只有到完成文化和政治转型之后，中国才能实现真正的崛起。”[49]

四

20 世纪 70 年代，英国历史学家汤因比曾有一个令中国人心动的预言——“21 世纪是中国人的世纪”。

这不是指中国的政治，也不是指中国的军事、科学技术，而是指中国的文化，就是“儒释道”的学说。即使如此，中国许多知识人谈起这个预言还是眉飞色舞、自信满满。

哈佛大学燕京学社社长、著名的儒学家杜维明却给中国人泼了一盆冷水，“而现在中国大陆知识分子本身的问题是：该继承的不能继承，该扬弃的不能扬弃，该引进的不能引进，该排拒的不能排拒。这不仅是经济发展的策略问题，同时是政治结构的问题。而更严重的是人的素质的问题，即毫无文化气息的人何其多，而有知识水平的人何其少。这也是中国大陆学者所认为最严重的问题。从这个角度来看，21 世纪成为中国人的世纪并非人类的福音”[50]。

站在人类文明的万古江河前，我们应当清醒地认识现代的科学技术。“今日人类文化所表现的特色，一是心智活动以科技为主，二是经济生活以工业生产为主，但是社会一方面趋于高度的组织化，另一方面高度的个人化。”这三个层面，都强烈呈现工具性及手段性的理性，而缺少目的性的关怀[51]。

西方持续数百年的文化高潮走向衰落，这已经引起了全球的注目。西方根植于希伯来—希腊—基督教体西方文化的新的科技文明，如果按其自身的逻辑必然性一味发展下去，将对人与自然的关系、人与人的关系以及人的思考方式造成灾难性的后果——环境的破坏、资源的枯竭；个体间的疏离、群体成为个体的巨大压迫力量；思考方式上的客观性、

工具性及现实的实用性，反映在理解世界万物时不问目的和终极意义，只问过程、手段的态度……[52]

在这一点上，中国文化具有双重使命：一方面它自身需要突破；另一方面更需要为未来的人类普世文化提供有价值的元素。因为，事实上过去一个世纪里西方文化本身也经历了急剧的改变，改变的幅度之大及程度之深，不亚于我们所面临的社会文化变局[53]。

不管我们愿意还是不愿意、接受还是不接受，未来世界文化正在形成中，纳入更多中国文化的因子可以使它更好，也更合乎我们的希望。我们当代中国人要完成这项伟大的使命，前提是我们从自己的历史中继承了丰富的传统文化遗产。

一生穿行于东西方文化之中的季羡林说："学问在东西之间。"[54]他强调"东西文化互补"。学术巨擘的断语，为学问也为教育的未来发展走势描画了一个尚待开垦的处女地。

2010年与夫人樊雅文访问地震后重建的北川县擂鼓八一中学。十多年里，夫人一直伴随我走城市，下乡村，到边陲，进课堂，孜孜矻矻在教育原野上深耕细耘

语言学泰斗周有光认为，"当今的文化是国际现代文化和传统文化两个方面，而不是东西轮流坐庄"[55]。106岁的东方智星否定有人所说"三十年河西三十年河东"的俗见，显露出透视古今的睿智眼光。

北大教授、大翻译家许渊冲用其一生的经验，极富哲理地说："西方重真，东方重善，东西结合，走向美满。"[56]这位荣获翻译文化终身成就奖的资深翻译家，揭示出东西方文化的短长及扬长之道。

钱穆曾豪迈地指出，中华民族文化对世界文化的新生将担任十分重要的角色。"此刻我们想象之世界文化，则将由此种各地域、各民族、各系统之文化新生之大融合而逐渐产生、逐渐形成。中华民族在此长期过程中，无疑必将扮演一主要之角色而贡献其至大的任务。"[57]国学大师的目光久久地注视着世界文化教育的融合，以及在此融合过程中，中国的主角地位与重任。

在新文明的突破之时，日本思想家汤田大作对话英国著名的人文学家汤因比、苏联领导人戈尔巴乔夫、中国作家金庸等人，以求东方文化的突破。

哈佛大学燕京学社社长杜维明对话哈佛大学人文中心主任霍米巴巴、中国道教协会会长任法融、中国佛教协会会长传印长老等人，以求中国传统文化的突破。“西方的文艺复兴，就是与伊斯兰文明碰撞的结果。”杜维明说：“21世纪，我们应该重新开始伊斯兰、儒家、印度等各个文明之间的对话。”[58]

众多学家、政要、儒释道传承人之间的对话，旨在打破阈限，借石攻玉，寻求中国、东方文化教育的迅疾突进。

美国人文主义思想家白璧德在《民主与领袖》的著作中特别将孔子与亚里士多德并举，使东方与西方的人文精神互相补充。他的主要论点便在于孔子之教可以造就民主领袖所最需要的“人的品格”。在白璧德看来，这才是民主社会的唯一保障。[59]这位最早宣扬破除“西方中心主义”的美国著名思想家，可谓匠心独运，慧眼识珠，集东西方之人文智慧精华重塑着人文精神。

1988年，75位诺贝尔奖获得者发表了集体宣言，“人类要想在21世纪生存下去，必须回到两千五百年前，从孔子那里获得智慧。”2005年，联合国教科文组织决定，以一位已逝两千五百多年的中国人的名字命名，设立国际“孔子教育奖”，用以奖励在教育和文化等方面作出贡献的各国政要和专家；联合国教科文组织的世界教师节，美国加州的教师节，新加坡、马来西亚、印度尼西亚等地的教师节或庆祝日，以及台湾和香港地区的教师节，都是定在孔子诞辰9月28日；联合国秘书长潘基文则直言“孔子是他的导师”。可见，中国第一圣人的巅峰思想正被越来越多的国家和地区的人们所接受，奉为生命指南。

在世界进入地球村、地球大院的时候，信息有电波交通，观览可随时往来，取经凭媒体声像，人们尽可察五洲于须臾，抚四海于一瞬，“一日有四季，千里不通风”的闭塞不复存在了。

中国文化教育在世界对流中，如果真正地融会贯通以后，我相信它既非“完全国粹”，亦非“全盘西化”，也不是“中体西用”或“西体中用”。它应当是“体”中既有“中学”，亦有“西学”；“用”中也既有“中学”，也有“西学”……中西融会贯通的集大成之学。

这些价值观念是超越国界和超越时代的，它属于中国也属于世界，属于过去并照耀着今天和未来。

五

中国文化从源头的细流，一路收纳支流河川水量，聚为洪流，奔向大海，汇入各地共同缔造的世界文化。当今的教育亦亟须如同万古江河，昼夜不止。

当今世界上所有的教育文化体系，未来都将融合于人类共同缔造的世界文化体系之中，我们今日正在江河入海之口，回顾数千年奔流的历史长河，瞩望漫无止境的教育前景，我们应予合作缔造开放的教育未来。

根据涂尔干的教育“选编”理论，我们作为承上启下的教育人，要站在更宽广的视角之上，对古今中外的思想文化进行“选编”。在这个社会大变革的时代，这种“选编”往往更加大刀阔斧、惊心动魄。几乎每个民族都会对自己创造和继承下来的成熟思想文化进行反思和“再阐释”，使之符合那个时代的精神气质。当不同的思想文化体系发生碰撞和交流时，每个民族也都会根据自己的标准对“异文化”进行“选编”[60]。

我们既已站在另一次文化突破的边缘上，就应当清醒地看到，这种升扬整个人类文化的突破却并不必然会发生。它需要很多条件的配合，其中最根本的是要有一群独具反省意识的精英知识分子。而这样的知识分子，在中国现代社会是很难产生的[61]。

由于中国缺乏一个持续不断的文化建设运动，中国近现代思想是极其贫困的。究其原因，有许多外在的客观因素，如长年战乱和社会动荡等，但根源还在于中国知识分子，特别是文化运动的领袖人物在思想深处依然摆脱不了“学而优则仕”的传统观念，因此不能严守学术岗位。在他们的潜意识里，政治是第一义的，学术思想是第二义的。学术思想本身没有独立自足的意义，而是为政治服务的工具。不但治中学者如此，治西学者也一样，他们往往自己还没有十分弄清楚西方思想，就已迫不及待地要用之于中国政治和社会的改造上面[62]。

在民国时期，中国曾经有一个短暂的文化建设运动。辛亥革命后，熊十力、黄侃、陈垣等文化名家纷纷退出政界，转而专心治学。这既基于性格与才情，也与其对政坛及时世的判断有关，基于此“学为政本”的理念，胡适甚至提出了“二十年不谈政治，二十年不干政治”[63]的思想，专注于思想文化建设的自我表白；也有了借提倡学术独立，“多少保留了一片干净土”，并进而影响未来中国走向的良好愿望[64]。

五四新文化运动后，蔡元培“大学者，研究高深学问者也”的理想更是深入人心；千古传诵的“学而优则仕”的神话，终于被真正打破。更有陶行知辞去大学工作而举办平民教育，梁漱溟在山东农村探索乡村教育，前代教育人曾书写了动人的教育诗篇。

20 世纪的那场文化建设非常短暂。到了今天，寻找这样热心教育的精英知识分子变得无比困难——我们难以想象有一部分知识分子能摆脱职业的牵绊，离开实验室，离开同僚，而还能做有价值的知识工作。许倬云因此认为，必须由知识分子在心智上自求解放，以其良知良能为文明的突破而努力[65]。

面对着未来的新一轮教育和文明的突破，我们的准备工作在今天就应该开始。

教育制度为国家的文明容器。一个民族的教育文化是否有生命力，决定民族发展的最终力量。我们的教育使命，就是为了中国文化的重建而努力；我们教育的精神，就是为每位中华儿女重建精神家园；我们教育的目标，就是要重新回到文化与社会的中心引领社会；我们教育的本位，就是与世界教育合流，并贡献出中国教育的独特本色。

家庭团队在精心研讨本书的论理架构与文脉经纬（中间为长子松巍，左为少子松岩）

黄河九曲，夭矫如龙，先是昂首北上，接着俯冲南下，然后迤逦向东，倾注大海，带走了万仞黄土，铺散在千里平原，天玄地黄常为中国宇宙的本色。

黄河更像中华文明，充满苦难，经历过一次次洪祸、旱灾，经历了一回回的断流、凌汛。它在无数次地发生过河床淤积，无数次地进行改道。黄河带给中国肥沃的土壤，也挟来一次又一次的洪患劫难。中国人歌于斯，哭于斯，聚国族于斯，也积聚了文化的创造力。

“白日依山尽，黄河入海流。”万古江河，昼夜不息。一切苦难轮回，均不废“江河万古流”。但是，中国的文化教育如果长时期得不到发展与突破，或许就像埃及、巴比伦、古印度等文明一样，永远汇集不到世界文化的海洋，而成为在大陆上永远消失的内流河。

“派出昆仑五色流，一支黄浊贯中州。”当前的教育需要一个个问题、一道道难关的突破。中国文化教育历经了三起三落，如今面临着最艰难的第四个低谷。这需要我们有系统而非零碎的共同努力，也许会为世界新文化的形成奠定一些铺路的工作，最终使中国文化教育能够与世界大潮相融，最终能够教育出能够傲立世界文化的中国人。

法国象征派大师瓦雷里的诗的意境，恰好可以抒发我们的情怀：

不，不！……站起来吧！投入那奔涌而来的世纪！
我的躯体呵，快粉碎这思虑重重的形式！
襟怀呵，畅饮这长风的生机！
大海飘逸的清新
给了我灵魂的苏醒……咸味的力呵！
让我们奔向海涛，勃发不尽的生力！[66]

“子在川上曰，逝者如斯夫。”吾辈身为教育人士，应以充实自己、化育他人为业。在这个承上启下的年代，吾辈当有鸟瞰大千世界的眼光，抱定教育复兴的志向，怀着坚忍不拔的毅力，竭诚努力，以身许教，认清自己的坐标点，把握人生的支撑点，寻找事业的突破点，力争一步步抢占教育的制高点，方不枉我们身入教坛一向，也不枉我们身入人生一场。

注释：

［1］杜威．杜威教育论著选［M］．赵祥麟，王承绪，译．上海：华东师范大学出版社，1981：143．

［2］联合国教科文组织．教育——财富蕴藏其中［M］．北京：教育科学出版社，1996：2．

［3］叔本华．意欲与人生之间的痛苦——叔本华随笔和箴言集［G］．李小兵，译．上海：上海三联书店，1997：81．

［4］杨一仁．素质教育求索录［M］．呼和浩特：内蒙古教育出版社，

2004：71.

［5］丘成桐给中国基础教育泼冷水［N］. 中国青年报，2007－11－07.

［6］柳斌. 求解"钱学森之问"［N］. 中国教育报，2010－11－25.

［7］哈代. 德伯家的苔丝［M］. 张谷若，译. 北京：人民文学出版社，1984：322.

［8］恩格斯. 反杜林论［M］//马克思，恩格斯. 马克思恩格斯全集：第20卷. 北京：人民出版社，1971：384.

［9］叔本华. 论女人［M］//叔本华论文集. 陈晓南，译. 天津：百花文艺出版社，1987：110.

［10］莫里斯. 开放的自我［M］. 定杨，译. 上海：上海人民出版社，2010：150.

［11］东缨. 从教师到教育家［M］. 北京：教育科学出版社，2011：358.

［12］刘道玉. 创造教育新论：第二版［M］. 武汉：武汉大学出版社，2009：150.

［13］傅东缨. 中国教育的"草原特区"［N］. 中国教育报，2010－11－29. 傅东缨. 中国草原的"教育华章"［N］. 中国教育报，2012－11－22.

［14］海涅. 论德国宗教和哲学的历史［M］. 海安，译. 北京：商务印书馆，1974：150.

［15］毛泽东. 在延安文艺座谈会上的讲话［M］//毛泽东选集. 北京：人民出版社，1968：816.

［16］别林斯基. 别林斯基选集：第3卷［G］. 满涛，译. 上海：上海译文出版社，1980：100.

［17］马克思. 青年在选择职业时的考虑［M］//马克思，恩格斯. 马克思恩格斯全集：第四十卷. 北京：人民出版社，1982：7.

［18］马诺洛夫. 化学家小传［M］. 丘琴，等，译［M］. 北京：科学普及出版社，1980：20.

［19］658种教育理论解决不了现实问题——杨东平：教育的理论和活力存在于第一线［N］. 中国青年报，2005－11－22。

［20］吕敏. 中小学整体改革的发展与基本理论［J］. 人民教育，1994（1）.

［21］叔本. 教育方法的改革［M］. 哈尔滨：黑龙江教育出版社，1991：6.

［22］同上，26、31.

［23］梁漱溟. 忆往谈旧录［M］. 北京：北京联合出版公司，2012：101－102.

［24］同上，154－158.

[25] 汪东林. 梁漱溟问答录 [M]. 长沙: 湖南出版社, 1991: 80.

[26] 达尔文. 达尔文回忆录 [M]. 白马, 张雷, 译. 杭州: 浙江文艺出版社, 2011: 97.

[27] 草原上升起一座重教之城 [N]. 中国教育报, 2010-09-06.

[28] 李金初. 校长的思路　学校的出路 [M]. 北京: 人民教育出版社, 2009-67-82.

[29] 郑斌, 王定华. 创新教育案例全书 [M]. 北京: 北京教育出版社, 1999: 17.

[30] 朱永新. 新教育 [M]. 北京: 文化艺术出版社, 2011: 33-48.

[31] 同上, 29.

[32] 爱因斯坦. 祝高尔基65岁生日的贺信 [M] //爱因斯坦文集: 第一卷. 许良英, 编译. 北京: 商务印书馆, 2009: 445.

[33] 陶行知. 创造的教育 [M] //陶行知教育文集. 成都: 四川教育出版社, 2005: 442-450.

[34] 同上, 703-707.

[35] 刘道玉. 创造教育概论 [M]. 武汉: 武汉大学出版社, 2009: 14.

[36] 刘道玉. 关于大学创造教育模式的构建 [J]. 教育发展研究, 2000 (12).

[37] 许倬云. 万古江河——中国历史文化的转折与发展 [M]. 上海: 上海文艺出版社, 2006: 后记.

[38] 许倬云. 中国文化与世界文化 [M]. 桂林: 广西师范大学出版社, 2006: 219.

[39] 同上, 198.

[40] 同上, 112-113.

[41] 同上, 64.

[42] 同上: 67-68.

[43] 涂尔干. 教育思想的演进 [M]. 李康. 上海: 上海人民出版社, 2003: 23.

[44] 朱永新. 以人弘道: 活出中国文化的根本精神 [J]. 新教育, 2011 (特刊).

[45] 许倬云. 中国文化与世界文化 [M]. 桂林: 广西师范大学出版社, 2006: 228.

[46] 朱永新. 以人弘道: 活出中国文化的根本精神 [J]. 新教育, 2011: 特刊.

[47] 许倬云. 中国文化与世界文化 [M]. 桂林: 广西师范大学出版社, 2006: 208.

[48] 同上, 264-265.

[49] 同上，102－105.

[50] 杜维明. 现代精神与儒家传统 [M]. 北京：生活·读书·新知三联书店，1997：458.

[51] 许倬云. 中国文化与世界文化 [M]. 桂林：广西师范大学出版社，2006：213.

[52] 同上，201－203.

[53] 同上，221－222.

[54] 季羡林：其学问"在中西之间" [N]. 光明日报，2009－08－11.

[55] 周有光：被上帝遗忘的"汉语拼音之父" [J]. 人物，2011 (5).

[56] 许渊冲. 我有四言献世博 [N]. 光明日报，2010－06－19.

[57] 钱穆. 文化学大义 [M]. 台北：台北正中书局，1952：99.

[58] 余英时. 现代儒学的回顾与展望 [M]. 北京：生活·读书·新知三联书店，2005：185.

[59] 伊斯兰、儒家和基督教文明对话：回应人类五大困境 [N]. 中华读书报，2010－09－22.

[60] 冯向东. 我们在如何"选编"思想文化：一个审视教育自身的视角 [J]. 新华文摘，2011 (6).

[61] 许倬云. 从历史看时代转移 [M]. 桂林：广西师范大学出版社，2007：53－54.

[62] 余英时. 文史传统与文化重建 [M]. 北京：生活·读书·新知三联书店，2004：430－431.

[63] 胡适. 胡适文存 [M]. 上海：上海亚东图书馆，1924.

[64] 许倬云. 中国文化与世界文化 [M]. 桂林：广西师范大学出版社，2006：105－107.

[65] 许倬云. 万古江河——中国历史文化的转折与发展 [M]. 上海：上海文艺出版社，2006：后记.

[66] 瓦雷里. 瓦雷里诗歌全集 [M]. 葛雷，梁栋，译. 北京：中国文学出版社，1996：144－145.

后　记

自当年出师大校门，一头扎入教坛，倏忽间已四十五度春秋。教育亦如此深刻地融入了我的生命脉络，我精心地读教育、学教育、做教育、索教育、论教育、写教育，从爱到深爱再到酷爱。其间，曾力拒大学聘任，婉谢党政、文化部门的干部任命。

情有独钟于此，以身相许，孜孜矻矻；以命相伴，朝朝暮暮，教育遂成了我情结、心结、命结。《诗经·黍离》的“知我者，谓我心忧；不知我者，谓我何求”大抵可抒我的内心独白。

和国人一样，我常常为教育忧心如焚，教育时时催我激情似沸。回眸看，做通教育犹如在大漠凿井，打出一泓清泉何其不易！若使中国教育的艨艟弄潮于世界的教育潮头，更须完成一番沧海桑田的变化。当今中国教育，要达成向现代化教育全面转型的嬗变，如同史学家黄仁宇所说，其难度有如走兽向飞禽一样的转变。史诗般的历史背景，却与千丝万缕的现实困境纠缠一处，难解难分。

教育既系族之魂、国之运、民之命，再苦再难也必得扛起来与日突进，此为吾辈之责，吾辈之虑。反而观之，如此偌大工程也确需举大中国之力、全民族之智，为之殚精竭虑，不遗余力，则是吾辈之命，更为吾辈之幸！

自20世纪80年代，我开始出版作品，醉心于大教育文学的研创，至今已有十余部书几百万言，然每每都不甚如意，时常深夜里苦想，若能写出一部在教坛实践上“心骛八极”，于教育理论上“神游万仞”的力作，一展中华之古今，透视文明之中外，深索当下之痼疾，开出根治之良方，预示明丽之远景，方可不枉教坛此生、弄笔一世。

为圆这个梦，多年来夙兴夜寐，寝食不宁，今日总算勉强交了试卷。《黄帝内经》云：“人生于地，命悬于天。”书，文生于作者之笔，命悬于读者之目。今将此书置于世前，其优劣品评，只能听命于读者方家了。

我特别感念家庭团队——身为两家大报资深记者和作家的儿子松巍、松岩，一番番帮我策划、精思、改稿、打磨，每天电波里交流，节假日家庭沙龙碰撞，为的是使作品立于理论高端，游刃于古今中外教坛。妻子樊雅文也将家务全包了去，氤氲着我生活与写作的宁静氛围。晚辈李小军（河南许衡中学教师）、许玉林（四川泸县一中教师）为阅正书稿、策划插图精心尽力。

十分感谢柳斌、顾明远、刘道玉等前辈、大家，对我所提的教育困惑一一解析。

著名教育家朱永新先生于百忙中不吝赐以深邃的佳序推助作品；青年评论家秦之、镇泽撰写长文论其精要；教育科学出版社编辑孔明丽为该书尽早问世倾心尽力，在此，一并表示极诚挚的敬意！

2012年7月26—29日作者于铁岭市日知书斋、内蒙古西乌旗宾馆